Guía para

INVERTIR

En qué invierten los ricos
¡a diferencia de las clases
media y pobre!

Robert T. Kiyosaki
con Sharon L. Lechter C.P.A.

GUÍA PARA
INVERTIR

En qué invierten los ricos
¡a diferencia de las clases
media y pobre!

Título original: *Rich Dad's Guide to Investing*

Publicado originalmente por Warner Books, Inc., con CASHFLOW Technologies, Inc.

Traducción: Fernando Álvarez del Castillo

Copyright © 2001 by Robert T. Kiyosaki y Sharon L. Lechter

De esta edición:
D. R. © Santillana Ediciones Generales S.A. de C.V., 2006.
Av. Universidad 767, Col. del Valle
México, 03100, D.F. Teléfono (55) 54207530
www.**editorialaguilar**.com

Distribuidora y Editora Aguilar, Altea, Taurus, Alfaguara, S. A.
Calle 80 Núm. 10-23, Santafé de Bogotá, Colombia.
Santillana Ediciones Generales S.L.
Torrelaguna 60-28043, Madrid, España.
Santillana S. A.
Av. San Felipe 731, Lima, Perú.
Editorial Santillana S. A.
Av. Rómulo Gallegos, Edif. Zulia 1er. piso
Boleita Nte., 1071, Caracas, Venezuela.
Editorial Santillana Inc.
P.O. Box 19-5462 Hato Rey, 00919, San Juan, Puerto Rico.
Santillana Publishing Company Inc.
2043 N. W. 87th Avenue, 33172. Miami, Fl., E. U. A.
Ediciones Santillana S. A. (ROU)
Constitución 1889, 11800, Montevideo, Uruguay.
Aguilar, Altea, Taurus, Alfaguara, S. A.
Beazley 3860, 1437, Buenos Aires, Argentina.
Aguilar Chilena de Ediciones Ltda.
Dr. Aníbal Ariztía 1444, Providencia, Santiago de Chile.
Santillana de Costa Rica, S. A.
La Uruca, 100 mts.Oeste de Migración y Extranjería, San José, Costa Rica.

Primera edición: junio de 2004
Primera edición en rústica: enero de 2006

ISBN: 970-770-286-9
D. R. © Diseño de cubierta: Insync Graphic Studio, Inc.
Adaptación de cubierta: Antonio Ruano Gómez
Diseño de interiores: BroCas Consultores (www.**brocas**.com)
Impreso en México.

Agradecimientos

El 8 de abril de 1997 salió a la venta *Padre rico, padre pobre*. Imprimimos mil ejemplares, pensando que esa cantidad nos duraría por lo menos un año. Después de vender un millón de copias sin gastar un dólar en publicidad formal, el éxito de *Padre rico, padre pobre* y *El cuadrante del flujo de dinero* continúa sorprendiéndonos.

La *Guía para invertir de mi padre rico* es una manera de agradecer su ayuda para que *Padre rico, padre pobre* y *El cuadrante del flujo de dinero* hayan sido tan exitosos.

Hemos hecho muchos nuevos amigos por medio de este éxito, y algunos de ellos han contribuido al desarrollo de este libro. Las siguientes personas son amigos, antiguos y nuevos, a quienes deseamos agradecer personalmente por su contribución a este libro. Si usted no está en esta lista, y ha ayudado de alguna manera, por favor disculpe que lo hayamos pasado por alto y sepa que también le agradecemos.

Por su apoyo tanto técnico como moral agradecemos a Diane Kennedy, CPA; Rolf Parta, CPA; doctora Ann Nevi, psicóloga educativa; Kim Butler, CFP; Frank Crerie, banquero de inversión; Rudy Miller, empresario capitalista; Michael Lechter, abogado especializado en propiedad intelectual; Chris Johnson, abogado especializado en valores; doctor Van Tharp, psicólogo especializado en inversionistas; Craig Coppola, bienes raíces comerciales; doctor Dolf DeRoos, inversión en bienes raíces; Bill y Cindy Shopoff, inversión en bienes raíces; Keith Cunningham, reestructuración corporativa; Wayne y Lynn Morgan, educación en bienes raíces; Hayden Hollan, fideicomisos; Larry Clark, empresario en bienes raíces; Marty Weber, empresario social; Tom Weisenborn, corredor de bolsa; Mike Wolf, empresario; John Burley, inversionista en bienes raíces; doctor Paul Johnson, profesor de negocios de la Universidad Thunderbird; The

American School of International Management; Carolita Ontiveros, profesora de la Universidad de Arizona y la Universidad Thunderbird; Larry Gutsch, asesor de inversiones; Liz Berkenkamp, asesora de inversiones; John Milton Fogg, publicaciones; Dexter Yager y la familia de Internet Services; John Addison, Trish Adams, banqueros hipotecarios; Bruce Whiting, CPA, Australia; Michael Talarico, inversionista en bienes raíces, Australia; Harry Rosenberg, CPA, Australia; doctor Ed Koken, asesor financiero, Australia; John Hallas, dueño de negocio, Australia; Dan Osborn, asesor de cambio de divisas, Australia; Nigel Brunel, operador bursátil, Australia; David Reid, abogado especializado en valores, Canadá; Thomas Allen, abogado especializado en valores, Canadá; Kelvin Dushnisky, consejero general, Canadá; Alan Jacques empresario, Canadá; Raymond Aaron, empresario, Canadá; Dan Sullivan, empresario, Canadá; Brian Cameron, valores, Canadá; Jannie Tay, inversión en negocios, Singapur; Patrick Lim, inversión en bienes raíces, Singapur; Dennis Wee, inversión en bienes raíces, Singapur; Richard y Verónica Tan, empresarios, Singapur; Bellum y Doreen Tan, empresarios, Singapur; C. K. Teo, empresario, Singapur; Nazim Kahn, abogado, Singapur; K. C. See, empresario, Malasia; Siew Ka Wei, empresario, Malasia; Kevin Stock, Sara Woolard, Joe Sposi, Ron Barry, Loral Langemeier, Mary Painter y Kim Arries.

Con profundo aprecio y nuestro cariñoso recuerdo, agradecemos a Cynthia Oti. Cynthia fue comentarista de finanzas para la estación de radio KSFO de San Francisco, California; corredora de bolsa, compañera maestra, y lo que es más importante, nuestra amiga. En verdad la extrañaremos.

Nuestra lista no estaría completa si no agradeciéramos a los miembros del increíble equipo que tenemos en CASHFLOW Technologies.

Gracias.

Robert y Kim Kiyosaki
Sharon Lechter

Índice

Nota

El consejo de un padre sobre invertir:
Hace muchos años le pregunté a mi padre rico:
"¿Qué consejo le darías a un inversionista promedio?"
Su respuesta fue: "Que no sea promedio."

La regla 90-10 del dinero

La mayoría de nosotros hemos escuchado sobre la regla de 80-20. En otras palabras, el 80% de nuestro éxito proviene del 20% de nuestros esfuerzos. Esa regla, originalmente creada por el economista italiano Wilfrido Pareto en 1897, es también conocida como "el principio del menor esfuerzo".

Mi padre rico estaba de acuerdo con la regla de 80-20 respecto al éxito en general en todas las áreas, excepto en lo relacionado con el dinero. Cuando se trataba de dinero, él creía en la regla de 90-10. Mi padre rico se dio cuenta de que 10% de la gente tenía 90% del dinero. Señaló que en el mundo de las películas, 10% de los actores ganaban 90% del dinero. También advirtió que 10% de los atletas ganaban 90% del dinero, así como 10% de los músicos. La misma regla del 90-10 se aplica al mundo de la inversión, por lo que su consejo a los inversionistas era: "No sea promedio." Un artículo publicado recientemente en *The Wall Street Journal* confirmó su opinión. El artículo afirmaba que 90% de las acciones de las empresas de Estados Unidos eran propiedad de 10% de la gente.

Este libro explica cómo algunos de los inversionistas de ese 10% han ganado 90% de la riqueza, y cómo puede usted hacer lo mismo.

¿Qué aprenderá usted al leer este libro?

La Comisión de Valores y Transacciones (Securities and Exchange Comission, o SEC por sus siglas en inglés) de Estados Unidos define a un individuo como un inversionista acreditado si tiene:

- 200 000 dólares o más de ingreso anual, o
- 300 000 dólares o más de ingreso anual como pareja, o
- un millón de dólares o más como patrimonio neto.

La SEC estableció esos requisitos para proteger al inversionista promedio de algunas de las peores y más riesgosas inversiones del mundo. El problema es que esos requisitos para los inversionistas también apartaron al inversionista promedio de algunas de las mejores inversiones del mundo, lo cual constituye una razón por la que el consejo de mi padre rico al inversionista promedio era: "No sea promedio."

Comenzar sin nada

Este libro comienza con mi regreso de Vietnam en 1973. Yo tenía menos de un año de haber sido liberado de mis deberes con el Cuerpo de Marines. Eso significaba que en menos de un año yo me quedaría sin empleo y no tendría dinero ni activos. De manera que este libro comienza en un punto que muchos de ustedes quizá reconocen y ese punto es el de comenzar sin nada.

Escribir este libro ha constituido un desafío. Lo he escrito y reescrito cuatro veces. El primer borrador comenzó en el nivel de Inversionista Acreditado de la SEC, el nivel que comienza con un ingreso anual mínimo de 200 000 dólares. Después de haber terminado el libro por primera vez, fue Sharon Lechter, mi coautora, quien me recordó la regla de 90-10 sobre el dinero de mi padre rico. Sharon dijo: "Aunque este libro trata acerca de las inversiones que realizan los ricos, la realidad es que menos de 10% de la población de Estados Unidos gana más de 200 000 dólares al año. De hecho, creo que menos de 3% gana suficiente para calificar como Inversionista Acreditado." De manera que el desafío de este libro consistía en escribir acerca de las inversiones que realizan los ricos, inversiones que comienzan con un requisito mínimo de 200 000 dólares en ganancias, y aun así agregar a todos los lectores sin importar si tienen o no dinero para invertir. Ése era un gran desafío y fue la razón por la que fue necesario escribir y reescribir este libro en cuatro ocasiones.

Ahora comienza en los niveles más básicos de inversionista y asciende a los niveles más sofisticados. En vez de comenzar en el nivel de inversionista acreditado, el libro comienza ahora en 1973 porque fue entonces cuando yo no tenía empleo, dinero ni activos. Se trata de un punto en la vida que muchos hemos compartido. Todo lo que yo tenía en 1973 era el sueño de que algún día sería muy rico y me convertiría en un inversionista que calificaría para realizar las inversiones de los ricos. Inversiones de las que han escuchado muy pocas personas, sobre las que se escribe poco en los periódicos financieros, y que se venden en el mercado informal por los corredores de inversiones. Este libro comienza cuando yo no tenía nada más que un sueño y la guía de mi padre rico para convertirme en un inversionista que pudiera realizar las inversiones de los ricos.

Así que sin importar si usted tiene poco o mucho dinero para invertir, y sin importar si usted sabe poco o mucho acerca de inversiones, este libro debe ser de interés para usted. Está escrito de la manera más sencilla posible acerca de un tema muy complejo. Está escrito para incluir a cualquier persona interesada en convertirse en un inversionista mejor informado, sin importar cuánto dinero tenga.

Si éste es su primer libro sobre inversiones y a usted le preocupa que pudiera ser demasiado complicado, por favor no se preocupe. Todo lo que Sharon y yo le pedimos es que tenga la disposición para aprender y que lea este libro de principio a fin con la mente abierta. Si hay partes del libro que usted no comprende, entonces sólo lea las palabras, pero siga hasta el final. Incluso si usted no lo comprende todo, tan sólo con leer este libro hasta el final sabrá más acerca del tema de inversión que mucha gente que actualmente invierte en el mercado. De hecho, al leer todo el libro, usted sabrá mucho más sobre inversiones que muchas personas que ofrecen servicios de asesoría sobre inversiones y a quienes les pagan por hacerlo. Este libro comienza de lo sencillo y va a lo sofisticado sin entretenerse demasiado en los detalles y los aspectos complejos. En muchos sentidos comienza de manera sencilla y sigue de manera sencilla, a pesar de que aborda algunas estrategias de inversión muy sofisticadas. Ésta es la historia de un hombre rico que guía a un hombre joven, con ilustraciones y diagramas que ayudan a explicar el —a menudo desconcertante— tema de las inversiones.

La regla de 90-10 del dinero

Mi padre rico admiraba el descubrimiento de la regla de 80-20 del economista italiano Wilfrido Pareto, también conocida como "el principio del menor esfuerzo". Sin embargo, cuando se trataba de dinero, mi padre rico estaba más consciente de la regla de 90-10, que significaba que 10% de la gente siempre gana 90% del dinero.

El ejemplar del 13 de septiembre de 1999 de *The Wall Street Journal* publicó un artículo que apoyaba el punto de vista de mi padre rico sobre la regla de 90-10 del dinero. Una parte del artículo decía:

> A pesar de todo lo que se dice acerca de los fondos de inversión para las masas, acerca de peluqueros y limpiabotas que proporcionan consejos de inversión, el mercado de valores sigue siendo el espacio privilegiado de un grupo relativamente elitista. Sólo 43.3% de los hogares eran propietarios de alguna acción en 1997, el último año sobre el que se tiene información disponible, de acuerdo con el economista Edward Wolf, de la Universidad de Nueva York. De ellos, muchos portafolios son relativamente pequeños. Cerca de 90% de todas las acciones eran propiedad del 10% más rico de los hogares. Lo importante es que ese 10% superior era dueño de 73% de la riqueza total del país en 1997, en contraste con 68% en 1983.

En otras palabras, a pesar de que más gente está invirtiendo actualmente, los ricos continúan volviéndose más ricos. En lo que se refiere a las acciones bursátiles, la regla de 90-10 del dinero es verdadera.

Personalmente estoy preocupado porque cada vez más familias están contando con sus inversiones para subsistir en el futuro. El problema es que mientras mucha gente está invirtiendo, muy pocos de ellos son inversionistas bien educados. Si el mercado se desploma —o cuando el mercado se desplome— ¿qué ocurrirá con todos esos nuevos inversionistas? El gobierno federal de Estados Unidos asegura nuestros ahorros contra pérdida catastrófica, pero no asegura nuestras inversiones. Por eso, cuando le pregunté a mi padre rico: "¿Qué consejo le darías a un inversionista promedio?", su respuesta fue: "Que no sea promedio."

Cómo no ser promedio

Yo cobré conciencia del tema de la inversión cuando sólo tenía doce años de edad. Hasta entonces el concepto de la inversión no estaba en mi mente en realidad. Tenía en mente el béisbol y el fútbol, pero no la inversión. Yo había escuchado la palabra, pero no le había prestado mucha atención hasta que vi lo que el poder de la inversión podía hacer. Recuerdo que caminaba por una pequeña playa con el hombre al que llamo "mi padre rico" y con su hijo Mike, mi mejor amigo. Mi padre rico nos mostraba a su hijo y a mí una propiedad inmobiliaria que había comprado recientemente. A pesar de que yo sólo tenía doce años de edad, me daba cuenta de que mi padre rico había adquirido una de las propiedades más valiosas de nuestro pueblo. Aunque yo era joven, sabía que la propiedad junto al océano, frente a una playa arenosa, era más valiosa que una propiedad sin playa. Mi primer pensamiento fue: "¿Cómo puede pagar el padre de Mike una propiedad tan cara?" Me paré en ese lugar, con las olas bañando mis pies, mirando a un hombre de la misma edad que mi verdadero padre, que estaba haciendo una de las inversiones financieras más importantes de su vida. Yo estaba asombrado de que pudiera pagar ese terreno. Yo sabía que mi padre ganaba mucho dinero porque era un funcionario gubernamental que recibía un salario más alto. Pero también sabía que mi verdadero padre nunca podría comprar un terreno junto al océano. Así que, ¿cómo podía pagar el padre de Mike ese terreno cuando mi padre no podía hacerlo? Yo no sabía que mi carrera como inversionista profesional había comenzado en el momento en que me di cuenta del poder implícito en la palabra "invertir".

Cuarenta años después de aquella caminata por la playa con mi padre rico y su hijo Mike, ahora hay personas que me formulan las mismas preguntas que yo comencé a formularme ese día. En las clases sobre inversión que ofrezco, la gente me hace preguntas similares a las que yo comencé a hacer a mi padre rico; preguntas como:

1. "¿Cómo puedo invertir cuando no tengo dinero?"
2. "Tengo 10 000 dólares disponibles. ¿En qué recomienda que invierta?"
3. "¿Me recomienda que invierta en bienes raíces, fondos de inversión o acciones bursátiles?"
4. "¿Puedo comprar bienes raíces o acciones sin dinero?"
5. "¿Se necesita dinero para ganar dinero?"
6. "¿No es riesgoso invertir?"
7. "¿Cómo obtiene rendimientos tan altos con bajo riesgo?"
8. "¿Puedo invertir con usted?"

Hoy en día cada vez más gente comienza a darse cuenta del poder oculto en la palabra "invertir". Muchos quieren averiguar cómo adquirir ese poder para sí mismos. Después de leer este libro, mi intención es que muchas de esas preguntas tengan respuesta, y si no la tienen, debe inspirarlo a investigar más y encontrar las respuestas que funcionen para usted. Lo más importante que mi padre rico hizo por mí hace 40 años fue atizar mi curiosidad sobre el tema de la inversión. Mi curiosidad fue alimentada cuando me di cuenta de que el padre de mi mejor amigo, un hombre que ganaba menos dinero que mi verdadero padre, al menos al comparar sus sueldos, podía realizar inversiones que sólo podían hacer los ricos. Me di cuenta de que mi padre rico tenía un poder que mi padre verdadero no tenía, y yo quería tener también ese poder.

Muchas personas tienen miedo de ese poder, permanecen lejos de él y muchas de ellas incluso son sus víctimas. En vez de alejarme de ese poder o condenarlo al decir cosas como: "Los ricos explotan a los pobres", o "invertir es riesgoso", o "no estoy interesado en volverme rico", me volví curioso. Fue mi curiosidad y mi deseo de adquirir ese poder, también conocido como conocimiento y aptitudes, los que me empujaron a recorrer un camino en la vida de investigación y aprendizaje.

Invertir como una persona rica

Aunque este libro quizá no le proporcione todas las respuestas técnicas que quisiera, la intención es ofrecerle una perspectiva sobre la manera en que los individuos que se han vuelto más ricos ganaron su dinero y continuaron adquiriendo una gran riqueza. Parado en la playa a la edad de doce años, mirando la propiedad inmobiliaria recién adquirida por mi padre rico, mi mente se abrió al mundo de posibilidades que no existían en mi casa. Me di cuenta de que no fue el dinero lo que convirtió a mi padre rico en un inversionista rico. Me di cuenta de que mi padre rico tenía un patrón de pensamiento que era casi exactamente el opuesto y que a menudo contradecía el pensamiento de mi verdadero padre. Me di cuenta de que necesitaba comprender el patrón de pensamiento de mi padre rico si quería tener el mismo poder financiero que él tenía. Supe que si yo pensaba como él, sería rico siempre. Supe que si no pensaba como él, nunca sería realmente rico, sin importar cuánto dinero tuviera. Mi padre rico había invertido recientemente en una de las propiedades inmobiliarias más caras de nuestro pueblo y él no tenía dinero. Me di cuenta de que la riqueza era una manera de pensar y no una cantidad de dólares en el banco. Es este patrón de pensamiento de los inversionistas ricos lo que Sharon y yo deseamos transmitirle en este libro, y la razón por la que lo hemos reescrito cuatro veces.

La respuesta de mi padre rico

Parado en la playa hace 40 años, finalmente reuní el valor para preguntarle a mi padre rico: "¿Cómo puedes pagar la compra de estos diez acres de terreno muy caro junto al océano, cuando mi padre no puede pagarlo?" Mi padre rico puso entonces su mano en mi hombro y me dio una respuesta que nunca olvidaré. Con su brazo apoyado en mi hombro, dimos vuelta y comenzamos a caminar por la playa junto a las olas; comenzó a explicarme los aspectos fundamentales de la manera en que él pensaba acerca del dinero y la inversión. Su respuesta inició con: "Yo tampoco puedo pagar este terreno. Pero mi negocio puede hacerlo." Caminamos por la playa por cerca de una hora ese día; mi padre rico al centro, con su hijo a un lado y conmigo al otro. Mis lecciones sobre inversión habían comenzado.

Hace unos años yo estaba impartiendo un curso de tres días sobre inversión en Sydney, Australia. Pasé el primer día y medio analizando los detalles de la creación de un negocio. Finalmente, un participante frustrado levantó su mano y dijo: "Yo vine a aprender acerca de inversión. ¿Por qué pasa tanto tiempo en el tema de los negocios?"

Mi respuesta fue:

Existen dos razones. La número uno es porque en lo que invertimos en última instancia es en un negocio. Si usted invierte en acciones, usted está invirtiendo en un negocio. Si usted adquiere una propiedad inmobiliaria, como un edificio de apartamentos, ese edificio también es un negocio. Si usted compra obligaciones, usted también está invirtiendo en un negocio. Para ser un buen inversionista, usted necesita primero ser bueno en los negocios. La razón número dos es que la mejor manera de invertir es tener un negocio que compre las inversiones para usted. La peor manera de invertir es invertir como un individuo. El inversionista promedio sabe muy poco sobre negocios y a menudo invierte como individuo. Por eso dedico tanto tiempo al tema de los negocios en un curso sobre inversión.

Y esa es la razón por la que este libro dedicará tiempo al tema de cómo crear un negocio, así como a la manera de analizarlo.

También dedicaré tiempo al tema de invertir por medio de un negocio porque esa es la manera en que mi padre rico me enseñó a invertir. Como dijo él hace 40 años: "Yo tampoco puedo comprar este terreno. Pero mi negocio sí puede." En otras palabras, la regla de mi padre rico era: "Mi negocio compra mis inversiones. La mayoría de las personas no son ricas porque invierten como individuos y no como dueños de negocios." En este libro usted verá por qué la mayoría de las personas que componen 10% que son dueños de 90% de las acciones, son dueños de negocios e invierten por medio de sus negocios, y cómo puede usted hacer lo mismo.

Más adelante, en el curso, el individuo comprendió por qué dedicaba yo tanto tiempo al negocio. Conforme avanzó el curso, él y toda la clase comenzaron a darse cuenta de que los inversionistas ricos del mundo no compran inversiones; la mayoría de los inversionistas del 90-10 crean sus propias inversiones. La razón por la que tenemos multimillonarios que no han cumplido 30 años no es porque compraron sus inversiones. Crearon sus inversiones, llamadas negocios, que millones de personas quieren comprar.

Casi todos los días escucho a personas que dicen: "Tengo una idea sobre un nuevo producto que ganará millones." Desafortunadamente, la mayoría de esas ideas creativas nunca se convertirán en fortunas. La segunda mitad de este libro se concentra en la manera en que 10% convierte sus ideas en negocios multimillonarios en los cuales otras personas invierten. Por eso mi padre rico pasó mucho tiempo enseñándome a construir un negocio, así como a analizar negocios en qué invertir. De manera que si tiene una idea que considera que podría volverlo rico, quizá incluso ayudarle a unirse al club de 90-10, la segunda mitad de este libro es para usted.

Comprar, conservar y rezar

A lo largo de los años mi padre rico señaló que invertir significa diferentes cosas para diferentes personas. Hoy en día a menudo escucho a individuos que afirman cosas como las siguientes:

1. "Acabo de comprar 500 acciones de la compañía XYZ a 5.00 dólares por acción; el precio subió a 15.00 dólares y las vendí. Gané 5 000 dólares en menos de una semana."
2. "Mi esposo y yo compramos casas viejas, las arreglamos y las vendemos para obtener una ganancia."
3. "Comercio con futuros de mercancías."
4. "Tengo cerca de un millón de dólares en mi cuenta para el retiro."
5. "Tan seguro como el dinero en el banco."
6. "Tengo un portafolios diversificado."
7. "Estoy invirtiendo a largo plazo."

Como decía mi padre rico: "Invertir significa cosas diferentes para personas diferentes." Aunque las afirmaciones anteriores reflejan diferentes tipos de productos y procedimientos de inversión, mi padre rico no invertía de la misma forma. En vez de eso decía:

La mayoría de las personas no son inversionistas. La mayoría de las personas son especuladores o jugadores. La mayoría tiene la "mentalidad de comprar, conservar y rezar para que el precio suba". La mayoría de los inversionistas vive con la esperanza de que el mercado permanecerá a la alza y con el miedo de que el mercado se desplome. Un verdadero inversionista gana dinero sin importar si el mercado sube o se desploma; ellos generan dinero sin importar si están ganando o perdiendo, y si han comprado acciones o han "vendido en corto". El inversionista promedio no sabe cómo hacer eso y por eso la mayoría de los inversionistas son inversionistas promedio que constituyen 90% que gana sólo 10% del dinero.

Más que comprar, conservar y rezar

Invertir significaba para mi padre rico más que comprar, conservar y rezar. Este libro cubrirá temas como los siguientes:

1. Los diez controles del inversionista: Muchas personas dicen que invertir es riesgoso. Mi padre rico decía: "Invertir no es riesgoso. Estar fuera de control es riesgoso." Este libro abordará los diez controles del inversionista de mi padre rico, que pueden reducir el riesgo e incrementar las utilidades.

2. Las cinco fases del plan de mi padre rico para guiarme, desde no tener dinero hasta invertir mucho dinero. La primera fase del plan de mi padre rico consistía en preparar mi mente para convertirme en un inversionista rico. Ésta es una etapa sencilla pero muy importante para cualquiera que desee invertir con confianza.

3. Las diferentes leyes fiscales para diferentes inversionistas. En el libro número dos, *El cuadrante del flujo de dinero*, me referí a los cuatro tipos diferentes de personas que se encuentran en el mundo de los negocios. Éstas son:

La "E" representa al empleado. La "A" significa auto empleado o dueño de un pequeño negocio. La "D" significa dueño de negocio. La "I" significa inversionista.

La razón por la que mi padre rico me alentó a invertir desde el cuadrante "D" es porque las leyes fiscales son más favorables para invertir desde ese cuadrante. Mi padre rico siempre decía: "Las leyes fiscales no son justas; fueron escritas para los ricos y por los ricos. Si quieres ser rico, necesitas utilizar las mismas leyes fiscales que los ricos utilizan." Una de las razones por las que 10% de la gente controla la mayor parte de la riqueza es porque sólo 10% sabe qué leyes fiscales debe usar.

En 1943 el gobierno federal eliminó la mayoría de las ambigüedades fiscales para todos los empleados. En 1986 el gobierno federal eliminó las ambigüedades fiscales del cuadrante "D" para los individuos del cuadrante "A", individuos como doctores, abogados, contadores, ingenieros y arquitectos.

En otras palabras, otra razón por la que 10% de los inversionistas ganan 90% del dinero, es porque sólo 10% de ellos saben cómo invertir desde los cuatro cuadrantes diferentes con el fin de obtener diferentes ventajas fiscales. El inversionista promedio frecuentemente sólo invierte desde uno de los cuadrantes.

4. Por qué y cómo un verdadero inversionista ganará dinero sin importar si el mercado sube o se desploma.
5. La diferencia entre los inversionistas fundamentales y los inversionistas técnicos.
6. En *El cuadrante del flujo de dinero* analicé seis niveles de inversionistas. Este libro comienza por los últimos dos niveles de inversionistas y los clasifica a su vez en los siguientes tipos de inversionista:

El inversionista acreditado
El inversionista calificado

El inversionista sofisticado
El inversionista interno
El inversionista consumado

Al llegar al final de este libro, usted conocerá los diferentes requisitos de aptitud y educación entre cada tipo diferente de inversionista.

7. Mucha gente dice: "Cuando gane mucho dinero, mis problemas de dinero habrán terminado." De lo que no se dan cuenta es que tener mucho dinero constituye un problema tan grande como no tener suficiente dinero. En este libro usted aprenderá la diferencia entre los dos tipos de problemas de dinero. Un problema es el de no tener suficiente dinero; el otro es tener demasiado dinero. Pocas personas se dan cuenta cuán grande puede ser el problema de tener mucho dinero.

Una de las razones por las que muchas personas quiebran después de ganar mucho dinero es porque no saben cómo manejar el problema de tener mucho dinero.

En este libro usted aprenderá cómo comenzar con el problema de no tener suficiente dinero, cómo ganar mucho dinero y a continuación, cómo manejar el problema de tener demasiado dinero. En otras palabras, este libro no sólo le enseñará cómo ganar mucho dinero, sino lo que es más importante, le enseñará cómo conservarlo. Como decía mi padre rico: "¿De qué sirve ganar mucho dinero si usted termina perdiéndolo todo?"

Un corredor de bolsa amigo mío me dijo una vez: "El inversionista promedio no gana mucho dinero en el mercado. Ellos no necesariamente pierden dinero, simplemente no logran ganar dinero. He visto a muchos inversionistas que ganan dinero en un año y lo pierden al año siguiente."

8. Cómo ganar mucho más que sólo 200 000 dólares, el nivel mínimo de ingreso para comenzar a invertir en las inversiones de los ricos. Mi padre rico me decía: "El dinero es sólo

un punto de vista. ¿Cómo puedes ser rico si piensas que 200 000 dólares es mucho dinero? Si quieres ser un inversionista rico, necesitas considerar que ésta, la cantidad mínima para calificar como un inversionista acreditado, es sólo una gota en un vaso de agua". Y por eso la primera etapa de este libro es tan importante.

9. La primera etapa de este libro, que consiste en que usted se prepare mentalmente a sí mismo para ser un inversionista rico, incluye una pequeña prueba mental para usted al final de cada capítulo.

A pesar de que las preguntas de la prueba son sencillas, han sido diseñadas para hacerle pensar y quizá discutir sus respuestas con sus seres queridos. Se trata de las preguntas relacionadas con el análisis interior que mi padre rico me formulaba y que me ayudaron a encontrar las respuestas que yo buscaba. En otras palabras, muchas de las respuestas que yo buscaba, en relación con el tema de la inversión, se encontraban en mi interior.

¿Qué hace que el inversionista 90-10 sea diferente?

Uno de los aspectos más importantes de este libro estriba en las diferencias mentales entre el inversionista promedio y el inversionista 90-10. Mi padre rico decía frecuentemente: "Si quieres ser rico, sólo averigua qué están haciendo todos los demás, y haz exactamente lo opuesto." Al leer este libro descubrirá que la mayoría de las diferencias entre 10% de los inversionistas que ganan 90% del dinero, y 90% de los que ganan 10% no está en qué invierten, sino en que su pensamiento es diferente. Por ejemplo:

1. La mayoría de los inversionistas dice: "No corra riesgos."
El inversionista rico corre riesgos.

2. La mayoría de los inversionistas dice: "Diversifica." El inversionista rico concentra sus recursos.

3. El inversionista promedio trata de reducir su deuda. El inversionista rico incrementa la deuda en su favor.

4. El inversionista promedio trata de reducir sus gastos. El inversionista rico sabe cómo incrementar sus gastos para enriquecerse.

5. El inversionista promedio tiene un empleo. El inversionista rico crea empleos.

6. El inversionista promedio trabaja duro. El inversionista rico trabaja menos y menos para ganar más y más.

La otra cara de la moneda

De manera que un aspecto importante de leer este libro es advertir que sus pensamientos se encuentran frecuentemente opuestos en 180 grados a las ideas más importantes de mi padre rico. Mi padre rico decía:

Una de las razones por las que pocas personas se vuelven ricas es porque se quedan atrapadas en una forma de pensar. Ellos piensan que sólo existe una forma de pensar o hacer algo. Mientras el inversionista promedio piensa: "Juega a lo seguro y no corras riesgos", el inversionista rico debe también pensar en cómo mejorar sus aptitudes para correr más riesgos.

Mi padre llamaba a esta clase de ideas "pensar en ambas caras de la moneda". A continuación decía:

El inversionista rico debe tener ideas más flexibles que el inversionista promedio. Por ejemplo, mientras el inversionista promedio como el inversionista rico deben pensar en la seguridad, el rico también debe pensar en cómo correr más riesgos. Mientras el promedio piensa en cómo reducir la deuda, el rico piensa en cómo incrementar la deuda. Mientras el promedio vive bajo el temor de que el mercado se desplome, el rico espera con ilusión que el mercado se desplome. Aunque esto pueda sonar contradictorio para el inversionista promedio, se trata de la contradicción que hace que el inversionista rico sea rico.

Conforme avance en la lectura de este libro, tenga en cuenta las contradicciones en el pensamiento entre los inversionistas promedio y los inversionistas ricos. Como decía mi padre rico: "El inversionista rico está muy consciente de que cada moneda tiene dos caras. El inversionista promedio sólo ve una. Y es la cara de la moneda que el inversionista promedio no ve lo que hace que sea promedio y el rico sea rico. La segunda parte de este libro trata de la otra cara de la moneda.

¿Quiere usted ser más que un inversionista promedio?

Este libro es mucho más que sólo un libro acerca de inversión, consejos y fórmulas mágicas. Uno de los principales propósitos para escribirlo fue ofrecerle la oportunidad de obtener un punto de vista diferente sobre el tema de la inversión. Comienza con mi regreso de Vietnam en 1973 y la etapa en que me preparé para comenzar a invertir como un inversionista rico. En 1973 mi padre rico empezó a enseñarme cómo adquirir el mismo poder financiero que él poseía, un poder del que me di cuenta por primera vez a los doce años de edad. Mientras estábamos parados en aquella playa frente a la última inversión de mi padre rico, hace 40 años, me di cuenta de que, en lo que se refería al tema de la inversión, la diferencia entre mi padre rico y mi padre pobre iba mucho más allá que solamente cuánto dinero tenía cada uno de ellos para invertir. La diferencia se encuentra en el profundo deseo de una persona de ser mucho más que sólo un inversionista promedio. Si usted tiene ese deseo, siga leyendo.

¡GRATIS!

Un informe especial en audio de Robert Kiyosaki, únicamente para los lectores de *Guía para invertir de mi padre rico*. Como una manera de agradecerle por asumir un papel activo en su educación financiera, Robert ha preparado un informe especial en audio. "Mi padre rico decía que una de las aptitudes más importantes que un inversionista puede aprender es cómo volverse rico cuando el mercado se está desplomando. Cómo puede usted permanecer en calma, quedarse en el mercado y ganar mucho dinero cuando todos los demás son presas del pánico y venden?"

Por favor escuche: "Mi padre rico decía 'lucre, no se espante'."

Todo lo que usted tiene que hacer para obtener este informe en audio es visitar nuestro sitio especial en internet en la dirección electrónica: *www.richdadbook3.com* y el informe será suyo de manera gratuita.

Gracias y buena suerte.

PRIMERA ETAPA

¿Está usted preparado mentalmente para ser un inversionista?

Control # 1 del inversionista:
Obtenga el control sobre usted
mismo

Capítulo 1

¿En qué debo invertir?

En 1973 regresé a casa de mi viaje a Vietnam. Me consideré afortunado por haber sido asignado a una base en Hawaii, cerca de mi hogar, en vez de ser enviado a una base en la costa este. Después de instalarme en la estación aérea del Cuerpo de Marines, llamé a mi amigo Mike y nos pusimos de acuerdo para almorzar con su padre, el hombre a quien llamo mi padre rico. Mike estaba ansioso por enseñarme a su nuevo bebé y su nuevo hogar, así que acordamos almorzar en su casa al sábado siguiente. Cuando la limusina de Mike llegó a recogerme al gris edificio de la residencia para oficiales solteros de la base, comencé a darme cuenta de cuántas cosas habían cambiado desde que nos graduamos juntos de la preparatoria en 1965.

"Bienvenido a casa", dijo Mike cuando me vio entrar al vestíbulo de su bella casa, con pisos de mármol. Mike sonreía de oreja a oreja mientras sostenía en sus brazos a su hijo de siete meses de edad. "Estoy contento de que regresaste vivo."

"Yo también", le respondí, mientras miraba a sus espaldas el resplandeciente Océano Pacífico, que tocaba la playa de blancas arenas frente a su hogar. La casa era espectacular. Se trataba de una mansión tropical de un piso, con toda la gracia y el encanto de la vida antigua y moderna de Hawaii. Tenía bellas alfombras persas, macetas con grandes plantas de color verde oscuro y una gran alberca que estaba rodeada por la casa en tres de sus lados y que colindaba en el lado restante con el océano. Era una casa abierta y bien ventilada, el modelo de la vida elegante con los más finos detalles. La casa se ajustaba a mis fantasías de vivir la vida lujosa en Hawaii.

"Conoce a mi hijo James", dijo Mike.

"Ah", dije con voz sobresaltada. Debo haber estado con la boca abierta mientras me hundía en el trance al admirar la impresionante belleza de su casa. "Qué lindo niño", respondí, como respondería cualquier persona al ver a un bebé. Pero mientras estaba allí saludando y haciendo gestos al bebé que me miraba fijamente, mi mente todavía estaba impactada por cuánto habían cambiado las cosas en ocho años. Yo estaba viviendo en una antigua base militar y compartía mi habitación con otros tres jóvenes pilotos, desordenados bebedores de cerveza, mientras Mike vivía en una propiedad multimillonaria con su bella esposa y su hijo recién nacido.

"Entra", dijo Mike. "Mi padre y Connie esperan en el patio."

El almuerzo fue espectacular, servido por una sirvienta de tiempo completo. Me senté a disfrutar de la comida, la vista y la compañía, mientras pensaba en mis tres compañeros de habitación, quienes probablemente estaban cenando en el comedor de oficiales en ese mismo momento. Cómo era sábado, el almuerzo en la base consistía probablemente en un emparedado y un tazón de sopa.

Después de las formalidades y de ponernos al día con las noticias, mi padre rico me dijo: "Como puedes ver, Mike tiene un excelente trabajo invirtiendo las utilidades de los negocios. Hemos ganado más dinero en los últimos dos años de lo que yo gané en los primeros veinte. Hay mucho de verdad en la afirmación de que el primer millón es el más difícil."

"¿De manera que les ha ido bien en los negocios?", pregunté, alentando a que me dejaran saber cómo habían crecido tanto sus fortunas.

"Los negocios son excelentes", dijo mi padre rico. "Esos nuevos aviones 747 traen a Hawaii tantos turistas de todo el mundo que los negocios no pueden hacer otra cosa que seguir creciendo. Pero el verdadero éxito proviene de nuestras inversiones, más que de nuestros negocios. Y Mike está a cargo de las inversiones."

"Felicidades", le dije a Mike. "Bien hecho."

"Gracias", dijo Mike. "Pero yo no tengo todo el crédito. Es la fórmula de inversión de mi padre lo que en realidad está funcionando. Yo sólo estoy haciendo exactamente lo que él nos enseñó acerca de los negocios y la inversión durante todos esos años."

"Debe estar dando frutos", dije. "No puedo creer que vivas aquí, en el vecindario más rico de la ciudad. ¿Recuerdas cuando éramos niños pobres, corriendo con nuestras tablas de *surf* entre las casas, tratando de llegar a la playa?"

Mike rió. "Sí, lo recuerdo. Y recuerdo que nos perseguían todos esos viejos ricos y ruines. Ahora yo soy el viejo rico y ruin que persigue a los niños para alejarlos. ¿Quién hubiera pensado que tú y yo estaríamos viviendo…?"

Mike se detuvo repentinamente, una vez que se dio cuenta de lo que estaba diciendo. Se dio cuenta de que mientras él vivía allí, yo vivía del otro lado de la isla en un monótono cuartel militar.

"Lo siento", dijo. "No quise decir que…"

"No son necesarias las disculpas", le dije sonriente. "Estoy contento por ti. Estoy contento de que seas tan rico y exitoso. Lo mereces porque dedicaste tiempo a aprender a dirigir el negocio. Yo saldré del cuartel en un par de años, tan pronto como termine mi contrato con el Cuerpo de Marines."

Mi padre rico, sintiendo la tensión entre Mike y yo, intervino y dijo: "Él ha hecho mejor trabajo del que yo hice. Estoy muy orgulloso de él. Estoy orgulloso tanto de mi hijo como de su esposa. Son un gran equipo y se han ganado todo lo que tienen. Ahora que has regresado de la guerra, es tu turno, Robert."

¿Puedo invertir contigo?

"Me gustaría invertir contigo", dije de manera apremiante. "Ahorré casi 3 000 dólares mientras estuve en Vietnam y me gustaría invertirlo en vez de gastarlo. ¿Puedo invertir contigo?"

"Bien, te daré el nombre de un buen corredor de bolsa", dijo mi padre rico. "Estoy seguro que te dará buenos consejos, incluso compartirá contigo uno o dos secretos."

"No, no, no", le dije. "Quiero invertir en lo que tú estás invirtiendo. Vamos. Tú sabes hace cuánto tiempo los he conocido a ambos. Yo sé que tú siempre tienes algo en que estás trabajando o en que estás invirtiendo. No quiero ir con un corredor de bolsa. Quiero estar en algún negocio con ustedes."

La habitación quedó en silencio mientras esperaba que mi padre rico o Mike respondieran. El silencio se convirtió en tensión.

"¿Dije algo malo?", pregunté finalmente.

"No", dijo Mike. "Papá y yo hemos estado invirtiendo en un par de nuevos proyectos que son emocionantes, pero creo que es mejor que llames primero a uno de nuestros corredores de bolsa y comiences invirtiendo con él."

Nuevamente se produjo un silencio, interrumpido únicamente por el sonido de los platos y vasos que la sirvienta retiraba de la mesa. Connie, la esposa de Mike, se disculpó y se llevó al bebé a otra habitación.

"No comprendo", dije. Dirigiéndome más a mi padre rico que a Mike, continué: "Todos estos años he trabajado al lado de ustedes construyendo sus negocios. He trabajado por casi nada. Fui a la universidad como tú me aconsejaste y peleé por mi país tal y como dijiste que debía hacer un hombre joven. Ahora que soy lo suficientemente grande y que finalmente tengo unos cuantos dólares para invertir, parecen dudar cuando digo que quiero invertir en lo que ustedes invierten. No comprendo. ¿Por qué el rechazo? ¿Están tratando de despreciarme o alejarme? ¿No quieren que sea rico como ustedes?"

"No se trata de un rechazo", respondió Mike. "Y nosotros nunca te despreciaríamos, ni desearíamos que no obtuvieras una gran riqueza. Es que las cosas son diferentes ahora."

Mi padre rico asintió con la cabeza, lenta y silenciosamente.

"Nos gustaría que invirtieras en lo que nosotros invertimos", dijo finalmente mi padre rico, "pero eso sería contra la ley".

"¿Contra la ley?", repetí con incredulidad. "¿Están ustedes haciendo algo ilegal?"

"No, no", dijo mi padre mientras se reía. "Nosotros nunca haríamos algo ilegal. Es demasiado fácil volverse rico legalmente como para arriesgarse a ir a la cárcel por algo ilegal."

"Y es porque deseamos mantenernos en el lado correcto de la ley que decimos que sería ilegal que invirtieras con nosotros", dijo Mike.

"No es ilegal para Mike y para mí invertir en lo que invertimos. Pero sería ilegal para ti", trató de resumir mi padre.

"¿Por qué?", pregunté.

"Porque no eres rico", dijo Mike, con voz suave y amable. "Aquello en lo que invertimos es sólo para gente rica."

Las palabras de Mike me llegaron directamente. Dado que él era mi mejor amigo, yo sabía que le era difícil decirme esas palabras. Y aunque las dijo de manera tan suave como le fue posible, aun así me hirieron como un cuchillo en el corazón. Yo comenzaba a sentir qué tan grande era la brecha financiera entre nosotros. Aunque su padre y mi padre comenzaron sin nada, él y su padre habían logrado una gran riqueza. Mi padre y yo todavía estábamos "del otro lado de las vías", como reza el dicho. Yo podía sentir que esa gran casa con la adorable playa de arenas blancas estaba todavía muy lejos de mi alcance y que la distancia se medía en más que sólo millas. Me recliné en mi silla y crucé mis brazos en posición meditabunda mientras repasaba nuestras vidas. Ambos teníamos 25 años de edad, pero en muchos sentidos

Mike me llevaba 25 años de ventaja desde el punto de vista financiero. Mi propio padre había sido despedido de su empleo gubernamental y estaba comenzando otra vez desde el principio, a los 52 años de edad. Yo todavía no comenzaba.

"¿Estás bien?", me preguntó amablemente mi padre rico.

"Sí, estoy bien", respondí, haciendo mi mejor esfuerzo para ocultar el dolor que me producía sentirme apenado por mí mismo y por mi familia. "Sólo estoy pensando profundamente y mirando mi interior", dije esbozando una sonrisa valiente.

La habitación estaba en silencio mientras escuchábamos el romper de las olas y la brisa fresca que soplaba por esa bella casa. Mike, mi padre rico y yo nos sentamos allí mientras yo digería el mensaje y su realidad.

"Así que yo no puedo invertir con ustedes porque no soy rico", dije finalmente cuando salí de mi trance. "¿Y si yo invirtiera en lo que ustedes invierten, sería contra la ley?"

Mi padre rico y Mike asintieron. "En algunos casos", agregó Mike.

"¿Y quién hizo esa ley?", pregunté.

"El gobierno federal", respondió Mike.

"La SEC", dijo mi padre rico.

"¿La SEC?", pregunté. "¿Qué es la SEC?"

"La Comisión de Valores y Transacciones*", respondió mi padre rico, "fue creada en 1930 bajo la dirección de Joseph Kennedy, el padre de nuestro finado presidente John Kennedy".

"¿Por qué fue creada?", pregunté.

Mi padre rico rió. "Fue creada para proteger al público de los negociantes, hombres de negocios, corredores e inversionistas sin escrúpulos."

"¿Por qué te ríes?", le pregunté. "Eso parece algo bueno."

---

* A la Comisión de Valores y Transacciones de Estados Unidos se le conoce como SEC por sus siglas en inglés (Securities and Exchange Comission) [N. del E.].

"Sí, es algo muy bueno", dijo mi padre rico, todavía con una risa furtiva. "Antes del *crack* de la bolsa de 1929, muchas inversiones oscuras, dudosas o fraudulentas fueron vendidas al público. Se dijeron muchas mentiras y se difundió mucha desinformación. Así que se integró la SEC para ejercer vigilancia. Se trata de la agencia que ayuda a hacer las reglas, así como a hacerlas cumplir. Desempeña un papel muy importante. Sin la SEC, habría caos."

"¿Entonces por qué te ríes?", insistí.

"Porque aunque protege al público de las malas inversiones, también impide que el público tenga acceso a las mejores inversiones", respondió mi padre rico, con un tono de voz más serio.

"Así que si la SEC protege al público de las peores inversiones y de las mejores inversiones, ¿en qué invierte el público?", pregunté.

"En inversiones *saneadas*", respondió mi padre rico. "Inversiones que siguen los lineamientos de la SEC."

"Bien, ¿y qué hay de malo en eso?", pregunté.

"Nada", dijo mi padre rico. "Creo que es una buena idea. Debemos tener reglas y hacer cumplir las reglas. La SEC se encarga de ello."

"¿Pero por qué te reías?", pregunté. "Te he conocido por muchos años y sé que no has dicho algo que provoca que te rías."

"Ya te lo he dicho", dijo mi padre rico. "Me reí porque al proteger al público de las malas inversiones, la SEC también impide que el público tenga acceso a las mejores inversiones."

"¿Y ésa es una de las razones por las que los ricos se vuelven más ricos?", pregunté dudoso.

"Lo comprendiste", dijo mi padre rico. "Me reí porque veo la ironía en la imagen global. Las personas invierten porque quieren volverse ricas. Pero dado que no son ricas, no se les permite invertir en las inversiones que podrían volverlas ricas. Solamente si eres rico puedes invertir en las inversiones de los ricos. Así que los ricos se vuelven más ricos. Eso me parece irónico."

"¿Pero por qué se hace de esta manera?", pregunté. "¿Es para proteger a los pobres y a la clase media de los ricos?"

"No, no necesariamente", respondió Mike. "Pienso que es para proteger a los pobres y a la clase media de sí mismos."

"¿Por qué dices eso?", pregunté.

"Porque hay más negocios malos que buenos. Si una persona no está consciente, todos los negocios —buenos y malos— le parecerán iguales. Se necesita mucha educación y experiencia para distinguir las inversiones más sofisticadas y clasificarlas en buenas y malas. Ser sofisticado significa que tú tienes la capacidad de saber qué hace que una inversión sea buena y las otras sean peligrosas. Y la mayoría de la gente simplemente no tiene esa educación y experiencia", dijo mi padre rico. "Mike, ¿Por qué no traes el negocio más reciente que estamos considerando?"

Mike se levantó de la mesa, fue a su oficina y regresó con una carpeta de tres argollas de cerca de cinco centímetros de espesor, llena de páginas, imágenes, gráficas y mapas.

"Éste es un ejemplo de algo en que consideraríamos invertir", dijo Mike mientras se sentaba. "Se le conoce como un valor no-registrado o extrabursátil. Esta inversión en particular es llamada en ocasiones un prospecto privado de colocación."

Mi mente quedó en blanco mientras Mike pasaba las páginas y me mostraba las gráficas, tablas, mapas y páginas de texto escrito que describían los riesgos y recompensas de la inversión. Me sentí mareado mientras Mike me explicaba qué estaba buscando y por qué pensaba que ésa era una gran oportunidad de inversión.

Mi padre rico, al advertir mi desazón ante la sobrecarga de información desconocida, detuvo a Mike y dijo: "Esto es lo que yo quería que Robert viera."

Mi padre rico señaló entonces un pequeño párrafo en la parte inicial del libro que decía: "Exenciones de la Ley de Valores de 1933."

"Esto es lo que quiero que comprendas", dijo.

Me incliné para leer la letra menuda que su dedo señalaba. El texto decía:

Esta es una inversión exclusiva para inversionistas acreditados. Se acepta generalmente que un inversionista acreditado es alguien que:
* Tiene un patrimonio neto de un millón de dólares o más, o
* Tiene un ingreso anual de 200 000 dólares o más en los años más recientes (o 300 000 dólares de manera conjunta con su cónyuge) y que tiene la expectativa razonable de alcanzar el mismo nivel de ingreso este año.

Me recliné contra mi asiento y dije: "Ésta es la razón por la que ustedes dicen que yo no puedo invertir en lo que ustedes invierten. Esta inversión es sólo para gente rica."

"O para personas con altos ingresos", dijo Mike.

"No solamente son difíciles los lineamientos, sino que la cantidad mínima que puedes invertir en este negocio es de 35 000 dólares. Eso es lo que cuesta cada 'unidad' de inversión, como se le llama."

"¡35 000 dólares!, dije al pasar saliva. "Esa es una gran cantidad de dinero y un riesgo muy grande. ¿Quieres decir que es lo menos que una persona puede invertir en este negocio?"

Mi padre rico asintió. "¿Cuánto te paga el gobierno como piloto del Cuerpo de Marines?"

"Yo estaba ganando cerca de 12 000 dólares al año por pago de vuelo y pago de combate en Vietnam. No sé realmente cuánto me pagarán ahora aquí, estacionado en Hawaii. Quizá obtenga un pago por costo de vida, pero seguramente no será mucho, y estoy seguro de que no cubrirá el costo de vivir en Hawaii."

"Así que el hecho de que hayas ahorrado esos 3 000 dólares fue realmente un logro", dijo mi padre rico, haciendo su mejor esfuerzo por animarme. "Has ahorrado casi 25% de tu ingreso bruto."

Asentí, aunque en silencio me di cuenta cuán lejos estaba de convertirme en un inversionista acreditado. Me di cuenta de que incluso si me convertía en un general en el Cuerpo de Marines, probablemente no ganaría suficiente dinero para ser considerado un inversionista acreditado. Ni siquiera el presidente de Estados Unidos, a menos de que fuera rico de antemano, podía calificar con base únicamente en su sueldo.

"¿Entonces qué debo hacer?", pregunté finalmente. "¿Por qué simplemente no les entrego mis 3 000 dólares y ustedes lo combinan con su dinero y dividimos las utilidades cuando el negocio dé rendimientos?"

"Podríamos hacer eso", dijo mi padre rico. "Pero yo no lo recomendaría. No para ti, en cualquier caso."

"¿Por qué?", pregunté. "¿Por qué no para mí?"

"Tú ya tienes una buena base de educación financiera. Así que puedes ir más lejos que sólo ser un inversionista acreditado. Si lo deseas, podrías convertirte en un inversionista sofisticado. Entonces encontrarías una riqueza que iría más allá de tus sueños más ambiciosos."

"¿Inversionista acreditado? ¿Inversionista sofisticado? ¿Cuál es la diferencia?", pregunté, sintiendo una chispa de esperanza.

"Buena pregunta", dijo Mike con una sonrisa, al sentir que su amigo estaba superando la depresión.

"Un inversionista acreditado es por definición alguien que califica porque tiene dinero. Por eso al inversionista acreditado se le llama frecuentemente inversionista calificado", explicó mi padre rico. "Pero el dinero por sí solo no te hace calificar como un inversionista sofisticado."

"¿Cuál es la diferencia?", pregunté.

"Bien, ¿viste los titulares del periódico de ayer acerca de la estrella de cine de Hollywood que perdió millones en una estafa de inversión?", preguntó mi padre rico.

Asentí con la cabeza y dije: "Sí, los vi. No sólo perdió millones, sino que además tuvo que pagar a la oficina de impuestos por los ingresos no gravados que dedicó al negocio."

"Bien, ese es un ejemplo de un inversionista acreditado o calificado", continuó mi padre rico. "Pero el solo hecho de que tienes dinero no significa que eres un inversionista sofisticado. Por eso escuchamos a menudo que tantas personas de altos ingresos como doctores, abogados, estrellas de rock y atletas profesionales pierden dinero en inversiones que no son sólidas. Tienen dinero pero carecen de sofisticación. Tienen dinero pero no saben cómo invertirlo de manera segura para obtener grandes utilidades. Todos los negocios les parecen iguales. No pueden distinguir una inversión buena de una mala. La gente como ellos debe quedarse en las inversiones saneadas o contratar a un administrador financiero profesional en quien confíen para invertir en su nombre."

"¿Cuál es tu definición de un inversionista sofisticado?", pregunté.

"Un inversionista sofisticado conoce las tres 'E'," dijo mi padre rico.

"Las tres 'E'," repetí. "¿Qué son las tres 'E'?"

Mi padre rico dio la vuelta al prospecto privado de colocación que estábamos viendo y escribió lo siguiente al reverso de una de las páginas:

1. Educación.
2. Experiencia.
3. Excedente de efectivo.

"Esas son las tres 'E'," dijo al levantar la vista de la página. "Si logras esos tres elementos, te convertirás en un inversionista sofisticado."

Al mirar los tres elementos, dije: "Así que la estrella de cine tenía excedente de efectivo, pero carecía de los dos primeros elementos."

Mi padre rico asintió. "Y existen muchas personas con la educación correcta pero que carecen de experiencia, y sin experiencia en la vida real, frecuentemente carecen del excedente de efectivo."

"La gente dice a menudo: 'Lo sé', cuando les explicas las cosas, pero ellos no hacen lo que saben", agregó Mike. "Nuestro banquero siempre dice: 'Lo sé' en relación con lo que mi padre y yo hacemos, pero por alguna razón, él no hace lo que dice que sabe."

"Y por eso tu banquero carece de excedente de efectivo", dije. Mi padre rico y Mike asintieron.

La habitación quedó en silencio nuevamente cuando terminó nuestra conversación. Los tres nos hundimos en nuestros pensamientos privados. Mi padre rico hizo una seña a la sirvienta para que sirviera más café, y Mike comenzó a guardar la carpeta de argollas. Me senté con los brazos cruzados, mirando el azul intenso del Océano Pacífico desde la bella casa de Mike y contemplando la nueva dirección en mi vida. Yo había terminado mi educación superior como habían deseado mis padres, mis deberes militares terminarían pronto y entonces quedaría en libertad de escoger el mejor camino para mí.

"¿En qué piensas?", preguntó mi padre rico, mientras bebía su taza de café.

"Estoy pensando en qué quiero convertirme ahora que he crecido", respondí.

"¿Y qué es?", preguntó Mike.

"Estoy pensando en que quizá deba convertirme en un inversionista sofisticado", respondí en voz baja. "Lo que sea que eso signifique."

"Esa sería una sabia decisión", dijo mi padre rico. "Has tenido un buen inicio, la base de una educación financiera. Ahora es tiempo de que obtengas alguna experiencia."

"¿Y cómo sabré cuándo tengo suficiente de ambos elementos?", pregunté. "Cuando tengas excedente de efectivo", sonrió mi padre rico.

Con eso, los tres reímos y levantamos nuestros vasos de agua para brindar. "Por el excedente de efectivo."

Mi padre rico brindó entonces: "Y por ser un inversionista sofisticado."

"Por ser un inversionista sofisticado y por el excedente de efectivo", repetí nuevamente en silencio para mis adentros. Me gustó el sonido de esas palabras en mi mente.

El conductor de la limusina de Mike fue llamado y yo regresé a la residencia de oficiales solteros para pensar qué iba a hacer por el resto de mi vida. Yo era un adulto y había cumplido las expectativas de mis padres… expectativas como las de obtener una educación universitaria y servir a mi país durante tiempos de guerra. Ahora era el momento en que yo decidiría lo que quería hacer por mí mismo. La idea de estudiar para convertirme en un inversionista sofisticado me agradaba. Podría continuar mi educación con mi padre rico y obtener la experiencia que yo necesitaba. Esta vez mi padre rico me estaría guiando como adulto.

Veinte años después

Hacia 1993 la riqueza de mi padre rico fue dividida entre sus hijos, sus nietos y sus futuros descendientes. Sus herederos no tendrían que preocuparse por dinero durante los próximos cien años, aproximadamente. Mike recibió los activos del negocio y ha hecho un magnífico trabajo para hacer crecer el monto del imperio financiero de mi padre rico, un imperio financiero que mi padre rico había construido de la nada. Yo lo vi comenzar y crecer durante mi vida.

Me tardé veinte años en lograr lo que consideré que debí haber sido capaz de hacer en diez. Hay algo de verdad en el dicho de que: "El primer millón es el más difícil."

En retrospectiva, ganar un millón de dólares no fue tan difícil. Fue conservar el millón y hacer que trabajara para mí, lo que descubrí que era difícil. Sin embargo, pude retirarme en 1994 a la edad de 47 años, con libertad financiera y suficiente dinero para disfrutar de la vida.

Sin embargo, no fue el retiro lo que encontré emocionante, sino el hecho de ser finalmente capaz de invertir como un inversionista sofisticado. Ser capaz de invertir con Mike y mi padre rico fue una meta que valió la pena lograr. Ese día de 1973, cuando Mike y mi padre rico dijeron que yo no era lo suficientemente rico para invertir con ellos, constituyó un parteaguas en mi vida, y fue el día en que fijé la meta de convertirme en un inversionista sofisticado.

La siguiente es una lista de algunas de las inversiones en que invierten los inversionistas acreditados y los inversionistas sofisticados:

1. Colocaciones privadas.
2. Sindicación de bienes raíces y sociedades de responsabilidad limitada.
3. Pre-ofertas públicas primarias (de valores).
4. Ofertas públicas primarias (aunque están a disposición de todos los inversionistas, generalmente no es fácil tener acceso a las ofertas públicas primarias).
5. Financiamiento a una tasa inferior a la principal.
6. Fusiones y adquisiciones de empresas.
7. Créditos para iniciar negocios.
8. Fondos de protección.

Para el inversionista promedio, estas inversiones son demasiado riesgosas, no porque la inversión en sí misma sea necesariamente riesgosa, sino porque frecuentemente el inversionista promedio carece de educación, experiencia y excedente de capital para saber en qué se está metiendo. Ahora tiendo a tomar partido por la SEC en el sentido de que es mejor proteger a los inversionistas no calificados al restringir su acceso a estos tipos de inversiones, porque yo he cometido algunos errores y he dado pasos en falso a lo largo del camino.

Actualmente, como inversionista sofisticado, invierto en ese tipo de empresas. Si usted sabe lo que está haciendo, el riesgo es muy bajo mientras la retribución potencial puede ser enorme. Inversiones como ésas son en las que los ricos invierten regularmente su dinero.

A pesar de que he tenido algunas pérdidas, las ganancias correspondientes a las inversiones que han salido bien han sido espectaculares, excediendo por mucho las pérdidas. Una tasa de 35% de retribución sobre el capital es normal, pero ocasionalmente se obtienen ganancias de 1 000% o más. Yo prefiero invertir en esas inversiones porque las considero más emocionantes y constituyen un reto mayor. No se trata simplemente de "comprar 100 acciones de esto o 100 acciones de aquello". Tampoco consiste en preguntar: "¿Es la relación entre precio y ganancias alta o baja?" En eso no consiste ser un inversionista sofisticado. Realizar esas inversiones consiste en acercarse mucho a la maquinaria del capitalismo. De hecho, algunas de las inversiones enumeradas son inversiones de capital, que para el inversionista promedio son demasiado riesgosas. En realidad, las inversiones no son riesgosas; son la falta de educación, experiencia y excedente de efectivo lo que hace que el inversionista promedio corra riesgo.

Este libro no trata acerca de inversiones.

Trata acerca del inversionista.

El camino

Este libro no necesariamente trata acerca de inversiones. Trata específicamente acerca del inversionista y del camino para convertirse en un inversionista sofisticado. Se ocupa de cómo puede usted encontrar su propio camino para adquirir las tres "E": educación, experiencia y excedente de efectivo.

Padre rico, padre pobre es un libro sobre mi camino educativo durante la infancia. *El cuadrante del flujo de dinero* es la segunda parte de *Padre rico, padre pobre*, y es sobre mi camino educativo como un adulto joven entre 1973 y 1994. Este libro, *Guía para invertir de mi padre rico* se basa en las lecciones de todos los años anteriores con mis experiencias de la vida real y convierte las lecciones en las tres "E", con el fin de calificar como un inversionista sofisticado.

En 1973 yo apenas tenía 3 000 dólares para invertir y no tenía mucha educación ni experiencia en la vida real. Para 1994 yo me había convertido en un inversionista sofisticado.

Hace cerca de veinte años mi padre rico dijo: "De la misma forma en que hay casas para los ricos, los pobres y la clase media, también hay inversiones para cada uno de ellos. Si usted quiere invertir en las inversiones en que invierten los ricos, tiene que ser más que rico. Necesita convertirse en un inversionista sofisticado, no sólo en una persona rica que invierte."

Las cinco etapas para convertirse en un inversionista sofisticado

Mi padre rico dividió mi programa de desarrollo en cinco fases diferentes, que he organizado en etapas, lecciones y capítulos. Las etapas son:

1. ¿Está preparado mentalmente para ser un inversionista?
2. ¿En qué clase de inversionista quiere convertirse?
3. ¿Cómo puede construir un negocio sólido?
4. ¿Quién es un inversionista sofisticado?
5. Devolver lo recibido

Este libro ha sido escrito como una guía. No le proporcionará respuestas específicas. El propósito es ayudarle a comprender qué preguntas formular. Y si este libro hace eso, habrá cumplido su propósito. Mi padre rico decía:

Usted no puede enseñarle a alguien a ser un inversionista sofisticado. Sin embargo, una persona puede aprender a convertirse en un inversionista sofisticado. Es como aprender a andar en bicicleta. Yo no puedo enseñarle a andar en bicicleta, pero usted puede aprender a andar en bicicleta. Para aprender a andar en bicicleta se necesita riesgo, prueba y error, y una guía adecuada. Lo mismo ocurre con la inversión. Si usted no quiere correr riesgos, entonces quiere decir que no quiere aprender. Y si no quiere aprender, entonces yo no puedo enseñarle.

Si está buscando un libro con consejos sobre inversión, o cómo volverse rico rápidamente, o la fórmula secreta para invertir de los ricos, este libro no es para usted. Este libro trata en realidad acerca del aprendizaje, más que sobre la inversión. Ha sido escrito para personas que estudian acerca de la inversión, estudiantes que buscan su propio camino hacia la riqueza en vez de buscar un camino fácil hacia la riqueza.

Este libro trata de las cinco etapas de desarrollo de mi padre rico, las cinco etapas por las que él pasó y por las que yo estoy pasando actualmente. Si usted es un estudiante de la gran riqueza, quizá advierta mientras lee este libro que las cinco etapas de mi padre rico son las mismas cinco etapas por las que atravesaron los hombres de negocios e inversionistas más ricos del mundo, con el fin de volverse muy, muy ricos. Bill Gates, fundador de Microsoft; Warren Buffet, el inversionista más rico de Estados Unidos; y Thomas Edison, fundador de General Electric: todos pasaron por estas cinco etapas. Son las mismas cinco etapas por las que los jóvenes millonarios y multimillonarios de la nueva generación de internet y las empresas de comercio electrónico están atravesando actualmente, mientras tienen veintitantos o treinta y tantos años. La única diferencia es que debido a la era de la información, estos jóvenes atravesaron las mismas etapas más rápidamente… y quizá usted pueda hacerlo también.

¿Es usted parte de la revolución?

Durante la revolución industrial se crearon vastas fortunas, una gran riqueza y familias mega ricas. Lo mismo está ocurriendo actualmente durante la revolución de la información.

Considero interesante que actualmente tenemos multimillonarios que se han forjado a sí mismos y que tienen veinte, treinta y cuarenta años de edad; y sin embargo tenemos gente de cuarenta y más años que tienen problemas para aferrarse a empleos en que ganan 50 000 dólares al año. Una razón que ocasiona esta gran disparidad es el cambio de la era industrial a la era de la información. Cuando pasamos a la era industrial, personas como Henry Ford y Thomas Edison se volvieron multimillonarias. Hoy en día, al pasar a la era de la información, tenemos a Bill Gates, a Michael Dell, y a los fundadores de las compañías de internet que se convirtieron en multimillonarios. Estos veinteañeros pronto superarán en riqueza a Bill Gates, que es viejo a los 39 años de edad. Ése es el poder de un cambio de eras, el cambio de la era industrial a la era de la información. Se ha dicho que nada es tan poderoso como una idea cuyo momento ha llegado… y nada es tan dañino como alguien que sigue pensando las viejas ideas.

Este libro quizá trate, en su opinión, sobre considerar viejas ideas y posiblemente encontrar nuevas ideas para lograr la riqueza. Tal vez también trate acerca del cambio de paradigma en su vida. Quizá trate acerca de una transición tan radical como el cambio de la era industrial a la era de la información. Quizá trate acerca de que usted defina un nuevo camino financiero para su

vida. Quizá trate acerca de pensar más como una persona de negocios y como un inversionista en vez de como un empleado o un
autoempleado.

Me tardé muchos años en atravesar las etapas y de hecho todavía estoy pasando por ellas. Después de leer este libro, quizá considere atravesar por las mismas cinco etapas o probablemente decida
que este camino de desarrollo no es para usted. Si decide recorrer el
mismo camino, depende de usted qué tan rápido escoja atravesar
por estas cinco etapas de desarrollo. Recuerde que este libro no
trata acerca de la manera de volverse rico rápidamente. La decisión
de someterse a un programa de educación y desarrollo personal
comienza en la primera etapa… la etapa de la preparación mental.

¿Está usted preparado mentalmente para ser un inversionista?

Mi padre rico decía frecuentemente: "El dinero será cualquier cosa
que usted quiera que sea."

Lo que él quería decir es que el dinero proviene de nuestras
mentes, de nuestros pensamientos. Si una persona dice: "Es difícil ganar dinero", probablemente será difícil ganarlo. Si una persona dice: "Ah, yo nunca seré rico", o "es realmente difícil volverse rico", probablemente será verdad para esa persona. Si una
persona dice: "La única manera de volverse rico es trabajar duro",
entonces esa persona probablemente trabajará duro. Si la persona
dice: "Si yo tuviera mucho dinero, lo pondría en el banco porque
no sabría qué hacer con él", entonces probablemente ocurrirá de
esa manera. Usted se sorprendería si supiera cuánta gente piensa
y dice precisamente eso. Y si una persona dice: "Invertir es
riesgoso", entonces lo es. Como decía mi padre rico: "El dinero
será cualquier cosa que usted quiera que sea."

Mi padre rico me advirtió que la preparación mental necesaria
para convertirse en un inversionista sofisticado era probablemen-

te similar a la preparación mental que se requeriría para escalar el monte Everest o para prepararse para el sacerdocio. Él estaba bromeando; pero al mismo tiempo me hacía ver que tal empresa no debía ser tomada a la ligera. Él me dijo:

> Tú comienzas como yo lo hice. Comienzas sin dinero. Todo lo que tienes es la esperanza y el sueño de obtener una gran riqueza. Aunque mucha gente sueña con ello, sólo unos pocos lo logran. Piensa mucho y prepárate mentalmente porque estás a punto de aprender a invertir de una manera que muy pocas personas tienen permitido hacerlo. Verás el mundo de la inversión desde adentro, en vez de verlo desde el exterior. Existen caminos mucho más fáciles en la vida y formas más sencillas de invertir. Así que piénsalo y prepárate si decides que éste es el camino para tu vida.

CAPÍTULO 2

Forjando los cimientos de la riqueza

Fue difícil regresar a la gris y deprimente residencia para oficiales de la base aquella noche. El lugar me había parecido un buen sitio cuando me marché previamente ese día, pero después de pasar la tarde en la nueva casa de Mike, el cuartel parecía barato, viejo y gastado.

Como lo esperaba, mis tres compañeros de habitación estaban bebiendo cerveza y mirando un partido de béisbol en la televisión. Había cajas de pizza y latas de cerveza por todas partes. No dijeron gran cosa cuando pasé rumbo a la habitación que compartíamos. Tan sólo miraron el televisor. Conforme me retiraba a mi cuarto y cerraba la puerta, me sentí afortunado de que todos tuviéramos recámaras privadas. Tenía muchas cosas en qué pensar.

A los 25 años de edad, finalmente me di cuenta de cosas que yo no podía comprender cuando era un niño de nueve años, la edad a la que comencé a trabajar con mi padre rico. Me di cuenta de que mi padre rico había estado trabajando duro durante varios años, forjando los sólidos cimientos de la riqueza. Ellos comenzaron en la parte pobre del pueblo, viviendo frugalmente, construyendo sus negocios, comprando bienes raíces y trabajando en su plan. Ahora yo podía comprender que el plan de mi padre rico era volverse muy rico. Mientras Mike y yo estábamos en la preparatoria, mi padre rico se puso en movimiento al expandirse a diferentes islas de la cadena hawaiana, adquiriendo negocios e inmuebles. Mientras Mike y yo estábamos en la universidad, él realizó una gran operación y se convirtió en uno de los principales inversionistas privados en los negocios de Honolulu y parte de Waikiki. Mientras yo volaba para el Cuerpo de Marines en Vietnam, los cimientos de su riqueza estaban puestos. Se trataba de cimientos sólidos y firmes. Ahora él y su familia estaban disfrutando los frutos de su trabajo. En vez de vivir en uno de los vecindarios más pobres de una isla exterior, ahora vivían en uno de los barrios más ricos de Honolulu. No sólo parecían ricos en la superficie, como ocurría con muchas personas de ese vecindario. Yo sabía que Mike y su padre eran ricos porque me permitieron revisar sus estados financieros auditados. No muchas personas recibían ese privilegio.

Mi verdadero padre, por otra parte, había perdido su empleo. Él había estado subiendo por el escalafón del gobierno estatal, cuando cayó de la gracia de la maquinaria política que gobernaba el estado de Hawaii. Mi padre perdió todo aquello por lo que había trabajado cuando compitió contra su jefe para el cargo de gobernador y perdió. Lo habían colocado en la lista negra del gobierno estatal y estaba tratando de volver a empezar. Él no tenía cimientos de riqueza. A pesar de que tenía 52 años y yo 25, estábamos exactamente en la misma posición financiera. No teníamos dinero. Ambos poseíamos una educación universitaria y podíamos obtener otro empleo, pero en lo que se refiere a activos tangibles, no teníamos nada. Esa noche, recostado en silencio en mi litera, yo sabía que tenía una rara oportunidad de escoger la dirección de mi vida. Digo que se trataba de una oportunidad "rara" porque muy pocas personas tienen la ventaja de comparar los caminos en la vida de dos padres y luego escoger el camino correcto para ellos. Aquella fue una elección que no tomé a la ligera.

Las inversiones de los ricos

A pesar de que muchas cosas pasaron por mi mente esa noche, me intrigaba sobre todo la idea de que hubiera inversiones sólo para los ricos y otras para todos los demás. Recordé que cuando era un niño y trabajaba para mi padre rico, de lo único que él hablaba era de construir su negocio. Pero ahora que era rico, de lo único que hablaba era de sus inversiones… Inversiones para los ricos. Ese día, durante el almuerzo, me había explicado: "La única razón por la que construí mis negocios fue para invertir en las inversiones de los ricos. La única razón por la que tú construyes un negocio es para que tu negocio pueda adquirir tus activos. Sin mis negocios yo no podría invertir en las inversiones de los ricos."

Mi padre rico enfatizó a continuación la diferencia entre un empleado que adquiere una inversión y un negocio que adquiere una inversión. Él dijo: "La mayoría de las inversiones son demasiado caras cuando las adquieres como empleado. Pero son mucho más fáciles de adquirir si mi negocio las adquiere para mí." Yo no sabía qué quería decir con esa afirmación, pero supe que esa distinción era importante. Ahora tenía curiosidad y estaba ansioso por averiguar cuál era la diferencia. Mi padre rico había estudiado la legislación fiscal y corporativa y había encontrado maneras para ganar mucho dinero utilizando las leyes a su favor. Me fui a dormir esa noche, emocionado por la idea de llamar a mi padre rico en la mañana y diciendo en voz baja para mis adentros: "Las inversiones de los ricos."

Las lecciones se reanudan

Cuando era niño yo había pasado muchas horas sentado a la mesa de uno de los restaurantes de mi padre rico, mientras él discutía asuntos de sus negocios. En esas discusiones yo me sentaba y bebía un refresco, mientras mi padre rico hablaba con sus banqueros, contadores, abogados, corredores de bolsa, corredores de bienes raíces, planificadores financieros y agentes de seguros. Ese fue el inicio de mi educación en los negocios. Entre los nueve y dieciocho años de edad pasé horas escuchando a esos hombres y mujeres mientras resolvían complicados problemas de negocios. Sin embargo, esas lecciones en la mesa terminaron cuando me marché por cuatro años a realizar mis estudios universitarios en Nueva York, seguidos por cinco años de servicio con el Cuerpo de Marines. Ahora que mi educación universitaria había concluido y mis deberes militares estaban casi terminados, yo estaba listo para continuar las lecciones con mi padre rico.

Cuando le llamé al día siguiente, él estaba listo para reanudar mis lecciones nuevamente. Había dejado los negocios en manos de Mike y ahora estaba casi retirado. Buscaba algo qué hacer, en vez de jugar golf todo el día.

Cuando yo era joven no sabía a qué padre escuchar en lo que se refería al tema del dinero. Ambos eran hombres buenos y trabajadores. Ambos eran fuertes y carismáticos. Ambos decían que yo debía ir a la universidad y servir a mi país en las fuerzas armadas. Pero no decían las mismas cosas acerca del dinero, ni me dieron los mismos consejos sobre quién debería ser cuando creciera. Ahora podía comparar los resultados de las carreras elegidas por mi padre rico y mi padre pobre.

En *El cuadrante del flujo de dinero*, el libro que sigue a *Padre rico, padre pobre*, mi padre pobre me recomendó: "Ve a la escuela, obtén buenas calificaciones y luego consigue un trabajo seguro con beneficios." Él me estaba recomendando una carrera en esta dirección:

Por otra parte, mi padre rico dijo: "Aprende a construir negocios y a invertir por medio de tus negocios." Él me estaba recomendando una carrera que tenía el siguiente aspecto:

El cuadrante del flujo de dinero trata acerca de las diferencias emocionales básicas y las diferencias técnicas entre las personas que se encuentran en cada uno de los cuadrantes. Esas diferencias emocionales básicas y técnicas son importantes porque determinan en última instancia qué cuadrante tiende a favorecer a una persona, y desde cuál tiende a operar. Por ejemplo, una persona que necesita seguridad laboral muy probablemente buscará ubicarse en el cuadrante "E". Una persona que necesita hacer cosas por cuenta propia se encuentra frecuentemente en el cuadrante "A", el cuadrante de los autoempleados o de los dueños de pequeños negocios. También digo que ese cuadrante es de las personas solas e inteligentes, porque es allí donde se encuentran muchos profesionistas como doctores, abogados, contadores y otros consultores técnicos.

El cuadrante del flujo de dinero explica muchas de las diferencias entre el cuadrante "A" —que es donde opera la mayoría de los dueños de pequeños negocios— y el cuadrante "D", donde se encuentran los dueños de grandes negocios. En este libro nos referiremos con mucho más detalle a las diferencias técnicas, porque es aquí donde se encuentran las diferencias entre los ricos y todos los demás.

Las leyes fiscales son diferentes

Las diferencias entre los cuadrantes desempeñan un papel muy importante en este libro. Las leyes fiscales son diferentes para cada cuadrante. Lo que puede ser legal en un cuadrante es ilegal en otro. Esas sutiles diferencias implican grandes diferencias en lo que se refiere al tema de la inversión. Cuando se refería al tema de la inversión, mi padre rico tenía mucho cuidado al preguntarme en qué cuadrante planificaba ganar mi dinero.

Las lecciones comienzan

Mientras Mike estaba ocupado dirigiendo el imperio, mi padre rico y yo almorzamos en un hotel de la playa Waikiki. Era un día cálido, el océano lucía bello, la brisa era ligera y el ambiente era lo más cercano al paraíso. Mi padre rico quedó impactado cuando me vio entrar con mi uniforme. Nunca me había visto con uniforme. Sólo me había visto cuando era niño, vestido con ropa casual como pantaloncillos cortos, pantalones de mezclilla y camisetas.

Supongo que finalmente se dio cuenta de que yo había crecido desde que abandoné la preparatoria, y para entonces yo había visto mucho mundo y había peleado en una guerra. Yo llevé mi uniforme a nuestra reunión porque estaba entre vuelos y tenía que regresar a la base para volar esa noche.

"Así que eso es lo que has estado haciendo desde que dejaste la preparatoria", dijo mi padre rico.

Asentí con la cabeza y dije: "Cuatro años en la academia militar en Nueva York y cuatro años en el Cuerpo de Marines. Y me falta un año."

"Estoy muy orgulloso de ti", dijo mi padre rico.

"Gracias", respondí. "Pero sería agradable dejar el uniforme militar. Es verdaderamente difícil que esos *hippies* y personas que se oponen a la guerra me escupan o me miren con desprecio, o me llamen 'asesino de bebés'. Sólo espero que esto termine pronto para todos nosotros."

"Estoy contento porque Mike no tuvo que ir", dijo mi padre rico. "Él quería enlistarse pero su mala salud se lo impidió."

"Él fue afortunado", respondí. "Yo perdí suficientes amigos en esa guerra. No me hubiera gustado perder también a Mike."

Mi padre rico asintió con la cabeza y me preguntó: "¿Cuáles son tus planes una vez que termine tu contrato con las fuerzas armadas el próximo año?"

"Bien, tres de mis amigos han recibido ofertas de trabajo como pilotos por parte de líneas aéreas. Es difícil ser contratado en este momento, pero me han dicho que pueden conseguir algo para mí por medio de algunos contactos que tienen."

"¿Así que piensas volar con las líneas aéreas?", preguntó mi padre rico.

Yo asentí lentamente: "Bien, eso es lo que he estado pensando hacer… El sueldo es bueno, así como los beneficios. Además, mi entrenamiento de vuelo ha sido muy intenso", dije. "Me he convertido en un buen piloto después de volar en combate. Si vuelo durante un año con una pequeña aerolínea y obtengo algún tiempo de vuelo con aviones de varios motores, estaré listo para trabajar para las principales líneas aéreas."

"¿Así que eso es lo que piensas hacer?", preguntó mi padre rico.

"No", respondí. "No después de lo que le ha ocurrido a mi padre y después del almuerzo en la nueva casa de Mike. Estuve despierto durante varias horas esa noche y pensé en lo que dijiste acerca de invertir. Me doy cuenta de que si acepto un empleo con las líneas aéreas podría algún día convertirme en un inversionista acreditado. Pero me di cuenta de que quizá nunca iría más allá de ese nivel."

Mi padre rico se sentó en silencio, asintiendo levemente con la cabeza. "Así que entendiste lo que dije", señaló mi padre rico en voz baja.

"Sí", respondí. "Reflexioné sobre todas esas lecciones que me diste cuando era niño. Ahora soy un adulto y esas lecciones tienen un nuevo significado para mí."

"¿Y qué recordaste?", preguntó mi padre rico.

"Recordé que dejaste de pagarme 10 centavos por hora y me hiciste trabajar gratis", respondí. "Recordé la lección de no volverme adicto al sueldo."

Mi padre rico rió para sus adentros y dijo: "Ésa fue una lección muy dura."

"Sí, lo fue", respondí. "Pero fue una gran lección. Mi padre estaba realmente enojado contigo. Pero ahora es él quien está tratando de vivir sin un sueldo. La diferencia es que él tiene 52 años de edad, y yo tenía nueve cuando recibí esa lección. Después de almorzar en casa de Mike, me propuse no pasar mi vida aferrado a la seguridad de un empleo tan sólo porque necesito un sueldo. Por eso dudo que busque un empleo con las aerolíneas. Y ésa es la razón por la que estoy almorzando contigo. Quiero revisar tus lecciones sobre cómo hacer que el dinero trabaje para mí, con el fin de no tener que pasar mi vida trabajando por dinero. Pero esta vez quiero recibir tus lecciones como adulto. Hacer que las lecciones sean más difíciles y me proporcionen más detalles."

"¿Y cuál fue mi primera lección?", preguntó mi padre rico.

"Los ricos no trabajan por dinero", dije inmediatamente. "Ellos conocen la manera de hacer que el dinero trabaje para ellos."

Una gran sonrisa apareció en el rostro de mi padre rico. Él sabía que yo había estado escuchándole durante todos esos años cuando era niño. "Muy bien", dijo. "Y ésa es la base para convertirte en inversionista. Todo lo que hacen los inversionistas es aprender cómo hacer que su dinero trabaje para ellos."

"Y eso es lo que quiero aprender", dije en voz baja. "Quiero aprender y quizá enseñarle a mi padre lo que tú sabes. Él está en muy mala situación en este momento, tratando de volver a empezar a los 52 años de edad."

"Lo sé", dijo mi padre rico. "Lo sé."

De manera que en un día soleado, mientras los jóvenes se deslizaban sobre las bellas olas de un océano azul intenso, comenzaron mis lecciones sobre inversión. Las lecciones se dividían en cinco etapas, y cada etapa me llevaba a un nivel más alto de comprensión… Comprensión sobre el proceso de pensamiento de mi padre rico y de su plan de inversión. Las lecciones comenzaron al prepararme mentalmente y asumir el control de mí mismo… Porque de cualquier manera ése es el único lugar donde la inversión tiene lugar en realidad. La inversión comienza y termina en última instancia al asumir el control sobre uno mismo.

Las lecciones sobre inversión en la primera etapa del plan de inversión de mi padre rico tratan sobre la preparación mental necesaria antes de comenzar a invertir realmente . Mientras descansaba en mi litera esa noche de 1973, en una sórdida habitación de la base militar, mi preparación mental había comenzado. Mike fue muy afortunado al tener un padre que acumuló una gran riqueza. En muchas maneras me llevaba una ventaja de 50 años. Yo aún estaba por comenzar. Esa noche comencé mi preparación mental al tomar una decisión entre la seguridad de un empleo, como lo escogió mi padre pobre, o forjar los cimientos de la verdadera riqueza, como eligió mi padre rico. Allí es donde el proceso de inversión comienza en verdad, y donde comienzan las lecciones sobre inversión de mi padre rico. Comienzan con una decisión muy personal; una elección mental entre ser rico, pobre o pertenecer a la clase media. Es una decisión importante, porque cualquiera que sea la posición financiera en la vida que usted elija —ya sea rico, pobre o de clase media—, entonces todo cambia en su vida.

Lección # 1: La elección

Las lecciones de mi padre rico sobre inversión comenzaron. En lo que se refiere al dinero y la inversión, las personas tienen tres razones fundamentales u opciones para invertir. Son las siguientes:

1. Para estar seguro
2. Para estar cómodo
3. Para ser rico

Mi padre rico agregó: "Las tres opciones son importantes. La diferencia en la vida de uno tiene lugar cuando las opciones están priorizadas." Continuó diciendo que la mayoría de la gente gana su dinero y elige sus inversiones en ese orden preciso. En otras palabras, la primera opción en lo que se refiere a las decisiones de dinero es la seguridad, la segunda es la comodidad y la tercera es para ser ricos. Esa es la razón por la que la mayoría de la gente hace que la seguridad en el empleo constituya su más alta prioridad. Después de que tienen una profesión o un trabajo seguro, entonces se concentran en la comodidad. La última elección para la mayoría de la gente es la de ser ricos.

Ese día en 1973, mi padre rico dijo: "La mayoría de la gente sueña con volverse rica, pero esa no es su primera elección." Agregó:

Sólo tres de cada 100 personas en Estados Unidos son ricas debido a la prioridad de sus opciones. Para la mayoría de la gente, si volverse rica perturba su comodidad o la hace sentirse insegura, prefiere no volverse rica. Esa es la razón por la que mucha gente quiere obtener un consejo para invertir. Las personas que tienen a la seguridad y la comodidad como sus dos primeras opciones buscan maneras de volverse ricas rápidamente, con formas fáciles, cómodas y libres de riesgos. Unas cuantas personas se vuelven ricas en una inversión afortunada, pero las demás frecuentemente lo pierden todo otra vez.

Ricos o felices

A menudo escucho a personas que dicen: "Yo prefiero ser feliz a ser rico." Ese comentario siempre me ha sonado muy extraño, porque yo he sido tanto rico como pobre. Y en ambas posiciones financieras he sido tanto feliz como infeliz. Me pregunto por qué la gente piensa que debe de escoger entre la felicidad y la riqueza.

Cuando reflexiono acerca de esta lección, se me ocurre que lo que la gente dice en realidad es: "Yo prefiero sentirme seguro y cómodo a ser rico." Eso se debe a que si ellos se sienten inseguros o incómodos, no son felices. En mi caso, yo estaba dispuesto a sentirme inseguro e incómodo con el fin de ser rico. Yo he sido rico y pobre, así como feliz e infeliz. Pero puedo asegurarle que cuando yo era pobre e infeliz, fui mucho más infeliz que cuando era rico e infeliz.

Tampoco he podido comprender la afirmación: "El dinero no brinda la felicidad". Aunque hay algo de verdad en ella, siempre he notado que cuando tengo dinero me siento muy bien. El otro día encontré un billete de diez dólares en el bolsillo de mis pantalones de mezclilla. A pesar de que solamente eran diez dólares, me sentí muy contento al encontrarlos. Recibir dinero siempre me ha hecho sentir mejor que recibir una cuenta por dinero que debo.

Al menos ésa es mi experiencia con el dinero. Me siento feliz cuando lo recibo y triste cuando tengo que desprenderme de él.

De regreso en 1973, puse mis prioridades en este orden:

1. Ser rico
2. Sentirme cómodo
3. Sentirme seguro

Como afirmé anteriormente, en lo que se refiere al dinero y la inversión, las tres prioridades son importantes. El orden en que usted las coloque es una decisión muy personal que debe tomarse antes de comenzar a invertir. Mi padre pobre colocó "sentirme seguro" como su prioridad número uno, y mi padre rico colocó "ser rico" como su prioridad número uno. Antes de comenzar a invertir, es importante decidir cuáles son sus prioridades.

Prueba de actitud mental

Ser rico, sentirse cómodo y seguro son realmente valores personales fundamentales. Ninguno es mejor que el otro. Sin embargo, yo sé que hacer la elección de qué valores fundamentales son más importantes para usted, frecuentemente tiene un impacto de largo plazo sobre el tipo de vida que escoge. Por eso es muy importante saber cuáles son los valores fundamentales que son más importantes para usted, especialmente en lo que se refiere al tema del dinero y la planificación financiera.

De manera que su prueba de actitud mental es:

Escriba en orden de relevancia qué valores fundamentales son más importantes para usted:

1. _____

2. _____

3. _____

Algunos de ustedes quizá necesiten examinar sus verdaderos sentimientos. Platique seriamente con su esposa (o esposo), o con su mentor. Haga una lista de "pros" y "contras". Saber cuáles son sus prioridades personales le permitirá evitar muchas decisiones difíciles y noches en vela más adelante.

Una de las razones por las que la regla de 90-10 en cuestiones de dinero es verdadera, es porque 90% de la gente escoge la comodidad y la seguridad sobre la opción de volverse rica.

CAPÍTULO 4

Lección # 2: ¿Qué clase de mundo ve usted?

Una de las diferencias más claras entre mi padre rico y mi padre pobre consistía en la clase de mundo que cada uno de ellos veía. Mi padre pobre siempre veía un mundo de escasez financiera. Esa visión se reflejaba cuando él decía: "¿Crees que el dinero crece en los árboles?", o "¿crees que estoy hecho de dinero?", o "no puedo comprarlo".

Cuando pasé algún tiempo con mi padre rico comencé a darme cuenta de que él veía un mundo completamente diferente, un mundo con demasiado dinero. Esa visión se reflejaba cuando él decía: "No te preocupes por el dinero. Si hacemos las cosas co rrectas, siempre habrá dinero suficiente", o "no dejes que no tener dinero sea una excusa para no obtener lo que deseas".

En 1973, durante una de las lecciones de mi padre rico, él dijo: "Existen sólo dos tipos de problemas de dinero. Un problema consiste en no tener suficiente dinero. El otro problema consiste en tener demasiado dinero. ¿Qué tipo de problema quieres tener?"

En mis clases sobre inversión dediqué mucho tiempo a este tema. La mayoría de la gente proviene de familias donde el problema de dinero consistía en que no había suficiente. Dado que el dinero es sólo una idea, si la idea que usted tiene es que no hay suficiente dinero, entonces es lo que ocurrirá en realidad. Una de las ventajas que tuve, al provenir de dos familias, es que pude ver ambos tipos de problemas… Y tenga usted la certeza de que ambos son problemas. Mi padre pobre siempre tuvo el problema de no tener suficiente dinero, y mi padre rico siempre tuvo el problema de tener demasiado dinero.

Mi padre rico tenía un comentario sobre ese extraño fenómeno. Decía:

> La gente que se vuelve rica de manera repentina —debido a que reciben una herencia, tienen suerte en los casinos de Las Vegas o ganan la lotería—, se vuelve pobre nuevamente de manera repentina, porque psicológicamente todo lo que conocen es un mundo en el que no hay suficiente dinero. Así que pierden toda esa riqueza que ganaron súbitamente y repiten el único mundo del dinero que conocen: un mundo en que no hay suficiente dinero.

Uno de mis problemas personales fue desprenderme de la idea de que el mundo era un mundo en que no había suficiente dinero. A partir de 1973 mi padre rico hizo que me diera cuenta de cuáles eran mis pensamientos en lo que se refiere a temas relacionados con el dinero, trabajar y volverme rico. Mi padre rico verdaderamente creía que los pobres seguían siendo pobres simplemente porque ése era el único mundo que conocían. Mi padre rico decía: "Cualquiera que sea tu realidad acerca del dinero en tu interior, ésa será tu realidad acerca del dinero en el exterior. No puedes cambiar tu realidad exterior a menos que cambies primero tu realidad interior acerca del dinero."

Mi padre rico delineó una vez lo que consideraba que eran las causas de la escasez como diferencias en las actitudes de las personas:

1. Mientras más seguridad necesite, mayor escasez habrá en su vida.

2. Mientras más competitivo sea, mayor escasez habrá en su vida. Ésta es la razón por la que las personas compiten por empleos y ascensos en el trabajo y compiten por las calificaciones en la escuela.

3. Para ganar mayor abundancia, una persona requiere más aptitudes y necesita ser más creativa y cooperativa. Las personas creativas, que tienen buenas aptitudes financieras y de negocio, y que son cooperativas, a menudo tienen vidas de creciente abundancia financiera.

Yo podía ver esas diferencias en las actitudes de mis dos padres. Mi verdadero padre siempre me alentó a jugar a lo seguro y a buscar la seguridad. Mi padre rico me alentó a desarrollar mis aptitudes y a ser creativo. La segunda mitad de este libro trata sobre de la manera de aprovechar sus ideas creativas y crear un mundo de abundancia, en lugar de un mundo de escasez.

Durante nuestras pláticas acerca de la escasez, mi padre rico sacaba una moneda y me decía:

Cuando una persona dice: "No puedo comprarlo", sólo ve un lado de la moneda. En el momento en que dices: "¿Cómo puedo comprarlo?", comienzas a ver el otro lado. El problema es que incluso cuando la gente ve el otro lado, lo ve sólo con sus ojos. Por eso la gente pobre ve a los ricos hacer lo que hacen en la superficie, pero no puede ver lo que hacen en el interior de sus mentes. Si deseas ver el otro lado de la moneda, tienes que ver lo que ocurre en el interior de la mente de una persona muy rica.

La segunda mitad de este libro trata sobre lo que ocurre en la mente de una persona.

Varios años después, cuando los ganadores de la lotería comenzaron a quebrar, le pregunté a mi padre rico por qué ocurría eso. Su respuesta fue:

Una persona que repentinamente obtiene mucho dinero y luego va a la bancarrota, quiebra porque todo lo que puede ver es un lado de la moneda. En otras palabras, maneja el dinero de la misma forma que siempre lo ha hecho, lo cual es la razón por la que era pobre o tenía dificultades anteriormente. Esas personas sólo ven un mundo en el que no hay suficiente dinero. La cosa más segura que una persona puede hacer es sólo colocar el dinero en el banco y vivir de los intereses. La gente que puede ver el otro lado de la moneda tomará el dinero y lo multiplicará de manera rápida y segura. Puede hacerlo porque ve el otro lado de la moneda, el lado de la moneda donde existe un mundo en que hay demasiado dinero y utiliza el dinero para llegar al otro lado más rápido, mientras todos los demás lo utilizan para volverse más pobres rápidamente.

A finales de los ochenta, después de que mi padre rico se retiró y dejó su imperio en manos de Mike, me llamó para sostener una reunión de información. Antes de la reunión me mostró un estado bancario en que tenía 39 millones de dólares en efectivo. Yo pasé saliva cuando me dijo: "Y éste es sólo en un banco. Estoy retirado ahora porque sacar este dinero de mis bancos y dirigirlo a inversiones más productivas constituye un trabajo de tiempo completo que se vuelve más difícil cada año."

Al terminar la reunión, mi padre rico dijo:

Pasé años entrenando a Mike para construir la maquinaria que produce todo este dinero. Ahora que estoy retirado, él está dirigiendo la maquinaria que yo construí. La razón por la que puedo retirarme con confianza es porque Mike conoce, no sólo la manera en que funciona la maquinaria, sino que puede arreglarla si se descompone. La mayoría de los hijos de los ricos pierden el dinero de sus padres porque, a pesar de que crecieron en un ambiente de extrema riqueza, nunca aprendieron realmente a construir una maquinaria o arreglarla si se descomponía. De hecho, muchos de esos hijos de familias ricas son las personas que descomponen la maquinaria. Crecieron en el lado rico de la moneda, pero nunca aprendieron lo que se requiere para llegar a ese lado. Tú tienes una oportunidad, con mi guía, de hacer la transición y permanecer en el otro lado.

Gran parte del proceso de asumir el control de mí mismo consistió en asumir el control sobre mi realidad interna acerca del dinero. Yo tuve que recordarme constantemente que existe un mundo en el que hay demasiado dinero, porque en mi corazón y en mi alma frecuentemente me sentí como una persona pobre.

Uno de los ejercicios que mi padre rico me pidió que hiciera siempre que sentía pánico en mi corazón y mi estómago (la clase de pánico que proviene del miedo de no tener suficiente dinero) consistía simplemente en decir: "Existen dos clases de problemas de dinero. Un problema consiste en no tener suficiente dinero; el otro consiste en tener demasiado dinero. ¿Qué problema quiero tener?" Yo me formulaba mentalmente esa pregunta, incluso a pesar de que en el fondo de mi ser sentía pánico financiero.

No soy una de esas personas optimistas o de las que creen en el poder de la autoafirmación. Me formulaba esa pregunta para combatir el punto de vista sobre el dinero que había heredado. Una vez que lograba calmarme, le pedía a mi mente que comenzara a encontrar las soluciones a cualquier cosa que representaba un reto financiero para mí en ese momento. Las soluciones podían consistir en buscar nuevas respuestas, encontrar nuevos asesores, o asistir a clases sobre un tema en el que yo era débil. El principal propósito al combatir mi pánico interno era permitir que me calmara de manera que pudiera avanzar nuevamente.

He notado que la mayoría de la gente permite que su pánico acerca del dinero los derrote y dicte los términos y condiciones de su vida. Por lo tanto, permanece aterrada acerca del riesgo y el dinero. Como escribí en *El cuadrante del flujo de dinero*, las emociones de las personas frecuentemente dirigen sus vidas. Emociones como el miedo y la duda conducen a una baja autoestima y a la falta de confianza en uno mismo.

A principios de los noventa, Donald Trump tenía deudas personales por casi mil millones de dólares y sus deudas corporativas ascendían a nueve mil millones de dólares. Un periodista le preguntó a Trump si estaba preocupado. Trump respondió: "La preocupación es una pérdida de tiempo. La preocupación constituye un obstáculo que no permite trabajar para resolver esos problemas." Yo he advertido que una de las principales razones por las que la gente no es rica es que se preocupa demasiado acerca de cosas que quizá nunca ocurrirán.

La segunda lección sobre inversión de mi padre rico consistía en decidir mentalmente ver ambos mundos: uno en el que no hay suficiente dinero y otro en el que hay demasiado. A continuación, mi padre rico señaló la importancia de un plan financiero. Él creía poderosamente en la importancia de tener un plan financiero, tanto en el momento en que no se tiene suficiente dinero, como en el que se tiene demasiado. Él decía: "Si usted no tiene un plan para el momento en que tenga demasiado dinero, entonces perderá todo su dinero y regresará al único plan que conoce, y que es el plan que conoce 90% de la población: un mundo en el que no hay suficiente dinero."

Seguridad y escasez

Mi padre rico decía:

Mientras más busca una persona la seguridad, más escasez tendrá en su vida. La seguridad y la escasez van de la mano. Por eso la gente que busca la seguridad de un empleo o las garantías, frecuentemente es la gente con menos abundancia en su vida. Una de las razones por las que la regla de 90-10 del dinero es verdadera es porque la mayoría de la gente pasa su vida buscando más seguridad en vez de procurar más aptitudes financieras. Mientras más aptitudes financieras tenga usted, mayor abundancia tendrá en su vida.

Fueron esas aptitudes financieras las que le dieron a mi padre rico el poder para comenzar a adquirir algunas de las propiedades inmobiliarias más valiosas en Hawaii, a pesar de que tenía muy poco dinero. Esas mismas aptitudes financieras le dan a la gente el poder de aprovechar una oportunidad y convertirla en millones de dólares. La mayoría de la gente puede ver las oportunidades, pero simplemente no puede convertir esas oportunidades en dinero, y por eso frecuentemente busca incluso mayor seguridad. Mi padre rico también decía:

> Mientras más busca una persona la seguridad, menos capacidad tiene de ver las oportunidades que abundan. Esas personas sólo pueden ver un lado de la moneda, y nunca ven el otro. Por eso, mientras más buscan la seguridad, menos oportunidad ven del otro lado de la moneda. Como dijo una vez el gran beisbolista Yogi Berra: "Si te ponchan sólo 7 de cada 10 veces, puedes llegar al Salón de la Fama." En otras palabras, si bateo mil veces a lo largo de su carrera en el béisbol, y si fue ponchado sólo en 700 ocasiones, ingresaría al Salón de la Fama. Después de leer la cita de Yogi Berra, mi padre rico dijo: "La mayoría de la gente está tan consciente de la seguridad, que se pasan la vida evitando que los ponchen una sola vez."

Prueba de actitud mental

Provengo de una familia que veía el mundo como un lugar en el que no había suficiente dinero. Mi reto personal consistió en recordarme constantemente que existía otra clase de mundo y que yo necesitaba conservar la mente abierta para ver un mundo en que existían ambas posibilidades para mí.

De manera que su prueba de actitud mental es:

1. ¿Puede usted ver que es posible que existan dos mundos diferentes en lo referente al dinero? Un mundo en el que no existe suficiente dinero, y otro en el que existe demasiado.

Sí _____ **No** _____

2. Si vive actualmente en un mundo en que no existe suficiente dinero, ¿está dispuesto a ver la posibilidad de vivir en un mundo en que exista demasiado dinero?

Sí _____ **No** _____

CAPÍTULO 5

Lección # 3: ¿Por qué es desconcertante invertir?

Un día estaba yo esperando en la oficina de mi padre rico, mientras él hablaba por teléfono. Estaba diciendo cosas como: "¿Así que compraste acciones hoy?"; "Si la tasa principal se desploma, ¿qué vas a hacer con la diferencia?"; "Muy bien, muy bien, muy bien, ahora comprendo que estás comprando una opción para cubrir esa posición"; "¿Vas a vender en corto esas acciones? ¿Por qué no utilizas una opción de venta en vez de vender en corto?"

Después de que mi padre rico colgó el teléfono, le dije: "No tengo idea de qué estabas hablando. La inversión parece muy desconcertante."

Mi padre rico sonrió y dijo: "De lo que estaba hablando no era en realidad sobre inversión."

"¿No era sobre inversión? ¿Entonces sobre qué hablabas? Sonaba parecido a como suenan los inversionistas en la televisión y en las películas."

Mi padre rico rió y dijo: "En primer lugar, invertir significa diferentes cosas para diferentes personas. Por eso parece tan desconcertante. Lo que la mayoría de la gente llama *invertir* no es en realidad invertir. Las personas hablan sobre cosas diferentes, y sin embargo piensan que están hablando de lo mismo."

"¿Qué?", pregunté, con un gesto en mi rostro. "¿La gente habla sobre cosas diferentes y sin embargo piensan que están hablando de lo mismo?"

Nuevamente mi padre rico rió. La lección había comenzado.

Invertir significa cosas diferentes para personas diferentes

Conforme mi padre rico daba inicio a la lección ese día, en varias ocasiones hizo énfasis en ese aspecto principal. La inversión significa diferentes cosas para diferentes personas. Los siguientes son algunos puntos destacados de esta importante lección.

Diferentes personas invierten en diferentes cosas

Mi padre rico me explicó algunas diferencias con respecto al valor.

a. Algunas personas invierten en familias grandes. Una gran familia constituye una forma de asegurar el cuidado de los padres durante la vejez.

b. La gente invierte en una buena educación, la seguridad en el empleo y los beneficios. El individuo y sus aptitudes en el mercado constituyen los activos.

c. Algunas personas invierten en activos externos. En Estados Unidos, cerca de 45% de la población tiene acciones en compañías. Este número está creciendo conforme la gente se da cuenta de que la seguridad en el empleo y el trabajo de por vida están cada vez menos garantizados.

Existen muchos diferentes productos de inversión

La siguiente es una muestra de algunos de los diferentes tipos de inversión.

a. Acciones, obligaciones, fondos de inversión, bienes raíces, seguros y fianzas, mercancías, ahorros, artículos de colección, metales preciosos, fondos de protección, etcétera.

b. Cada uno de esos grupos puede ser dividido en diferentes subgrupos. Pongamos como ejemplo las acciones.

c. Existen diferentes tipos de inversión, cada uno diseñado para hacer algo diferente. Ésa es otra razón por la que el tema de la inversión es tan desconcertante.

Las acciones pueden subdividirse en:

1. Comunes
2. Preferentes
3. Con garantías
4. De compañías pequeñas
5. De grandes compañías acreditadas
6. Convertibles
7. Técnicas
8. Industriales
9. Etcétera

Las propiedades inmobiliarias pueden subdividirse en:

1. Unifamiliares
2. Oficinas comerciales
3. Locales comerciales
4. Multifamiliares
5. Almacenes
6. Industriales
7. Terrenos sin desarrollar
8. Terrenos con acceso a la calle
9. Etcétera

Los fondos de inversión pueden subdividirse en:

1. Indizados
2. Especulativos

3. Sectoriales

4. De ingreso

5. De instrumentos de deuda

6. Balanceados

7. De bonos municipales

8. País

9. Etcétera

Los seguros y fianzas pueden subdividirse en:

1. De vida integrales, a plazo, variables

2. Universales, universales variables

3. Mixtos (integrales y a plazo en una póliza)

4. Primero, segundo o último en morir

5. Fianzas para un acuerdo de compra-venta

6. Utilizados para compensación diferida y bonos ejecutivos

7. Fianzas para impuestos a la propiedad

8. Utilizados para beneficios de retiro no calificados

9. Etcétera

Existen diferentes procedimientos de inversión

Mi padre rico utilizaba la palabra "procedimiento" para describir la técnica, método o fórmula para comprar, vender, comerciar o conservar esos productos de inversión. Los siguientes son algunos tipos de procedimiento de inversión diferentes.

1. Comprar, conservar y rezar (a largo plazo)

2. Comprar y vender (comerciar)

3. Vender y luego comprar (vender en corto)

4. Comprar y vender opciones (comerciar)

5. Promediar el costo de compra (a largo plazo)

6. Futuros (comerciar sin tomar posición)

7. Ahorrar (recolectar)

Muchos inversionistas se clasifican de acuerdo con sus procedimientos y tipos de inversión. Por ejemplo:

1. Yo soy un comerciante de acciones
2. Yo especulo con bienes raíces
3. Yo colecciono monedas raras
4. Yo opero con opciones de compra a futuro de mercancías
5. Yo especulo con acciones
6. Yo creo en tener el dinero en el banco

Éstos son ejemplos de diferentes tipos de inversionistas, los productos en que se especializan y sus procedimientos de inversión. Todo esto se agrega a la confusión existente sobre el tema de la inversión debido a que bajo el título de inversión existen en realidad personas que son:

a. Jugadores
b. Especuladores
c. Comerciantes
d. Ahorradores
e. Soñadores
f. Perdedores

Muchos de esos individuos se llaman a sí mismos inversionistas, y técnicamente lo son, por lo que el tema de la inversión es aún más confuso.

Nadie es experto en todo

"Invertir significa diferentes cosas para diferentes personas." Mi padre rico también decía: "No existe una persona que pueda ser un experto en todo el tema. Existen muchos productos diferentes y muchos procedimientos de inversión diferentes."

Todos tienen un sesgo

Una persona que sabe de acciones bursátiles diría: "Las acciones son su mejor inversión." Una persona que sabe de bienes raíces diría: "Los bienes raíces son la base de toda riqueza." Alguien que odia el oro diría: "El oro es una mercancía obsoleta."

A continuación usted agrega el sesgo y queda realmente confundido. Algunas personas dicen: "Diversifique. No ponga todos los huevos en una canasta", y otros, como Warren Buffet, el inversionista más importante de Estados Unidos, dice: "No diversifique. Ponga todos los huevos en una canasta y cuide estrechamente esa canasta."

Todos estos sesgos personales de los llamados "expertos" se suman a la confusión que rodea el tema de la inversión.

Mismo mercado, diferentes direcciones

A la confusión se agrega el hecho de que cada uno tiene una opinión diferente sobre la dirección del mercado y el futuro del mundo. Si usted ve las estaciones de televisión especializadas en noticias financieras, aparece un llamado "experto" que dice: "El mercado está sobrecalentado. Se desplomará en las próximas seis semanas." Diez minutos después aparecerá otro experto que dice: "El mercado está listo para subir todavía más. No habrá desplome."

Llegar tarde a la fiesta

Un amigo mío me preguntó recientemente: "Cada vez que escucho hablar de una acción bursátil atractiva, el precio está bajando para el momento en que la compro. De manera que compro las acciones caras porque se trata de acciones de las que todos hablan y un día después el precio está bajando. ¿Por qué llego siempre tarde a la fiesta?"

Otra queja que escucho frecuentemente es la siguiente: "El

precio de las acciones baja, por lo que las vendo y al día siguiente el precio sube. ¿Por qué ocurre eso?"

Yo le llamo a esto el fenómeno de "llegar tarde a la fiesta" o el fenómeno de "vender demasiado pronto". El problema con invertir en algo porque es popular o está clasificado como el fondo número uno durante los últimos dos años, es que los verdaderos inversionistas ya han ganado su dinero en esa inversión. Ellos participaron temprano y se salieron al llegar al precio más alto. Nada es más frustrante para mí que escuchar a alguien que dice: "Compré las acciones a dos dólares cada una y ahora están a 35 dólares." Esas historias o consejos no me sirven de nada y sólo me frustran. Por eso hoy en día, cuando escucho esas historias de riqueza instantánea y dinero ganado rápidamente en el mercado, simplemente me alejo y prefiero no escuchar… Porque esas historias no son en realidad historias sobre invertir.

Por eso invertir es desconcertante

Mi padre rico decía a menudo:

Invertir es desconcertante porque se trata de un tema muy amplio. Si mira a su alrededor, verá que la gente ha invertido en diferentes cosas. Observe sus aparatos domésticos. Todos esos son productos fabricados por compañías en que ha invertido la gente. Usted recibe la electricidad de una compañía de servicios en que ha invertido la gente. Una vez que haya comprendido lo anterior, observe su automóvil, la gasolina, los neumáticos, los cinturones de seguridad, los limpiadores del parabrisas, las bujías, los caminos, las líneas en el camino, sus refrescos, los muebles de su casa, el centro comercial en que se encuentra su tienda favorita, los edificios de oficinas, el banco, los hoteles, el aeroplano que pasa volando, la alfombra en el aeropuerto, etc. Todas esas cosas están allí porque alguien ha invertido en el negocio o construcción que le proporciona a usted las cosas que constituyen la vida civilizada. De eso trata en realidad la inversión.

Mi padre rico a menudo concluía sus lecciones sobre inversión con esta frase: "Invertir es un tema muy desconcertante para la mayoría de la gente porque aquello a lo que la mayoría llama invertir no es realmente invertir."

En el siguiente capítulo narro cómo mi padre rico me guió a disminuir la confusión y a conocer lo que es realmente invertir.

Prueba de actitud mental

Invertir es un tema muy amplio en que muchas personas diferentes tienen opiniones diferentes.

1. ¿Se da usted cuenta de que invertir significa diferentes cosas para diferentes personas?

Sí _____ **No** _____

2. ¿Se da usted cuenta de que ninguna persona puede saber todo lo relacionado con el tema de las inversiones?

Sí _____ **No** _____

3. ¿Se da usted cuenta de que una persona puede decir que una inversión es buena y otra persona puede decir que la misma inversión es mala, y que ambos pudieran tener puntos de vista válidos?

Sí _____ **No** _____

4. ¿Está usted dispuesto a mantener la mente abierta en relación con el tema de la inversión y a escuchar diferentes puntos de vista sobre el tema?

Sí _____ **No** _____

5. ¿Está usted consciente de que concentrarse en productos y procedimientos específicos no necesariamente es invertir?

Sí _____ **No** _____

6. ¿Se da usted cuenta de que un producto de inversión que es bueno para una persona, puede no ser bueno para usted?

Sí _____ **No** _____

CAPÍTULO 6

Lección # 4: La inversión es un plan, no un producto o proceso

A menudo me formulan preguntas como: "Tengo 10 000 dólares para invertir. ¿En qué me recomienda que invierta?" Y mi respuesta estándar es: "¿Tiene usted un plan?"

Hace unos meses me encontraba en una estación de radio en San Francisco. El programa trataba sobre el tema de las inversiones y el anfitrión era un corredor de bolsa local muy popular. Recibimos una llamada de una persona del auditorio que quería un consejo sobre inversión. "Tengo 42 años de edad, tengo un buen empleo, pero no tengo dinero. Mi madre tiene una casa valiosa. Su casa vale cerca de 800 000 dólares y ella debe solamente 100 000 dólares de hipoteca. Me ha dicho que me permitiría utilizar su casa como garantía para obtener un préstamo, con el fin de que pueda comenzar a invertir. ¿En qué considera usted que debo invertir? ¿Debe ser en acciones o bienes raíces?"

Nuevamente mi respuesta fue: "¿Tiene usted un plan?"

"No necesito un plan", fue la respuesta. "Yo sólo quiero que me diga en qué invertir. Quiero saber si usted piensa que el mercado de bienes raíces es mejor que el mercado de valores."

"Yo sé que eso es lo que usted quiere saber… ¿Pero tiene un plan?", volví a preguntarle, tan amablemente como fue posible.

"Le dije que no necesito un plan", respondió la persona que llamaba. "Le dije que mi madre me dará el dinero, así que tengo el dinero. Por eso no necesito un plan. Estoy listo para invertir. Yo sólo quiero saber qué mercado considera usted que es mejor, el mercado de valores o el mercado inmobiliario. También quiero saber cuánto dinero de mi madre debo gastar en mi nueva casa. ¡Los precios están subiendo tan rápidamente aquí en el área de la Bahía que no quiero esperar más!"

Decidí tomar otro camino y le pregunté: "Si usted tiene 42 años de edad y tiene un buen empleo, ¿cuál es la razón por la que no tiene dinero? Y si usted pierde el dinero de su madre, ¿puede ella seguir viviendo en esa casa con la nueva deuda? Y si usted pierde su empleo o el mercado se desploma, ¿puede usted vivir en la nueva casa si no puede venderla por lo que pagó por ella?"

Ante cerca de 400 000 radioescuchas vino su respuesta: "Eso no le interesa. Yo pensé que usted era un inversionista. Usted no necesita meterse en mi vida privada para darme consejos sobre inversión. Y no meta a mi madre en esto. Todo lo que quiero son consejos sobre inversiones, no consejos personales."

Los consejos sobre inversiones son consejos personales

Una de las lecciones más importantes que aprendí de mi padre rico era que "invertir es un plan, no un producto ni un proceso". Él decía a continuación: "La inversión es un plan muy personal."

Durante una de mis lecciones sobre inversiones, me preguntó: "¿Sabes por qué hay tantos tipos diferentes de automóviles y camiones?"

Yo pensé la respuesta por un rato y finalmente contesté: "Creo que porque existen muchos tipos diferentes de personas, y las personas tienen necesidades diferentes. Una persona soltera quizá no necesita una gran camioneta para nueve pasajeros, pero una familia con cinco hijos necesitaría una. Y un granjero prefiere tener una camioneta que un auto deportivo."

"Correcto", dijo mi padre rico. "Y por eso a los productos de inversión se les llama frecuentemente 'vehículos' de inversión."

"¿Se les llama 'vehículos'?", repetí. "¿Por qué 'vehículos' de inversión?"

"Porque eso es lo que son", dijo mi padre rico. "Existen muchos productos de inversión diferentes, o vehículos, porque existen muchas personas diferentes con muchas necesidades diferentes, de la misma forma en que una familia con cinco hijos tiene necesidades diferentes que una persona soltera o un granjero."

"¿Pero por qué la palabra 'vehículos'?", pregunté nuevamente.

"Porque todo lo que hace un vehículo es llevarte del punto A al punto B", dijo mi padre rico. Un vehículo de inversión simplemente te lleva del lugar en que te encuentras, desde el punto de vista financiero, al sitio donde quieres estar en el futuro."

"Y por eso es que la inversión es un plan", dije asintiendo con la cabeza. Ya comenzaba a comprender.

"Invertir es como planificar un viaje, digamos de Hawaii a Nueva York. Obviamente sabes que durante la primera parte de tu viaje no puedes utilizar una bicicleta o un automóvil. Eso significa que necesitas un buque o un aeroplano para cruzar el océano", dijo mi padre rico.

"Y una vez que llegue a tierra firme, puedo caminar, andar en bicicleta, viajar en automóvil, tren, autobús, o volar a Nueva York", agregué. "Todos son vehículos diferentes."

Mi padre rico asintió con la cabeza. "Y ninguno es necesariamente mejor que el otro. Si tienes mucho tiempo y en realidad quieres conocer el país, entonces caminar o andar en bicicleta puede ser lo mejor. No sólo eso, sino que además estarás mucho más saludable al terminar el viaje. Pero si necesitas estar en Nueva York mañana, entonces obviamente volar de Hawaii a Nueva York es tu mejor y única oportunidad si quieres llegar a tiempo."

"Mucha gente se concentra en el producto, digamos en acciones bursátiles, y luego en un procedimiento, digamos en comerciar con ellas, pero en realidad no tienen un plan. ¿Es a eso a lo que te refieres?", pregunté.

Mi padre rico asintió. "La mayoría de la gente está tratando de ganar dinero mediante lo que ellos creen que es invertir. Pero comerciar con acciones no es invertir."

"¿Qué es entonces, si no es invertir?", pregunté.

"Es comerciar", dijo mi padre rico. "Y comerciar es un procedimiento o técnica. Una persona que comercia con acciones de la bolsa no es muy diferente a una persona que compra una casa, la arregla y la vende para obtener una ganancia. Uno comercia con acciones, el otro comercia con bienes raíces. Eso sigue siendo comerciar. En realidad, el comercio existe desde hace siglos. Los camellos llevaban artículos exóticos a través del desierto para los consumidores en Europa. Y comerciar es una profesión. Pero no es lo que yo llamaría invertir."

"Y para ti, la inversión es un plan para ir de donde estás a donde quieres estar", dije haciendo mi mejor esfuerzo para comprender las distinciones de mi padre.

Mi padre rico asintió y dijo: "Yo sé que es selectivo y parece un detalle menor. Sin embargo, quiero hacer mi mejor esfuerzo para reducir la confusión que rodea al tema de las inversiones. Todos los días me encuentro con personas que piensan que están invirtiendo, pero que no van a ninguna parte desde el punto de vista financiero. Sería lo mismo si estuvieran empujando una carretilla en círculos."

Se necesita más que un vehículo

En el capítulo anterior mencioné algunos de los diferentes tipos de productos y procedimientos de inversión que se encuentran disponibles. Más productos y procedimientos de inversión son creados todos los días porque muchas personas tienen necesidades diferentes. Cuando las personas no tienen claridad sobre sus propios planes financieros, todos estos productos y procedimientos se vuelven abrumadores y desconcertantes.

Mi padre rico utilizaba la carretilla como el vehículo de elección cuando describía a muchos inversionistas.

> Muchos de los llamados inversionistas se aferran a un solo producto de inversión y a un solo procedimiento de inversión. Por ejemplo, una persona puede invertir solamente en acciones y otra solamente en bienes raíces. La persona se vincula con el vehículo y luego no puede ver que existen otros vehículos y procedimientos de inversión disponibles. La persona se vuelve un experto en un tipo de carretilla y la empuja en círculos para siempre.

Un día, cuando se reía acerca de los inversionistas y sus carretillas, le pedí que me aclarara sus ideas. Su respuesta fue:

> Algunas personas se vuelven expertos en un tipo de producto y en un procedimiento. A eso es a lo que me refiero cuando digo que se vinculan a su carretilla. La carretilla funciona, sirve para acarrear dinero; pero sigue siendo una carretilla. Un verdadero inversionista no se vincula a los vehículos o a los procedimientos. Un verdadero inversionista tiene un plan y múltiples opciones como vehículos y procedimientos de inversión. Todo lo que un verdadero inversionista quiere es llegar del punto A al punto B de manera segura y dentro de un lapso deseado. Esa persona no quiere poseer o empujar la carretilla.

Aún confundido, le pedí que me aclarara más. "Mira", dijo un poco frustrado, "si yo quiero ir de Hawaii a Nueva York, tengo muchos vehículos entre los cuales escoger. En realidad no quiero poseerlos. Sólo quiero utilizarlos. Cuando me subo a un avión, no quiero volarlo. No quiero enamorarme de él. Sólo quiero ir de donde estoy adonde voy. Cuando aterrizo en el aeropuerto Kennedy de Nueva York, quiero utilizar un taxi para ir del aeropuerto al hotel. Una vez que llegue al hotel, el botones utiliza un carrito para llevar mis maletas desde la acera hasta mi habitación. Yo no quiero poseer ni empujar el carrito".

"¿Y cual es la diferencia?", pregunté.

"Muchas personas que piensan que son inversionistas se vinculan a su vehículo de inversión. Ellos piensan que tienen que gustarles las acciones o los bienes raíces para utilizarlos como vehículos de inversión. De manera que buscan inversiones que les gustan y no pueden armar un plan. Éstos son los inversionistas que terminan viajando en círculos y que nunca pueden llegar del punto financiero A al punto financiero B."

"De manera que no necesariamente te enamoras del avión en que vuelas, de la misma forma en que no necesariamente te enamoras de tus acciones, obligaciones, fondos de inversión o edificios de oficinas. Todos esos son simplemente vehículos", afirmé, "vehículos para llevarte adonde quieres ir".

Mi padre rico asintió. "Admiro esos vehículos, confío en que la gente cuida de esos vehículos, pero simplemente no me relaciono con esos vehículos… Ni necesariamente quiero poseerlos o pasar tiempo conduciéndolos."

"¿Qué ocurre cuando la gente se vincula con sus vehículos de inversión?", le pregunté.

"Piensan que su vehículo es el único, o que es el mejor. Yo conozco personas que invierten solamente en acciones, así como personas que invierten en fondos de inversión o en bienes raíces.

A eso me refiero cuando digo que se vinculan a la carretilla. No necesariamente hay algo malo en esa forma de pensar. Es sólo que frecuentemente se concentran en el vehículo en vez de concentrarse en su plan. De manera que incluso a pesar de que ganan mucho dinero comprando, conservando y vendiendo productos de inversión, ese dinero puede no llevarles a donde quieren ir."

"De manera que necesito un plan", dije. "Y mi plan determinará los diferentes tipos de vehículos de inversión que necesitaré."

Mi padre rico asintió, diciendo: "De hecho, no inviertas hasta que tengas un plan. Recuerda siempre que la inversión es un plan, no un producto o procedimiento. Ésa es una lección muy importante."

Prueba de actitud mental

Antes de que una persona construya una casa, generalmente le pide a un arquitecto que dibuje los planos. ¿Puede imaginar lo que ocurriría si alguien simplemente contratara a algunas personas y comenzara a construir una casa sin un plan? Bien, eso es lo que ocurre con las "casas financieras" de muchas personas.

Mi padre rico me guió al escribir mis planes financieros. No se trató necesariamente de un proceso sencillo, ni tenía sentido al principio. Pero después de algún tiempo me quedó claro dónde estaba desde el punto de vista financiero, y a dónde quería ir. Una vez que lo supe, el proceso de planificación se hizo más sencillo. En otras palabras, la parte más difícil para mí fue determinar lo que yo quería.

Así que las preguntas de actitud mental son:

1. ¿Está dispuesto a invertir el tiempo necesario para descubrir en dónde se encuentra actualmente y a dónde quiere ir desde el punto de vista financiero, y está dispuesto a expresar su plan para llegar allí? Recuerde siempre que un plan no es

realmente tal hasta que consta por escrito y puede mostrarlo a alguien más.

Sí _____ **No** _____

2. ¿Está dispuesto a entrevistarse por lo menos con un asesor financiero profesional y averiguar si sus servicios pueden ayudarle con sus planes de inversión a largo plazo?

Sí _____ **No** _____

Es posible que quiera reunirse con dos o tres asesores financieros tan sólo para conocer las diferencias en su manera de ver la planificación financiera.

Capítulo 7

Lección # 5: ¿Está planificando para ser rico o para ser pobre?

"La mayoría de la gente está planificando para ser pobre", decía mi padre rico.

"¿Qué?", respondí con incredulidad. "¿Por qué dices eso y cómo puedes decir eso?"

"Yo sólo escucho lo que dice la gente", dijo mi padre rico. "Si quieres ver el pasado, presente y futuro de una persona, sólo escucha sus palabras."

El poder de las palabras

La lección de mi padre rico sobre el poder de las palabras fue muy importante. Me preguntó: "¿Alguna vez has escuchado a alguien que diga: 'Se necesita dinero para ganar dinero'?"

Mientras me ponía de pie para sacar dos bebidas del refrigerador, le respondí: "Sí. Los escucho todo el tiempo. ¿Por qué lo preguntas?"

"Porque la idea de que se necesita dinero para ganar dinero es una de las peores ideas que existen. Especialmente si una persona quiere más dinero", dijo mi padre rico.

Mientras le entregaba a mi padre rico su refresco, le dije: "No comprendo. ¿Quieres decir que no se necesita dinero para ganar dinero?"

"No", dijo mi padre rico, sacudiendo la cabeza. "No se necesita dinero para ganar dinero. Se necesita algo que todos tenemos a nuestra disposición y que es mucho menos caro. De hecho, en muchos casos, lo que se necesita es gratis."

Esa afirmación despertó mi curiosidad, pero él no me iba a decir qué era. En vez de eso, conforme terminaba la lección sobre inversión, me asignó una tarea: "Antes de volver a reunirnos, quiero que invites a tu padre a cenar, será una cena larga y lenta. A lo largo de la cena, quiero que prestes atención cuidadosa a las palabras específicas que él utiliza. Después de escuchar sus palabras, comienza a prestar atención al mensaje que sus palabras transmiten."

Para entonces yo estaba acostumbrado a que mi padre rico me pidiera que realizara tareas extrañas, tareas que parecían no tener relación con el tema que estábamos discutiendo o estudiando. Sin embargo, él era un firme creyente en tener primero la experiencia y luego la lección. Así que llamé a mi padre y concerté una cita para cenar en su restaurante favorito.

Cerca de una semana después, mi padre rico y yo volvimos a encontrarnos. "¿Cómo te fue en la cena?", me preguntó.

"Fue interesante", respondí. "Escuché muy cuidadosamente las palabras que elegía y su significado, o las ideas que se encontraban detrás de las palabras."

"¿Y qué escuchaste?", preguntó.

"Escuché: 'Yo nunca seré rico'", dije. "Pero yo he escuchado eso durante la mayor parte de mi vida. De hecho, él ha dicho frecuentemente a la familia: 'En el momento en que decidí convertirme en maestro de escuela, supe que nunca sería rico.'"

"¿Así que has escuchado algunas de esas frases antes?", preguntó mi padre rico.

Asentí y dije: "Muchas veces. Una y otra vez."

"¿Qué otra cosa has escuchado de manera reiterada?", preguntó mi padre rico.

"'¿Crees que el dinero crece en los árboles?', '¿crees que estoy hecho de dinero?', 'a los ricos no les interesa la gente como me interesa a mí', 'es difícil ganar dinero', 'yo prefiero ser feliz a ser rico'", respondí.

"¿Sabes ahora qué quiero decir cuando digo que puedo ver el pasado, presente y futuro de las personas al escuchar sus palabras?", preguntó mi padre rico.

Asentí y dije: "Y he notado algo más".

"¿Qué?", preguntó mi padre rico.

"Tú tienes el vocabulario de un hombre de negocios y de un inversionista. Mi padre tiene el vocabulario de un maestro de escuela. Tú utilizas palabras como 'tasas de capitalización', 'arbitraje financiero', 'ganancias antes de intereses e impuestos', 'índice de precios al productor', 'utilidades' y 'flujo de efectivo'. Él utiliza palabras como 'calificaciones de las pruebas', 'becas', 'gramática', 'literatura', 'presupuesto gubernamental' y 'cátedra'."

Mi padre rico sonrió y dijo: "No se necesita dinero para ganar dinero. Se necesitan las palabras. La diferencia entre una persona rica y una pobre es el vocabulario de cada una. Todo lo que una persona necesita para volverse rica es incrementar su vocabulario financiero. Y la buena noticia es que la mayoría de las palabras son gratis."

Durante los años ochenta pasé mucho tiempo enseñando negocios e inversión. Durante esa época cobré conciencia del vocabulario de la gente y de la manera en que las palabras se relacionan con su bienestar financiero. Tras investigar más descubrí que existen aproximadamente dos millones de palabras en la lengua inglesa. La persona promedio domina aproximadamente 5 000 palabras. Si la gente quiere incrementar su éxito financiero, debe comenzar por incrementar su vocabulario en un tema determinado. Por ejemplo, cuando yo estaba invirtiendo en pequeños tratos sobre bienes raíces como viviendas unifamiliares para renta, mi vocabulario sobre el tema se incrementó. Cuando cambié a la inversión en compañías privadas, mi vocabulario tuvo que incrementarse antes de que yo me sintiera cómodo al invertir en esas compañías.

En la escuela, los abogados aprenden el vocabulario de las leyes, los médicos aprenden el vocabulario de la medicina y los maestros aprenden el vocabulario de los maestros. Si una persona abandona la escuela sin aprender el vocabulario de la inversión, las finanzas, el dinero, la contabilidad, el derecho corporativo, los impuestos, es difícil que se sienta cómodo como inversionista.

Una razón por la que desarrollé el juego de mesa educativo *CASHFLOW* fue para familiarizar a las personas que no son inversionistas con el vocabulario de la inversión. En todos nuestros juegos, los jugadores aprenden rápidamente las relaciones que existen detrás de las palabras de contabilidad, negocios e inversión. Al practicar el juego constantemente, los jugadores aprenden la verdadera definición de palabras mal utilizadas como "activo" y "pasivo".

Mi padre rico decía frecuentemente: "Más que no conocer las definiciones de las palabras, utilizar la definición equivocada de una palabra es lo que realmente causa problemas financieros a largo plazo. Nada es más destructivo para la estabilidad financiera de una persona que llamar 'activo' a lo que en realidad es un 'pasivo'." Por esa razón mi padre rico era riguroso con la definición de las palabras financieras. Él decía que la palabra inglesa *mortgage*, que quiere decir hipoteca, viene de la palabra francesa *mortir*, que significa "muerte". De manera que una hipoteca es "un compromiso hasta la muerte". Los "bienes raíces" se llaman *real estate* en inglés, pero no significa que sean "reales"; la palabra viene del término español que significa "propiedad del rey". Ésa es la razón por la que hasta el día de hoy no somos dueños de nuestras propiedades. Nosotros sólo controlamos técnicamente esas "propiedades". No somos en realidad los dueños. El gobierno es el dueño de nuestra propiedad y nos cobra impuestos por utilizarla.

Y ésa es la razón por la que mi padre rico decía a menudo: "No se necesita dinero para ganar dinero. Se necesita el vocabulario de una persona rica para ganar dinero, y lo que es más importante, para conservar el dinero."

Conforme usted lea este libro, por favor tenga en cuenta las diferentes palabras que puedan ser utilizadas. Y recuerde siempre que una de las diferencias fundamentales entre una persona rica y una pobre estriba en sus palabras: y las palabras son gratis.

Planificar para ser pobre

Después de esa lección con mi padre rico, simplemente al escuchar sus palabras comencé a advertir por qué la mayoría de la gente está planificando inconscientemente para ser pobres. Hoy en día escucho frecuentemente decir a la gente: "Cuando me retire, mi ingreso se reducirá." Y así ocurre.

Esas personas también dicen: "Mis necesidades disminuirán después de mi retiro, por lo que necesitaré menos ingresos." Pero lo que no logran comprender es que mientras algunos gastos disminuyen, otros se incrementan. Y a menudo esos gastos —como el cuidado en casa de una enfermera de tiempo completo cuando somos muy viejos, si somos lo suficientemente afortunados de volvernos muy viejos— son muy grandes. El cuidado en casa de una enfermera para los ancianos puede costar en promedio 5 000 dólares al mes. Eso es más de lo que ganan al mes muchas personas actualmente.

Otras personas dicen: "Yo no necesito un plan. Tengo un plan de retiro y de gastos médicos en mi trabajo." El problema con esa forma de pensar es que existen más elementos en un plan de inversión que solamente inversiones y dinero. Un plan financiero es importante antes de que alguien comience a invertir porque es necesario tomar en consideración muchas necesidades financieras diferentes. Esas necesidades incluyen la educación universitaria, el retiro, los costos médicos y el cuidado de la salud a largo plazo. Muchas de esas necesidades, a menudo grandes y apremiantes, pueden ser satisfechas por otros productos de inversión diferentes a las acciones y las obligaciones o los bienes raíces, como los seguros y diferentes vehículos de inversión.

El futuro

Escribo acerca de dinero para ayudar a educar a la gente con el fin de que tengan recursos para su bienestar financiero a largo plazo. Desde la llegada de los planes de retiro a la era de la información, como los llamados 401Ks* en Estados Unidos, los planes súper anuales en Australia y los planes registrados de ahorro para el retiro en Canadá, me preocupo cada vez más por las personas que no están preparadas para la era de la información. Al menos en la era industrial una compañía y el gobierno proporcionaban alguna ayuda financiera a una persona después de su vida laboral. Hoy en día, cuando el plan para el retiro 401K o el "plan de balance de efectivo para el retiro" (que no es una pensión tradicional) se acaban, el problema será del individuo y no de la compañía.

Es imperativo que nuestras escuelas comiencen a enseñar a los jóvenes a invertir para su salud a largo plazo y su bienestar financiero. Si no lo hacemos, tendremos una enorme bomba de tiempo socioeconómica en nuestras manos.

A menudo digo a mis grupos de estudiantes: "Asegúrense de tener un plan. Primero pregúntense a sí mismos si están planificando para ser ricos o para ser pobres. Si están planificando para ser pobres, mientras más viejos sean, más difícil les resultará el

---

* Plan de pensión operado en Estados Unidos por empresas especializadas [N. del E.].

mundo de las finanzas." Mi padre rico me dijo hace muchos años: "El problema con ser joven es que tú no sabes qué se siente ser viejo. Si supieras qué se siente ser viejo, planificarías tu vida financiera de manera diferente."

Planificar para la vejez

Es importante planificar tan temprano en la vida como sea posible. Cuando digo esto en mis clases, muchos de mis estudiantes se manifiestan de acuerdo. Nadie disiente sobre la importancia de planificar. El problema es que muy pocas personas realmente lo hacen.

Al darme cuenta de que la mayoría de la gente está de acuerdo con que necesita diseñar un plan financiero, pero que muy pocas personas van a dedicar tiempo a diseñarlo, decidí hacer algo al respecto. Aproximadamente una hora antes del almuerzo en una de esas clases encontré un poco de tela de algodón y lo corté en tiras de distintas longitudes. Le pedí a los estudiantes que tomaran un pedazo de tela y lo amarraran a uno de sus tobillos, de manera muy similar a como vendan las patas de los caballos. Con la tela anudada alrededor de sus tobillos, les di otro pedazo de tela para que lo anudaran alrededor de sus cuellos y lo ataran a sus tobillos. El resultado de lo anterior fue que en vez de quedar en posición erecta, quedaron inclinados en un ángulo de cerca de 45 grados.

Uno de los estudiantes preguntó si aquella era una nueva forma de tortura china. "No", le respondí. "Sólo estoy transportando a cada uno de ustedes al futuro, si tienen la suerte de vivir tanto. Las cuerdas representan la manera en que podría sentirse la vejez."

Un lento quejido se escuchó en la clase. Unos cuantos comprendieron la imagen. Los empleados del hotel trajeron a continuación el almuerzo y lo colocaron en mesas largas. El almuerzo consistía en emparedados, ensalada y bebidas. El problema es que las carnes frías estaban apiladas, el pan no estaba rebanado, la ensalada no estaba hecha y las bebidas eran en polvo que deben ser combinadas con agua. Los estudiantes, inclinados y envejecidos, tenían que preparar su propio almuerzo. Durante las siguientes dos horas se esforzaron por rebanar el pan, preparar sus emparedados, hacer sus ensaladas, mezclar sus bebidas, sentarse, comer y limpiar. Naturalmente, muchos de ellos también necesitaron ir al baño durante esas dos horas.

Al terminar las dos horas les pregunté si querían dedicar unos momentos a escribir su plan financiero para el resto de sus vidas. La respuesta fue un entusiasta: "Sí." Fue interesante observarlos mientras cobraban un activo interés en lo que planificaban hacer una vez que fueran liberados de las ataduras. Su interés en planificar se había incrementado dramáticamente al cambiar su punto de vista sobre la vida.

Como decía mi padre rico: "El problema de ser joven es que tú no sabes lo que se siente ser viejo. Si supieras lo que se siente ser viejo, planificarías tu vida financiera de manera distinta." También decía: "El problema con muchas personas es que planifican sólo hasta su retiro. Planificar para el retiro no es suficiente. Necesitas planificar mucho más allá del retiro. De hecho, si eres rico, debes planificar al menos por las siguientes tres generaciones. Si no lo haces, el dinero puede perderse poco después de que mueras. Además, si tú no tienes un plan para tu dinero antes de partir de esta tierra, el gobierno sí lo tiene."

Prueba de actitud mental

Muchas veces no prestamos atención cuidadosa a lo que pensamos en silencio, pensamientos que parecen no tener importancia. Mi padre rico decía: "No es lo que decimos en voz alta lo que determina nuestras vidas. Lo que tiene mayor poder es lo que nos murmuramos a nosotros mismos."

Así que las preguntas sobre la actitud mental son:

1. ¿Está planificando para ser rico?

Sí _____ **No** _____

2. ¿Está dispuesto a prestar más atención a sus ideas más profundas, que a menudo no expresa?

Sí _____ **No** _____

3. ¿Está dispuesto a invertir tiempo para incrementar su vocabulario financiero? Es factible fijar como meta inicial aprender una nueva palabra del lenguaje financiero a la semana. Simplemente encuentre una palabra, busque la definición en el diccionario, busque más de una definición por palabra, y recuerde utilizar la palabra en una oración esa semana.

Sí _____ **No** _____

Mi padre rico era riguroso con las palabras. A menudo decía:

Las palabras forman pensamientos, los pensamientos forman realidades y las realidades se convierten en la vida. La diferencia principal entre una persona rica y una pobre consiste en las palabras que él o ella utiliza. Si usted quiere cambiar la realidad externa de una persona, necesita primero cambiar su realidad interna. Eso se logra por medio de cambiar, mejorar o actualizar las palabras que esa persona utiliza. Si desea cambiar las vidas de las personas, cambie primero sus palabras. Y la buena noticia es que las palabras son gratuitas.

CAPÍTULO 8

Lección # 6: Volverse rico es un proceso automático… si tiene un buen plan y lo sigue

Mi amigo Tom es un excelente corredor de bolsa. A menudo dice: "Lo triste es que nueve de cada diez inversionistas no ganan dinero." Tom explica a continuación que aunque esos nueve de cada diez inversionistas no pierden dinero, simplemente no logran ganar dinero.

Mi padre rico me dijo algo similar: "La mayoría de las personas que se consideran a sí mismas inversionistas ganan dinero un día y lo pierden a la semana siguiente. De manera que no pierden dinero; simplemente no logran ganar dinero. Sin embargo, se consideran a sí mismos inversionistas."

Hace años mi padre rico me explicó que gran parte de lo que la gente piensa que es invertir es en realidad la versión hollywoodense de invertir. La persona promedio frecuentemente tiene en la mente la imagen de los corredores del piso de remates que se gritan órdenes de compra y venta al comenzar el día de transacciones, o la de magnates que ganan millones de dólares en una sola operación, o la imagen de los precios de las acciones bursátiles desplomándose y de inversionistas que se arrojan desde altos edificios de oficinas. Para mi padre rico eso no era invertir.

Recuerdo haber visto un programa en que Warren Buffet era entrevistado. Durante el curso de la entrevista le escuché decir:

"La única razón por la que acudo al mercado es para ver si alguien está haciendo algo tonto." Buffet explicó a continuación que él no ve a los expertos en la televisión ni los altibajos de los precios de las acciones para obtener consejo sobre inversiones. De hecho, él realiza sus inversiones alejado del ruido de los promotores de acciones y de la gente que gana dinero con ayuda de las llamadas "noticias de inversión".

Invertir no es lo que la mayoría de la gente piensa

Hace muchos años mi padre rico me explicó que invertir no es lo que la mayoría de la gente piensa. Él dijo:

> Muchos piensan que invertir es un proceso emocionante donde hay mucho drama. Mucha gente piensa que invertir se relaciona con el riesgo, la suerte, la oportunidad y la información privilegiada. Algunos se dan cuenta de que saben poco acerca de este misterioso tema de las inversiones, por lo que confían su fe y su dinero a alguien que esperan que sepa más que ellos. Muchos otros de los llamados "inversionistas" quieren probar que saben más que los demás, así que invierten con la esperanza de demostrar que son más astutos que el mercado. Pero aunque muchas personas piensan que eso es invertir, para mí no lo es. Para mí, invertir consiste en tener un plan, frecuentemente constituye un proceso aburrido y casi mecánico de volverse rico.

Cuando escuché que mi padre rico hacía esa afirmación, se la repetí en varias ocasiones. "¿Invertir consiste en tener un plan y frecuentemente constituye un proceso aburrido y casi mecánico de volverse rico?", le pregunté. "¿Qué quieres decir con eso de un proceso aburrido y casi mecánico de volverse rico?"

"Eso es exactamente lo que dije y lo que quise decir", dijo mi padre rico. "Invertir es simplemente tener un plan compuesto de fórmulas y estrategias, un sistema para volverse rico: casi garantizado."

"¿Un plan que te garantiza que te volverás rico?", le pregunté.

"Dije casi garantizado", repitió mi padre rico. "Siempre existe riesgo."

"Quieres decir que invertir no tiene que ser necesariamente riesgoso, peligroso y emocionante?", le pregunté, lleno de dudas.

"Así es", contestó mi padre rico. "A menos, desde luego, que quieras que sea de esa manera, o que pienses que es la forma en que debe ser. Pero para mí, invertir es tan sencillo y aburrido como seguir una receta para hornear pan. Personalmente, aborrezco el riesgo. Sólo quiero ser rico. Así que simplemente sigo el plan, la receta o la fórmula. Eso es todo lo que invertir representa para mí."

"Pero si invertir consiste simplemente en seguir una receta, ¿porqué hay tanta gente que no sigue la misma fórmula?", pregunté.

"No lo sé", dijo mi padre rico. "A menudo me he formulado la misma pregunta. Me he preguntado porqué sólo tres de cada 100 estadounidenses son ricos. ¿Cómo pueden tan pocas personas volverse ricas en un país que fue fundado con base en la idea de que cada uno de nosotros tiene la oportunidad de volverse rico? Yo quería ser rico pero no tenía dinero. Así que para mí era una cuestión de simple sentido común encontrar un plan o una receta para ser rico y seguir el plan. ¿Por qué intentar elaborar tu propio plan cuando alguien más te ha mostrado ya el camino?"

"No lo sé", dije. "Quizá yo no sabía que era una receta."

Mi padre rico continuó: "Ahora me doy cuenta de por qué es tan difícil para muchas personas seguir un plan sencillo."

"¿Por qué?", pregunté.

"Porque seguir un plan sencillo para volverse rico es aburrido", dijo mi padre rico. "Los seres humanos se aburren rápidamente y quieren encontrar otra cosa que sea emocionante y divertida. Ésa es la razón por la que sólo tres de cada 100 personas se vuelven ricas. Comienzan a seguir un plan y pronto se aburren. Así que dejan de seguir el plan y buscan una manera mágica de volverse ricos rápidamente. Repiten el proceso de aburrición, diversión y aburrición durante el resto de sus vidas. Por eso no se enriquecen. No pueden soportar la aburrición de seguir un plan sencillo, sin complicaciones, para volverse ricos. La mayoría de la gente piensa que se requiere de magia para volverse ricas por medio de la inversión. O bien piensa que si no es complicado, no puede ser un buen plan. Pero confía en mí; en lo que se refiere a invertir, lo sencillo es mejor que lo complicado."

"¿Y en dónde encontraste tu fórmula?", le pregunté.

"Jugando *Monopolio*", dijo mi padre rico. "Muchos de nosotros jugamos *Monopolio* cuando éramos niños. La diferencia es que yo no dejé de practicar el juego una vez que me convertí en adulto. ¿Recuerdas que hace años yo jugaba *Monopolio* durante horas contigo y con Mike?" Asentí.

"¿Y recuerdas la fórmula para obtener una tremenda riqueza que enseña ese sencillo juego?" Nuevamente asentí.

"¿Y cuál es esa sencilla fórmula, esa estrategia?", preguntó mi padre rico.

"Compra cuatro casas verdes. Luego cambia las cuatro casas verdes por un hotel rojo", dije en voz baja, conforme regresaban los recuerdos de mi infancia. "Tú nos dijiste una y otra vez, cuando eras pobre y estabas comenzando, que lo que estabas haciendo en la vida real era jugar *Monopolio*."

"Y lo hice", dijo mi padre rico. "¿Recuerdas que te llevé a ver mis casas verdes y mis hoteles rojos en la vida real?"

"Sí, lo recuerdo", respondí. "Recuerdo qué impresionado estaba de que verdaderamente estabas jugando en la vida real. Yo tenía sólo doce años de edad, pero supe por ti que el *Monopolio* era más que un juego. Simplemente no me di cuenta de que ese sencillo juego te estaba enseñando una estrategia, una receta o una fórmula para volverte rico. Yo no lo vi de esa manera."

"Una vez que aprendí la fórmula, el proceso de comprar cuatro casas verdes y luego intercambiarlas por un hotel rojo, la fórmula se volvió automática. Yo podía hacerlo en sueños y muchas veces parecía como si lo hiciera. Lo hice de manera automática, sin pensarlo mucho. Simplemente seguí el plan durante diez años; un día desperté y me di cuenta de que era rico."

"¿Fue esa la única parte de tu plan?", le pregunté.

"No, no lo fue. Pero esa estrategia fue una de las fórmulas sencillas que seguí. Para mí, si la fórmula es compleja, no vale la pena seguirla. Si no puedes hacer lo que has aprendido de manera automática, no debes seguirla. Así de automático es invertir y volverte rico, si tienes una estrategia sencilla y la sigues."

Un gran libro para quien piensa que invertir es difícil

En mis clases de inversión siempre hay un cínico o alguien que duda de la idea de que invertir es un proceso sencillo y aburrido, consistente en seguir un plan. Este tipo de persona siempre quiere más datos, más información, más pruebas de personas inteligentes. Como yo no soy un especialista técnico, no tengo la prueba académica que este tipo de individuos exigen; eso fue así hasta que leí un gran libro sobre inversión.

James P. O'Shaughnessy escribió el libro perfecto para la gente que piensa que invertir tiene que ser riesgoso, complejo o peligroso. También se trata del libro perfecto para quienes quieren pensar que pueden ser más astutos que el mercado. Este libro tiene la prueba académica y estadística de que un sistema de inversión pasivo o mecánico derrotará en muchos casos a un sistema humano de inversión... Incluso a inversionistas profesionales, como los administradores de fondos. Este libro también explica por qué nueve de cada diez inversionistas no ganan dinero.

El libro de O'Shaughnessy, que llegó a las listas de los libros mejor vendidos es: *What Works on Wall Street: A Guide to the Best Performing Investment Strategies of All Time (Lo que funciona en Wall Street: Una guía sobre las estrategias de inversión de mejor desempeño de todos los tiempos)*. O'Shaughnessy distingue entre dos tipos básicos de procesos de toma de decisiones:

1. El método clínico o intuitivo. Depende del conocimiento, la experiencia y el sentido común.
2. El método cuantitativo o actuarial. Depende solo de las relaciones probadas con base en grandes cantidades de información.

O'Shaughnessy descubrió que la mayoría de los inversionistas prefiere el método intuitivo para tomar sus decisiones sobre inversión. En la mayoría de los casos el inversionista que utiliza el método intuitivo estaba equivocado o fue derrotado por el método que es casi mecánico. O'Shaughnessy cita a David Faust, autor de *The Limits of Scientific Reasoning (Los límites del razonamiento científico)*, que escribió: "El juicio humano es mucho más limitado de lo que pensamos."

O'Shaughnessy también escribió: "Todos (hablando de los administradores de dinero) piensan que tienen mejores opiniones, mayor inteligencia y capacidad para elegir las acciones ganadoras, aunque 80% del tiempo tienen un desempeño inferior al índice de Standard & Poor's 500 (S&P 500)." En otras palabras, un método exclusivamente mecánico para seleccionar acciones tiene mejor desempeño que 80% de los profesionales encargados de seleccionar acciones. Eso significa que, incluso si usted no sabe nada acerca de elegir acciones, puede derrotar a la mayoría de los profesionales bien capacitados y educados si sigue un método exclusivamente mecánico y no intuitivo para in-

vertir. Es exactamente como dijo mi padre rico: "Es automático." O mientras menos piense más dinero ganará con menor riesgo y menos preocupaciones.

Otras ideas interesantes que señala el libro de O'Shaughnessy son:

1. La mayoría de los inversionistas prefiere la experiencia personal a los datos básicos y sencillos. Nuevamente, prefieren
   la intuición a la realidad.

2. La mayoría de los inversionistas prefiere las fórmulas complejas a las sencillas. Parece existir la idea de que si la fórmula no es compleja y difícil, no puede ser buena.

3. La mejor regla para invertir es mantener las cosas sencillas.
   O'Shaughnessy afirma que en vez de mantener las cosas sencillas, "hacemos las cosas complejas, seguimos a la multitud, nos enamoramos con la historia de una acción bursátil,
   dejamos que las emociones determinen nuestras decisiones,
   compramos y vendemos con base en consejos y corazonadas y encaramos cada inversión sobre una base de caso por
   caso, sin consistencia o una estrategia de respaldo".

4. El autor también afirma que los inversionistas institucionales
   profesionales tienden a cometer los mismos errores que cometen los inversionistas promedio. O'Shaughnessy escribe:
   "Los inversionistas institucionales dicen que toman sus decisiones de manera objetiva y no emocional, pero no lo hacen." He aquí una cita del libro *Fortuna y locura:* "Aunque
   los escritorios de los inversionistas institucionales están sa-
   turados con informes analíticos a profundidad, la mayoría
   de los ejecutivos de los fondos de pensiones eligen administradores externos con base en sus corazonadas y retienen a
   los administradores que tienen mal desempeño, simplemente porque tienen buenas relaciones personales con ellos."

5. El camino para lograr el éxito en las inversiones consiste en
   estudiar los resultados a largo plazo y encontrar una estrate-

gia o grupo de estrategias que tengan sentido. Luego mantener el rumbo. También afirma: "Debemos ver qué tan buen desempeño tienen las estrategias, no las acciones."

6. La historia se repite. Sin embargo, la gente quiere creer que esta vez las cosas serán diferentes. O'Shaughnessy escribe: "La gente quiere creer que el presente es diferente al pasado. Los mercados están computarizados, los corredores de bolsa a gran escala dominan la escena, los inversionistas individuales se han ido y en su lugar se encuentran los administradores que controlan enormes fondos de inversión a los que aquéllos han entregado su dinero. Algunas personas piensan que estos amos del dinero toman sus decisiones de manera diferente y creen que una estrategia perfeccionada en los años cincuenta y sesenta ofrece pocas garantías sobre cuál será su desempeño en el futuro.

Pero no ha cambiado mucho desde que sir Isaac Newton, un hombre brillante, perdió una fortuna en la burbuja de la Compañía Comercial de los Mares del Sur en 1720. Newton se lamentó de que él podía "calcular los movimientos de los cuerpos celestes, pero no la locura de los hombres".

7. O'Shaughnessy no necesariamente favorecía invertir en el índice S&P 500. Él simplemente estaba utilizando ese ejemplo como comparación entre los inversionistas humanos intuitivos y una fórmula mecánica. El autor añadió que invertir en el índice S&P 500 no era necesariamente la fórmula de mejor desempeño, aunque era buena. Explicó que en los últimos cinco a diez años las acciones de las compañías más grandes han rendido los mejores frutos. Sin embargo, al revisar los últimos 46 años de información, fueron de hecho las compañías pequeñas, compañías con menos de 25 millones de dólares de capital, las que hicieron que los inversionistas ganaran más dinero.

La lección fue que mientras mayor sea el periodo de tiempo del que tenga información, mejor será su juicio. O'Shaughnessy buscó la fórmula que tuvo mejor desempeño durante el lapso más amplio.

Mi padre rico tenía una perspectiva similar. Por eso su fórmula consistía en crear negocios y hacer que sus negocios adquirieran sus bienes raíces y sus activos. Esa fórmula ha sido una fórmula ganadora para la riqueza al menos por 200 años. Mi padre rico dijo: "La fórmula que utilicé, y la fórmula que estoy enseñándote, es la que ha producido los individuos más ricos durante un largo periodo de tiempo."

Muchas personas piensan que los indios que vendieron la isla de Manhattan, también conocida como la ciudad de Nueva York, a Peter Minuit, de la Compañía Holandesa de las Indias Occidentales, a cambio de 24 dólares en cuentas y baratijas, hicieron un mal negocio. Sin embargo, si los indios hubieran invertido ese dinero a una tasa de 8% anual, esos 24 dólares valdrían actualmente 27 billones de dólares. Podrían readquirir Manhattan y les sobraría mucho dinero. El problema no era la cantidad de dinero, sino la falta de un plan para su dinero.

8. Existe un abismo de diferencia entre lo que pensamos que podría funcionar y lo que realmente funciona.

Encuentre una fórmula que funcione y póngala en práctica

Así que el sencillo mensaje que mi padre rico me transmitió hace muchos años fue: "Encuentra una fórmula que te vuelva rico y síguela." A menudo me molesto cuando la gente se acerca a mí y comienza a contarme acerca de las acciones que compraron a cinco dólares y que subieron a 30 cuando las vendieron. Me molesto porque esa clase de historias les distraen de su plan, de su éxito.

Historias como ésas, sobre información privilegiada y dinero ganado rápidamente, a menudo me hacen recordar una historia que me contó mi padre rico.

Muchos inversionistas son como una familia que sale a pasear al campo. Repentinamente, en el camino en que se encuentran aparecen varios venados grandes, con enormes cornamentas. El conductor, generalmente el varón de la casa, grita: "Miren los animales." Los animales se apartan instintivamente del camino y entran a la granja que se encuentra al lado del camino. El conductor saca el vehículo del camino y comienza a perseguir a los venados a través de la granja y entre los árboles. El recorrido es irregular y zarandeado. La familia le grita al conductor que se detenga. Súbitamente el automóvil llega a un arroyo y cae al agua. La moraleja de la historia es que eso es lo que ocurre cuando usted deja de seguir un plan y comienza a perseguir a los venados.

Prueba de actitud mental

Siempre que escucho a alguien que me dice: "Se necesita dinero para ganar dinero", me encojo de hombros. Lo hago porque mi padre rico decía: "No necesitas ser un científico para ser rico. No necesitas una educación universitaria, un empleo bien pagado o dinero alguno para comenzar. Todo lo que tienes que hacer es saber qué quieres, tener un plan y seguirlo." En otras palabras, todo lo que se necesita es un poco de disciplina. El problema es que en lo relacionado con dinero, un poco de disciplina es frecuentemente algo que escasea.

O'Shaughnessy destacó una de mis citas favoritas. Proviene del famoso personaje de caricatura Pogo, quien decía: "Hemos encontrado al enemigo, y el enemigo somos nosotros." Esa afirmación es verdadera para mí. Yo estaría en una situación financiera mucho mejor si simplemente hubiera escuchado a mi padre rico y hubiera seguido mi fórmula.

Así que la pregunta de actitud mental es:

1. ¿Está preparado para encontrar una fórmula sencilla como parte de su plan y seguirla hasta que consiga su meta financiera?

Sí _____ **No** _____

CAPÍTULO 9

Lección # 7: ¿Cómo puede encontrar el plan correcto para usted?

"¿Cómo encuentro el plan que es adecuado para mí?", es una pregunta que me formulan frecuentemente. Mi respuesta acostumbrada es que viene en etapas:

1. Tome tiempo. Piense en silencio acerca de su vida hasta este momento. Dedique algunos días a pensar en silencio. Dedique semanas si es necesario.

2. Pregúntese a sí mismo en esos momentos de silencio: "¿Qué quiero de este don llamado vida?"

3. No hable con nadie más durante algún tiempo, a menos hasta que esté seguro de saber lo que desea. Frecuentemente las personas quieren imponer lo que desean para usted, ya sea de manera inocente o agresiva, en vez de lo que usted quiere para sí mismo. El más grande asesino de los sueños íntimos son los amigos y familiares que dicen: "Ah, no seas tonto", o "no puedes hacer eso", o "¿y qué hay para mí?"

Recuerde que Bill Gates tenía menos de 30 años cuando comenzó con 50 000 dólares y se convirtió en el hombre más rico del mundo, con 90 000 millones de dólares. Por fortuna no les preguntó a muchas personas acerca de sus ideas o qué pensaban que podía hacer con su vida.

4. Llame a un asesor financiero. Todos los planes de inversión comienzan con un plan financiero. Si a usted no le gusta lo que dice el asesor financiero, busque otro. Usted pediría una segunda opinión para el caso de un problema médico, así que, ¿por qué no pedir muchas opiniones para enfrentar los desafíos financieros? Existen muchos tipos de consejeros financieros; ha sido incluida una lista de referencia más adelante en este capítulo. Seleccione a un consejero preparado para ayudarle a desarrollar un plan financiero por escrito.

Muchos asesores financieros venden diferentes tipos de productos. Uno de esos productos es el seguro. Los seguros son un producto muy importante y necesita ser considerado como parte de su plan financiero, especialmente cuando está comenzando. Por ejemplo, si usted no tiene dinero pero tiene tres hijos, el seguro es importante para el caso de que usted muera, resulte herido o por cualquier razón sea incapaz de completar su plan de inversión. El seguro es la red de seguridad o una protección contra las responsabilidades financieras y los puntos débiles. También, conforme usted se vuelva rico, el papel del seguro y el tipo de seguro en su plan financiero puede cambiar, dado que su posición financiera y sus necesidades cambian. Así que mantenga actualizada esa parte de su plan.

Hace dos años un inquilino en uno de mis edificios de apartamentos dejó las luces de su árbol de navidad encendidas y se marchó a pasear todo el día. Comenzó un incendio. Los bomberos llegaron inmediatamente para extinguir el fuego. Nunca he estado más agradecido con un grupo de hombres y mujeres. Las siguientes personas que llegaron al lugar fueron mi agente de seguros y su asistente. Ellos fueron el segundo grupo más importante de personas a quienes estuve agradecido de ver ese día.

Mi padre rico decía siempre: "El seguro es un producto muy importante en el plan de vida de cualquier persona. El problema con el seguro es que usted nunca puede comprarlo cuando lo necesita. De manera que tiene que anticipar lo que necesita y comprar el seguro con la esperanza de que nunca lo necesitará. El seguro es simplemente paz mental."

Nota importante: algunos asesores financieros se especializan en ayudar a personas de diferentes niveles financieros. En otras palabras, algunos asesores trabajan sólo con la gente rica. Sin importar si usted tiene o no dinero, busque un asesor de su agrado que esté dispuesto a trabajar con usted. Si su asesor ha hecho un buen trabajo, quizá usted pueda superarlo. Mi esposa Kim y yo hemos cambiado frecuentemente a nuestros asesores financieros, que incluyen doctores, abogados, contadores, etcétera. Si la persona es profesional, comprenderá. Pero incluso si usted cambia de asesores, asegúrese de mantenerse fiel a su plan.

¿Cómo encontrar su plan?

Yo tenía la meta de convertirme en multimillonario antes de cumplir 30 años de edad. Ese era el resultado final de mi plan. El problema fue que lo logré e inmediatamente después perdí todo mi dinero. Así que mientras encontraba en dónde estaban las fallas de mi plan, el plan general no cambió. Después de perder mi dinero tras haber alcanzado mi meta, simplemente necesitaba perfeccionar mi plan mediante lo que había aprendido de esa experiencia. A continuación tenía que volver a fijar mi meta, que era ser libre desde el punto de vista financiero y ser un millonario a la edad de 45 años. Alcancé mi nueva meta a los 47 años de edad.

Lo importante es que mi plan siguió siendo el mismo. Sólo fue perfeccionado conforme aprendí más y más.

¿Cómo encuentra usted su plan? La respuesta es comenzar con un asesor financiero. Pida a los asesores que le proporcionen sus calificaciones y entreviste a varios. Si nunca ha tenido un plan financiero elaborado para usted, esa es una experiencia reveladora para mucha gente.

Fije metas realistas. Yo fijé la meta de convertirme en multimillonario en cinco años debido a que era realista para mí. Era realista porque tenía a mi padre rico para guiarme. Sin embargo, a pesar de que me guiaba, eso no significaba que estaba a salvo de cometer errores... Y cometí muchos, razón por la cual perdí mi dinero tan rápidamente. Como dije antes, la vida hubiera sido más fácil si simplemente hubiera seguido el plan de mi padre rico. Sin embargo, como era joven, tenía que hacer las cosas a mi manera.

Así que comience con metas realistas y más adelante mejore esas metas o agregue otras conforme se incrementen su educación y experiencia. Recuerde siempre que es mejor comenzar por caminar antes de correr en un maratón.

Usted encuentra su propio plan al poner primero manos a la obra. Comience por llamar a un asesor, fije metas realistas, sabiendo que las metas cambiarán conforme usted cambie... Pero manténgase firme respecto a su plan. Para la mayoría de la gente, el plan consiste en encontrar la libertad financiera, libertad respecto de la esclavitud cotidiana de tener que trabajar por el dinero.

El segundo paso consiste en darse cuenta de que invertir es un deporte de equipo. En este libro abordaré la importancia de mi equipo financiero. He advertido que muchas personas piensan que necesitan hacer las cosas por cuenta propia. Bien, definitivamente existen cosas que usted necesita hacer por cuenta propia, pero en ocasiones necesita un equipo. La inteligencia financiera le ayuda a saber cuándo hacer las cosas solo y cuándo pedir ayuda.

En lo que se refiere al dinero, muchas personas frecuentemente sufren solas y en silencio. Existen muchas probabilidades de que sus padres hayan hecho lo mismo. Conforme evolucione su plan, usted comienza a conocer a los nuevos miembros de su equipo, quienes le ayudarán a convertir en realidad sus sueños financieros. Los miembros de su equipo financiero pueden incluir:

1. Planificador financiero
2. Banquero
3. Contador
4. Abogado
5. Corredor de bolsa
6. Tenedor de libros
7. Agente de seguros
8. Mentor exitoso

Quizá desee sostener reuniones para almorzar con estas personas de manera regular. Eso es lo que hizo mi padre rico, y fue durante esas reuniones que yo aprendí más acerca de negocios, inversiones, y del proceso de volverme rico.

Recuerde que encontrar a un miembro del equipo se parece mucho a encontrar un socio de negocios, porque es lo que son los miembros del equipo en muchos sentidos. Son socios en el cuidado del negocio más importante de todos: el negocio de su propia vida. Recuerde siempre lo que decía mi padre rico: "Sin importar si usted trabaja para alguien más o para usted mismo, si desea ser rico, debe cuidar su propio negocio." Y al cuidar de su propio negocio comenzará a aparecer lentamente el plan más adecuado para usted. Así que tome su tiempo, pero siga dando un paso cada día y tendrá una buena oportunidad de conseguir todo lo que quiere en su vida.

Prueba de actitud mental

Mi plan no ha cambiado en realidad, pero en muchos sentidos ha cambiado mucho. Lo que no ha cambiado acerca de mi plan es mi punto de partida y lo que quiero conseguir en última instancia en mi vida. Gracias a muchos de los errores, las experiencias de aprendizaje, las victorias, las pérdidas, los altibajos, he crecido y obtenido conocimiento y sabiduría. Por lo tanto, mi plan se encuentra constantemente bajo revisión porque yo estoy bajo revisión.

Como dijo alguien una vez: "La vida es una maestra cruel. Te castiga primero y luego te da una lección." Sin embargo, lo queramos o no, ese es el proceso del verdadero aprendizaje. La mayoría de nosotros ha dicho: "Si yo hubiera sabido entonces lo que sé hoy, la vida hubiera sido diferente." En mi caso, es exactamente lo que ha ocurrido conforme puse en práctica mi plan. Así que mi plan es básicamente el mismo, sin embargo es muy diferente debido a que yo soy diferente. Hoy no haría lo que hice hace veinte años. Sin embargo, si no hubiera hecho lo que hice hace veinte años, yo no estaría en donde me encuentro ni sabría lo que sé actualmente. Por ejemplo, no dirigiría mi negocio hoy de la manera en que lo dirigí hace viente años. Sin embargo, la pérdida de mi primer negocio importante, y el hecho de tener que haber salido de los escombros, me ayudó a convertirme en mejor hombre de negocios. Aunque alcancé mi meta de convertirme en millonario a los 30 años de edad, perder el dinero fue lo que me hizo convertirme en millonario hoy en día… Todo de acuerdo con el plan. Simplemente tardé más de lo que hubiera deseado.

En lo que se refiere a las inversiones, aprendí más de mis malas inversiones, de aquéllas en que perdí dinero, de lo que aprendí de las inversiones que se desarrollaron adecuadamente. Mi padre rico decía:

Si yo realizo diez inversiones, tres de ellas tendrán éxito y serán jonrones financieros. Cinco serán regulares y no lograrán nada, y dos serán desastrosas. Sin embargo, yo aprendería más de los dos desastres financieros que de los tres éxitos… De hecho, esos dos desastres son los que hacen que sea más fácil que yo tenga éxito en la siguiente oportunidad. Y todo esto forma parte del plan.

Así que la pregunta de actitud mental es:

1. ¿Está dispuesto a comenzar con un plan sencillo, mante-
   nerlo sencillo, pero seguir aprendiendo y mejorando conforme el plan le revela lo que necesita aprender? En otras
   palabras, el plan no cambia en realidad, ¿pero está dispuesto
   a permitir que el plan lo cambie a usted?

Sí _____ **No** _____

CAPÍTULO 10

Lección # 8: Decida ahora qué quiere ser cuando crezca

En la lección para el inversionista # 1, que trató sobre la importancia de seleccionar, mencionamos tres opciones sobre valores financieros básicos que se ofrecen. Esas opciones eran:

1. Estar seguro
2. Estar cómodo
3. Ser rico

Éstas son opciones personales muy importantes y no deben ser tomadas a la ligera.

En 1973, cuando regresé de la guerra de Vietnam, encaré esas opciones. Cuando mi padre rico se refirió a mi opción de buscar trabajo como piloto con las aerolíneas, dijo: "Un empleo con las aerolíneas puede no ser tan seguro como piensas. Sospecho que esas compañías tendrán una etapa difícil en los próximos años. Sin embargo, si mantienes tus registros limpios, es posible que encuentres la seguridad laboral en esa profesión… Si eso es realmente lo que quieres."

A continuación me preguntó si quería recuperar mi empleo con la compañía Standard Oil de California, empleo que tuve por sólo cinco meses, los meses que transcurrieron antes de que asistiera a la escuela de aviación del Cuerpo de Marines. "¿No recibiste una carta que decía que Standard Oil te aceptaría nuevamente como empleado una vez que tu servicio militar hubiera concluido?"

"Me dijeron que estarían muy contentos si volvía a solicitar mi empleo", respondí. "Pero no garantizaban nada."

"¿Pero no sería bueno trabajar para esa compañía? ¿No era bueno el salario?", preguntó mi padre rico.

"Muy bueno", dije. "Era una buena compañía, pero no quiero regresar. Quiero seguir adelante."

"¿Y qué es lo que más deseas hacer?" preguntó mi padre rico, mientras me señalaba las tres opciones. "¿Qué quieres más, tener seguridad, comodidad, o ser rico?"

Desde el fondo de mi ser, la respuesta era un contundente: "Ser rico." Esa respuesta no había cambiado en años, a pesar de que el deseo y el valor fundamental habían sido desdeñados un poco por mi familia, una familia en que la más alta prioridad era el empleo y la seguridad financiera, y en que la gente rica era considerada malvada, ignorante y codiciosa. Yo crecí en una familia en que no se hablaba de dinero en la mesa porque era un tema sucio, un tema indigno de la discusión intelectual. Pero ahora que tenía 25 años de edad, yo podía dejar salir mi verdad personal. Yo sabía que los valores básicos de la seguridad y la comodidad no ocupaban el primer lugar en mi lista. Ser rico era el valor básico número uno para mí.

Mi padre rico me pidió a continuación que enumerara mis prioridades financieras básicas. Mi lista tenía el siguiente orden:

1. Ser rico
2. Estar cómodo
3. Estar seguro

Mi padre rico miró mi lista y dijo: "Muy bien. El primer paso es diseñar un plan financiero para lograr la seguridad financiera."

"¿Qué?", le pregunté. "Acabo de decirte que quiero ser rico. ¿Por qué debo tomarme la molestia de planificar para estar seguro?"

Mi padre rico se rió. "Tal como pensé", dijo, "El mundo está lleno de tipos como tú, que sólo quieren ser ricos. El problema es que la mayoría de las personas como tú no lo logra porque no comprenden la seguridad financiera o la comodidad financiera. Aunque unos cuantos como tú logran volverse ricos, la realidad es que el camino hacia la riqueza está cubierto de vidas destrozadas, las vidas destrozadas de personas descuidadas, personas como tú."

Me senté allí, preparado para gritar. Yo había vivido toda mi vida con mi padre pobre, un hombre que apreciaba la seguridad por encima de todas las cosas. Ahora que finalmente era lo suficientemente grande para sacudirme los valores de mi padre pobre, mi padre rico me decía lo mismo. Yo estaba listo para gritar. Estaba listo para ser rico, no para estar seguro.

Pasaron tres semanas antes de que pudiera volver a hablar con mi padre rico. Yo estaba muy molesto. Él había vuelto a poner frente a mí todo aquello de lo que había hecho mi mejor esfuerzo por alejarme. Finalmente me calmé y le llamé para recibir otra lección.

"¿Estás listo para escuchar?", preguntó mi padre rico cuando volvimos a encontrarnos.

Asentí y dije: "Estoy listo, pero no estoy dispuesto."

"El primer paso", comenzó diciendo mi padre rico, "consiste en que llames a mi asesor financiero. Dile: 'Quiero un plan financiero por escrito para obtener la seguridad financiera durante toda mi vida.'"

"Muy bien", le dije.

"El segundo paso", dijo mi padre rico, "es que una vez que tengas un plan escrito para obtener la seguridad financiera básica, me llames y lo revisemos. La lección ha terminado. Adiós".

Pasó un mes antes de que yo le llamara. Yo tenía mi plan y se lo mostré. "Bien", fue todo lo que dijo. "¿Vas a seguirlo?"

"No lo creo", dije. "Es demasiado aburrido y automático."

"Así se supone que debe ser", dijo mi padre rico. "Se supone que debe ser mecánico, automático y aburrido. Pero no puedo obligarte a que lo sigas, a pesar de que te recomiendo que lo hagas."

Yo me calmé y le dije: "¿Ahora qué?"

"Ahora encuentra tu propio asesor y diseña un plan que tenga como objetivo lograr la comodidad financiera", dijo mi padre rico.

"¿Quieres decir un plan financiero de largo plazo que sea un poco más agresivo?", le pregunté.

"Así es", dijo mi padre rico.

"Eso es más emocionante", dije. "Puede interesarme."

"Bien", dijo mi padre rico. "Llámame cuando lo tengas listo."

Pasaron cuatro meses antes de que pudiera volver a entrevistarme con mi padre rico. Ese plan no fue sencillo... o no fue tan sencillo como pensé que sería. Me mantuve en contacto por teléfono con mi padre rico de vez en cuando, pero el plan tardaba más de lo que yo quería. Sin embargo, el proceso fue extraordinariamente valioso porque aprendí muchísimo al hablar con diferentes asesores financieros. Obtuve una mejor comprensión de los conceptos que mi padre rico estaba tratando de enseñarme. La lección que aprendí fue que a menos que yo fuera claro, era difícil que el asesor fuera claro y capaz de ayudarme.

Finalmente fui capaz de entrevistarme con mi padre rico y de mostrarle mi plan. "Bien", fue todo lo que dijo. Se sentó a mirar el plan y luego preguntó: "¿Qué has aprendido sobre ti mismo?"

"Aprendí que no es tan sencillo definir realmente qué es lo que quiero en mi vida porque hoy en día tenemos muchas opciones... y muchas de ellas parecen ser emocionantes."

"Muy bien", dijo. "Y por esa razón tantas personas van actualmente de un empleo a otro y de un negocio a otro... pero nunca llegan realmente adonde quieren ir desde el punto de vista financiero. Así que gastan su activo más valioso: su tiempo, y vagan por la vida sin un plan. Pueden estar contentos al hacer lo que hacen, pero no saben en realidad lo que se pierden."

"Exactamente", dije. "En esta ocasión, en vez de sentirme sólo seguro, realmente tuve que pensar lo que quería en mi vida... Y de manera sorprendente, tuve que analizar ideas que nunca se me habían ocurrido."

"¿Como cuales?", preguntó mi padre rico.

"Bien, si realmente quiero sentirme cómodo con mi vida, entonces tengo que pensar acerca de lo que quiero tener en mi vida. Cosas como viajes a países lejanos, automóviles elegantes, vacaciones caras, buena ropa, casas grandes, etcétera. Realmente tuve que ampliar mis pensamientos hacia el futuro y encontrar lo que quería en mi vida."

"¿Y qué descubriste?", preguntó mi padre rico.

"Descubrí que la seguridad era sencilla porque estaba planificando únicamente para estar seguro. Yo no sabía lo que significaba la verdadera comodidad. Así que la seguridad fue sencilla, definir la comodidad fue más difícil, y ahora me cuesta trabajo definir lo que significa ser rico y cómo elaborar el plan para lograr una gran riqueza."

"Eso está bien", dijo mi padre rico. "Muy bien." A continuación dijo: "Muchas personas han sido condicionadas a 'vivir de acuerdo con sus medios', o 'ahorrar para un día lluvioso', que nunca saben lo que podría ser posible para sus vidas. Así que la gente farolea, contraen deudas para pasar sus vacaciones anuales o comprar un automóvil lindo y luego se sienten culpables. Nunca dedican tiempo para determinar lo que sería posible desde el punto de vista financiero si tan sólo tuvieran un buen plan financiero... y es una lástima."

"Eso es exactamente lo que ocurrió", dije. "Al entrevistarme con asesores y discutir lo que era posible, aprendí mucho. Aprendí que estaba desaprovechándome. De hecho, sentí como si hubiera estado caminando en una casa con techos bajos durante años, tratando de escatimar, ahorrar, estar seguro y vivir de acuerdo con mis medios. Ahora que tengo un plan sobre lo que es posible en relación con sentirme cómodo, estoy emocionado ante la idea de definir lo que significa la palabra 'rico'."

"Bien", dijo mi padre rico con una sonrisa. "La clave para permanecer joven consiste en decidir lo que quieres ser cuando crezcas, y luego seguir creciendo. Nada es más trágico que ver a toda esa gente que se desperdicia en comparación con lo que es posible en sus vidas. Tratan de vivir de manera frugal, escatimando y ahorrando, y piensan que eso es inteligente desde el punto de vista financiero. En realidad es limitante desde el punto de vista financiero... y se revela en sus rostros y su actitud en la vida conforme envejecen. La mayoría de la gente pasa sus vidas atrapadas mentalmente en la ignorancia financiera. Esas personas comienzan a tener el aspecto de leones salvajes atrapados en pequeñas jaulas en el zoológico. Sólo pasean de un lado a otro, preguntándose qué ocurrió con la vida que alguna vez conocieron. Uno de los descubrimientos más importantes que la gente puede hacer al aprender a planificar es: qué es posible hacer con su vida desde el punto de vista financiero... Y eso no tiene precio.

El proceso de planificación continua también me mantiene joven. A menudo me pregunto por qué dediqué mi tiempo a crear más negocios, invertir y ganar más dinero. La razón es que me sentía bien al hacerlo. Mientras ganaba mucho dinero al hacer lo que hago, lo hago porque ganar dinero me mantiene joven y vivo. Tú no le pedirías a un gran pintor que dejara de pintar una vez que es exitoso, así que ¿por qué debería yo dejar de crear negocios, invertir y ganar dinero? Es lo que hago, de la misma forma en que los artistas pintan para mantener sus espíritus jóvenes y vivos, a pesar de que su cuerpo envejece."

"¿Así que la razón por la que me pediste que dedicara tiempo a planificar en niveles diferentes fue para que descubriera lo que era posible hacer con mi vida desde el punto de vista financiero?", pregunté.

"Así es", dijo mi padre rico. "Es la razón por la que tú deseas planificar. Mientras más descubras lo que sería posible hacer con este enorme don llamado 'vida', más joven te sentirás en tu corazón. La gente que planifica únicamente para lograr la seguridad o quienes dicen: 'Mi ingreso disminuirá cuando me retire', están planificando para una vida con menos, no para una vida con más. Si nuestro Creador ha creado una vida de abundancia ilimitada, ¿por qué deberías planificar con el fin de limitarte a ti mismo y tener menos?"

"Quizá porque eso les enseñaron a pensar", dije.

"Y es trágico", respondió mi padre rico. "Muy trágico."

Mientras mi padre rico y yo estábamos sentados en ese lugar, mi mente y mi corazón se dirigieron a mi padre pobre. Yo sabía que estaba pasando por una etapa dolorosa, esforzándose por comenzar su vida otra vez. Muchas veces me senté con él y traté de enseñarle algunas cosas que yo sabía acerca del dinero. Sin embargo, generalmente terminábamos discutiendo. Pienso que a menudo tiene lugar esa clase de ruptura en la comunicación cuando las dos partes se comunican con base en dos diferentes valores fundamentales, siendo uno el de la seguridad y el otro el de ser rico. Por mucho que amara a mi padre, el tema del dinero, la riqueza y la abundancia no era uno sobre el cual pudiéramos comunicarnos. Finalmente decidí dejarlo vivir su vida y me enfoqué en vivir la mía. Si él deseaba saber alguna vez acerca del dinero, yo le dejaría preguntar, en vez de tratar de ayudarle cuando mi ayuda no había sido solicitada. Él nunca lo pidió. En vez de tratar de ayudarlo desde el punto de vista financiero, decidí amarlo por sus fortalezas y pasar por alto lo que yo consideraba que eran sus debilidades. Después de todo, el amor y el respeto son mucho más importantes que el dinero.

Prueba de actitud mental

En retrospectiva, mi verdadero padre tenía un plan solamente para obtener la seguridad financiera por medio de la seguridad en el empleo. El problema era que su plan fracasó cuando presentó su candidatura para competir contra su jefe. Él no actualizó su plan y continuó planificando sólo para obtener la seguridad. Afortunadamente, él tenía sus necesidades financieras cubiertas por su pensión de maestro, seguro social y servicios públicos de salud (Medicare). Si no hubiera sido por esas redes de seguridad, hubiera estado en una situación financiera muy mala. La realidad fue que planificó para un mundo de escasez, un mundo de supervivencia mínima, y eso fue lo que obtuvo. Mi padre rico, por su parte, planificó para un mundo de abundancia financiera, y es lo que logró.

Ambos estilos de vida requieren de planificación. Desafortunadamente, muchas personas planifican para un mundo de insuficiencia, a pesar de que también es posible un mundo paralelo de abundancia financiera. Todo lo que se requiere es un plan.

Así que la pregunta de actitud mental es:

¿Tiene usted un plan financiero por escrito para:

1. estar seguro?   **Sí** _____ **No** _____

2. estar cómodo?   **Sí** _____ **No** _____

3. ser rico?   **Sí** _____ **No** _____

Por favor recuerde la lección de mi padre rico, en el sentido de que los tres planes son importantes. Sin embargo, la seguridad y la comodidad tienen precedente en relación con ser rico, incluso a pesar de que ser rico sea su primera opción. Lo importante es que si quiere ser rico, necesitará los tres planes. Para estar cómodo sólo necesitará dos planes. Y para estar seguro sólo requiere de un plan. Recuerde que sólo tres de cada 100 estadounidenses son ricos. La mayoría no tiene más que un plan. Muchos no tienen ninguna clase de plan financiero por escrito.

Capítulo 11

Lección # 9: Cada plan tiene un precio

"¿Cuál es la diferencia entre un plan para ser rico y los otros dos valores básicos?", pregunté.

Mi padre rico sacó un bloc de hojas de papel y escribió las siguientes palabras:

1. Estar seguro
2. Estar cómodo
3. Ser rico

"¿Te refieres a la diferencia entre rico, seguro y cómodo?"

"Es lo que estoy preguntando", respondí.

"La diferencia es el precio", dijo mi padre rico. "Existe una tremenda diferencia en el precio, entre un plan financiero para ser rico y las otras dos posiciones."

"¿Quieres decir que las inversiones en el plan financiero de los ricos cuestan más dinero?", pregunté.

"Bien, para la mayoría de la gente parecería que el precio se mide en términos de dinero. Pero si lo analizas más cuidadosamente, verás que el precio no se mide en dinero; se mide en realidad de acuerdo con el tiempo. Y entre los activos de tiempo y dinero, el tiempo es el activo más valioso."

Fruncí el ceño mientras trataba de comprender lo que decía mi padre rico. "¿Qué significa que el precio se mide de acuerdo con el tiempo? Dame un ejemplo." "Seguro", dijo mi padre rico. "Si quisiera ir de Los Ángeles a Nueva York, ¿cuánto me costaría el boleto de autobús?"

"No lo sé. Supongo que menos de 100 dólares", respondí. "Nunca he comprado un boleto de autobús de Los Ángeles a Nueva York."

"Yo tampoco", dijo mi padre rico. "Ahora dime cuánto costaría un boleto para volar en un jet 747 de Los Ángeles a Nueva York."

"Nuevamente, no lo sé en realidad. Pero supongo que sería alrededor de 500 dólares", respondí.

"Es la cifra aproximada", dijo mi padre rico. "Ahora déjame preguntarte: ¿por qué la diferencia en el precio? En ambos casos estás viajando de Los Ángeles a Nueva York. ¿Por qué pagarías mucho más por un boleto para volar en un jet?"

"Ah, ya comprendo", dije, mientras comenzaba a comprender lo que quería decir mi padre rico. "Pago más por el boleto de avión porque ahorro tiempo."

"Considera mejor que estás adquiriendo tiempo, en vez de ahorrar tiempo. En el momento en que comiences a considerar que el tiempo es precioso y tiene un precio, te volverás más rico."

Me senté a pensar en silencio. No comprendía del todo lo que decía mi padre rico… Y sin embargo era algo importante para él. Yo quería decir algo pero no sabía qué decir. Yo comprendía la idea de que el tiempo era precioso, pero nunca pensé realmente que tuviera un precio. Y la idea de adquirir tiempo en vez de ahorrar tiempo era importante para mi padre rico, pero no era importante para mí todavía.

Finalmente, al darse cuenta de mis dificultades para comprender, mi padre rico interrumpió el silencio y dijo: "Te apuesto a que en tu familia utilizan mucho las palabras 'ahorrar' y 'ahorros'. Apuesto a que tu madre dice frecuentemente que va de compras y que trata de ahorrar dinero. Y tu padre piensa que la cantidad de dinero que tiene ahorrado es importante."

"Así es", respondí. "¿Qué significa eso para ti?"

"Bien, es posible que ellos trabajen duro para tratar de ahorrar, pero desperdician mucho tiempo. Yo he visto compradores en las tiendas de alimentos que pasan horas tratando de ahorrar unos cuantos dólares", dijo mi padre rico. "Es posible que ahorren dinero, pero gastan mucho tiempo."

"¿Pero no es importante ahorrar?", pregunté. "¿No puedes volverte rico al ahorrar?"

"No estoy diciendo que no sea importante ahorrar", continuó mi padre rico. "Y sí, puedes volverte rico al ahorrar. Todo lo que digo es que el precio se mide realmente de acuerdo con el tiempo."

Nuevamente apareció un gesto en mi rostro, mientras me esforzaba por comprender lo que decía.

"Mira", dijo mi padre rico. "Puedes volverte rico al ahorrar, y puedes volverte rico al ser un tacaño, pero se necesita mucho tiempo, de la misma forma en que puedes ir de Los Ángeles a Nueva York en autobús para ahorrar algo de dinero. Sin embargo, tu verdadero precio será medido de acuerdo con el tiempo. En otras palabras, puedes tardarte cinco horas al volar en un avión por 500 dólares, o puedes tardarte cinco días al viajar en un autobús por 100 dólares. Los pobres miden en dinero y los ricos miden en tiempo. Quizá por eso hay más personas pobres que viajan en autobús."

"¿Porque tienen más tiempo que dinero?", pregunté. "¿Por eso viajan en autobús?"

"Es parte de la razón", dijo mi padre rico mientras sacudía la cabeza para indicar que no estaba satisfecho con la manera en que se desarrollaba nuestra conversación.

"¿Porque valoran más el dinero que el tiempo?", pregunté, tratando de adivinar.

"Eso está más cerca", dijo mi padre rico. "He notado que mientras menos dinero tiene una persona, más se aferra a él. He conocido a muchas personas pobres que tienen mucho dinero."

"¿Personas pobres con mucho dinero?", pregunté.

"Sí", dijo mi padre rico. "Tienen mucho dinero porque se aferran al dinero como si tuviera un valor mágico. Así que tienen mucho dinero pero son tan pobres como podrían ser si de no tenerlo."

"¿Así que las personas pobres a menudo se aferran al dinero más que los ricos?", pregunté.

"Yo considero que el dinero es sólo un medio de intercambio. En realidad, el dinero en sí mismo tiene poco valor. Así que tan pronto como tengo dinero, deseo intercambiarlo por algo de valor. La ironía consiste en que mucha gente se aferra desesperadamente al dinero y lo gasta en cosas que tienen poco valor; por ello son pobres. Esas personas dicen cosas como: 'Tan seguro como el dinero en el banco', y cuando gastan el dinero que han ganado con tanto esfuerzo, lo convierten en basura."

"Así que ellos aprecian el dinero más que tú", dije.

"Sí", dijo mi padre rico. "En muchos casos los pobres y las personas de clase media enfrentan dificultades porque le dan demasiada importancia al dinero mismo. Así que se aferran a él, trabajan duro para ganarlo, se esfuerzan por vivir de manera frugal, compran cuando hay ofertas y hacen su mejor esfuerzo para ahorrar tanto dinero como sea posible. Muchas de esas personas tratan de volverse ricas al ser tacañas. Pero al final del día es posible que tengas mucho dinero, y sin embargo todavía serás un tacaño."

"No comprendo", respondí. "Estás hablando acerca de los valores que mi madre y mi padre trataron de inculcarnos. Estás hablando acerca de la manera en que pienso actualmente. Yo estoy en el Cuerpo de Marines y ellos no pagan mucho dinero, así que es natural que yo piense de esa manera."

"Comprendo", respondió mi padre rico. "Los ahorros y la frugalidad tienen un lugar importante. Pero hoy estamos hablando acerca de la diferencia entre el plan para ser rico y los otros dos planes."

"Y la diferencia estriba en el precio", afirmé.

"Sí", dijo mi padre rico. "Y la mayoría de la gente piensa que el precio se mide en dinero."

"Y lo que tú dices es que el precio se mide de acuerdo con el tiempo", agregué mientras comenzaba a comprender a dónde se dirigía mi padre rico. "Porque el tiempo es más importante que el dinero."

Mientras asentía con la cabeza, mi padre rico dijo: "Muchas personas quieren volverse ricas o hacer las inversiones que hacen los ricos, pero la mayoría no está dispuesta a invertir el tiempo. Es la razón por la que sólo uno de cada 100 estadounidenses son ricos; y uno de esos tres heredó el dinero."

Mi padre rico volvió a escribir en su bloc de hojas de papel los tres valores fundamentales sobre los que habíamos estado conversando:

1. Estar seguro
2. Estar cómodo
3. Ser rico

"Tú puedes invertir para estar seguro y cómodo al utilizar un plan o sistema automático. De hecho, eso es lo que recomiendo para la mayoría de la gente. Simplemente trabaja y entrega tu dinero a los administradores profesionales o a las instituciones e invierte a largo plazo. A las personas que invierten de esta manera probablemente les irá mejor que al individuo que piensa que es el Tarzán de Wall Street. Para mucha gente un programa estable para conservar el dinero siguiendo un plan es la mejor manera para invertir."

"Pero si quiero ser rico, tengo que invertir en algo más valioso que el dinero, y eso es el tiempo. ¿Es a lo que se refiere esta lección?"

"Quería asegurarme de que habías comprendido la lección", dijo mi padre rico. "La mayoría de las personas quieren volverse ricas, pero no están dispuestas a invertir primero el tiempo. Actúan de acuerdo con información privilegiada o esquemas para 'volverse-ricos-rápido'. O desean comenzar un negocio, así que se apresuran y comienzan uno sin tener las aptitudes básicas de negocio. Y luego se preguntan por qué 95% de todos los pequeños negocios fracasan en los primeros cinco o diez años."

"Tienen tanta prisa por ganar dinero, que eventualmente pierden tanto el tiempo como el dinero", agregué. "Quieren hacer las cosas por cuenta propia en vez de invertir en un análisis ligero."

"O de seguir un plan sencillo a largo plazo", repitió mi padre rico. "Casi todos en el mundo occidental pueden convertirse fácilmente en millonarios, si simplemente siguen un plan a largo plazo. Pero nuevamente, la mayoría de la gente no está dispuesta a invertir el tiempo; quiere volverse rica ahora."

"En vez de decir cosas como 'invertir es riesgoso', o 'se necesita dinero para ganar dinero', o 'no tengo tiempo para aprender a invertir, estoy muy ocupado trabajando y tengo cuentas qué pagar'", agregué, conforme comenzaba a comprender el argumento de mi padre rico.

Mi padre rico asintió. "Son ideas o excusas muy comunes y son la razón por la que muy pocas personas logran obtener una gran riqueza en un mundo que está lleno de dinero. Esas ideas o palabras son la razón por la que 90% de la población tiene el problema de no tener suficiente dinero, en vez de tener demasiado dinero. Sus ideas acerca del dinero y la inversión provocan sus problemas de dinero. Todo lo que tienen que hacer es cambiar unas cuantas palabras, unas cuantas ideas y su mundo financiero cambiará como por arte de magia. Pero la mayoría de la gente está demasiado ocupada trabajando y no tiene tiempo. Muchos dicen frecuentemente: 'No me interesa aprender a invertir. Es un tema que no me interesa.' Sin embargo, no se dan cuenta de que al decir eso se convierten en esclavos del dinero, trabajan por el dinero y hacen que el dinero determine las fronteras financieras de sus vidas; viven frugalmente y de acuerdo con sus medios, en vez de invertir un poco de tiempo, seguir un plan y hacer que el dinero trabaje para ellos."

"Así que el tiempo es más importante que el dinero", dije.

"Para mí, es la verdad", dijo mi padre rico. "De manera que si deseas avanzar al nivel de inversión de los ricos, tendrás que invertir mucho más tiempo que en los otros dos niveles. La mayoría de la gente no pasa de la seguridad y la comodidad porque no está dispuesta a invertir el tiempo. Es una decisión personal que todos necesitamos tomar. Al menos esa persona tiene un plan financiero para estar seguro y/o cómodo. No hay nada más riesgoso que una persona que carece de esos dos planes básicos y que se concentra solamente en volverse rico. Aunque unos cuantos lo logran, la mayoría fracasa. Los puedes ver en los últimos años de su vida, quebrados, gastados y hablando acerca del negocio que casi lograron hacer o del dinero que alguna vez tuvieron. Y al final de sus vidas no tienen tiempo ni dinero."

"Así que pienso que es hora de que yo comience a invertir más tiempo, especialmente debido a que deseo invertir al nivel de los ricos", dije aterrado ante la idea de ser un viejo quebrado, bebiendo cerveza y murmurando acerca de los negocios que casi ocurrieron. Ya había visto y conocido inversionistas semejantes. No es agradable ver a una persona a quien se le han acabado tanto el tiempo como el dinero.

Prueba de actitud mental

Invertir al nivel de la seguridad y al nivel de la comodidad debe ser tan mecánico o ajustado a una fórmula como sea posible. Debe tratarse de planes que no requieran demasiada inteligencia. Todo lo que tiene que hacer es entregar su dinero a los administradores profesionales —y esperemos que honrados—, y lo que ellos deben hacer es seguir su plan. Si comienza pronto y las estrellas brillan para usted, al final del arco iris debe encontrarse una olla de oro. La inversión puede —y debe— ser así de sencilla, en esos dos niveles fundamentales.

Sin embargo, es preciso recomendar precaución. En la vida no hay nada que carezca de riesgo. Existen cosas de bajo riesgo y así ocurre con las inversiones. Así que si usted siente incertidumbre acerca del destino del mundo financiero y no confía en la gente de esa industria, entonces debe investigar mucho. Es importante que sea fiel a sus emociones y a su instinto, pero no permita que dichas emociones gobiernen su vida. Así que si no puede despojarse de los nervios, entonces invierta de manera muy precavida. Pero recuerde siempre el precio: mientras más segura sea una inversión, se requiere de más tiempo para ganar dinero... si es que se gana dinero. Así que siempre hay un aspecto negativo, o como dicen: "No hay almuerzo gratuito." Todo tiene un precio, y en el mundo de las inversiones, ese precio se mide tanto en tiempo como en dinero.

Una vez que sus planes de inversión para lograr la seguridad y/o la comodidad financiera estén en su sitio y funcionando, entonces estará en mejor posición para especular con la información privilegiada que le transmitió un amigo. La especulación en el mundo de los productos financieros es divertida, pero debe hacerse de manera responsable. Existen muchos de los llamados "inversionistas" en los mercados que en realidad tienen un problema de adicción a los juegos de apuesta.

Cuando la gente me formula preguntas como: "¿En qué acciones está usted invirtiendo?", tengo que responder: "Yo no selecciono las acciones. Los administradores financieros profesionales lo hacen por mí."

Esas personas dicen a menudo: "Yo pensé que usted era un inversionista profesional."

Y yo respondo: "Lo soy. Pero no invierto de la manera en que lo hace la mayoría de la gente. Invierto de la manera en que me enseñó mi padre rico."

Yo invierto personalmente de manera activa en el nivel de inversión de los ricos. Muy pocas personas invierten o practican el juego de la inversión en este nivel. El resto del libro está dedicado a ese nivel que me enseñó mi padre rico. No se trata de un método para todos, especialmente si usted no cuenta de antemano con los planes para la seguridad y la comodidad.

Así que las preguntas de actitud mental son:

1. ¿Está usted dispuesto a diseñar un plan de inversión para cubrir sus necesidades financieras con el fin de estar seguro y cómodo?

Sí _____ **No** _____

2. ¿Está usted dispuesto a invertir tiempo para aprender al nivel de los ricos, al nivel de mi padre rico?

Sí _____ **No** _____

Si usted no está seguro de su respuesta y desea averiguar qué nivel de compromiso se requiere con el estudio sobre inversión, el resto de este libro le proporcionará algunas ideas sobre lo que es necesario para invertir al nivel de los ricos.

CAPÍTULO 12

Lección # 10: Por qué invertir no es riesgoso

La gente dice que "invertir es riesgoso debido a tres razones principales":

1. No han sido entrenados para ser inversionistas. Si usted leyó *El cuadrante del dinero*, la secuela de *Padre rico, padre pobre,* recordará que la mayoría de la gente acude a la escuela para ser capacitada en lo relacionado con el lado izquierdo del cuadrante, en vez del lado derecho.

2. En segundo término, muchos inversionistas carecen de control o se encuentran fuera de control. Mi padre rico utilizaba este ejemplo; decía que: "existe un riesgo al conducir un automóvil. Pero conducir un automóvil sin poner las manos en el volante es realmente riesgoso". A continuación decía: "En lo que se refiere a invertir, la mayoría de la gente conduce sin colocar las manos en el volante." La primera etapa de este libro consiste en asumir el control de usted mismo antes de invertir. Si no tiene un plan, un poco de disciplina y algo de decisión, los demás controles del inversionista no tendrán mucho significado. El resto de este libro tratará sobre los diez controles del inversionista de mi padre rico.

3. En tercer lugar, la gente dice que invertir es riesgoso porque la mayoría de la gente invierte desde afuera, en vez de hacerlo desde adentro. Muchos de nosotros sabemos de manera intuitiva que si uno quiere un verdadero trato, tiene que estar adentro. Usted escucha frecuentemente que alguien dice: "Tengo un amigo en el negocio." No importa de qué sea el negocio. Puede ser la compra de un automóvil, boletos para el teatro o un nuevo vestido. Todos sabemos que es adentro donde se hacen los tratos. El mundo de la inversión no es diferente. Como dijo Gordon Gekko, el personaje de villano interpretado por Michael Douglas en la película *Wall Street*: "Si no estás adentro, estás afuera."

Más adelante revisaremos la relación entre estar adentro o afuera. Lo que es interesante destacar en este momento es que las personas que se encuentran en el lado izquierdo del cuadrante generalmente invierten desde afuera. Por su parte, los "D" e "I" son capaces de invertir desde adentro, así como desde afuera.

Nota importante: Conforme avance este libro, muchas "vacas sagradas" sobre el dinero serán sacrificadas. La inversión "desde adentro" es una de ellas. En el mundo real, existen inversiones desde adentro que son legales y existen inversiones desde adentro que son ilegales. Es una distinción importante. Lo que se da a conocer en las noticias es la inversión desde adentro que es ilegal. Sin embargo, en el mundo real existe más inversión desde adentro que es legal y que no aparece en las noticias; y a ese tipo de inversión desde adentro me refiero.

El consejo que le da un conductor de taxi es en muchos sentidos un consejo "desde adentro". La verdadera pregunta en relación con la inversión desde adentro es: "¿Qué tan cerca está usted del 'adentro'?"

El plan de mi padre rico

Mi padre rico enumeró los tres valores financieros básicos, que eran:

1. Estar seguro
2. Estar cómodo
3. Ser rico

Entonces dijo: "Tiene sentido invertir desde afuera cuando inviertes en los niveles de inversión relacionados con la seguridad y la comodidad. Por eso le entrega su dinero a un profesional, que espera que se encuentre más cerca de 'adentro' de lo que usted está. Pero si quiere ser rico, debe estar más cerca de 'adentro' que el profesional a quien la mayoría de la gente confía su dinero."

Y tal era el enfoque del plan de mi padre rico para ser rico. Es lo que él hizo y la razón por la que era tan rico. Para seguir su plan, yo necesitaba la educación y las experiencias que se encuentran del lado derecho del cuadrante, no del lado izquierdo. Para hacer eso, yo necesitaba invertir mucho más tiempo que el inversionista promedio... Y de eso trata el resto de este libro: acerca de lo que es necesario para avanzar desde "afuera" hacia "adentro".

Antes de que usted decida

Me doy cuenta de que muchas personas no quieren invertir tanto tiempo en el tema de la inversión sólo para llegar al "adentro". Pero antes de que usted decida y antes de abordar con mayor detalle el plan de mi padre rico, consideré darle a usted una perspectiva muy simplificada sobre el tema de la inversión. Espero que después de leer los próximos capítulos aprenda algunas formas nuevas de reducir el riesgo de su inversión para ser más exitoso como inversionista, incluso si no desea ser un inversionista "desde adentro". Como dije anteriormente, invertir es un tema muy personal y yo respeto totalmente esa realidad. Conozco a muchas personas que no quieren comprometer su tiempo a aprender el tema de las inversiones de la manera en que lo hicimos mi padre rico y yo.

Antes de abordar el plan educativo de mi padre rico para enseñarme a ser un inversionista en el nivel de los ricos, los siguientes capítulos están dedicados a ofrecer al lector una perspectiva sencilla sobre el plan de inversión de mi padre rico.

Prueba de actitud mental

El negocio de invertir tiene muchas semejanzas con el negocio de los deportes profesionales. Por ejemplo, consideremos el juego de fútbol americano profesional. El mundo entero observa el Súper Tazón. En el campo se encuentran los jugadores, los fanáticos, el dirigible que sobrevuela el estadio, las animadoras, los vendedores, los comentaristas deportivos, y los fanáticos en casa observan el juego por televisión.

Hoy en día, para muchos inversionistas el mundo de la inversión tiene el aspecto de un juego de fútbol americano profesional. Usted puede ver el mismo tipo de personajes: tiene a los comentaristas de televisión que describen la batalla entre las grandes compañías en el campo, jugada tras jugada. También puede ver a los fanáticos que adquieren las acciones en vez de los boletos y que alientan a su equipo favorito. También puede ver a las animadoras, que le dicen por qué el precio de las acciones está subiendo; o si el mercado se encuentra a la baja, desean alentarlo con la esperanza renovada de que el precio subirá pronto. También hay personas que llevan el marcador, llamados "corredores de bolsa", que le dicen el precio de las acciones por teléfono y que llevan el registro de sus apuestas. En vez de leer la sección deportiva del diario, usted lee las páginas de finanzas. Existe el equivalente de los revendedores de boletos, pero en el mundo de las finanzas no venden los boletos a precios más caros a quienes llegan tarde; venden boletines con consejos financieros a precios muy caros para las personas que quieren acercarse al juego "de adentro". Y también hay vendedores de *hot dogs*, que venden píldoras contra la acidez estomacal, así como personas que limpian el desorden una vez que termina la jornada de transacciones. Y desde luego hay espectadores en casa.

Lo que la mayoría de la gente no ve en ambos ambientes, el mundo de los deportes y el mundo de la inversión, es lo que ocurre tras bambalinas. Y ése es el negocio detrás de ambos juegos. Ocasionalmente puede ver al dueño de un equipo, de la misma forma en que puede ver al director ejecutivo o al presidente de una compañía, pero esa persona no es realmente el negocio. Como decía mi padre rico: "El negocio detrás del negocio es el verdadero juego. Es el negocio detrás del negocio en lo que se gana dinero, sin importar quién gana el juego, o si el mercado va a la alza o a la baja. Es el negocio lo que vende los boletos para el juego; no compra los boletos." Ése es el juego de inversión que mi padre rico me enseñó y de lo que trata el resto de este libro. Es el juego de las inversiones que crean la gente rica en el mundo.

Así que las preguntas de actitud mental son:

1. ¿Está dispuesto a comenzar a asumir el control sobre usted mismo?

Sí _____ **No** _____

2. Con base en lo que sabe hasta el momento, ¿está dispuesto a invertir para obtener la educación y la experiencia con el fin de convertirse en un inversionista exitoso "desde adentro"?

Sí _____ **No** _____

CAPÍTULO 13

Lección # 11: ¿De qué lado de la mesa quiere sentarse?

Por qué invertir no es riesgoso

Mi padre pobre decía siempre: "Trabaja duro y ahorra el dinero." En cambio, mi padre rico decía: "Trabajar duro y ahorrar dinero es importante si quieres estar seguro y cómodo. Pero si quieres ser rico, trabajar duro y ahorrar dinero quizá no te servirá para lograrlo. Además de lo anterior, las personas que trabajan duro y ahorran dinero frecuentemente son las mismas que dicen: 'Invertir es riesgoso.'"

Existían muchas razones por las que mi padre rico nos recordaba a Mike y a mí que trabajar duro y ahorrar el dinero no fue la manera en que él se volvió rico. Él sabía que trabajar duro y ahorrar dinero era bueno para las masas, pero no para alguien que deseaba volverse rico.

Existían tres razones por las que él recomendaba encontrar un plan diferente para volverse rico. Esas razones eran las siguientes:

1. "Para quienes trabajan duro y ahorran dinero es más difícil volverse ricos porque pagan más impuestos de los que les corresponde. El gobierno grava con impuestos a esas personas cuando ganan dinero, cuando ahorran, cuando lo gastan y cuando mueren. Si quiere ser rico, necesita más compleji-

dad financiera que la existente en sólo trabajar duro y ahorrar dinero."

Mi padre rico amplió su explicación al decir: "Para ahorrar 1000
dólares, el gobierno ya ha tomado de antemano su parte por medio
de impuestos. Así que tal vez sea necesario ganar 1300 dólares para
ahorrar 1000. A continuación, esos 1000 son reducidos por la inflación, así que cada año sus 1000 dólares valen menos. La pequeña
cantidad de dinero que le pagan por intereses también es devorada
por la inflación, así como por los impuestos. Así que supongamos
que el banco le paga 5% de interés, la inflación es de 4%, y los
impuestos ascienden a 30% de los intereses, el resultado neto es
que usted pierde dinero." Por eso mi padre rico pensaba que trabajando duro y ahorrando dinero era difícil volverse rico.

2. La segunda razón era: "Quienes trabajan duro y ahorran frecuentemente piensan que invertir es riesgoso.Quienes piensan que las cosas son riesgosas frecuentemente evitan aprender algo nuevo."

3. La tercera razón era: "Las personas que creen en trabajar
duro, en ahorrar, y que consideran que la inversión es
riesgosa, rara vez ven el otro lado de la moneda."

Este capítulo trata sobre algunas de las razones por las que invertir no tiene que ser riesgoso.

Mi padre rico tenía una forma de abordar temas muy complejos y simplificarlos con el fin de que casi todos pudieran comprender al menos los conceptos básicos de aquello a lo que se
refería. En *Padre rico, padre pobre*, compartí los diagramas del
estado de resultados y el balance general que utilizó para enseñarme los conceptos básicos de la contabilidad y la educación financiera. En *El cuadrante del flujo de dinero* compartí su diagrama
que explica las diferencias básicas emocionales y educativas entre las personas que se encuentran en los cuatro cuadrantes. Para

que yo comprendiera el tema de las inversiones, primero necesitaba comprender las lecciones que se enseñan en esos dos libros.

Cuando yo tenía entre doce y quince años de edad, mi padre rico me pedía ocasionalmente que me sentara a su lado cuando entrevistaba a personas que estaban buscando un empleo. A las 4:30 de la tarde, que era la hora en que tenía sus entrevistas, yo me sentaba detrás de su gran escritorio de madera, en una silla cercana a mi padre rico. Del otro lado del escritorio había una mesa de madera para la persona que iba a ser entrevistada. La secretaria dejaba pasar a la gran oficina, uno por uno, a los empleados potenciales, y les indicaba que se sentaran en la silla.

Observé a adultos que pedían empleos por los que se pagaba un dólar por hora, con beneficios mínimos. A pesar de que yo era sólo un adolescente, sabía que era difícil mantener una familia, ya no digamos volverse rico, con ocho dólares diarios. También vi a personas con grados universitarios, incluso algunos con doctorados, que le pedían a mi padre rico un empleo por trabajos técnicos o administrativos por los que se pagaba menos de 500 dólares al mes.

Después de algún tiempo, la novedad de sentarme detrás del escritorio, del lado de mi padre rico, desapareció. Mi padre rico nunca me dijo nada antes, durante o después de esos días de entrevistas. Finalmente, cuando ya tenía quince años y estaba aburrido de sentarme en ese escritorio, le pregunté: "¿Por qué quieres que yo me siente aquí y observe a esas personas que piden empleo? Yo no estoy aprendiendo nada y me aburre. Además, es doloroso ver a esos adultos que tienen tanta necesidad de obtener un empleo y ganar dinero. Algunos de ellos están realmente desesperados. No pueden abandonar su empleo actual a menos que tú les des otro empleo. Dudo que algunos de ellos puedan sobrevivir tres meses sin un sueldo. Y algunos de ellos son más viejos que tú, y obviamente no tienen dinero. ¿Qué les ha ocurrido? ¿Por qué quieres que yo vea eso? Me duele cada vez que hago esto contigo. No tengo problema con el hecho de que pidan un empleo, pero es la desesperación por el dinero que puedo ver en sus ojos lo que realmente me molesta."

Mi padre rico se sentó ante el escritorio por un momento, para poner en orden sus ideas. "He estado esperando a que tú hicieras esa pregunta", me dijo. "A mí también me duele y por eso quería que tú vieras esto antes de que crezcas más." Mi padre rico tomó su bloc de hojas de papel y dibujó el cuadrante del flujo de dinero.

"Tú apenas estás comenzando la escuela preparatoria. Pronto vas a tomar algunas decisiones muy importantes sobre qué serás cuando crezcas, si no es que ya las has tomado. Yo sé que tu padre te está alentando a que vayas a la universidad para que puedas obtener un empleo bien pagado. Si escuchas su consejo, irás en esta dirección." Mi padre rico dibujó una flecha hacia el lado "E" y "A" del cuadrante.

"Si me escuchas, estudiarás para convertirte en una persona en este lado del cuadrante." A continuación dibujó una flecha hacia el lado "D" e "I" del cuadrante.

"Tú me has enseñado esto y me lo has dicho en muchas ocasiones", respondí tranquilamente. "¿Por qué vuelves a hacerlo?"

"Porque si escuchas a tu padre, pronto te encontrarás sentado en esa solitaria silla de madera, del otro lado del escritorio. Si me escuchas, te sentarás en la silla de madera en mi lado del escritorio. Ésa es la decisión que estás tomando, de manera consciente o inconsciente, cuando entres a la preparatoria. Te he pedido que te sientes a mi lado en el escritorio porque quería que supieras la diferencia en los puntos de vista. No estoy diciendo que un lado del escritorio sea mejor que el otro. Cada lado tiene sus aspectos positivos y negativos. Yo sólo quería que comenzaras a escoger ahora de qué lado del escritorio quieres sentarte, porque lo que estudies a partir de hoy determinará en qué lado del escritorio terminarás. ¿Terminarás en el lado de "E" y "A", o en el lado de "D" e "I" del escritorio?"

Un amable recordatorio diez años después

En 1973, mi padre rico me recordó esa conversación que tuvimos cuando yo tenía quince años de edad. "¿Recuerdas que te pregunté de qué lado del escritorio querías sentarte?", me preguntó.

Yo asentí y dije: "¿Quién hubiera previsto entonces que mi padre, que me sugería la seguridad laboral y un empleo para toda la vida, se sentaría nuevamente del otro lado del escritorio a los 50 años de edad? Todo marchaba bien para él cuando tenía 40 años, y todo había terminado diez años después."

"Bien, tu padre es un hombre muy valiente. Desafortunadamente, no tomó en cuenta en sus planes que esto podría ocurrirle, y ahora se encuentra en dificultades financieras y profesionales. La situación podría empeorar si no realiza algunos cambios rápidos. Si sigue adelante con sus antiguas creencias sobre empleos y seguridad laboral, temo que desperdiciará los últimos años de su vida. No puedo ayudarle ahora, pero puedo ayudarte a guiarlo", dijo mi padre rico.

"¿De manera que tú dices que debo escoger en qué lado de la mesa quiero sentarme?" respondí. "¿Quieres decir que debo escoger entre ser piloto de aerolíneas o crear mi propio camino?"

"No necesariamente", dijo mi padre rico. "Todo lo que quiero hacer en esta lección es señalarte algo."

"¿Y qué quieres señalar?", pregunté.

De nuevo dibujó el cuadrante del flujo de dinero:

A continuación dijo: "Muchos jóvenes se concentran en un solo lado del cuadrante. A muchas personas les preguntan cuando son niños: '¿Qué quieres ser cuando seas grande?' Si te das cuenta, muchos niños responden cosas como 'bombero', 'bailarina', 'doctor', o 'maestra'."

"Así que la mayoría de los niños escogen el lado 'E' y 'A' del cuadrante", añadí.

"Sí", dijo mi padre rico. "Y el cuadrante 'I', el cuadrante del inversionista, es dejado de lado, si es que acaso se piensa en él. En muchas familias el único momento en que se piensa en el cuadrante 'I' es cuando los padres dicen: 'Asegúrate de que tu empleo tenga excelentes beneficios y un sólido plan de retiro.' En otras palabras, la idea es permitir que la compañía sea responsable de satisfacer tus necesidades de inversión a largo plazo. Eso está cambiando rápidamente mientras hablamos."

"¿Por qué dices eso?", pregunté. "¿Por qué dices que está cambiando?"

"Estamos entrando a un periodo de una economía global", dijo mi padre rico. "Para que las compañías compitan en el mundo, necesitan reducir sus costos. Y uno de sus costos más importantes consiste en las compensaciones de los empleados y el financiamiento de los planes de retiro. Recuerda mis palabras; en los próximos años los negocios comenzarán a dejar en manos del empleado la responsabilidad de invertir para su retiro."

"¿Quieres decir que la gente tendrá que aportar para su propia pensión, en vez de confiar en su empleador, o en el gobierno?", pregunté.

"Sí. El problema será peor para las personas pobres, y es por ellos por quienes estoy preocupado", dijo mi padre rico. "Por eso te he recordado cuando te sentabas del otro lado del escritorio, frente a la gente cuyo único apoyo financiero era un empleo. Para el momento en que tengas mi edad, será un problema generalizado qué

hacer con quienes carecen de apoyo financiero y médico en la vejez. Y tu generación, la de los nacidos después de la segunda guerra
mundial, probablemente tendrá la tarea de resolver ese problema.
El problema será muy grave alrededor del año 2010."

"¿Entonces, qué debo hacer?", pregunté.

"Haz que el cuadrante 'I' sea el cuadrante más importante, no
los otros. Elige ser un inversionista cuando crezcas. Querrás hacer que tu dinero trabaje para ti, para que no tengas que trabajar si
no deseas hacerlo, o si no puedes hacerlo. No quieras llegar a la
edad de tu padre, a los 50 años, y comenzar desde el principio otra
vez, tratando de averiguar en qué cuadrante puedes ganar más
dinero, y darte cuenta de que estás atrapado en el cuadrante 'E',"
dijo mi padre rico.

"Quieres aprender cómo operar en todos los cuadrantes. Ser capaz de sentarte en ambos lados del escritorio te permite ver ambos
lados de la moneda", dijo mi padre rico a manera de resumen.

El cuadrante más importante

Mi padre rico me explicó que una de las diferencias entre la gente
rica y la gente pobre consiste en lo que los padres enseñan a sus
hijos en casa. Él dice: "Mike ya tenía un portafolio de inversión
personal de alrededor de 200 000 dólares cuando tenía quince años.
Tú no tenías nada. Todo lo que tenías era la idea de ir a la escuela
para poder obtener un empleo con beneficios. Es lo que tu padre
consideró que era importante."

Mi padre rico me recordó que Mike supo cómo ser un inversionista antes de terminar la preparatoria. "Yo nunca traté de
influir en la elección de su carrera", dijo. "Yo quería que si-
guiera sus intereses, incluso si eso significaba que no se haría
cargo de mis negocios. Pero sin importar si él escogía ser poli-
cía, político o poeta, yo quería que fuera primero un inversionista. Tú te volverás mucho más rico si aprendes a ser un in-

versionista, sin importar qué hagas para ganar el dinero en el camino."

Muchos años después, al conocer más y más personas que provienen de familias acomodadas, les escuché decir lo mismo. Muchos de mis amigos ricos dicen que sus familias crearon un portafolio de inversión para ellos cuando eran muy jóvenes y luego los guiaron para que aprendieran a ser inversionistas, antes de decidir qué tipo de profesión querían tener.

Prueba de actitud mental

En la era industrial, las reglas de empleo consistían en que su compañía le emplearía de por vida y se haría cargo de sus necesidades de inversión una vez que terminara su etapa laboral. En 1980, la duración promedio del retiro antes del fallecimiento era de sólo un año para los hombres y dos años para las mujeres. En otras palabras, todo lo que usted tenía que hacer era concentrarse en el cuadrante "E", y su empleador se haría cargo del cuadrante "I". Ese mensaje era reconfortante, especialmente para la generación de mis padres, porque vivieron la época de una horrible guerra mundial y de la gran depresión. Esos acontecimientos tuvieron un tremendo impacto sobre su actitud mental y sus prioridades financieras. Muchos todavía viven con esa actitud financiera y a menudo enseñan esa misma actitud a sus hijos. Muchas personas todavía creen que su hogar es un activo y que constituye su inversión más importante. Esa idea es una forma de pensar de la era industrial. En ella, eso era todo lo que una persona necesitaba saber acerca de la administración del dinero, porque la compañía o el sindicato y el gobierno se hacían cargo de lo demás.

Las reglas han cambiado. En la era de la información casi todos nosotros necesitamos de mayor complejidad financiera. Necesitamos conocer la diferencia entre un activo y un pasivo. Vivimos más tiempo y por lo tanto necesitamos de mayor estabilidad financiera para nuestros años de retiro. Si su casa constituye su inversión más importante, entonces usted probablemente está en problemas financieros. Su portafolio financiero necesita ser una inversión más importante que su casa.

La buena noticia es que el cuadrante "I" es un gran cuadrante al cual dar prioridad —para aprender a ser responsable— porque la libertad proviene de este cuadrante.

Así que las preguntas de actitud mental son:

1. ¿A qué cuadrante le da prioridad? ¿Cuál es el más importante para usted?

E____ A____ D____ I____

2. ¿De qué lado del escritorio planea sentarse eventualmente?

He formulado la pregunta dos y la he dejado sin una respuesta debido al siguiente fenómeno: quizá ha notado que cuando una compañía importante anuncia el despido de miles de empleados, frecuentemente sube el precio de las acciones de esa compañía. Es un ejemplo de los dos lados del escritorio. Cuando una persona cambia al otro lado del escritorio, su punto de vista sobre el mundo también se modifica. Y cuando una persona cambia de cuadrantes, así sea sólo mental y emocionalmente, entonces sus lealtades frecuentemente cambian. Y yo creo que ese cambio es producto del cambio de las eras, en la forma de pensar de la era industrial a la era de la información, y eso provocará que los negocios y los líderes de negocios enfrenten algunos de los desafíos más importantes en el futuro. Como dicen: "Las reglas apenas han comenzado a cambiar."

CapÍtulo 14

Lección # 12: Las reglas básicas de la inversión

Un día, yo me sentía frustrado acerca de mi progreso financiero en la vida. Me quedaban cerca de cuatro meses antes de dejar las fuerzas armadas y regresar al mundo civil. Había abandonado todos mis esfuerzos para obtener un empleo con las aerolíneas. Decidí entonces que iba a entrar al mundo de los negocios en junio de 1974, e intentar ingresar al cuadrante "D". No se trataba de una decisión difícil ya que mi padre rico estaba dispuesto a guiarme, pero la presión por lograr el éxito financiero estaba creciendo. Sentí que me estaba quedando rezagado, especialmente cuando me comparaba con Mike.

Durante una de nuestras reuniones compartí mis ideas y frustraciones con mi padre rico. Le dije: "Tengo dos planes. Uno tiene como objetivo asegurarme de que tendré la seguridad financiera básica, y el otro, más agresivo, tiene el propósito de que me sienta cómodo desde el punto de vista financiero. Pero de acuerdo con la velocidad con que esos planes tendrán éxito, si es que son exitosos, nunca seré rico como tú y Mike."

Mi padre rico sonrió cuando escuchó eso. Mientras reía para sus adentros, me dijo: "Invertir no es una carrera de velocidad. Tú no estás compitiendo con alguien más. La gente que compite generalmente tiene enormes altibajos en su vida financiera. Tú no estás aquí para tratar de terminar primero. Todo lo que necesitas hacer para ganar dinero es simplemente concentrarte en ser un mejor inversionista. Si te concentras en mejorar tu experiencia y educación como inversionista, obtendrás una enorme riqueza. Si todo lo que quieres hacer es enriquecerte rápidamente o tener más dinero que Mike, existen muchas posibilidades de que seas un gran perdedor. Está bien si te comparas y compites un poco, pero el verdadero objetivo del proceso es que te conviertas en un mejor inversionista, más educado. Cualquier otro objetivo es tonto y riesgoso."

Me senté a su lado, asentí con la cabeza y me sentí un poco mejor. Sabía que en vez de intentar ganar más dinero y asumir mayores riesgos, debía concentrarme en estudiar más. Eso tenía más sentido para mí, parecía menos riesgoso y requería de menos dinero… y el dinero no era algo que entonces tuviera en abundancia.

Mi padre rico me explicó a continuación sus razones para hacer que Mike comenzara en el cuadrante "I", en vez de los cuadrantes "D" o "E". Me dijo: "Dado que el objetivo de los ricos es hacer que su dinero trabaje para ellos, con el fin de no tener que trabajar, ¿por qué no comenzar en donde han de terminar?" Me explicó por qué nos alentó a Mike y a mí a jugar golf cuando teníamos diez años de edad. Me dijo: "El golf es un juego que puedes practicar toda tu vida. El fútbol es un deporte que sólo puedes practicar durante unos cuantos años. ¿Así que por qué no comenzar con el juego que terminarás practicando?"

Desde luego, yo no lo había escuchado. Mike continuó jugando golf, y yo me dediqué al béisbol, al fútbol y al rugby. No era muy bueno en ninguno de ellos, pero me gustaban los deportes y estoy contento por haberlos practicado.

Quince años después de haber comenzado a jugar golf y de haber comenzado a invertir, Mike era un gran golfista y tenía un portafolio de inversiones considerable, además, con varios años más de experiencia en inversiones que yo. A los 25 años de edad yo estaba comenzando a aprender los conceptos básicos del juego de golf y del juego de las inversiones.

Señalo lo anterior porque, sin importar qué tan joven o viejo sea, el aprendizaje de los conceptos básicos de cualquier cosa, especialmente de un deporte, es importante. La mayoría de la gente toma algún tipo de clases de golf o aprende los conceptos básicos antes de jugar, pero desafortunadamente la mayoría de la gente nunca aprende los conceptos básicos sencillos de la inversión antes de invertir el dinero que les ha costado trabajo ganar.

Los conceptos básicos de la inversión

"Ahora que cuentas con tus dos planes —el plan para la seguridad y el plan para la comodidad—, te explicaré los conceptos básicos de la inversión", dijo mi padre rico. Me explicó a continuación que muchas personas comienzan a invertir sin tener los dos primeros planes, y en su opinión, eso es riesgoso. Me dijo: "Después de que tienes tus dos planes, puedes experimentar y aprender técnicas más exóticas utilizando diferentes medios de inversión. Por eso esperé a que dedicaras algún tiempo para crear esos dos planes de inversión automáticos o mecánicos antes de continuar con tus lecciones."

Regla básica número uno

"La regla básica número uno para invertir consiste en saber siempre para qué clase de inversión estás trabajando", dijo mi padre rico.

Durante muchos años mi padre rico siempre nos dijo a Mike y a mí que había tres diferentes tipos de ingreso:

1. **El ingreso ganado.** Es el derivado generalmente de un empleo o alguna clase de trabajo. En su forma más común es el ingreso por sueldo. También se trata del ingreso gravado con los impuestos más altos, por lo que es más difícil crear

riqueza con él. Cuando usted le dice a su hijo: "Obtén un buen empleo", le está aconsejando que trabaje para obtener este tipo de ingreso.

2. **El ingreso de portafolio.** Es el derivado generalmente de activos en papel, como acciones bursátiles, obligaciones, fondos de inversión, etcétera. El ingreso de portafolio es por mucho la forma más popular de ingreso por inversión, simplemente porque los activos en papel son mucho más fáciles de manejar y mantener que todos los demás.

3. **El ingreso pasivo.** Es el derivado generalmente de los bienes raíces. Puede también ser derivado de las regalías por patentes o acuerdos de otorgamiento de licencia. Sin embargo, aproximadamente 80% del tiempo el ingreso pasivo proviene de propiedades inmobiliarias. Existen muchas ventajas fiscales disponibles para los bienes raíces.

Una de las diferencias entre mis dos padres consistía en lo que un padre debe decirle a su hijo. Mi padre pobre me decía siempre: "Trabaja duro en la escuela para que puedas obtener buenas calificaciones. Si lo haces, serás capaz de obtener un buen empleo. Entonces te convertirás en un buen trabajador." Cuando Mike y yo estábamos en la preparatoria, mi padre rico se reía disimuladamente al escuchar esa idea. Solía decir: "Tu padre es un buen trabajador, pero nunca será rico si continúa pensando de esa manera. Si ustedes me escuchan, trabajarán duro para obtener ingreso de portafolio e ingreso pasivo si quieren volverse ricos."

En aquel entonces no comprendí totalmente lo que decía cada uno de ellos, o en qué consistía la diferencia entre sus formas de pensar. A los 25 años de edad comenzaba a comprender mejor. A los 52 años de edad, mi padre estaba volviendo a empezar, concentrado solamente en el ingreso ganado, algo que consideró era lo correcto a lo largo de toda su vida. Yo supe entonces por qué tipo de ingreso iba a trabajar duro, y no sería por el ingreso ganado.

Regla básica número dos

"La regla básica número dos de las inversiones consiste en convertir el ingreso ganado en ingreso de portafolio o en ingreso pasivo de la manera más eficiente que sea posible", dijo mi padre rico. Dibujó este diagrama en su bloc de hojas de papel:

GANANCIA

ingreso

PASIVO   **PORTAFOLIO**

"Y eso es, en pocas palabras, todo lo que se supone que debe hacer un inversionista", resumió mi padre rico con una sonrisa. "Es la forma más básica de decirlo."

"¿Pero cómo lo hago?", le pregunté. "¿Cómo obtengo el dinero si no cuento de antemano con él? ¿Qué ocurre si lo pierdo?"

"¿Cómo, cómo, cómo?", dijo mi padre rico. "Suenas como un jefe indio en una película antigua."

"Pero esas son preguntas reales", me quejé.

"Yo sé que son preguntas reales. Pero por ahora, sólo quiero que comprendas los conceptos básicos. Más adelante abordaremos el 'cómo'. ¿Está bien? Y cuidado con los pensamientos negativos. Mira, el riesgo siempre es parte de la inversión, tal como ocurre con la vida. La gente que es demasiado negativa y que evita los riesgos se pierde la mayoría de las oportunidades por su negatividad y su miedo a correr riesgos. ¿Comprendes?" Yo asentí. "Comprendo. Comienza con los conceptos básicos."

Regla básica número tres

"La regla de inversión número tres es conservar seguro tu ingreso ganado al adquirir valores que esperas que conviertan ese ingreso ganado en ingreso pasivo o en ingreso de portafolio", dijo mi padre rico.

"¿Comprar valores?", pregunté. "Estoy confundido. ¿Qué pasó con los activos y los pasivos?"

"Buena pregunta", dijo mi padre rico. "Ahora estoy ampliando tu vocabulario. Es tiempo de que vayas más allá de la comprensión sencilla de activos y pasivos; debo agregar que se trata de una comprensión que la mayoría de la gente nunca logra tener. Pero el aspecto importante que quiero destacar es que no todos los valores son necesariamente activos, como muchos piensan."

"¿Quieres decir que una acción bursátil o una propiedad inmobiliaria pueden ser valores, pero es posible que no sean activos?", pregunté.

"Así es. Sin embargo, muchos inversionistas promedio no pueden distinguir entre los valores y los activos. Muchas personas, incluyendo a muchos profesionales, no conocen la diferencia. Mucha gente considera que todos los valores son activos."

"¿Entonces cuál es la diferencia?", pregunté.

"Los valores son algo que esperas que mantengan tu dinero seguro. Y generalmente, esos valores están bajo control debido a regulaciones gubernamentales. Y por eso la organización que supervisa gran parte del mundo de las inversiones se llama Comisión de Valores y Transacciones. Puedes advertir que su nombre no es Comisión de Activos y Transacciones."

"Así que el gobierno sabe que los valores no son necesariamente activos", afirmé.

Mi padre rico asintió con la cabeza y dijo: "Y tampoco se le llama Comisión de Valores y Garantías. El gobierno sabe que todo lo que puede hacer es mantener un conjunto de reglas estrictas y hacer su mejor esfuerzo por mantener el orden al hacerlas valer. El gobierno no garantiza que todos los que adquieren valores ganarán dinero. Por eso a los valores no se les llama activos. Si recuerdas la definición clásica, un activo introduce dinero en tu bolsillo, o en la columna de ingresos; un pasivo extrae dinero de tu bolsillo, y se muestra en tu columna de gastos. Es simplemente un asunto de educación financiera básica."

Asentí. "Así que le corresponde al inversionista saber qué valores son activos y qué valores son pasivos", señalé, mientras comenzaba a comprender a dónde se dirigía mi padre rico con lo anterior.

"Así es", dijo mi padre rico, y sacó nuevamente su bloc de hojas de papel. Dibujó el siguiente diagrama:

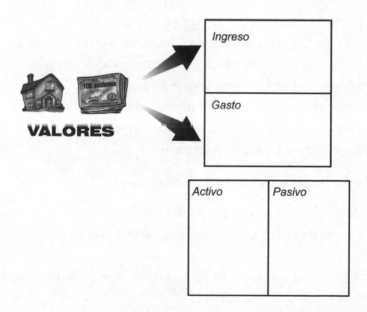

"La confusión de muchos inversionistas comienza cuando alguien les dice que los valores son activos. Los inversionistas promedio están nerviosos acerca de invertir porque saben que el solo hecho de adquirir valores no significa que ganarán dinero. El problema al comprar valores es que un inversionista también puede perder dinero", dijo mi padre rico.

"Así que si los valores ganan dinero, como muestra el diagrama, colocan dinero en la columna de ingresos de los estados financieros, y eso es un activo. Pero si los valores pierden dinero y ese acontecimiento queda registrado en la columna de gastos de los estados financieros, entonces esos valores son pasivos. Por ejemplo, yo adquirí 100 acciones de la compañía ABC en diciembre, por las que pagué veinte dólares por acción. En enero vendí diez acciones a 30 dólares cada una. Esas diez acciones fueron activos porque generaron ingreso para mí. Pero en marzo vendí 10 acciones por sólo diez dólares, así que las mismas acciones se habían convertido en un pasivo porque generaron una pérdida (gasto)."

Mi padre rico se aclaró la garganta antes de hablar. "Así que en mi opinión existen instrumentos llamados *valores*, en los que yo invierto. Y depende de mí, como inversionista, determinar si cada uno de esos valores es un activo o un pasivo."

"Y es allí donde aparece el riesgo", dije. "Lo que hace que las inversiones sean riesgosas es cuando el inversionista no conoce la diferencia entre un activo o un pasivo."

Regla básica número cuatro

"Y lo que yo considero que es la regla básica número cuatro es que el inversionista es en realidad el activo o el pasivo", dijo mi padre rico.

"¿Qué?", pregunté. "¿El inversionista es el activo o el pasivo, y no la inversión o los valores?"

Mi padre rico asintió. "A menudo escuchas a personas que dicen: 'Invertir es riesgoso.' Es el inversionista quien es riesgoso. Es en última instancia el inversionista quien constituye un activo o un pasivo. He visto a tantos llamados 'inversionistas' perder dinero cuando todos los demás están ganando. He vendido negocios a muchos de los llamados 'hombres de negocios', y he visto esos negocios quebrar. He visto a personas que compran una propiedad inmobiliaria excelente que está generando mucho dinero y en unos cuantos años esa misma propiedad tiene pérdidas y está en ruinas. Y luego escucho a la gente decir que las inversiones son riesgosas. Es el inversionista quien es riesgoso, no la inversión. De hecho, a un buen inversionista le gusta seguir los pasos de un inversionista riesgoso, porque es allí donde se encuentran las verdaderas oportunidades de inversión."

"Y por eso te gusta escuchar a los inversionistas que se quejan de sus pérdidas en las inversiones", dije. "Tú quieres averiguar qué hicieron mal y ver si puedes obtener una oportunidad."

"Lo has comprendido," dijo mi padre rico. "Yo siempre estoy buscando al capitán del *Titanic*."

"Y por eso no te gusta escuchar historias sobre personas que ganan mucho dinero en el mercado de valores o en el mercado de los bienes raíces. Te disgusta cuando alguien te dice que compró acciones a cinco dólares y el precio subió a 25 dólares."

"Me has observado cuidadosamente", dijo mi padre rico. "Escuchar historias sobre gente que gana dinero rápidamente y obtiene una riqueza instantánea es un juego de tontos. Dichas historias sólo atraen a los perdedores. Si una acción es bien conocida o ha ganado mucho dinero, generalmente es porque la fiesta ha terminado o que terminará pronto. Yo prefiero escuchar historias de infortunio y miseria, porque es allí donde se encuentran las oportunidades. Como una persona que opera en el lado "D" e "I" del cuadrante, quiero encontrar valores que son pasivos y convertirlos en activos o esperar a que alguien más comience a convertirlos en activos."

"Así que eso te convierte en un inversionista contrario", me aventuré a decir; "es decir, alguien que va en contra del sentimiento popular en el mercado".

"Es la idea que tienen los legos acerca de lo que es un inversionista contrario. La mayoría de la gente piensa que el inversionista contrario es antisocial y que no le gusta seguir a la multitud. Pero eso no es verdadero. Como alguien que opera en el lado "D" e "I" del cuadrante, me gusta pensar en mí mismo como alguien que hace reparaciones. Quiero observar el desastre y ver si tiene arreglo. Si tiene arreglo, entonces todavía puede ser una buena inversión, solamente si otros inversionistas también quieren arreglarlo. Si no tiene arreglo o si nadie lo quiere incluso después de haberlo arreglado, yo tampoco lo quiero. Así que a un verdadero inversionista también le gusta lo que le gusta a la multitud y por eso yo no diría que soy únicamente un inversionista contrario. No compraría algo sólo porque nadie más lo quiere."

"Entonces, ¿existe una regla básica número cinco del inversionista?", pregunté.

Regla básica número cinco

"Sí, existe", dijo mi padre rico. "La regla básica número cinco del inversionista es que un verdadero inversionista está preparado para cualquier cosa que ocurra. Un no-inversionista trata de predecir qué ocurrirá y cuándo."

"¿Qué significa eso?", pregunté.

"¿Has escuchado alguna vez a alguien que dice: 'Pude haber comprado esas tierras por 500 dólares por hectárea hace veinte años y mira lo que ha ocurrido; alguien construyó un centro comercial en el terreno aledaño y ahora esa misma propiedad vale 500 000 dólares por hectárea'?"

"Sí, he escuchado esas historias muchas veces."

"Todos las hemos escuchado", dijo mi padre rico. "Bien, ese es el caso de alguien que no estaba preparado. La mayoría de las inversiones que te volverán rico sólo están a tu disposición durante un periodo breve; unos cuantos momentos en el mundo de la compra venta de acciones, o una ventana de oportunidad que se abre durante algunos años en los bienes raíces. Pero sin importar cuánto tiempo dure esa ventana de oportunidad, si no estás preparado con la educación y la experiencia, o con dinero adicional, la oportunidad, si es buena, pasará."

"Entonces, ¿cómo se prepara uno?"

"Necesitas concentrarte y tener en cuenta aquello que los demás están buscando. Si quieres comprar acciones, entonces asiste a clases para aprender a distinguir las oportunidades en el mercado bursátil. Lo mismo ocurre con los bienes raíces. Todo comienza con entrenar tu mente para saber qué buscar y estar preparado para el momento en que la inversión se te presente. Eso se parece mucho al fútbol soccer. Tú juegas y juegas, y de repente aparece la jugada ganadora para anotar el gol. Estás preparado o no lo estás. Estás en posición o no lo estás. Pero incluso si dejas pasar la oportunidad en el fútbol o en la inversión, siempre hay otra oportunidad para anotar el gol, o está por aparecer la inversión que es la 'oportunidad de tu vida'. La buena noticia es que hay más y más oportunidades cada día, pero primero necesitas escoger tu juego y aprender a jugarlo."

"¿Así que por eso te ríes cuando alguien se queja de haber desaprovechado un buen negocio, o cuando te dicen que debes participar en este o en aquel negocio?"

"Exactamente. Como dije antes, hay muchas personas que piensan que en el mundo hay escasez, en vez de abundancia. A menudo se quejan de la oportunidad que desaprovecharon y se aferran a un negocio por demasiado tiempo porque piensan que es el único, o compran porque piensan que el trato que ven es el único. Si eres bueno en el lado 'D' e 'I' del cuadrante, tienes más tiempo y más tratos que considerar, y tu confianza es mayor porque sabes que puedes aceptar un mal trato, que la mayoría de la gente rechazaría y convertirlo en un buen trato. A eso me refiero cuando hablo de invertir tiempo para estar preparado. Si estas preparado, todos los días se te presentará 'la oportunidad de tu vida'."

"Y así es como encontraste esa gran propiedad, tan sólo al caminar por la calle", comenté mientras recordaba la manera en que mi padre rico encontró una de sus mejores propiedades inmobiliarias. "Tú viste el letrero de 'en venta' que se había caído y que habían dejado oculto para que nadie supiera que la tierra estaba en venta. Tú llamaste al propietario y le ofreciste un precio bajo, pero justo, de acuerdo a tus términos, y él lo aceptó. Él aceptó tu oferta porque nadie más le había hecho una oferta en dos años. A eso te refieres, ¿no es así?"

"Sí, a eso me refiero, y esa propiedad fue mejor negocio que muchos otros. A eso me refiero cuando digo que debes estar preparado. Yo sabía lo que valía la tierra y también sabía lo que iba a ocurrir en el vecindario unos meses después, así que había un riesgo bajo aparejado con un precio bajo. Me encantaría encontrar diez terrenos en ese mismo vecindario actualmente."

"¿Y qué quieres decir con 'no predecir'?", pregunté.

"¿Alguna vez has escuchado que alguien dice: '¿Qué pasa si el mercado se desploma? ¿Qué pasará entonces con mi inversión? Por eso no voy a comprar. Voy a esperar y ver qué ocurre'?"

"Muchas veces", dije.

"He escuchado a muchas personas que, cuando se les presenta una buena oportunidad para invertir, no invierten porque sus miedos básicos comienzan a predecir los desastres que ocurrirán. Ellos transmiten sus vibraciones negativas y nunca invierten... o venden cuando no deben vender y compran algo que no deben comprar con base en predicciones emocionales, ya sean optimistas o pesimistas."

"Y podrían manejar eso si tuvieran un poco de educación, un poco de experiencia y estuvieran preparados", dije.

"Exactamente", dijo mi padre rico. "Además, uno de los conceptos básicos para ser un buen inversionista consiste en estar preparado para ganar cuando el mercado sube o cuando baja. De hecho, los mejores inversionistas ganan más dinero cuando el mercado baja simplemente porque baja más rápido de lo que sube. Como dicen, el toro sube por las escaleras y el oso sale por la ventana*. Si no estás cubierto en ambas direcciones, eres un inversionista riesgoso… no lo es la inversión."

"Eso significa que muchas personas predicen que no serán inversionistas ricos."

Mi padre rico asintió. "He escuchado a muchas personas que dicen: 'No compro bienes raíces porque no quiero que me llamen a medianoche para arreglar excusados.' Bien, yo tampoco lo quiero. Por eso tengo administradores inmobiliarios. Pero me gustan las ventajas fiscales que me ofrece el flujo de efectivo de los bienes raíces, y que no me proporcionan las acciones bursátiles."

"Así que la gente se priva a sí misma de las oportunidades, en vez de prepararse", repetí, al comenzar a comprender por qué era tan importante estar preparado. "¿Cómo puedo aprender a estar preparado?"

"Te enseñaré algunas de las técnicas básicas del comercio que todos los inversionistas profesionales deben conocer, técnicas como comprar en corto, opciones de compra, opciones de venta, opciones simultáneas de compra y venta, etcétera. Pero eso vendrá después. Por ahora es suficiente que comprendas las ventajas de la preparación sobre la predicción."

"Pero tengo una pregunta más acerca de la preparación."

"¿Y cuál es?", preguntó.

"¿Qué pasa si encuentro una oportunidad y no tengo dinero?"

---

* En los mercados financieros, el toro representa al mercado a la alza y el oso al mercado a la baja [N. del E.].

Regla básica número seis

"Ésa es la regla básica número seis de las inversiones. Si estás preparado, lo que significa que tienes educación y experiencia, y encuentras una buena oportunidad, el dinero te encontrará a ti, o tú lo encontrarás a él. Las buenas oportunidades parecen atraer la codicia de la gente. Y no me refiero a la palabra 'codicia' en el sentido negativo. Hablo de la codicia como una emoción humana en general, una emoción que todos tenemos. Así que cuando una persona encuentra una buena oportunidad, esta atrae el dinero. Si la oportunidad es mala, entonces es realmente difícil conseguir dinero."

"¿Alguna vez has visto una buena oportunidad que no atraiga dinero?", pregunté.

"Muchas veces, pero no fue la oportunidad lo que no atrajo el dinero. La persona que controlaba el trato no atrajo el dinero. En otras palabras, el trato hubiera sido bueno si el tipo a cargo se hubiera hecho a un lado. Es como tener un automóvil de carreras con un conductor promedio. No importa qué tan bueno sea el automóvil, nadie apostaría por él si dicho conductor se encuentra al volante. En los bienes raíces, la gente dice frecuentemente que la clave del éxito es la ubicación, la ubicación, la ubicación. Yo pienso de manera diferente. En realidad, en el mundo de las inversiones —sin importar si se trata de bienes raíces, negocios o activos en papel— la clave es siempre la gente, la gente, la gente. He visto a la mejor propiedad con la mejor ubicación perder dinero porque estaba a cargo la gente equivocada."

"Así que nuevamente estoy preparado, he hecho mi tarea, tengo algo de experiencia e historial, y encuentro algo que es una buena inversión; entonces encontrar el dinero no es tan difícil."

"Así ha ocurrido, de acuerdo con mi experiencia. Desafortunadamente, con mucha frecuencia, los peores negocios, que son los negocios en que los inversionistas como yo no invertirían, son presentados a los inversionistas no sofisticados, quienes frecuentemente pierden su dinero."

"Y por eso existe la SEC", dije. "Su trabajo consiste en proteger al inversionista promedio de los malos negocios."

"Correcto", dijo mi padre rico. "El principal trabajo de los inversionistas es asegurarse de que su dinero esté seguro. El siguiente paso es hacer su mejor esfuerzo para convertir ese dinero en flujo de efectivo o en ganancias de capital. Es entonces cuando puedes averiguar si tú o la persona a quien has confiado tu dinero puede convertir esos valores en activos o si serán convertidos en pasivos. Nuevamente, no es la inversión la que necesariamente es segura o riesgosa; es el inversionista."

"Entonces, ¿es la última regla básica del inversionista?", pregunté.

"No, de ninguna manera", dijo mi padre rico. "La inversión es un tema sobre el que puedes aprender reglas básicas durante el resto de tu vida. La buena noticia es que mientras mejor conozcas las reglas básicas, más dinero ganarás y menos riesgo correrás. Pero existe una regla básica más de la que quiero hablarte. Y esa es la regla básica número siete del inversionista."

Regla básica número siete

"La regla número siete es la capacidad para evaluar el riesgo y la recompensa", dijo mi padre rico.

"Dame un ejemplo", le pedí.

"Digamos que tienes tus dos planes básicos de inversión. Tu canasta de huevos está creciendo y tienes, supongamos, 25 000 dólares adicionales que puedes invertir en algo más especulativo."

"Quisiera tener 25 000 dólares ahora mismo", comenté a manera de broma. "Pero continúa hablando acerca de evaluar el riesgo y la recompensa."

"Entonces tienes esos 25 000 dólares que puedes darte el lujo de perder; si lo pierdes todo, te quejarás un poco pero todavía podrás poner comida en la mesa y gasolina en el automóvil y ahorrar otros 25 000 dólares. Entonces comienzas a evaluar el riesgo y la recompensa de inversiones más especulativas."

"¿Y cómo hago eso?", pregunté.

"Digamos que tienes un sobrino que tiene la idea de poner un puesto de hamburguesas. Tu sobrino necesita 25 000 dólares para comenzar. ¿Sería esa una buena inversión?"

"Es posible que lo sea emocionalmente, pero no lo sería desde el punto de vista financiero", respondí.

"¿Por qué no?", preguntó mi padre rico.

"Es demasiado riesgosa y la recompensa no es suficiente", respondí. "Además, ¿cómo recuperas tu dinero? Lo más importante no es la ganancia sobre la inversión. Lo más importante es recuperar la inversión. Como dijiste antes, la seguridad del capital es muy importante."

"Muy bien", dijo mi padre rico. "¿Pero qué pasa si te digo que ese sobrino ha estado trabajando para una importante cadena de restaurantes de hamburguesas durante los últimos quince años, ha sido vicepresidente de una de las divisiones más importantes del negocio y está listo para salir por cuenta propia y crear una cadena de restaurantes a nivel mundial? ¿Y qué pasa si por tan sólo 25 000 dólares pudieras adquirir 5% de toda la compañía? ¿Te interesaría eso?"

"Sí", dije. "Definitivamente, porque hay una mayor recompensa por la misma cantidad de riesgo. Sin embargo, todavía es un negocio de alto riesgo."

"Así es", dijo mi padre rico. "Y es un ejemplo de un concepto básico del inversionista, que consiste en evaluar el riesgo y la recompensa."

"¿Entonces cómo puede evaluar una persona ese tipo de inversiones especulativas?", pregunté.

"Buena pregunta", dijo mi padre rico. "Es el nivel de inversión de los ricos, el nivel de inversión que sigue a los planes de inversión para estar seguro y sentirse cómodo. Estás hablando de adquirir las aptitudes para invertir en las inversiones que hacen los ricos."

"Nuevamente, no es que la inversión sea riesgosa; es el inversionista quien no tiene las aptitudes adecuadas lo que hace que la inversión tenga un riesgo aún más alto."

Las tres "E"

"Correcto", dijo mi padre rico. "En ese nivel, en el que invierten los ricos, el inversionista debe tener las tres 'E'." Y estas son:

1. Educación
2. Experiencia
3. Excedente de efectivo

"¿Excedente de efectivo? ¿No sólo dinero adicional?"

"No. Uso la expresión 'excedente de efectivo' por una razón: para invertir en las inversiones de los ricos se requiere de excedente de efectivo, lo que significa que verdaderamente puedes darte el lujo de perder, y aun así obtener ganancia de la pérdida."

"¿Obtener ganancia de la pérdida?", pregunté. "¿Qué significa eso?"

"Abordaremos ese tema posteriormente", dijo mi padre rico. "En el nivel de inversión de los ricos, descubrirás que las cosas son diferentes. Descubrirás que hay pérdidas buenas y pérdidas malas en ese nivel. Hay deuda buena y mala. Gastos buenos y malos. En el nivel de los ricos, tus requisitos de educación y experiencia necesitan incrementarse de manera dramática. Si no lo haces, no permanecerás mucho tiempo en ese nivel. ¿Lo comprendes?"

"Estoy comprendiéndolo", respondí.

Mi padre rico continuó explicándome que si las cosas no siguen la fórmula de "mantén las cosas sencillas, tonto", entonces el riesgo es probablemente alto. Él decía: "Si alguien no puede explicarte en qué consiste la inversión en menos de dos minutos, de manera que puedas comprenderla, entonces puede ocurrir que tú no comprendes, él no comprende, o ninguno de los dos comprende. En cualquier caso, lo mejor es que te abstengas de realizar la inversión."

También decía: "Con mucha frecuencia la gente trata de hacer que la inversión suene compleja, por lo que utilizan una jerga que suena 'inteligente'. Si alguien hace eso, pídele que utilice un lenguaje sencillo. Si no puede explicar la inversión de manera que hasta un niño de diez años pueda comprender al menos el concepto general, existe una gran probabilidad de que él mismo no la comprenda. Después de todo, 'el coeficiente entre precio y ganancias' simplemente significa qué tan caras son las acciones de una compañía. Y una 'tasa de capitalización', que es un término utilizado en bienes raíces, simplemente mide cuánto dinero te permite embolsar una propiedad."

"¿Así que si no es sencillo, es mejor no hacerlo?", pregunté.

"No, tampoco estoy diciendo eso", dijo mi padre rico. "Frecuentemente la gente que carece de interés en invertir o que tiene una actitud perdedora dice: 'Hombre, si no es fácil, yo no lo hago.' Yo suelo decir a ese tipo de persona: 'Cuando tú naciste, tus padres tuvieron que esforzarse por enseñarte a ir al baño. Así que incluso ir al baño fue alguna vez difícil. Hoy en día estás entrenado para ir al baño, e ir al baño por ti mismo es sólo parte de los conceptos básicos.'"

Prueba de actitud mental

He descubierto que muchas personas quieren participar en las inversiones que hacen los ricos sin tener antes bases financieras sólidas que les respalden. Frecuentemente la gente quiere invertir en ese nivel porque tiene problemas financieros y necesita dinero desesperadamente. Obviamente yo no le recomiendo invertir al nivel de los ricos a menos que usted ya sea rico. Tampoco lo recomendaba mi padre rico.

Algunas personas son tan afortunadas que su plan financiero para "estar cómodos" produce un excedente de efectivo que les permite pensar que son ricos. Pero a menos que aprendan a pensar como piensan los ricos, todavía serán pobres. Solamente serán pobres con dinero.

Así que la pregunta de actitud mental es:

Si va a invertir, o piensa invertir, en lo que invierten los ricos, ¿está dispuesto a obtener lo que mi padre rico llamaba "las tres 'E'"?" Éstas son:

1. Educación
2. Experiencia
3. Excedente de efectivo

Sí _____ **No** _____

Si la respuesta es no, entonces el resto de este libro puede no ser de gran utilidad, ni podría recomendarle en conciencia ninguna de las inversiones a las que me referiré, que son las de los ricos.

Si no está seguro o tiene curiosidad sobre algunos de los requisitos relacionados con la educación y la experiencia que pueden llevarle a adquirir un excedente de efectivo, siga leyendo. Al finalizar este libro puede decidir si quiere o no obtener las tres "E", si aún no las tiene.

A lo largo del camino descubrirá que los planes para tener seguridad financiera y para estar cómodo desde el punto de vista financiero le permitirán "elevar la barra". De la misma forma en que un atleta que practica el salto de altura eleva la barra después de tener éxito en cada nivel, usted puede tener éxito desde el punto de vista financiero en los niveles de seguridad y comodidad. Puede entonces "levantar la barra" y sus metas, y concentrar mayor parte de su tiempo en volverse rico.

Como decía mi padre rico: "Invertir es un tema donde usted puede estudiar los conceptos básicos por el resto de su vida." Lo que él quería decir es que eso suena complejo al principio y luego se vuelve sencillo. Mientras más sencillo sea el tema, o mientras más conceptos básicos aprenda, más rico será, al mismo tiempo que reduce el riesgo. Pero el desafío para muchas personas consiste en invertir el tiempo.

CAPÍTULO 15

Lección 13: Disminuya el riesgo por medio de la educación financiera

Todavía estábamos a principios de la primavera de 1974. Me faltaban dos meses para quedar liberado de mis obligaciones militares. Todavía no sabía qué iba a hacer una vez que saliera de la base por última vez. El presidente Nixon estaba en problemas con Watergate y los juicios estaban a punto de comenzar. Sabíamos que la guerra de Vietnam había terminado y que Estados Unidos había perdido. Yo todavía llevaba el cabello muy corto y destacaba cada vez que salía al mundo civil, donde el cabello largo de los *hippies* estaba de moda. Comencé a preguntarme cómo me vería con el cabello hasta los hombros. Yo había llevado un corte tipo militar desde 1965, desde que entré a la academia militar para realizar mis estudios universitarios. Era el periodo equivocado para tener el cabello corto.

El mercado de valores había estado a la baja durante los últimos cuatro años y la gente estaba nerviosa. Incluso en el cuarto de alistamiento de los pilotos de la base, los pocos pilotos que participaban en el mercado estaban nerviosos. Uno de ellos había vendido todas sus acciones y había conservado su dinero en efectivo. Yo no invertía en la bolsa de valores en aquella época, así que podía ver con desapego el efecto que tenían los altibajos del mercado en las personas.

Mi padre rico y yo nos reunimos para almorzar en su hotel favorito en la playa. Él estaba más contento que nunca. El mercado estaba cayendo y él estaba ganando todavía más dinero. Suena extraño que él estuviera calmado y contento y que todos los demás, incluso los comentaristas de la radio, estuvieran nerviosos.

"¿Cómo es que tú estas contento y todas las demás personas que conozco que participan en el mercado de valores están nerviosas?", le pregunté.

"Bien, hablamos de eso anteriormente", dijo mi padre rico. "Hablamos acerca de que uno de los conceptos básicos de ser un inversionista consiste en estar preparado para cualquier cosa que ocurra, en vez de intentar predecir lo que está a punto de ocurrir. Yo dudo que alguien pueda predecir el mercado, aunque existen muchas personas que afirman que pueden hacerlo. Una persona puede predecir que algo va a ocurrir quizá en una ocasión, quizá dos veces, pero nunca he visto a alguien que pueda predecir nada relacionado con el mercado en tres ocasiones consecutivas. Si existe una persona así, debe tener una poderosa bola de cristal."

"¿Pero, no es riesgoso invertir?", pregunté.

"No", dijo mi padre rico.

"La mayoría de las personas con las que hablo creen que invertir es riesgoso, así que conservan su dinero en el banco, en los fondos de mercado de dinero o en certificados de depósito."

"Así deben hacerlo", dijo mi padre rico, quien hizo una pausa y luego continuó: "Para la mayoría de la gente invertir es riesgoso, pero siempre recuerda que no necesariamente resulta así; es el inversionista quien es riesgoso. Muchas personas que piensan que son inversionistas no lo son realmente. En realidad son especuladores, comerciantes o, peor aún, jugadores. Existen líneas de distinción muy delgadas entre esos personajes y un verdadero inversionista. No me malinterpretes; existen especuladores, comerciantes y jugadores a los que les va muy bien desde el punto de vista financiero. Pero no son lo que yo consideraría inversionistas."

"Entonces, ¿de qué manera se vuelve menos riesgoso un inversionista?", pregunté.

"Buena pregunta", dijo mi padre rico. "O quizá una pregunta mejor sería: '¿Cómo puedo convertirme en un inversionista que gane mucho dinero con muy poco riesgo? ¿Y cómo puedo conservar después el dinero que gane?'"

"Sí. En efecto, definitivamente es una pregunta más precisa", respondí.

"Mi respuesta es la misma. Consiste en mantener las cosas sencillas y comprender los conceptos básicos. Comienza con los planes de inversión para la seguridad y la comodidad. Esos planes frecuentemente son manejados por alguien más, que tú esperas que sea competente y que siga una fórmula automática sencilla. A continuación tienes que pagar el precio de convertirte en un inversionista que desee ganar más dinero con menos riesgo."

"¿Y cuál es ese precio?", pregunté.

"Tiempo", dijo mi padre rico. "El tiempo es tu activo más importante. Si no estás dispuesto a invertir tu tiempo, entonces entrega tu capital de inversión a las personas que siguen el plan de inversión de tu elección. Muchas personas sueñan con volverse ricas, pero la mayoría no está dispuesta a pagar el precio de invertir su tiempo."

Me di cuenta de que mi padre rico todavía estaba abordando el tema de la preparación mental de nuestras lecciones. Pero entonces estaba listo para seguir adelante. Yo realmente quería aprender a invertir siguiendo su fórmula de inversión. Sin embargo, él todavía estaba poniendo a prueba mi determinación de invertir mi tiempo y esfuerzo para aprender lo que yo necesitaba aprender. Por lo anterior levanté mi voz para que las personas que se encontraban en las mesas cercanas pudieran escucharme y dije: "Quiero aprender. Estoy dispuesto a invertir mi tiempo. Voy a estudiar. No te dejaré. No estás desperdiciando tu tiempo al enseñarme. Sólo dime cuales son los conceptos básicos para convertirme en un inversionista exitoso con un riesgo muy bajo."

"Bien", dijo mi padre rico. "Yo estaba esperando algo de pasión. Me preocupé esta mañana cuando vi que estabas preocupado porque el mercado está a la baja. Si permites que los altibajos del mercado de valores gobiernen tu vida, no debes ser un inversionista. El control número uno que debes tener para serlo es el control sobre ti mismo. Si no puedes controlarte a ti mismo, los altibajos del mercado te gobernarán y perderás durante uno de esos altibajos. La razón número uno por la que las personas no son buenos inversionistas es que carecen de control sobre sí mismas y sobre sus emociones. Su deseo de tener seguridad y comodidad toma el control de su corazón, alma, mente, visión del mundo y acciones. Como dije antes, a un verdadero inversionista no le interesa en qué dirección va el mercado. Un verdadero inversionista ganará dinero en ambas direcciones. Así que 'el control sobre ti mismo' es el primer control y el más importante. ¿Lo comprendes?"

"Lo comprendo", le dije, mientras deslizaba un poco mi silla hacia atrás. Yo había acudido a nuestra reunión ligeramente preocupado. Sin embargo, había estudiado con mi padre rico durante años y sabía que su pasión era la señal de que las lecciones sobre inversión estaban a punto de comenzar.

Mi padre rico continuó velozmente: "Así que si quieres invertir con bajo riesgo y grandes ganancias, tienes que pagar el precio. Y el precio implica estudio, mucho estudio. Necesitas estudiar los conceptos básicos del negocio. Para ser un inversionista rico también debes ser un buen dueño de negocios o saber lo que sabe un dueño de negocios. En el mercado de valores los inversionistas quieren invertir en 'D' que sean exitosos.

Si posees las aptitudes de un 'D', puedes crear tu propio negocio como un 'D' o analizar otros negocios como inversiones
potenciales, de la manera en que lo hace un 'I'. El problema en
la escuela es que la mayoría de la gente ha sido entrenada para
ser 'E' o 'A'. No tiene las aptitudes necesarias para ser un 'D'.
Por eso muy pocas personas se convierten en inversionistas
muy ricos."

"Y es la razón por la que tanta gente dice o piensa que invertir
es riesgoso."

"Exactamente", dijo mi padre rico, mientras sacaba su bloc de
hojas de papel. "Es el concepto fundamental de inversión. Éste es
un diagrama sencillo de la fórmula básica que sigo, y que también
siguen muchos inversionistas ultra-ricos."

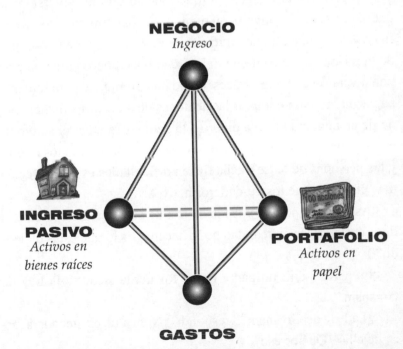

"En el mundo de la inversión, existen tres clases de activos básicos en que puedes invertir. Ya hemos abordado la idea del ingreso

ganado, ingreso pasivo e ingreso de portafolio. Bien, la gran diferencia entre las personas que son realmente ricas y las que lo son 'en promedio' está en el tetraedro que he dibujado aquí.

"¿Significa que crear un negocio es una inversión?", pregunté.

"Probablemente sea la mejor de todas las inversiones, si quieres convertirte en un inversionista rico. Cerca de 80% de las personas que son muy ricas llegaron a serlo al crear un negocio. La mayoría de la gente trabaja para personas que crean negocios o invierten en ellos. Luego se preguntan por qué la persona que creó el negocio es tan rica. La razón es que el creador del negocio siempre convierte su dinero en un activo."

"¿Quieres decir que el creador o dueño de un negocio aprecia más el activo que el dinero?", pregunté.

"Es parte de la imagen, porque todo lo que un inversionista realmente hace es convertir su tiempo, su conocimiento o su dinero en valores que espera o trata de convertir en un activo. Así que, de la misma manera en que tú intercambias dinero para comprar una inversión en bienes raíces, como una propiedad para rentar, o pagas dinero para comprar las acciones de una compañía, el dueño de un negocio le paga dinero a la gente para crear el activo de un negocio. Una de las principales razones por las que los pobres y las personas de clase media tienen dificultades es que aprecian más el dinero que los verdaderos activos."

"Así que los pobres y las personas de clase media aprecian el dinero y los ricos en realidad no lo hacen. ¿Es lo que estás diciendo?"

"En parte", dijo mi padre rico. "Recuerda siempre la Ley de Gresham."

"¿La Ley de Gresham?" respondí. "Nunca he escuchado acerca de ella. ¿Qué es eso?"

"Es una ley económica que afirma que el dinero malo siempre ahuyentará al dinero bueno."

"¿Dinero bueno, dinero malo?", pregunté, sacudiendo mi cabeza.

"Permíteme explicarte", dijo mi padre rico. "La Ley de Gresham ha estado vigente desde que los seres humanos comenzaron a apreciar el dinero. En la época del imperio romano, la gente 'rebajaba' las monedas de oro y de plata. 'Rebajar' las monedas significa que la gente limaba un poco la moneda antes de entregarla a alguien más. Así que la moneda comenzaba a perder valor. Los romanos no eran estúpidos y pronto se dieron cuenta de que sus monedas eran más ligeras. Una vez que los romanos supieron lo que estaba ocurriendo, comenzaron a guardar las monedas con alto contenido de oro y plata, y a gastar solamente las monedas más ligeras. Éste es un ejemplo de la manera en que el dinero malo saca de circulación al dinero bueno."

"Para combatir esa costumbre de 'rebajar' las monedas, el gobierno comenzó a ranurar los bordes de las monedas, lo cual es la razón por la que las monedas valiosas tienen pequeñas estrías en sus bordes. Si una moneda tenía las estrías rebajadas, una persona sabía que la moneda había sido 'rebajada'. Paradójicamente, es el gobierno el que 'rebaja' más el valor de nuestro dinero."

"Pero eso fue en tiempos de los romanos. ¿Cómo se aplica esa ley actualmente?", pregunté.

"En 1965, hace menos de diez años, la Ley de Gresham comenzó a funcionar en Estados Unidos cuando el gobierno dejó de producir monedas con contenido de plata. En otras palabras, el gobierno comenzó a producir monedas malas o monedas que no tienen verdadero valor integrado en ellas. Inmediatamente la gente comenzó a esconder las verdaderas monedas de plata y a gastar las monedas desvalorizadas o falsas."

"En otras palabras, de alguna manera intuitiva la gente sabe que el dinero del gobierno no vale mucho", afirmé.

"Así parece", dijo mi padre rico, "lo cual puede ser la razón por la que pienso que la gente ahorra menos y gasta más. Desafortunadamente, los pobres y las personas de clase media compran cosas que tienen todavía menos valor que el dinero. Ellos convierten el dinero en basura. Por su parte, los ricos adquieren cosas como negocios, acciones bursátiles y propiedades inmobiliarias con su dinero. Siempre están buscando valores seguros en una época en que el dinero tiene un valor real que disminuye constantemente. Por eso con frecuencia les digo a Mike y a ti que el rico no trabaja por dinero. Si quieren ser ricos, deben saber la diferencia entre el dinero bueno y el dinero malo… entre activos y pasivos."

"Entre valores buenos y valores malos", añadí.

Mi padre rico asintió. "Por eso siempre te he dicho: 'Los ricos no trabajan por dinero.' Digo eso porque los ricos son lo suficientemente inteligentes para saber que el dinero cada vez vale menos. Si trabajas duro para ganar dinero malo y no conoces la diferencia entre activos y pasivos, entre valores buenos y malos, es posible que tengas dificultades financieras durante toda tu vida. Es una verdadera lástima que quienes trabajan más duro y ganan menos sufran más de esta constante erosión en el valor del dinero. La gente que trabaja más duro tiene más dificultades para salir adelante debido a los efectos de la Ley de Gresham. Dado que el dinero tiene un valor que siempre está en declive, una persona financieramente sabia debe buscar constantemente cosas que tengan valor y que puedan también producir más y más dinero desvalorizado. Si tú no sabes hacerlo, te quedarás rezagado desde el punto de vista financiero, en vez de salir adelante."

Mi padre rico me señaló este dibujo en su bloc:

PASIVO

*Activos en
bienes raíces*

PORTAFOLIO

*Activos en
papel*

"Actualmente estoy más seguro que tu padre debido a que trabajé duro para adquirir los tres tipos básicos de valores o activos. Tu padre ha escogido trabajar duro a cambio de la seguridad en el empleo. De manera que aquello por lo que él ha trabajado duro tiene el siguiente aspecto:"

Mi padre rico tachó la seguridad en el empleo:

"Así que cuando él perdió su empleo, descubrió que había trabajado duro a cambio de nada. Y lo peor de todo es que tuvo éxito.
Trabajó hasta llegar a la cima del sistema educativo del estado, pero
entonces se enfrentó al sistema. Entonces perdió la seguridad en el
empleo con el gobierno estatal. Lo siento por tu padre, casi tanto

como tú. Pero no puedes hablar con alguien que tiene un conjunto de valores fundamentales muy arraigados y que no está dispuesto a cambiar. Él está buscando otro empleo en vez de preguntarse si un empleo le permitirá obtener lo que realmente desea."

"Se aferra a la seguridad en el empleo y a los activos falsos. Sin embargo, ha fracasado en lo que se refiere a convertir su ingreso ganado en activos reales, de manera que pueda tener el ingreso de una persona rica, que es el ingreso pasivo o el ingreso de portafolio", dije. "Debió haber hecho eso, convertir su sueldo en valores verdaderos, antes de enfrentarse al sistema."

"Tu padre es un hombre muy valiente, muy educado, pero no tiene una buena educación financiera. Ésa es la causa de su infortunio. Si fuera rico podría influir el sistema mediante contribuciones de campaña, pero como no tiene dinero, todo lo que pudo hacer fue protestar y desafiar al gobierno. Protestar es efectivo, pero se necesita que proteste mucha gente para realizar cualquier cambio en el gobierno. Tan sólo observa cuánta gente que protesta es necesaria para detener esta guerra de Vietnam."

"Lo paradójico es que él estaba protestando contra el poder de los ricos que influyen en el gobierno mediante contribuciones de campaña", dije. "Percibió el poder que tiene la gente con dinero sobre los políticos, y los favores que reciben los ricos, o las leyes que son aprobadas en favor de los ricos. Mi padre vio el dinero relacionado con la política y se presentó como candidato a vicegobernador para tratar de detener ese abuso financiero. Eso le ha costado ahora su puesto en el gobierno. Sabe que las leyes son promulgadas en favor de los ricos."

"Bien, es otro tema relacionado con el dinero. Pero no es nuestro tema del día de hoy", dijo mi padre rico.

Por qué invertir no es riesgoso

"Ya he tomado una decisión", dije. "No he solicitado ninguno de los empleos para pilotos. Pronto comenzaré a buscar un empleo con una compañía que tenga un programa de entrenamiento en ventas, con el fin de vencer mi miedo al rechazo y aprender a vender, o a comunicarme, como me recomendaste."

"Bien", dijo mi padre rico. "Tanto IBM como Xerox tienen excelentes programas de entrenamiento de ventas. Si vas a estar en el cuadrante 'D', entonces debes saber cómo vender y conocer el mercado. También debes tener una piel muy gruesa y no debe importarte que la gente te diga 'no'. Pero también debes ser capaz de lograr que cambien de idea si es apropiado que lo hagan. Vender es algo muy necesario, una aptitud básica para cualquiera que desea volverse rico, especialmente en el cuadrante 'D', y muy frecuentemente en el cuadrante 'I'."

"Pero tengo una pregunta muy importante", dije. "¿Cómo puedes decir que invertir no es riesgoso, cuando la mayoría de la gente dice que lo es?"

"Fácil", dijo mi padre rico. "Yo puedo leer estados financieros que la mayoría de la gente no puede leer. ¿Recuerdas que hace muchos años te dije que tu padre tenía mucha educación sobre el mundo pero no educación financiera?"

Yo asentí y dije: "Recuerdo que lo dijiste frecuentemente."

"La educación financiera es uno de los conceptos básicos más importantes para un inversionista, especialmente si deseas ser un inversionista seguro, 'de adentro', rico. Cualquier persona que no tenga educación financiera no puede ver el interior de una inversión. De la misma forma en que un médico utiliza los rayos X para ver tus huesos, los estados financieros te permiten ver el interior de una inversión y conocer la verdad, los hechos, la ficción, las oportunidades y el riesgo. Leer los estados financieros de un negocio o de un individuo es como leer una biografía."

"¿Así que una de las razones por las que mucha gente dice que invertir es riesgoso es simplemente que nunca les han enseñado a leer estados financieros?", pregunté sorprendido. "¿Y por eso comenzaste a enseñarnos a Mike y a mí a leer los estados financieros desde que teníamos nueve años?"

"Bien, si lo recuerdas, cuando tenías sólo nueve años me dijiste que querías ser rico. Cuando lo hiciste, yo comencé por los conceptos básicos: nunca trabajes por dinero, aprende a distinguir las oportunidades y no los empleos, y aprende a leer estados financieros. Muchas personas dejan la escuela y buscan empleos, no oportunidades; les han enseñado a trabajar duro a cambio del ingreso ganado, en vez del ingreso pasivo o del ingreso de portafolio; y a la mayoría nunca les han enseñado a hacer el balance de una chequera, mucho menos a leer y escribir estados financieros. No debe sorprenderte que digan que invertir es riesgoso."

Mi padre rico tomó nuevamente su bloc y dibujó el siguiente diagrama:

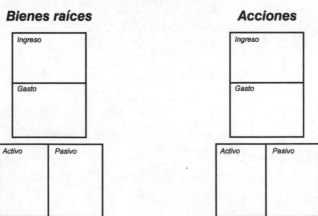

"Un negocio tiene estados financieros; un certificado de acciones es un reflejo de ellos; cada propiedad inmobiliaria los tiene, y cada uno de nosotros como seres humanos individuales tenemos estados financieros", dijo mi padre rico.

"¿Cada uno de los valores y cada ser humano?", pregunté. "¿Incluso mi padre? ¿Incluso mi madre?"

"Así es", dijo mi padre rico. "Todo aquello que, sin importar si se trata de un negocio, una propiedad inmobiliaria o un ser humano, hace transacciones con el dinero, tiene estados financieros y un balance general, sin importar si lo saben o no. La gente que no está consciente del poder de los estados financieros a menudo es quien tiene menos dinero y los problemas financieros más grandes."

"¿Quieres decir como los problemas que tiene mi padre actualmente?", dije.

"Desafortunadamente eso es verdadero", dijo mi padre rico. "El hecho de no conocer la simple diferencia entre activos y pasivos, o distinguir entre ingreso ganado, pasivo y de inversión, y no saber dónde aparece cada uno y hacia dónde fluye en los estados financieros, ha sido un descuido costoso de tu padre."

"¿Así que cuando consideras un negocio, prestas atención a los estados financieros y no al precio de las acciones ese día?", pregunté, haciendo mi mejor esfuerzo por alejar la conversación del tema de mi padre.

"Es correcto", dijo mi padre rico. "A eso se le llama inversión fundamental. La educación financiera es necesaria para la inversión fundamental. Cuando reviso la información financiera de un negocio, miro sus entrañas, puedo decir si el negocio es fundamentalmente sólido o débil, si está creciendo o decreciendo. Puedo decir si la gerencia está haciendo un buen trabajo o si está desperdiciando mucho dinero de los inversionistas. Lo mismo ocurre con un edificio de apartamentos o de oficinas."

"Así que al leer la información financiera puedes saber si la inversión es riesgosa o segura", agregué.

"Sí", dijo mi padre rico. "La información financiera de una persona, de un negocio o de una propiedad inmobiliaria me dirá mucho más que eso. Pero una revisión rápida de la información financiera me permite saber las tres cosas más importantes. En primer lugar, el hecho de tener educación financiera me permite contar con una lista de revisión sobre lo que es importante. Puedo revisar cada línea y determinar qué cosas no se han hecho de la manera correcta, o qué puedo hacer para mejorar el negocio y hacer las cosas bien. La mayoría de los inversionistas ven el precio de las acciones y luego la relación entre precio y utilidad, o relación precio-utilidad (p/u). La relación entre precio y utilidad de una acción es un indicador externo del negocio. Un inversionista 'de adentro' necesita otros indicadores, y es lo que voy a enseñarte. Los indicadores son parte de una lista para asegurarte que todas las partes del negocio estén funcionando bien. Si no tienes educación financiera, no puedes saber cuál es la diferencia. En esas circunstancias, desde luego, la inversión es riesgosa para esa persona."

"¿La segunda?", pregunté.

"La segunda es que cuando considero una inversión, la contrasto con mis estados financieros personales y analizo si encaja en ellos. Como dije antes, invertir es un plan. Deseo ver cómo impactan los estados financieros de los negocios, las acciones, los fondos de inversión, las obligaciones y los bienes raíces en mis estados financieros personales. Quiero saber si esta inversión me llevará a donde quiero ir. También analizo la manera en que puedo sufragar la inversión. Al conocer mis números, sé lo que ocurrirá si pido dinero prestado para adquirir una inversión y cuál será el impacto de largo plazo en el estado de resultados debido al pago de la deuda."

"¿Y la tercera ?", pregunté.

"Quiero saber que esta inversión es segura y que ganaré dinero. Puedo decir si voy a ganar dinero o perderlo en un periodo breve de tiempo. Así que si no voy a ganar dinero, o no puedo arreglar la razón por la que no voy a hacerlo, ¿por qué debo adquirirla? Eso sería riesgoso."

"¿De manera que si no ganas dinero, no inviertes?", pregunté.

"En la mayoría de los casos", dijo mi padre rico. "Sin embargo, por sencillo que parezca, siempre me sorprendo al conocer personas que pierden dinero o que no lo ganan y que piensan que son inversionistas. Muchas personas que invierten en bienes raíces pierden dinero cada mes y luego dicen: 'Pero el gobierno me proporciona un incentivo fiscal por mis pérdidas.' Eso equivale a decir: 'Si pierdes un dólar, el gobierno te devolverá 30 centavos.' Unos cuantos inversionistas y hombres de negocios muy sofisticados saben cómo utilizar esa estratagema del gobierno en su favor, pero muy pocas personas lo hacen en realidad. ¿Por qué no ganar ese dólar y obtener los 30 centavos adicionales del gobierno? Es lo que hace un verdadero inversionista."

"¿La gente realmente hace eso? ¿Pierden dinero y creen que eso es invertir?", pregunté auténticamente asombrado.

"Además de lo anterior, piensan que perder dinero para obtener ventajas fiscales es una buena idea. ¿Sabes qué tan sencillo es encontrar una inversión en la que se pierde dinero?", preguntó mi padre rico.

"Imagino que es muy sencillo", dije. "El mundo está lleno de acciones, fondos de inversión, propiedades inmobiliarias y negocios que no ganan dinero."

"Así que un verdadero inversionista primero quiere ganar dinero y luego, después de hacerlo, quiere obtener un bono adicional del gobierno. Un verdadero inversionista ganará el dólar y además ganará el bono de 30 centavos del gobierno. Un inversionista no sofisticado perderá el dólar y estará emocionado al recibir los 30 centavos del gobierno, mediante una deducción de impuestos."

"¿Tan sólo porque esa persona no puede leer los estados financieros?", pregunté.

"Es uno de los aspectos básicos. La educación financiera definitivamente es un aspecto esencial e importante en el nivel de inversión de los ricos. Otro aspecto básico consiste en invertir para ganar dinero. Nunca inviertas con la intención de perder dinero y luego te alegres de obtener una deducción de impuestos. Tú inviertes por una sola razón: para ganar dinero. La inversión ya es lo suficientemente riesgosa como para que inviertas con la intención de perder dinero."

Su boleta de calificaciones

Al terminar la lección del día, mi padre rico dijo: "¿Ahora te das cuenta de por qué te pedía con tanta frecuencia que hicieras tus estados financieros?"

Yo asentí y dije: "Al igual que me pedías que analizara los estados financieros de negocios e inversiones en bienes raíces. Decías frecuentemente que querías que pensara en términos de los estados financieros. Ahora comprendo por qué."

"Mientras estabas en la escuela, recibías una boleta de calificaciones cada tres meses. Los estados financieros son tu boleta de calificaciones una vez que abandonas la escuela. El problema es que, dado que mucha gente no ha sido capacitada para leer los estados financieros o para llevar sus estados financieros personales, no tienen la menor idea de cuál es su desempeño una vez que abandonan la escuela. Muchas personas tienen calificaciones reprobatorias en sus estados financieros personales, pero creen que tienen un buen desempeño porque tienen un empleo bien pagado y una casa bonita. Desafortunadamente, si yo estuviera entregando boletas de calificaciones, cualquier persona que no fuera independiente desde el punto de vista financiero a los 45 años de edad recibiría una calificación reprobatoria. No es que yo quiera ser cruel. Sólo quiero que la gente despierte y quizá haga unas cuantas cosas de manera diferente… antes de que se les acabe su activo más importante: el tiempo."

"Así que tú reduces el riesgo al ser capaz de leer estados financieros", respondí. "Una persona necesita tener bajo control sus estados financieros personales antes de invertir."

"Definitivamente", dijo mi padre rico. "El proceso completo sobre el que te he estado hablando es el proceso de asumir el control de ti mismo, lo que también significa asumir el control de tus estados financieros. Así que muchas personas quieren invertir porque tienen muchas deudas. Invertir con la esperanza de ganar dinero para poder pagar las cuentas; comprar una casa más grande o un automóvil nuevo constituye el plan de inversión de un tonto. Tú inviertes por una razón: para adquirir un activo que convierta el ingreso ganado en ingreso pasivo o de portafolio. Esa conversión de una a otra forma de ingreso es el objetivo primordial de un verdadero inversionista. Y para hacer eso se requiere de un nivel de educación financiera mayor que tan sólo el saber balancear una chequera."

"Así que a ti no te preocupa el precio de unas acciones o de una propiedad inmobiliaria. Te preocupa más conocer la información fundamental que puedes ver mediante los estados financieros."

"Correcto", dijo mi padre rico. "Por eso me molesta que te preocupes por los precios en el mercado de valores. Aunque el precio es importante, dista mucho de ser el aspecto más importante en la inversión fundamental. El precio tiene mayor importancia en la inversión técnica, pero ésta corresponde a otra lección. ¿Comprendes ahora por qué te pedía que hicieras tantos estados financieros y analizaras las inversiones en negocios y bienes raíces?"

Asentí. "Yo aborrecía hacerlo en aquella época, pero ahora estoy contento de que me hayas pedido que hiciera tantos estados financieros. Ahora veo cuánto pienso y analizo las cosas utilizando imágenes mentales de mis estados financieros y de qué manera lo que hago con mi dinero afecta mis estados financieros. Yo no me había dado cuenta de que la mayoría de la gente no piensa mediante las mismas referencias de imágenes."

La alfombra mágica

"Estás muy adelantado en el juego de volverte rico", dijo mi padre rico. "Tengo una expresión para referirme el estado de resultados y el balance general, los dos informes principales que componen los estados financieros: la alfombra mágica."

"¿Por qué les llamas 'la alfombra mágica'?", pregunté.

"Porque parecen llevarte como por arte de magia tras bambalinas en cualquier negocio, cualquier propiedad inmobiliaria y cualquier país del mundo. Se parece mucho a colocarte una máscara de buceo y mirar bajo la superficie del agua. La máscara, que simboliza los estados financieros, te permite ver con claridad lo que ocurre debajo de la superficie. Por otra parte, una declaración financiera se parece a tener la visión de rayos X de Superman. En vez de tratar de saltar sobre un edificio alto, una persona dotada con educación financiera puede ver a través de las paredes de concreto del edificio. Otra razón por la que les llamo 'la alfombra mágica' es porque pueden proporcionarte la libertad para ver y hacer muchas cosas en muchas partes del mundo, desde tu escritorio. Puedes invertir en diversas partes del mundo o sólo en el patio de tu casa, con muchos conocimientos y perspectiva. El hecho de mejorar mi educación financiera reduce en última instancia mi riesgo y mejora las ganancias de mis inversiones. Los estados financieros me permiten ver lo que el inversionista promedio no puede ver. También me proporcionan control sobre mis finanzas personales, lo que me permite ir adonde quiero en la vida. Tener el control sobre mis estados financieros me permite también operar varios negocios sin necesidad de estar físicamente presente. La verdadera comprensión de los estados financieros es una de las claves necesarias para que una persona del cuadrante 'A' pase al cuadrante 'D'. Y es la razón por la que me refiero al estado de resultados y al balance general como 'la alfombra mágica'."

Prueba de actitud mental

Si fuéramos a comprar un automóvil usado, probablemente querríamos que un mecánico lo revisara y lo conectara a un analizador electrónico antes de decidir si vale el precio que piden por él. Si fuéramos a comprar una casa, le pediríamos a un inspector que nos proporcionara una lista de revisión y que evaluara las condiciones de cimientos, tuberías, electricidad, techo, etcétera, antes de comprarla. Si fuéramos a casarnos con alguien, probablemente querríamos saber qué hay detrás de la cara bonita antes de decidirnos a pasar el resto de nuestra vida con esa persona.

Sin embargo, en lo que se refiere a las inversiones, muchos inversionistas nunca leen los estados financieros de la compañía en que invierten. Prefieren invertir con base en un consejo o porque el precio es bajo o porque es alto, dependiendo de las circunstancias del mercado. La mayoría de la gente lleva sus automóviles a revisar y afinar cada año, o se somete a exámenes de salud física, pero nunca ha llevado sus estados financieros a analizar con el fin de encontrar errores o posibles problemas en el futuro. La razón de lo anterior es que la mayoría de la gente termina sus estudios sin tener conciencia de la importancia de los estados financieros y menos aún de cómo controlarlos. No es de sorprender por qué tantas personas dicen que invertir es riesgoso. Invertir no es riesgoso. Carecer de educación financiera sí lo es.

Cómo reconocer oportunidades de inversión

Si planea volverse rico al ser un inversionista, yo diría que tener un buen conocimiento de los estados financieros es un requisito básico. No sólo mejorará su factor de seguridad, sino que además le permitirá ganar mucho más dinero en un periodo más breve de tiempo. La razón por la que digo lo anterior es porque ser capaz de leer estados financieros le permitirá percibir oportunidades de inversión que el inversionista promedio no percibe. Éste considera el precio principalmente como la oportunidad para comprar o vender. El inversionista sofisticado ha capacitado su mente para ver otras oportunidades además del precio. El inversionista sofisticado sabe que no es posible ver la mayoría de las mejores oportunidades de inversión con ojos inexpertos.

Mi padre rico me enseñó que uno gana la mayor parte del dinero como inversionista al tener educación financiera, así como al conocer las fortalezas y debilidades internas de la inversión. Decía: "Donde encuentras las mejores oportunidades es al comprender la contabilidad, el código fiscal, las leyes sobre negocios y el derecho corporativo. Y es en esos dominios invisibles donde los verdaderos inversionistas acuden en busca de las mayores oportunidades de inversión. Por eso me refiero al estado de resultados y al balance general como 'la alfombra mágica'".

Así que la pregunta de actitud mental es:

Si planifica volverse rico como inversionista y participar en las inversiones de los ricos, ¿está dispuesto a mantener estados financieros personales actualizados y a practicar la lectura de otros estados financieros de manera regular?

Sí _____ **No** _____

CAPÍTULO 16

Lección # 14: La educación financiera me hizo ser sencillo

"Tu padre tiene dificultades financieras porque es un hombre versado, pero carece de educación financiera", me decía frecuentemente mi padre rico. "Si tan sólo dedicara tiempo a aprender cómo leer los números y a conocer el vocabulario del dinero, su vida cambiaría drásticamente."

La educación financiera constituyó una de las seis lecciones de mi padre rico en mi libro *Padre rico, padre pobre*. Para mi padre rico la educación financiera tenía una importancia crucial para cualquier persona que deseara sinceramente convertirse en dueño de negocio o en inversionista profesional. En apartados posteriores de este libro, Sharon y yo abordaremos de manera detallada la importancia de la educación financiera en lo que se refiere a los negocios y la inversión, y cómo encontrar oportunidades de inversión que el inversionista promedio no percibe. Pero por ahora considero que es mejor revisar rápidamente la educación financiera y la manera de hacer que sea sencilla y fácil de comprender.

Los conceptos básicos

Un inversionista sofisticado debe ser capaz de leer muchos documentos financieros diferentes. En el centro de todos está el estado de resultados y el balance general.

Estado de resultados

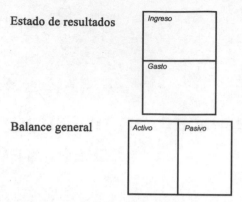

Balance general

No soy un contador; sin embargo, he asistido a varias clases de contabilidad. En la mayoría de ellas, lo que me impresionó fue la manera en que los instructores se concentraban en cada uno de los documentos, pero no en la relación entre ambos. En otras palabras, los instructores nunca explicaron por qué un documento era importante para el otro.

Mi padre rico pensaba que la relación entre el estado de resultados y el balance general era muy importante. Él decía: "¿Cómo es posible comprender uno sin el otro?", o: "¿Cómo puedes saber qué es verdaderamente un activo o un pasivo sin la columna de gastos o la columna de ingresos?" A continuación decía: "Tan sólo porque algo está enlistado en la columna de activos no lo convierte en un activo." Yo considero que esa afirmación constituía su argumento más importante. Él decía: "La razón por la que la mayoría de la gente tiene problemas financieros es porque adquieren pasivos y los colocan en la columna de activos. Por eso mucha gente considera que su casa es un activo, cuando en realidad es un pasivo." Si usted comprende la Ley de Gresham, es posible que sepa por qué un descuido aparentemente sin importancia puede provocar toda una vida de problemas financieros, en vez de libertad financiera. También decía: "Si desea ser rico durante varias generaciones, usted y sus seres queridos deben conocer la diferencia entre un activo y un pasivo. Debe conocer la diferencia entre algo de valor y algo que carece de valor."

Después de publicado mi libro *Padre rico, padre pobre*, muchas personas preguntaron: "¿Está él diciendo que una persona no debe comprar una casa?" La respuesta a esa pregunta es: "No, él no está diciendo que no debe comprar una casa." Mi padre rico simplemente hacía énfasis en la importancia de la educación financiera. Él decía: "No llame pasivo a un activo, incluso a pesar de que se trate de su casa." La siguiente pregunta formulada con mayor frecuencia fue: "Si liquido la hipoteca sobre mi casa, ¿la convierte eso en un activo?" Nuevamente, la respuesta en la mayoría de los casos es: "No, sólo porque usted no tiene deuda sobre su hogar, eso no lo convierte necesariamente en un activo." La razón que apoya esa respuesta se encuentra nuevamente en el término "flujo de efectivo". En el caso de la mayoría de las residencias personales, incluso si usted no tiene deuda, existen aún gastos e impuestos sobre la propiedad o prediales. De hecho, usted nunca es verdaderamente el dueño de sus propiedades inmobiliarias. Los bienes raíces siempre pertenecen al gobierno. Por eso se les llama en inglés "real estate" (palabra derivada del español, referente a la realeza), y no "físicos" o "tangibles". La propiedad siempre le ha correspondido a la realeza. Hoy en día le corresponde al gobierno. Si duda de esa afirmación, tan sólo deje de pagar su impuesto predial y descubrirá quién es el verdadero dueño de su propiedad, con o sin hipoteca. La falta de pago del impuesto predial es lo que origina la emisión de certificados de retención de impuestos. En *Padre rico, padre pobre,* me referí a la alta tasa de interés que los inversionistas obtienen de los certificados de retención de impuestos. Éstos constituyen la forma en que el gobierno nos dice: "Usted puede controlar sus bienes raíces, pero el gobierno siempre será el dueño."

Mi padre rico estaba a favor de que la gente adquiriera su casa. Él pensaba que la casa es un lugar seguro donde poner su dinero, pero que no necesariamente era un activo. De hecho, una vez que adquirió suficientes activos reales, vivió en una casa grande y bella. Esos activos reales generaron el flujo de efectivo que le permitió adquirir esa casa grande y bella. El argumento que trataba de destacar era que una persona no debe llamar "activo" a lo que es un pasivo o adquirir pasivos que piensa que son activos. Pensaba que era uno de los errores más grandes que una persona podía cometer. Él decía: "Si algo es un pasivo, es mejor que usted le llame 'pasivo' y lo observe cuidadosamente."

Las palabras mágicas son "flujo de efectivo"

Para mi padre rico, las palabras más importantes en los negocios y las inversiones eran "flujo de efectivo". Él decía: "De la misma forma que un pescador observa el ir y venir de las mareas, un inversionista y un hombre de negocios debe estar pendiente de los sutiles cambios en el flujo de efectivo. Las personas y los negocios enfrentan dificultades financieras porque se encuentran fuera de control con respecto a su flujo de efectivo."

La educación financiera para un hijo

Mi padre rico quizá no tenía una educación formal, pero conocía la manera de abordar temas complejos y hacerlos lo suficientemente sencillos para que un niño de nueve años los comprendiera, que era la edad que yo tenía cuando comenzó a explicarme esas cosas. Y debo confesar que no he avanzado mucho más allá de los dibujos sencillos que mi padre rico trazó para mí. Sin embargo, las explicaciones sencillas de mi padre rico me permitieron comprender mejor el dinero y sus flujos, además de que me guiaron a una vida segura desde el punto de vista financiero.

Hoy en día mis contadores hacen el trabajo duro y yo continúo utilizando los sencillos diagramas de mi padre rico como guías. Así que si puede comprender los siguientes diagramas, tendrá una mejor oportunidad de adquirir una gran riqueza. Deje el trabajo de la contabilidad técnica a los contadores que han sido capacitados para realizar esa importante tarea. Su trabajo consiste en asumir el control de sus cifras financieras y guiarlas para incrementar su riqueza.

Los conceptos básicos de educación financiera de mi padre rico

Lección # 1: Es la dirección del flujo de efectivo lo que determina si algo es un activo o un pasivo en ese momento. En otras palabras, tan sólo porque su agente de bienes raíces dice que su casa es un activo, no significa que lo sea.

Éste es el patrón de flujo de efectivo de un activo. La definición de un activo de mi padre rico era: "Un activo introduce dinero en tu bolsillo."

Es el patrón de flujo de efectivo de un pasivo. La definición de un pasivo de mi padre rico era: "Un pasivo extrae dinero de tu bolsillo."

Un punto de confusión

Mi padre rico también me dijo: "La confusión se da porque el método de contabilidad aceptado nos permite ennumerar tanto activos como pasivos en la columna de los activos." Entonces trazó un diagrama para explicarme lo que acababa de decirme y añadió: "Ésta es la razón por la que se produce una confusión."

"En este diagrama tenemos una casa de 100 000 dólares por la que alguien ha dado un pago inicial de 20 000 y ahora tiene una hipoteca de 80 000. ¿Cómo puedes saber si esta casa es un activo o un pasivo? ¿Se trata de un activo sólo porque está incluida en la columna de activos?"

La respuesta, desde luego, es "no". La verdadera respuesta es: "Usted necesita ver el estado de resultados para averiguar si se trata de un activo o de un pasivo."

Mi padre rico trazó a continuación el siguiente diagrama y dijo: "Ésta es una casa que es un pasivo. Puedes afirmar que es un pasivo porque sus únicos rubros se encuentran en la columna de gastos; ninguno está en la columna de ingresos."

Convertir un pasivo en un activo

Mi padre rico agregó entonces una línea al diagrama que decía: "Ingreso por renta e ingreso neto por renta", en que la palabra clave es "neto". "Ese cambio en los estados financieros convirtió esa casa de ser un pasivo a ser un activo."

Después de comprender el concepto, mi padre rico agregaba las cifras, tan sólo para que yo pudiera comprender mejor. "Digamos que todos los gastos relacionados con esta casa suman 1 000 dólares. Eso incluye el pago de la hipoteca, el impuesto predial, el seguro, los servicios y el mantenimiento. Y tú tienes un inquilino que paga 1 200 dólares al mes. Ahora tienes un ingreso neto por renta de 200 dólares al mes, lo que la convierte en un activo porque esta casa está aportando dinero a tu bolsillo, como lo demuestra ese ingreso de 200 dólares. Si tus gastos siguen siendo los mismos y cobras solamente 800 al mes por renta, estarías perdiendo 200, y a pesar de que tienes un ingreso bruto por renta de 800 dólares al mes, la propiedad se convertiría en un pasivo. De manera que incluso con ingreso por renta, la propiedad podría seguir siendo un pasivo en vez de un activo. Y luego escucho a personas que dicen: 'Pero si la vendo por más de lo que pagué por ella, entonces eso la convierte en un activo.' Sí, eso sería verdadero, pero sólo cuando tenga lugar ese acontecimiento en algún momento del futuro. Y contra la creencia popular, el precio de las propiedades inmobiliarias disminuye ocasionalmente. Así que el dicho: 'No cuentes los huevos hasta venderlos en el mercado', es un fragmento de sabiduría financiera."

El gobierno cambió las reglas

Miles de millones de dólares se perdieron literalmente en los bienes raíces después del Acta de Reforma Fiscal de 1986 en Estados Unidos. De manera que muchos especuladores perdieron dinero porque estaban dispuestos a comprar propiedades inmobiliarias a precios altos y perdieron dinero bajo la premisa de que el precio de los bienes raíces siempre subiría y de que el gobierno les proporcionaría un incentivo fiscal por sus pérdidas pasivas en los bienes raíces. En otras palabras, el gobierno daría un subsidio sobre la diferencia entre el ingreso y los gastos de renta, que eran más altos. Como dicen: "Alguien cambió las reglas." Después de la reforma a la legislación fiscal, el mercado bursátil se desplomó, las instituciones de ahorro y préstamo quebraron y se produjo una enorme transferencia de riqueza entre 1987 y 1995. Las propiedades de inversión fluyeron de corresponder principalmente al cuadrante "A" —profesionistas de ingresos altos como doctores, abogados, contadores, ingenieros y arquitectos— a los inversionistas del cuadrante "I". Esa única reforma a la legislación fiscal obligó a que millones de personas abandonaran la inversión en bienes raíces y pasaran al mercado de activos en papel, conocido como el mercado bursátil. ¿Podría ocurrir pronto otra transferencia de riqueza de un lado del cuadrante a otro? ¿Podrían ser esta vez los activos en papel en vez de los bienes raíces? Solamente el tiempo lo podrá decir y la historia tiende a repetirse. Cuando la historia se repita, algunas personas perderán, pero muchas otras ganarán.

Actualmente, en Australia, el gobierno todavía tiene leyes que permiten que los inversionistas "tengan incentivos para perder" en sus inversiones inmobiliarias. En otras palabras, el gobierno le alienta a perder dinero en su propiedad inmobiliaria por el beneficio fiscal que ofrece. En Estados Unidos, se tenían las mismas reglas fiscales hasta 1986. Cuando ofrezco conferencias sobre inversiones en Australia, a menudo escucho protestas acerca de mis advertencias de que el gobierno podría cambiar las leyes de la misma forma en que lo hizo en Estados Unidos. Escucho cosas como: "El gobierno no cambiaría las reglas", y entonces sólo muevo la cabeza. Simplemente no se dan cuenta de cuán dolorosa fue la reforma legal para millones de inversionistas en ese país. Varios de mis amigos tuvieron que declararse en bancarrota y perdieron todo aquello por lo que habían trabajado durante años o décadas.

Lo que quiero decir es lo siguiente: ¿por qué debe usted correr el riesgo? ¿Por qué no encontrar una propiedad que gane dinero? Cualquier persona puede encontrar una propiedad o inversión que pierda dinero. Usted no necesita buscar mucho para encontrar una inversión que pierda. El problema que tengo, y que tenía mi padre rico con la idea de que perder dinero es una buena idea debido a los incentivos fiscales, es que a menudo dichas ideas ocasionan que las personas se vuelvan descuidadas. Frecuentemente escucho a personas que dicen, incluso en Estados Unidos: "Está bien que yo pierda dinero. El gobierno me proporcionará un incentivo fiscal por perderlo." Eso significa que por cada dólar que usted pierda, el gobierno le devolverá aproximadamente 30 centavos (dependiendo del rango de contribuyente en que usted se encuentre). Para mí a esa lógica le falta algo. ¿Por qué no invertir con el fin de tenerlo todo; es decir, seguridad, ingreso, apreciación y beneficios fiscales?

La idea de invertir es ganar dinero, no perderlo. Aun podría obtener muchos beneficios fiscales y ganar dinero si es un inversionista sofisticado. Un amigo mío, Michael Tellarico, agente de bienes raíces en Sydney, Australia, dice: "La gente acude a esta oficina de bienes raíces todos los días y comenta: 'Mi contador me dijo que viniera y buscara una propiedad en la que pueda tener balance negativo.'" En otras palabras, mi contador me dijo que compre una propiedad para perder dinero. Michael les dice entonces: "Usted no necesita mi ayuda para encontrar una propiedad que pierda dinero. Existen miles a su alrededor. Puedo ayudarle a encontrar una propiedad que le haga ganar dinero y por la que usted aún pueda obtener los beneficios fiscales." La respuesta frecuentemente es: "No, no. Yo quiero encontrar una propiedad para perder dinero." Lo mismo ocurría en Estados Unidos antes de 1986.

Existen muchas lecciones importantes en el ejemplo:

1. La idea de que perder dinero está bien debido a los beneficios fiscales, a menudo ocasiona que las personas se vuelvan descuidadas al seleccionar sus inversiones.
2. Esas personas no buscan mucho las verdaderas inversiones. No revisan cuidadosamente la información financiera cuando analizan una inversión.
3. Perder dinero desestabiliza su posición financiera. En otras palabras, existe suficiente riesgo en la inversión misma. ¿Por qué hacerla más riesgosa? Dedique un poco más de tiempo para buscar inversiones sólidas. Usted puede encontrarlas si sabe leer las cifras.

4. El gobierno cambia las reglas.

5. Lo que puede ser un activo hoy, podría ser un pasivo mañana.

6. Aunque millones de inversionistas perdieron dinero en 1986, hubo otros inversionistas que estaban preparados para el cambio. Aquellos que estaban preparados ganaron los millones que perdieron los no preparados.

El riesgo más grande de todos

Mi padre rico dijo: "El inversionista más riesgoso de todos es el que carece de control sobre sus estados financieros personales, los que no tienen otra cosa que pasivos que consideran activos, que tienen tantos gastos como ingresos, y cuya única fuente de ingreso es su trabajo. Esos inversionistas son riesgosos porque frecuentemente están desesperados."

En mis clases sobre inversión todavía hay personas que se acercan a mí y discuten que su casa es un activo. Recientemente un hombre me dijo: "Compré mi casa por 500 000 dólares y actualmente vale 750 000." Entonces le pregunté: "¿Cómo lo sabe?" Su respuesta fue: "Porque es lo que dijo mi agente de bienes raíces."

A lo que le pregunté: "¿Le daría su corredor de bienes raíces una garantía por ese precio durante 20 años?"

"Claro que no", dijo. "Él sólo dijo que ese era el precio promedio comparativo de casas en el vecindario que están en venta actualmente."

Y es exactamente por lo que mi padre rico dijo que el inversionista promedio no gana mucho en el mercado. Él decía que: "El inversionista promedio tiene la mentalidad de contar los huevos antes de venderlos en el mercado. Adquiere artículos que le cuestan dinero cada mes y sin embargo los llama activos con base en opiniones. Da por sentado que el valor de su casa se incrementará en el futuro o actúa como si su casa pudiera ser vendida inmediatamente por la cantidad que su corredor de bienes raíces le dijo que valía. ¿Alguna vez ha tenido usted que vender su casa por menos de lo que su corredor o su banquero le dijo que valía? Yo sí. Como resultado de basar sus decisiones financieras en esas opiniones y expectativas, las personas pierden el control sobre sus finanzas personales. Para mí eso es muy riesgoso. Si quiere ser rico, debe asumir el control sobre su educación así como sobre su flujo de efectivo personal. No hay nada malo en esperar que el precio de algo se incremente en el futuro, en tanto no pierda el control de sus finanzas hoy." También decía: "Si tiene la certeza de que el precio subirá, ¿por qué no comprar diez de esas casas?"

Esa mentalidad también se aplica a las personas que dicen: "Mi cuenta para el retiro vale un millón de dólares actualmente. Tendrá un valor de tres millones de dólares cuando me retire." Nuevamente, vuelvo a preguntar: "¿Cómo sabe eso?" Lo que yo aprendí de mi padre rico fue que un inversionista promedio a menudo "cuenta los huevos antes de venderlos." O apuestan todo en un acontecimiento, lo que significa literalmente "esperar a que llegue el barco" en algún momento del futuro. En la mayoría de los casos los huevos se venden y la mayoría de los barcos llegan al puerto. Sin embargo, el inversionista profesional no quiere correr el riesgo. El inversionista sofisticado sabe que estar educado desde el punto de vista financiero le proporciona más control hoy, y si sigue estudiando, un mayor control financiero mañana. El inversionista sofisticado sabe que en ocasiones alguien se come los huevos o los rompe, y en ocasiones el barco que las personas están esperando es el *Titanic*.

He conocido muchos inversionistas novicios. Han estado invirtiendo durante menos de veinte años. La mayoría nunca ha pasado por el desplome del mercado, ni ha sido dueña de propiedades inmobiliarias que valgan mucho menos de lo que pagaron por ellas, cuando todavía deben realizar los pagos mensuales. Esos nuevos inversionistas se acercan a mí y repiten los promedios de la industria, como: "El mercado ha subido en promedio desde 1974", o: "Los bienes raíces han subido en promedio a largo plazo más de 4% durante los últimos veinte años."

Como decía mi padre rico: "Los promedios son para inversionistas promedio. Un inversionista promedio quiere tener controles. Y el control comienza con usted mismo, con su educación financiera, con sus fuentes de información y con su propio flujo de efectivo." Es la razón por la que el consejo de mi padre rico al inversionista promedio era: "No seas promedio." Para él, un inversionista promedio era un inversionista riesgoso.

Por qué las personas no tienen control sobre sus finanzas personales

Las personas abandonan la escuela sin saber siquiera cómo balancear su chequera, mucho menos cómo preparar sus estados financieros. Nunca aprendieron a controlar sus finanzas. Y la única manera en que usted puede saber si las personas tienen control de sí mismas es analizar sus estados financieros. El solo hecho de que las personas tengan empleos bien pagados, casas grandes y automóviles vistosos no necesariamente significa que tienen el control financiero. Si las personas supieran cómo funcionan los estados financieros, tendrían más educación financiera y un mayor control sobre su dinero. Al comprender los estados financieros, la gente puede ver con mayor claridad la manera en que su efectivo fluye.

Por ejemplo, éste es el patrón de flujo de efectivo al expedir un cheque:

Éste es el patrón de flujo de efectivo al usar una tarjeta de crédito:

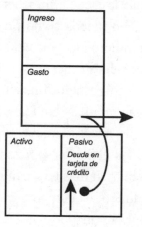

Cuando las personas expiden cheques están gastando un activo. Y cuando utilizan sus tarjetas de crédito, incrementan sus pasivos. En otras palabras, las tarjetas de crédito hacen que sea más fácil hundirse más y más en deuda. La mayoría no puede ver que esto les ocurre simplemente porque no han sido capacitadas para elaborar y analizar sus estados financieros personales.

Hoy en día, los estados financieros de muchas personas tienen un aspecto similar al siguiente:

A menos que algo cambie en el interior de esta persona, existen muchas posibilidades de que tenga una vida de esclavitud financiera. ¿Por qué digo *esclavitud financiera*? Porque cada pago que hace está haciendo que una persona rica se vuelva más rica.

Muchas personas me preguntan: "¿Cuál es mi primer paso hacia la libertad financiera?" Mi respuesta es: "Asuma el control de sus estados financieros." Le he pedido a mi contadora y estratega fiscal, Diane Kennedy, que elabore un programa de cintas de audio y un cuaderno de trabajo para:

1. Aprender la manera en que funcionan los estados financieros personales.

2. Asumir el control de los propios estados financieros.

3. Encontrar el camino hacia la libertad financiera.

4. Aprender cómo administrar el dinero como los ricos, al pagar menos impuestos.

Diane y yo elaboramos esas cintas y con ellas le guiamos a usted a través del proceso de salir de deudas. Sin embargo, lo más importante es que aprenderá a manejar su dinero como lo hacen los ricos. Esto es esencial porque la mayoría de la gente piensa que ganar más dinero resolverá sus problemas financieros. En muchos casos no ocurre así. Aprender a administrar el dinero que tiene como lo hace una persona rica es la manera en que puede resolver sus problemas de dinero a corto plazo. Eso también le da la oportunidad de volverse posiblemente libre desde el punto de vista financiero. El juego de cinta de audio y cuaderno de trabajo conforma un programa llamado: "Su primer paso hacia la libertad financiera." La información contenida en este paquete educativo es sencilla, fácil de comprender y esencial para comenzar a crear sólidas bases financieras. Usted puede encontrar más información sobre el paquete de la cinta de audio en las últimas páginas de este libro o en nuestro sitio en internet *www.richdad.com*.

¿A quién está usted enriqueciendo?

Lección # 2: Se necesitan al menos dos estados financieros para ver la imagen completa.

Mi padre rico decía: "Los inversionistas sofisticados deben ver al menos dos estados financieros de manera simultánea para apreciar la imagen completa."

Durante una de mis lecciones, mi padre rico dibujó este diagrama:

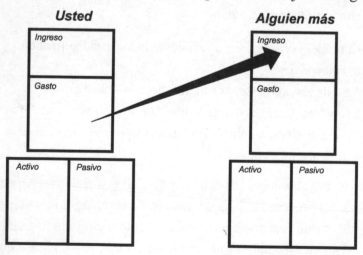

"Recuerda siempre que tus gastos constituyen el ingreso de alguien más. Las personas que no tienen control sobre su flujo de efectivo hacen que la gente que si controla el suyo se enriquezca."

Lo que hace un inversionista

A continuación trazó este diagrama y dijo: "Déjame mostrarte lo que hace un inversionista, utilizando al propietario de una casa y al banquero como un ejemplo:"

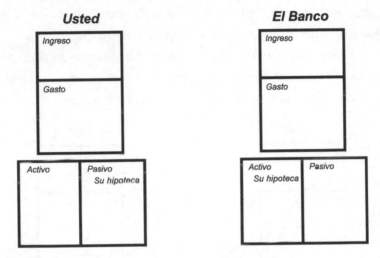

Me senté a observar el diagrama por un momento y luego dije: "La hipoteca de lu persona aparece en dos estados financieros. La diferencia es que la misma hipoteca aparece bajo dos columnas: la columna de activos y la columna de pasivos."

Mi padre rico asintió: "Ahora estás mirando verdaderos estados financieros."

"Es la razón por la que dices que se necesitan al menos dos estados financieros diferentes para ver la imagen completa", agregué. "Porque cada uno de tus gastos constituye el ingreso de otra persona y cada uno de tus pasivos constituye el activo de alguien más."

Mi padre rico asintió y dijo: "Y por eso las personas que abandonan la escuela y que no han sido capacitadas para pensar en términos de los estados financieros, a menudo son víctimas de quienes sí lo han sido. Por eso cada vez que la gente utiliza su tarjeta de crédito, en realidad hacen crecer su columna de pasivos y simultáneamente hacen crecer la columna de activos del banco."

"Y cuando un banquero te dice: 'Su casa es un activo', en realidad no te está mintiendo. Simplemente no te están diciendo para quién es un activo. Tu hipoteca es un activo del banco y un pasivo para ti", dije, al comenzar a comprender cabalmente la importancia de los estados financieros y por qué se necesitan más de dos estados financieros para obtener una imagen más precisa.

Mi padre rico asintió y dijo: "Ahora agreguemos el flujo de efectivo a esta imagen y comenzaremos a apreciar cómo un activo, en este ejemplo una hipoteca, funciona en realidad:

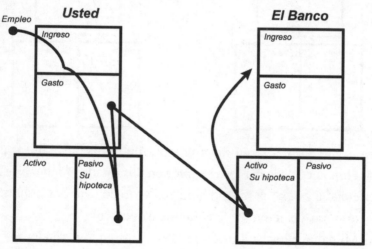

"En este ejemplo, la hipoteca extrae dinero de tu bolsillo y lo coloca en el bolsillo del banco. Por eso la hipoteca es un pasivo para ti y un activo para el banco. Lo importante es que se trata del mismo documento legal."

"Así que el banco ha creado un activo que para ti es un pasivo", agregué. "Lo que hace un inversionista es adquirir un activo por el que alguien más paga. Por eso los inversionistas poseen edificios de apartamentos. Cada mes el dinero de la renta fluye a sus estados financieros, de la misma forma que los pagos de hipoteca fluyen a los estados financieros del banco."

Mi padre rico asintió y sonrió. "Estás comenzando a comprenderlo. Tú definitivamente deseas estar en un lado de la ecuación más que en el otro. Pero se trata de una calle de dos sentidos", dijo, mientras dibujaba el siguiente diagrama:

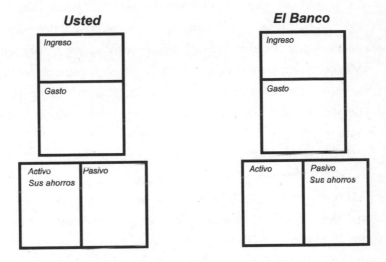

"Ah", dije. "Mis ahorros son mi activo y son el pasivo del banco. Nuevamente, se requiere al menos dos estados financieros para ver la imagen completa."

"Sí", dijo mi padre rico. "¿Y qué más adviertes acerca de estos diagramas?"

Miré los diagramas durante unos momentos, observando los ejemplos de la hipoteca y los ahorros. "No sé", dije lentamente. "Sólo veo lo que tú has dibujado."

Mi padre rico sonrió y dijo: "Esa es la razón por la que necesitas practicar la lectura de estados financieros. De la misma forma en que aprendes más la segunda o tercera ocasión que lees o escuchas a alguien, aprendes cada vez más mientras más practicas la educación financiera. La mente percibe cosas que tus ojos frecuentemente no advierten."

"¿Qué he pasado por alto? ¿Qué no he visto?", pregunté.

"Lo que no es visible en mis diagramas es que el gobierno te proporciona un incentivo fiscal para adquirir pasivos. Por eso te da incentivos fiscales para adquirir una casa."

"Lo olvidé", dije.

"Y grava tus ahorros con impuestos", dijo mi padre rico.

"¿El gobierno me proporciona un incentivo fiscal por adquirir un pasivo y me cobra impuestos por tener un activo?", pregunté.

Mi padre rico asintió y dijo: "Ahora piensa sobre el efecto que tiene eso en el pensamiento y el futuro financiero de una persona. La persona promedio se emociona por endeudarse y no por adquirir activos."

"¿La gente obtiene un incentivo fiscal por perder dinero?", pregunté con asombro. "¿Por qué hacen eso?"

Mi padre rico se rió. "Como dije antes, el inversionista profesional debe pensar más allá de que el precio de una inversión subirá o bajará. Un inversionista sofisticado lee los números y comprende la verdadera historia y comienza a ver cosas que el inversionista promedio no ve. Un inversionista sofisticado debe ver el impacto de las regulaciones gubernamentales, los códigos fiscales, el derecho corporativo, la legislación sobre negocios y la legislación sobre contabilidad. Una razón por la que es difícil encontrar información precisa sobre inversiones es que para obtener la imagen completa se requiere de educación financiera, de un contador y de un abogado. En otras palabras, necesitas dos profesionistas diferentes para obtener la imagen completa. La buena noticia es que si dedicas e inviertes tiempo para aprender los pros y contras de lo que ocurre tras bambalinas, encontrarás oportunidades para invertir y obtener una gran riqueza que muy pocas personas encontrarán. Descubrirás la verdad acerca de por qué los ricos se enriquecen, los pobres y las personas de clase media trabajan más duro, pagan más impuestos y se hunden más en deuda. Una vez que conozcas esas verdades, puedes decidir en qué lado del cuadrante quieres operar. No es difícil: sólo se necesita tiempo... tiempo que no invierten las personas que sólo quieren tener un consejo sobre inversiones."

Yo no tenía que pensar desde qué lado del cuadrante quería operar. Yo sabía que quería invertir legalmente "desde adentro", no "desde afuera". Quería conocer cuáles eran las verdades, sin importar si me volvía rico o no. Quería saber cómo y por qué los ricos se enriquecen.

La necesidad de tener educación financiera

A principios de los ochenta, a manera de pasatiempo, comencé a dar clases para adultos sobre cómo ser empresario e invertir. Uno de los problemas que encontré inmediatamente fue que la mayoría de la gente que quería comenzar sus negocios o invertir con mayor confianza carecía de los elementos básicos de la educación financiera. Considero que esa carencia constituye la razón por la que nueve de cada diez nuevos negocios fracasan en los primeros cinco años, y la razón por la que la mayoría de los inversionistas piensan que invertir es riesgoso y no ganan o conservan mucho dinero.

Cuando recomendé que las personas tomaran clases sobre contabilidad, finanzas e inversión antes de comenzar un negocio o de invertir, la mayoría se quejó y manifestó que no quería regresar a la escuela. Por eso comencé a buscar una manera para que los individuos pudieran obtener los conocimientos básicos en forma sencilla y divertida. En 1996 elaboré *CASHFLOW, Investing 101*, un juego de mesa que enseña los conceptos básicos de educación financiera, contabilidad e inversión.

Enseñar vs. aprender

CASHFLOW es un juego de mesa porque la inversión y el análisis financiero son temas que usted no puede aprender mediante la lectura. Mi padre pobre, que era maestro de escuela, decía a menudo: "Un maestro debe conocer la diferencia entre lo que puede enseñar y lo que debe ser aprendido. Usted puede enseñarle a un niño a memorizar la palabra *bicicleta*, pero no puede enseñarle a andar en bicicleta. Un niño necesita aprender a andar en bicicleta al hacerlo."

En los últimos tres años he observado a miles de personas que aprenden a ser inversionistas al jugar *CASHFLOW, Investing 101* y *202*. Aprenden al hacer cosas que yo nunca podría enseñarles mediante la escritura o la lectura, de la misma forma en que yo no podría enseñarle a usted a andar en bicicleta. Los juegos enseñan en unas cuantas horas lo que mi padre rico se tardó 30 años en guiarme para aprender. Y por eso el título de este libro es *Guía para invertir de mi padre rico*, porque eso fue lo que hizo. Él me guió porque eso era lo mejor que podía hacer. La inversión y la contabilidad son temas que él no podía enseñarme. Yo tenía que desear aprender. Ésto es cierto en lo que respecta a usted.

Mejorar sus resultados

Mientras más lea estados financieros, informes anuales y documentos de presentación de inversiones, más se incrementará su inteligencia financiera o su visión financiera. Con el paso del tiempo comenzará a ver lo que el inversionista promedio nunca ve.

Todos sabemos que la repetición es la manera en que en realidad aprendemos y retenemos el aprendizaje. Recientemente estaba escuchando una cinta de audio que contenía una entrevista con Peter Lynch. Yo había escuchado esa cinta una docena de ocasiones. Cada vez que la escuchaba, oía algo nuevo. Por cerca de 30 años mi padre rico me hizo revisar estados financieros. Hoy pienso de manera automática en estados financieros.

Cuando aprendemos a andar en bicicleta, entrenamos nuestro inconsciente para andar en nuestra bicicleta. Una vez que lo logramos, no tenemos que pensar o recordar cómo andar en bicicleta mientras lo hacemos. Cuando aprendemos a conducir un automóvil también entrenamos nuestro inconsciente. Ésta es la razón por la que una vez que hemos entrenado a nuestro inconsciente para conducir, podemos hacerlo mientras hablamos con alguien más, comemos una hamburguesa, pensamos en los problemas del trabajo o escuchamos la radio y cantamos. La conducción es realizada de manera automática. Lo mismo puede ocurrir con la lectura de los estados financieros.

Lo que toma más tiempo para encontrar una buena inversión es el análisis de las cifras. Aprender a leer los estados financieros es un proceso tedioso, especialmente cuando comienza a aprender. La buena noticia es que se vuelve más rápido y fácil conforme practica. No sólo se vuelve más fácil, sino que puede revisar muchas más oportunidades de inversión, casi automáticamente, sin pensar... de la misma forma que ocurre al andar en bicicleta o conducir un automóvil.

Prueba de actitud mental

Nosotros, como seres humanos, aprendemos a hacer muchas cosas de manera inconsciente. Si tiene el firme propósito de convertirse en un inversionista exitoso, un inversionista que gane dinero cada vez con menor riesgo, le recomiendo que entrene su cerebro para analizar estados financieros. El análisis de los estados financieros es básico para los mejores inversionistas del mundo, como Warren Buffet.

La manera en que se logra lo anterior es mediante un término llamado "flujo de negocios". Todos los inversionistas profesionales tienen un número continuo de negocios potenciales o de inversiones en bienes raíces que requieren inversión de capital. Mi padre rico hacía que Mike y yo leyéramos, estudiáramos y analizáramos esas inversiones sin importar si estábamos interesados en ellas o no. Incluso a pesar de que fue lento y doloroso al principio, con el paso de los años el proceso se hizo más rápido, más fácil, más divertido y más emocionante. De manera que aprendimos mediante la repetición, que me ha retribuido al permitir retirarme a edad temprana, sentirme más seguro desde el punto de vista financiero y ganar incluso más dinero.

De manera que la pregunta de actitud mental es:

¿Está usted dispuesto a practicar la elaboración de sus propios estados financieros y mantenerlos actualizados, así como leer los estados financieros de otros negocios e inversiones en bienes raíces?

Sí _____ **No** _____

Usted podrá advertir que esta pregunta es muy similar a la pregunta que aparece al final del capítulo 15. La repetimos para hacer énfasis en la importancia de la educación financiera. Esta pregunta es muy importante porque uno de los costos de convertirse en un inversionista rico y realizar las inversiones de los ricos es el precio del tiempo que es necesario invertir para mejorar continuamente su propia educación financiera. Si su respuesta a esa pregunta es "no", entonces la mayoría de las inversiones que realizan los ricos son demasiado riesgosas para usted. Si usted está educado desde el punto de vista financiero, entonces estará mejor preparado para encontrar las mejores inversiones del mundo.

CAPÍTULO 17

Lección # 15: La magia de los errores

Mi verdadero padre provenía del mundo académico, un mundo donde se cree que los errores son malos y deben evitarse. En el mundo de la educación, mientras más errores cometa una persona, menos inteligente se considera que es.

Mi padre rico venía de las calles. Él tenía una visión diferente sobre los errores. Para él, eran oportunidades de aprender algo nuevo, algo que no sabía anteriormente. Él consideraba que mientras más errores cometa una persona, más habrá aprendido. A menudo decía que: "Hay un poco de magia escondida en cada error. Así que mientras más errores cometo y mientras más tiempo dedico a aprender de mis errores, más magia tengo en mi vida."

Mi padre rico utilizaba constantemente el ejemplo de aprender a andar en bicicleta para destacar la idea de la magia que se encuentra en los errores. Él decía: "Tan sólo recuerda la frustración que experimentabas cuando te esforzabas por aprender a andar en bicicleta. Todos tus amigos andaban en bicicleta pero todo lo que tú podías hacer era encaramarte en la bicicleta y caerte de ella inmediatamente. Cometiste error tras error. Luego, repentinamente dejaste de caerte, comenzaste a pedalear, la bicicleta comenzó a avanzar y súbitamente, como por arte de magia, todo un mundo nuevo se abrió para ti. Esa es la magia que se encuentra en los errores."

El error de Warren Buffet

Warren Buffet, el inversionista más rico de Estados Unidos, es conocido y respetado debido a su compañía, Berkshire Hathaway.
Hoy en día, las acciones de Berkshire Hathaway se encuentran entre las más apreciadas en el mundo. Aunque muchos inversionistas
aprecian sus acciones, pocas personas se dan cuenta de que adquirir
Berkshire Hathaway fue uno de los más grandes errores de inversión de Warren Buffet.

Cuando él adquirió la compañía, Berkshire Hathaway era una
empresa fabricante de camisas que avanzaba lentamente hacia la
bancarrota. Warren Buffet pensó que su equipo podía reorganizar-
la. Como muchos de nosotros sabemos, la manufactura de textiles
estaba muriendo en Estados Unidos, y la industria se estaba mu-
dando a otros países. Era una tendencia contra la que incluso Buffet
no podía ir en contra, y la compañía eventualmente fracasó como
una empresa manufacturera, incluso con el respaldo de Warren
Buffet. Sin embargo, dentro del fracaso de esta compañía, Buffet
encontró las joyas que en última instancia lo hicieron extremadamente rico. Para aquellos que están interesados en esta historia, el
libro *The Warren Buffet Way* de Robert Hagstrom, le proporciona al
lector una perspectiva sobre uno de los inversionistas más inteligentes del mundo.

Otros errores

Otra compañía, Diamond Fields, fue formada para buscar diamantes, que nunca fueron localizados. El principal geólogo de la compañía había cometido un error. Sin embargo, en vez de encontrar
diamantes se tropezaron con uno de los depósitos de níquel más
grandes del mundo. El precio de las acciones de la compañía se
disparó después de ese descubrimiento. Hoy en día, aunque el nombre sigue siendo Diamond Fields (Campos de diamantes), ellos
ganan dinero en la industria del níquel.

Levi Strauss se dirigió a los campos auríferos de California para volverse rico en la minería. Sin embargo, no era un buen minero, así que comenzó a coser pantalones de mezclilla para los mineros que tenían éxito. Hoy en día la mayor parte del mundo ha escuchado de los pantalones de mezclilla Levi's.

Se dice que Thomas Edison nunca hubiera inventado la bombilla eléctrica si hubiera sido un empleado de la compañía que fundó, General Electric. Se dice que Edison fracasó cerca de 10 000 veces antes de inventar finalmente la bombilla eléctrica. Si él hubiera sido un empleado de una importante corporación, muy probablemente hubiera sido despedido por cometer tantos errores.

El error más grande de Cristóbal Colón fue que estaba buscando una ruta comercial hacia China y de manera accidental encontró el continente americano, donde se fundaría después el país más rico y poderoso del mundo.

Los inteligentes en la calle contra los inteligentes en la escuela

Mi padre rico tenía un gran éxito financiero por muchas razones. En el primer lugar de la lista estaba su actitud hacia los errores. Como muchos de nosotros, odiaba cometerlos; sin embargo, no tenía miedo de hacerlo. Corría riesgos simplemente para cometer un error. Él decía: "Cuando llegue a los límites de lo que conozco, es el momento de cometer algunos errores."

En varias ocasiones uno de sus negocios fracasó y perdió dinero. También lo vi lanzar un nuevo producto, tan sólo para ver que el mercado lo rechazaba. Cada vez que él cometía un error, en vez de deprimirse, parecía más feliz, más sabio, más decidido y más enriquecido por la experiencia. Él nos decía a su hijo y a mí: "Nosotros aprendemos de nuestros errores. Cada vez que cometo un error, aprendo acerca de mí mismo, aprendo algo nuevo y a menudo conozco personas nuevas que nunca hubiera conocido."

En una de sus empresas fallidas, una compañía de distribución de tuberías, conoció a uno de sus futuros socios en los negocios. Y a partir de ese negocio fallido de tuberías, forjaron una amistad y una sociedad que logró ganar decenas de millones de dólares. Él decía: "Si no hubiera corrido el riesgo de formar el negocio, nunca hubiera conocido a Jerry. Y el hecho de conocer a Jerry fue uno de los acontecimientos más importantes de mi vida."

Mi padre pobre era un excelente estudiante en la escuela. Rara vez cometió errores, por lo que tenía calificaciones muy altas. El problema fue que a los 50 años parece haber cometido uno de los errores más grandes de su vida y no pudo recuperarse de él.

Mientras yo era testigo de los problemas financieros y profesionales de mi padre verdadero, mi padre rico decía: "Para tener éxito en el verdadero mundo de los negocios, tienes que ser inteligente en la escuela, así como inteligente en las calles. Tu padre entró a la escuela a los cinco años de edad. Debido a sus buenas calificaciones permaneció en ella y eventualmente encabezó el sistema escolar. Ahora, a la edad de 50 años, está en la calle… y la calle es un maestro muy duro. En la escuela te dan primero la lección. En la calle, cometes primero el error y luego encuentras la lección, si es que la encuentras. Dado que a muchas personas no les enseñaron cómo cometer errores y aprender de ellos, evitan cometer errores, lo cual es un error más grande, o cometen un error pero no encuentran la lección de ese error. Por eso ves a tantas personas cometer el mismo error una y otra vez, porque no les enseñaron a aprender de sus errores. En la escuela, eres considerado inteligente si no cometes errores. En la calle eres inteligente sólo si cometes errores y aprendes de ellos."

El fracaso más grande que conozco

Mi padre rico nos dijo a Mike y a mí: "Soy muy rico porque he cometido más errores financieros que la mayoría de la gente. Cada vez que cometo un error, aprendo algo nuevo. En el mundo de los negocios, a eso que es nuevo se le llama frecuentemente *experiencia*. Pero la experiencia no es suficiente. Muchas personas dicen que tienen mucha experiencia porque siguen cometiendo el mismo error una y otra vez. Si una persona verdaderamente aprende de un error, su vida cambia para siempre, y lo que esa persona obtiene en vez de experiencia es *sabiduría*." Agregó a continuación: "Las personas frecuentemente evitan cometer errores financieros y eso es un error. Ellos se dicen a sí mismos: 'Juega a lo seguro. No corras riesgos.' Las personas pueden tener dificultades financieras debido a que ya han cometido errores y no han aprendido de ellos. Así que se levantan todos los días, van a trabajar y repiten el error y evitan nuevos errores, pero nunca descubren cuál es la lección. Estas personas se dicen a sí mismas frecuentemente: 'Estoy haciendo todas las cosas correctas, pero por alguna razón no salgo adelante desde el punto de vista financiero.'" El comentario de mi padre rico respecto a esa afirmación era: "Es posible que estén haciendo todas las cosas correctas, pero el problema es que evitan las equivocadas; como correr mayores riesgos. Ellos evitan sus debilidades en vez de enfrentarlas. No hacen algo que posiblemente tienen miedo de hacer y conscientemente eligen evitar cometer un error en vez de cometerlo." Él también dijo: "Algunos de los fracasos más grandes que conozco corresponden a personas que nunca han fracasado."

El arte de cometer un error

En vez de instruirnos a Mike y a mí para evitar errores, mi padre rico nos enseñó el arte de cometer un error y obtener sabiduría a partir de él.

Durante una de esas lecciones mi padre rico dijo: "Lo primero que ocurre después de que cometes un error es que te molestas. Todas las personas que conozco se molestan. Es el primer indicio de un error", dijo mi padre rico. "En ese punto de molestia, descubres quién eres en realidad."

"¿Qué quieres decir con 'quién eres en realidad'?", preguntó Mike.

"Bien, en el momento de la molestia, nos convertimos en alguno de estos personajes", dijo mi padre rico, que siguió describiendo un conjunto de personajes que aparecen cuando nos molestamos al cometer un error:

1. **El que miente.** El mentiroso dirá cosas como: "Yo no hice eso", o "no, no, no. No fui yo", o "no sé lo que ocurrió", o "pruébalo".

2. **El que culpa a los demás.** La persona que culpa a los demás dirá cosas como: "Fue tu culpa, no mía", o "si mi esposa no gastara tanto dinero, yo estaría en mejor posición financiera", o "yo sería rico si no tuviera hijos", o "a los clientes no les interesan mis productos", o "los empleados ya no son leales", o "no fuiste claro en tus instrucciones", o "es culpa de mi jefe".

3. **El que justifica los errores.** Las personas que justifican los errores dicen cosas como: "Yo no tengo una buena educación, por lo que no salgo adelante", o "lo hubiera logrado si hubiera tenido más tiempo", o "ah, yo no quería ser rico de cualquier manera", o "pues todos los demás lo estaban haciendo".

4. **El que renuncia.** La persona que renuncia dice cosas como: "Te dije que nunca iba a funcionar", o "esto es muy difícil y no vale la pena. Voy a hacer algo más fácil", o "¿por qué estoy haciendo esto? Yo no necesito esta molestia".

5. **El que niega la realidad.** Mi padre rico se refería a este tipo de personas como "el gato en el cajón de arena", lo que significa que tienden a enterrar sus errores. La persona que niega que ha cometido un error dice frecuentemente cosas como:

"No, no hay nada mal. Las cosas marchan bien", o "¿error? ¿qué error?", o "no te preocupes. Las cosas saldrán bien".

Mi padre rico dijo: "Cuando la gente se molesta debido a un error o accidente, uno o más de esos personajes se apodera de su mente y cuerpo. Si usted quiere aprender y obtener sabiduría de ese invaluable error, debe permitir que *el responsable* asuma el control de su pensamiento. El responsable eventualmente dirá: '¿Qué invaluable lección puedo aprender de este error?'"

Mi padre rico decía a continuación: "Si una persona dice: 'Lo que he aprendido es que nunca haré esto otra vez', probablemente no ha aprendido mucho. Muchas personas viven en un mundo que se reduce porque siguen diciendo: 'Nunca haré esto otra vez', en vez de decir: 'Estoy contento de que esto haya ocurrido porque aprendí esto o aquello de esta experiencia.' Además la gente que evita cometer errores o desperdicia errores nunca ve el otro lado de la moneda."

Dormí como un bebé

Por ejemplo, después de que perdí mi negocio de carteras de nylon y velcro, estuve molesto por cerca de un año. Dormí como un bebé durante ese año, lo que significa que despertaba llorando cada dos horas. Podía escuchar mi mente que decía: "Nunca debí haber comenzado ese negocio. Sabía que fracasaría. Nunca volveré a empezar un negocio otra vez." También culpé a muchas personas y me descubrí justificando mucho mis acciones, al decir cosas como: "Fue culpa de Dan", y "pues en realidad no me gustaba el producto".

En vez de huir de mi error y conseguir un empleo, mi padre rico me hizo encarar el desastre que había hecho y comenzar a trabajar para encontrar la salida de la pila de escombros que alguna vez fue mi negocio. Actualmente le digo a la gente: "Al fracasar yo aprendí más acerca del negocio de lo que jamás aprendí al tener éxito. Trabajar con el desastre y reconstruir la compañía me convirtió en un mejor hombre de negocios." Hoy en día, en vez de decir: "Nunca volveré a hacerlo", digo: "Estoy contento de que fracasé y aprendí porque estoy agradecido por la sabiduría que obtuve." Y a continuación digo: "Empecemos otro negocio." En vez de miedo y resentimiento, hay emoción y diversión. En vez de estar temeroso de fracasar, ahora sé que cometer errores es la manera en que aprendemos. Si no cometemos errores, o si los cometemos y no aprendemos de ellos, la magia desaparece de nuestras vidas. La vida marcha hacia atrás y se hace más pequeña, en vez de ampliarse y llenarse de magia.

Yo fracasé en la preparatoria en dos ocasiones porque no podía escribir. El hecho de que mis libros formen parte de las listas de los libros mejor vendidos de *The New York Times*, el *Sydney Morning Herald* y *The Wall Street Journal* es mágico. Es paradójico que yo sea conocido por temas en los que fracasé inicialmente: escribir, crear negocios, vender, hablar, realizar inversiones y contabilidad. No soy conocido por aquellas cosas que eran fáciles y que yo disfrutaba hacer: deslizarme sobre las olas, la economía, el rugby y la pintura.

¿Cuál es la lección?

Siempre que escucho a la gente decir: "Invertir es demasiado riesgoso", o "no me gusta correr riesgos con mi dinero", o "¿qué pasa si fracaso?", o "¿qué pasa si pierdo mi dinero?", recuerdo a mi padre pobre porque lo que él realmente decía era: "Yo no quiero cometer un error." Como dije anteriormente, en su mundo, el de los académicos, la gente que comete errores era considerada estúpida.

En el mundo de mi padre rico, él consideraba que el riesgo, los errores y el fracaso son una parte integral del desarrollo humano. De manera que en vez de evitar el riesgo y los errores, aprendió a manejarlos. Su perspectiva era que un error es sencillamente una lección que trae aparejadas emociones. Él decía: "Siempre que cometemos un error, nos molestamos. La molestia es la manera en que nuestro Creador nos dice que necesitamos aprender algo. Es una palmadita en el hombro que nos dice: 'Presta atención. Tienes algo importante que aprender.' Si mientes, culpas a los demás, justificas o niegas la molestia, desperdicias la molestia y desperdiciarás una preciosa joya de sabiduría."

Mi padre rico me enseñó a contar hasta diez si estaba enojado, o hasta cien si estaba muy enojado. Después de enfriarme, yo simplemente decía: "Me disculpo", y nunca culpaba a la otra persona, sin importar cuán enojado estuviera. Si culpo a otra persona, le doy poder. Si asumo la responsabilidad por lo que ha ocurrido, aprendo una lección preciosa que obviamente necesitaba aprender. Si miento, culpo a los demás, justifico o niego los errores, no aprendo nada.

Mi padre rico también decía: "Las personas que no son exitosas culpan a otras. Frecuentemente quieren que la otra persona cambie, ésa es la razón por la que permanecen molestos por tanto tiempo. También se molestan porque no aprenden su lección personal. En vez de estar molestas, esas personas deberían estar agradecidas de que la otra persona está aquí para enseñarles algo que necesitaban aprender."

"La gente se reúne para enseñarse mutuamente otras lecciones. El problema es que frecuentemente no sabemos qué lección estamos enseñando. Estar molesto o guardar resentimiento hacia otra persona es como estar molesto con tu bicicleta porque te caíste una o dos veces mientras tratabas de aprender algo nuevo", decía mi padre rico.

Los errores de hoy

Mientras escribo estas líneas, el mercado bursátil y el de bienes raíces están a la alza. Individuos que nunca antes han invertido están entrando al mercado y muchos dicen las mismas cosas, como: "He ganado mucho dinero en el mercado." O bien: "Entré temprano y el precio ha subido 20%." Esas son frases entusiastas de nuevos inversionistas que nunca han perdido en un mercado a la baja. Me temo que en poco tiempo muchos de esos nuevos inversionistas que ahora están ganando descubrirán lo que se siente cometer un error en el mercado. En ese momento veremos quiénes son los verdaderos inversionistas. Como decía mi padre rico: "Lo que importa no es cuánto suba el precio de tu inversión; lo que resulta más importante es cuánto puede bajar. Los verdaderos inversionistas deben estar preparados para ganar así como para aprender cuando las cosas en el mercado no marchan como ellos quieren. Lo mejor que el mercado puede enseñarte es la manera de aprender de tus errores."

Para mí, aprender a controlar mi temperamento ha sido un proceso que ha durado toda la vida. También lo ha sido el proceso de estar dispuesto a correr riesgos, cometer errores y estar agradecido a la otra persona; incluso si yo hablo más o si no hago negocios con esa persona. Cuando reflexiono sobre mi vida, yo diría que esa actitud mental es lo que me ha hecho ganar la mayor parte del dinero, la que me ha proporcionado el mayor éxito y lo que en última instancia me ha permitido tener la magia más grande en mi vida.

Prueba de actitud mental

Aprendí de ambos padres que la inteligencia escolar y la inteligencia de la calle son importantes. Ser inteligente es reconocer las diferencias entre ambas, o como decía mi padre: "La inteligencia escolar es importante porque la inteligencia de la calle te vuelve rico."

Así que las preguntas de actitud mental son:

1. ¿Cuáles son sus actitudes respecto al riesgo, a cometer errores y a aprender?
2. ¿Cuáles son las actitudes de la gente que le rodea respecto al riesgo, a cometer errores y a aprender?

3. ¿Tiene motivos de molestia en los ámbitos financiero, profesional o de negocios que permanecen sin resolver?

4. ¿Está molesto aún con alguien más por cuestiones de dinero?

5. Y si está molesto con alguien más o consigo mismo, ¿qué lección puede aprender de la que puede estar agradecido debido a que tuvo valor suficiente para asumir un riesgo y quizá aprender algo?

Siempre recuerdo que mi padre rico decía: "Tengo mucho dinero porque estuve dispuesto a cometer más errores que la mayoría de la gente y aprender de ellos. La mayoría de la gente no ha cometido suficientes errores o continúa cometiendo los mismos errores una y otra vez. Sin errores y sin aprendizaje no hay magia en la vida."

Este tema de la magia de los errores es una de las lecciones más importantes de mi padre rico, especialmente en este nuevo mundo al que ingresamos. Es la persona que teme cometer errores la que se queda rezagada desde el punto de vista financiero y profesional conforme la era de la información continúa acelerando.

Recientemente he creado un programa educativo en una cinta de audio con Nightingale Conant bajo el título de *Los secretos del dinero, los negocios y la inversión de mi padre rico*, que cubre esa importante lección de mi padre rico. En mi opinión, este producto educativo es para cualquier persona que quiera aprender cómo superar el miedo al fracaso, a cometer errores o a correr riesgos.

Si está interesado en este producto, puede formularnos el pedido o hacerlo directamente a Nightingale Conant. Como decía Winston Churchill: "El éxito es la capacidad de ir de un fracaso a otro sin perder entusiasmo."

CAPÍTULO 18

Lección # 16: ¿Cuál es el precio de volverse rico?

Mi padre rico me decía que existen muchas maneras en que una persona puede volverse rica, y cada una tiene un precio.

1. **Puede volverse rico al casarse con alguien por su dinero.** Y todos sabemos cuál es el precio. Mi padre rico rechinó los dientes y dijo: "Tanto los hombres como las mujeres se casan por dinero, pero ¿puedes imaginar lo que sería pasar tu vida con alguien a quien no amas? Es un precio muy alto."

2. **Puede volverse rico al ser un ladrón, un defraudador o un forajido.** Él decía: "Es tan fácil volverse rico legalmente, que ¿por qué querría la gente violar la ley y arriesgarse a ir a prisión, a menos que realmente disfrutara de la emoción de hacerlo? Arriesgarse a ir a la cárcel es un precio demasiado alto para mí. Yo quiero ser rico debido a mi libertad, así que ¿por qué correr el riesgo de ir a prisión? Yo me perdería el respeto a mí mismo. No podría dar la cara a mi familia ni a mis amigos si estuviera haciendo algo ilegal. Además, soy un mal mentiroso. Tengo mala memoria y no podría recordar todas mis mentiras, así que es mejor simplemente decir la verdad. En mi opinión, la honestidad es la mejor política."

3. **Puede volverse rico al recibir una herencia.** Mi padre rico decía: "Mike con frecuencia siente que no se ha ganado lo

que tiene. Él se pregunta si hubiera podido volverse rico por cuenta propia. Por eso le he dado muy poco. Lo he guiado como te he guiado a ti, pero depende de él crear su propia riqueza. Es importante que él sienta que se la ha ganado. No todas las personas que tienen la fortuna de heredar dinero se sienten de esa manera."

Cuando Mike y yo crecimos, nuestras familias eran relativamente pobres. Sin embargo, para la época en que nos convertimos en adultos, el padre de Mike se había vuelto muy rico, mientras mi verdadero padre seguía siendo pobre. Mike heredaría una fortuna de su padre, el hombre a quien llamo "mi padre rico". Yo estaba comenzando con nada.

4. **Puede volverse rico al ganar la lotería.** Todo lo que mi padre rico podía decir en relación con esto era: "Está bien si usted compra un boleto de vez en cuando, pero apostar su futuro financiero a ganar la lotería es el plan de un tonto para volverse rico."

5. **Puede volverse rico al convertirse en estrella de cine, rock, deportiva, o alguien destacado en un campo u otro.** Mi padre rico diría: "Yo no soy inteligente, talentoso, guapo o divertido. Así que volverme rico al destacar no era un plan realista para mí."

Hollywood está lleno de actores en bancarrota. Los clubes están llenos de bandas de rock que sueñan con grabar un disco de oro. Los campos de golf están llenos de golfistas que sueñan en convertirse en un profesional como Tiger Woods. Sin embargo, si analiza cuidadosamente a Tiger Woods, advertirá que él ha pagado un precio muy alto para llegar adonde está hoy en día. Tiger comenzó a jugar golf a la edad de tres años y no se convirtió en profesional hasta que tenía veinte. Su precio fue diecisiete años de práctica.

6. Puede volverse rico al ser codicioso. El mundo está lleno de personas como éstas. Su dicho favorito es: "Obtuve lo mío y voy a conservarlo." Las personas codiciosas con el dinero y los activos generalmente son tacañas con otras cosas. Cuando se les pide que ayuden a otras personas, o que enseñen a otros, frecuentemente no tienen tiempo.

El precio de ser codicioso es que tiene que trabajar más duro para conservar lo que quiere. La ley de Newton afirma: "A cada acción corresponde una reacción." Si es codicioso, la gente le responderá de la misma forma.

Cuando conozco personas que tienen problemas con el dinero, les pido que comiencen a dar dinero de manera regular, a su iglesia o fundación caritativa favorita. Siguiendo las leyes de la economía y de la física, dé lo que quiere tener. Si quiere una sonrisa, dé una sonrisa primero. Si quiere un golpe, tire primero un golpe. Si quiere dinero, primero dé algo de dinero. A las personas codiciosas puede resultarles difícil abrir primero la cartera.

7. Puede volverse rico al ser tacaño. Es una manera que hacía que a mi padre rico le hirviera la sangre. Él decía: "El problema de volverse rico al ser tacaño es que sigue siendo tacaño. El mundo odia a los ricos tacaños. Es la razón por la que la gente odia al personaje de Scrooge en la famosa historia de Charles Dickens, *Una canción de Navidad*. Mi padre rico diría: "Son personas que se vuelven ricas como Scrooge las que hacen que los ricos tengan mala reputación. Vivir pobre y morir pobre es una tragedia. Pero vivir pobre y morir rico es una locura."

Después de que se calmaba, mi padre rico decía: "Pienso que el dinero debe ser disfrutado, así que si trabajo duro, mi dinero trabaja duro y yo disfruto los frutos de nuestra labor."

Sufragar los gastos de la buena vida

Un artículo reciente apoya el punto de vista de mi padre rico. El artículo titulado, "Sufragar los gastos de la buena vida en la era del cambio", apareció en el boletín *Strategic Investment Newsletter*, publicado por James Dale Davidson y Lord William Rees-Mogg. Estos dos hombres son también coautores de varios libros incluidos en las listas de los mejor vendidos: *Blood in the Streets, The Great Reckoning* y *The Sovereign Individual.* Esos libros han modificado de manera importante la manera en que invierto y en que veo hacia el futuro. Davidson es el fundador de la Unión Nacional de Contribuyentes de los Estados Unidos, y Rees-Mogg es el asesor financiero de algunos de los inversionistas más ricos del mundo, ex editor de *The Times* de Londres, y vicepresidente de la British Broadcasting Corporation (BBC)

Mi padre rico decía: "Existen dos formas en que una persona puede volverse rica. Una consiste en ganar más dinero. La otra es desear menos cosas. El problema es que la mayoría de la gente no hace bien alguna de ellas." El artículo y este libro tratan sobre la manera en que puede ganar más con el fin de que pueda desear más. A continuación se incluyen fragmentos del artículo como fue publicado en *Strategic Investment Newsletter.*

> *Ser frugal es la base de la creación de la riqueza.*
> THOMAS J. STANLEY & WILLIAM DANKO
> *The Millionaire Next Door,* 1996

Esto me recuerda mi queja respecto al razonamiento incluido en los libros populares, como *The Millionaire Next Door*, de Stanley y Danko, y *Getting Rich in America: 8 Simple Rules for Building a Fortune and a Satisfying Life*, de mi amigo Dwight Lee. Ambos libros definen el éxito al sugerir que cualquiera que viva un estilo de vida frugal y ahorre cada centavo se convertirá en "rico"...

Sí. Si nunca gana más de 50 000 dólares al año, puede volverse millonario al escatimar los centavos. Pero existe un límite a la cantidad de riqueza que puede adquirir al vivir como si fuera pobre. Incluso comer carne procesada o spaghetti enlatado de Chef Boyardee en cada comida no le permitirá ahorrar suficiente dinero para convertirse en multimillonario. Esto ayuda a explicar por qué sólo uno de cada diez millonarios alcanza un patrimonio neto de cinco millones de dólares... Escatimar los centavos, por sí solo, es únicamente un paso preliminar que permitiría que alguien que carezca de una herencia o de un flujo de efectivo anual importante, realice la clase de inversiones que conduciría a la riqueza. Para los estadounidenses, convertirse en "millonario" es un paso necesario que les permite participar como "inversionistas acreditados" en colocaciones privadas para adquirir compañías privadas de alto crecimiento. Ésta es la principal ruta hacia la riqueza. Yo era un millonario antes de cumplir 25 años de edad. Sin embargo, pronto reconocí que incluso unos cuantos millones no constituyen mucho dinero. No podía sufragar el costo de mi estilo de vida preferido con una fortuna tan pequeña.

Mi conclusión es que la mejor manera de ganar dinero real es realizar inversiones en compañías privadas.

"Sufragar los gastos de la buena vida en la era del cambio" analiza por qué ser tacaño no es una manera de volverse verdaderamente rico. El argumento de Davidson es que aunque es posible convertirse en rico al ser tacaño, se paga un precio enorme. De hecho, existen muchos. Uno de ellos es que ser tacaño y escatimar el dinero no le llevará muy lejos. Ser tacaño no necesariamente significa que sea capaz de volverse rico. Todo lo que sabe es ser tacaño y ése es un precio muy alto por pagar.

Davidson está en desacuerdo, y yo también, con la popularidad de ideas como eliminar sus tarjetas de crédito y vivir de acuerdo con sus medios. Puede ser una buena idea para algunas personas, pero no es mi idea para volverme rico y disfrutar de las ventajas de la buena vida.

La importancia de ser frugal

Sin embargo, a diferencia del artículo de Davidson, yo disfruté el libro *The Millionaire Next Door.* Contiene muchos argumentos fundamentales acerca de la frugalidad. Existen diferencias entre ser tacaño y ser frugal. Mi padre rico se preocupaba más por ser frugal que por ser tacaño. Decía: "Si realmente quieres ser rico, necesitas saber cuándo ser frugal y cuándo ser un manirroto. El problema es que muchas personas sólo saben cómo ser tacaños. Eso equivale a tener solamente una pierna para caminar."

El punto de inicio es un millón de dólares

Davidson también afirma que es mejor adquirir riqueza mediante la capacidad financiera. Ser un millonario hoy en día no significa gran cosa. Actualmente, un millón de dólares es solamente el punto de inicio para comenzar a invertir como los ricos. Así que Davidson en realidad recomienda la opción número 8 como medio para volverse rico. Para mi padre rico, ser inteligente desde el punto de vista financiero incluía saber cuándo ser frugal y cuándo no serlo.

8. **Puede volverse rico al ser inteligente desde el punto de vista financiero.** Al aprender a ser inteligente desde el punto de vista financiero comencé a dominar el mismo poder de inversión del que había sido testigo a los doce años de edad, parado en la playa mientras admiraba el nuevo terreno de mi padre rico, junto al océano. Muchas personas se vuelven ricas al ser muy inteligentes mediante el conocimiento de los cuadrantes "D" e "I". Muchos de esos individuos operan tras bambalinas y administran, controlan y manipulan los negocios y sistemas financieros del mundo.

Millones de personas colocan sus ahorros para el retiro y otros recursos en el mercado. Sin embargo, los encargados de tomar las decisiones en los sistemas de mercadotecnia y distribución de las inversiones correspondientes son quienes en realidad ganan grandes sumas de dinero, y no necesariamente el inversionista o jubilado de manera individual. Como me enseñó mi padre rico hace años: "Existen personas que adquieren boletos para el juego y existen quienes venden boletos para el juego. Tú deseas estar del lado que vende los boletos."

¿Por qué volverse rico?

Cuando yo era más joven, mi padre rico me dijo: "Los ricos se vuelven más ricos debido en parte a que invierten de manera diferente a los demás; participan en inversiones que no son ofrecidas a los pobres y a las personas de clase media. Sin embargo, lo más importante es que tienen diferentes antecedentes educativos. Si tú tienes la educación, siempre tendrás mucho dinero."

Davidson señala que el dólar ha perdido 90% de su valor durante el último siglo. Por lo tanto, ser un millonario tacaño no es suficiente. Para reunir los requisitos para participar en las inversiones de los ricos, el precio es por lo menos un millón de dólares como patrimonio neto. Incluso en esas circunstancias, es posible que no sea lo suficientemente capaz para invertir de manera segura en aquello en que invierten los ricos.

Mi padre rico dijo: "Si quieres participar en las inversiones de los ricos, necesitas:

1. Educación,
2. Experiencia y
3. Excedente de efectivo."

En cada nivel de lo que mi padre rico llamaba "las tres E", encontrará un tipo de inversionista diferente, con un nivel diferente de educación, experiencia y excedente de efectivo.

El precio de ser libre desde el punto de vista financiero requiere tiempo y dedicación para obtener la educación, la experiencia y el excedente de efectivo para invertir a esos niveles. Usted sabe que es inteligente desde el punto de vista financiero o que se ha vuelto más sofisticado cuando puede distinguir las diferencias entre:

1. Deuda buena y deuda mala.
2. Pérdidas buenas y pérdidas malas.
3. Gastos buenos y gastos malos.
4. Pago de impuestos vs. incentivos fiscales.
5. Corporaciones para las cuales trabajar vs. corporaciones que poseer.
6. Cómo crear un negocio, cómo arreglar un negocio, cómo emitir acciones de un negocio para la venta al público.
7. Las ventajas y desventajas de las acciones, obligaciones, fondos de inversión, negocios, bienes raíces y productos de seguro, así como las diferentes estructuras legales y cuándo utilizar cada producto.

La mayoría de los inversionistas promedio sólo sabe de:

1. Deuda mala, por lo que tratan de liquidarla.
2. Pérdidas malas, por lo que piensan que perder dinero es malo.
3. Gastos malos, por lo que odian pagar cuentas.
4. Impuestos que pagar, por lo que dicen que los impuestos son injustos.
5. Seguridad en el empleo y trepar por la escalera corporativa, en vez de poseer la escalera.
6. Invertir "desde afuera" y comprar las acciones de una compañía en vez de vender las acciones de una compañía de la que son dueños.
7. Invertir sólo en fondos de inversión o seleccionar sólo acciones de las grandes compañías.

9. Usted puede volverse rico al ser generoso. Es la manera en que mi padre rico se volvió rico. Él decía frecuentemente: "Mientras más gente sirvo, más rico me vuelvo." También decía: "El problema con estar en el lado 'E' y 'A' del cuadrante es que sólo puede servir a un número limitado de personas. Si construye grandes sistemas operativos en los cuadrantes 'D' e 'I', puede servir a tanta gente como lo desee. Y si hace eso, se volverá más rico de lo que sueña."

Servir cada vez a más gente

Mi padre rico compartía el siguiente ejemplo sobre cómo volverse rico al servir cada vez a más gente: "Si soy un doctor y únicamente sé cómo trabajar con un paciente a la vez, existen sólo dos formas en que puedo ganar más dinero. Una es trabajar por más tiempo y la otra es elevar el costo de mis honorarios. Pero si conservo mi empleo y trabajo en mi tiempo libre para encontrar una droga que cure el cáncer, entonces me volveré rico al prestar servicio a muchas más personas."

La definición de rico

La revista *Forbes* define "rico" como una persona que tiene un millón de dólares en ingresos y diez millones como patrimonio neto. Mi padre rico tenía una definición más difícil: un ingreso pasivo consistente en un millón de dólares, que es el ingreso que obtiene independientemente de si trabaja o no, y cinco millones de dólares en activos, no en patrimonio neto. El patrimonio neto puede ser una cifra escurridiza y muy manipulada. Él también consideraba que si usted no podía obtener una tasa de 20% de utilidad sobre el capital invertido, no era realmente un inversionista."

El precio de alcanzar la meta de mi padre rico, comenzando de la nada, se mide en realidad de acuerdo con las tres "E" de mi padre rico: educación, experiencia y excedente de efectivo.

Cuando regresé de Vietnam en 1973 yo tenía muy poco de las tres "E". Debía hacer una elección, ¿estaba dispuesto a invertir mi tiempo para obtener las tres "E"? Mi padre rico lo estuvo, su hijo Mike lo estuvo, y muchos de mis amigos todavía están invirtiendo su tiempo para obtener las tres "E". Esa es la razón por la que se volvieron cada vez más ricos.

Todo comienza con un plan

Para ser un inversionista rico usted debe tener un plan, concentrar su atención y jugar para ganar. Un inversionista promedio no tiene un plan, invierte con base en consejos y persigue los productos de inversión más populares del día, saltando de las acciones de empresas tecnológicas a las mercancías, a los bienes raíces, a comenzar su propio negocio. Está bien invertir con base en un consejo de vez en cuando, pero por favor no se engañe a sí mismo pensando que un consejo lo volverá rico para siempre.

Además de las tres "E", mi padre rico tenía una lista de lo que se requería para volverse muy rico, especialmente cuando comienza de la nada. La lista incluye:

1. Sueños
2. Dedicación
3. Impulso
4. Información
5. Dinero

La mayor parte de la gente se concentra en las últimas dos: información y dinero. Muchas personas van a la escuela y piensan que la educación o la información que obtienen allí les permitirán ganar el dinero. De la misma forma, si no tienen educación formal, dicen: "No puedo ser rico porque no tengo educación universitaria", o "se necesita dinero para ganar dinero", o "si trabajo más duro y gano más dinero, entonces seré rico". En otras palabras, muchas personas utilizan la falta de educación o de dinero como excusa para no ser ricos como inversionistas.

Mi padre rico finalizaba su exposición de esos cinco elementos de la lista al decir: "En realidad es el enfoque en los tres primeros lo que en última instancia le permite obtener la información y el dinero que necesita para volverse muy, muy rico." En otras palabras, la información y el dinero se derivan de tener un sueño, ser dedicado y tener el impulso para ganar. En mis clases con frecuencia conozco personas que quieren más información antes de comenzar a hacer nada, o que piensan que ganar primero más dinero los volverá ricos. En muchos casos, tratar exclusivamente de obtener más información o más dinero no hace que una persona se vuelva rica. Aunque la información y el dinero son importantes, realmente se necesita salir y hacer las cosas, especialmente si está empezando de la nada.

Fin de la primera etapa

Esto completa la primera etapa, que en mi opinión constituye la más importante. El dinero es sólo una idea. Si piensa que es difícil obtener dinero y que nunca será rico, entonces puede ser verdad en su caso. Si piensa que el dinero es abundante, entonces puede ser verdadero.

Las siguientes cuatro etapas abordan los detalles específicos del plan de mi padre rico y de la manera en que era similar a los planes de algunas de las personas más ricas del mundo. Conforme avance en la lectura, considere la manera en que el plan de mi padre rico entra en contacto con su plan financiero personal, o cómo lo complementa, le resta o está de acuerdo con este último.

Le prevengo que debe utilizar la información proporcionada como una guía y no como información definitiva. Gran parte de esa información está sujeta a la interpretación legal y debe ser considerada con base en sus circunstancias individuales. Su aplicación no siempre debe hacerse "en blanco y negro", y debe ser revisada cuidadosamente. Le recomendamos que consulte a sus asesores legales y financieros para asegurarse de desarrollar el plan más apropiado para sus necesidades y metas.

CAPÍTULO 19

El acertijo 90-10

En febrero del año 2000 yo estaba trabajando con un grupo de estudiantes de posgrado muy brillantes de la Escuela Americana de Administración Internacional de la Universidad de Thunderbird. Durante la sesión de tres horas le pregunté a uno de esos jóvenes estudiantes: "¿Cuál es tu plan de inversión?"

Me respondió sin dudarlo: "Cuando me gradúe buscaré un empleo que me pague al menos 150 000 dólares al año y comenzaré a ahorrar al menos 20 000 dólares anuales para adquirir inversiones."

Le agradecí por su disposición de compartir su plan conmigo. Entonces dije: "¿Recuerdan que yo analicé el principio '90-10' del dinero de mi padre rico?

"Sí", dijo el joven con una sonrisa, sabiendo que yo estaba a punto de desafiar la manera en que él pensaba. Se había inscrito en el programa de desarrollo empresarial de esa prestigiosa escuela donde yo era un instructor huésped. Para entonces, él sabía que mi estilo de enseñanza consistía en no proporcionar respuestas a los estudiantes. "¿Qué tiene que ver el principio 90-10 del dinero con mi plan de inversión?", preguntó cautelosamente.

"Todo", respondí. "¿Piensas que tu plan de encontrar un empleo e invertir al menos 20 000 dólares al año te colocará en la categoría de 10% de los inversionistas que ganan 90% del dinero?"

"No lo sé", respondió. "Nunca pensé realmente acerca de mi plan con ese parámetro en mente."

"La mayoría de la gente no lo hace", respondí. "La mayoría de la gente encuentra un plan de inversión y piensa que es el único o el mejor, pero muy pocos comparan sus planes con otros. Y el problema es que la mayoría de la gente no descubre si su plan era el correcto hasta que es demasiado tarde."

"Usted quiere decir que el inversionista promedio está invirtiendo para el retiro y que no descubrirá si su plan funcionó o no hasta que se retire?", preguntó otro estudiante de mi clase. "Ellos lo descubrirán cuando sea demasiado tarde."

"Para muchas personas de mi edad eso es verdadero", respondí. "Triste, pero verdadero."

"¿Pero, no es un buen plan encontrar un empleo bien pagado y ahorrar 20 000 dólares al año?", preguntó el estudiante. "Después de todo, sólo tengo 26 años de edad."

"Un muy buen plan", respondí. "Definitivamente ahorrar más dinero que la persona promedio y comenzar a edad temprana con tanto dinero probablemente te permitirá ser un hombre muy rico. Pero mi pregunta es, ¿te permitirá ese plan ingresar a la liga 90-10 de los inversionistas?"

"No lo sé", dijo el joven. "¿Qué aconseja usted?"

"¿Recuerdas que te conté la historia de cuando caminé por la playa con mi padre rico a la edad de 12 años?", pregunté.

"Usted se refiere a cuando se preguntaba cómo podía él pagar una propiedad inmobiliaria tan cara", respondió otro estudiante. "¿La primera gran inversión de su padre rico y su primer movimiento en el mundo de las inversiones más importantes?"

Asentí con la cabeza y respondí: "Ésa es la historia".

"¿Y esa historia se relaciona con la regla 90-10 del dinero?", preguntó el estudiante.

"Así es. Se aplica porque yo siempre me pregunté cómo pudo

mi padre rico adquirir un activo tan grande, a pesar de que tenía tan poco. Así que después de preguntarle cómo lo hizo, él me proporcionó lo que él llamó el acertijo 90-10."

"¿El acertijo 90-10?", respondió uno de ellos. "¿Qué es el acertijo 90-10 y qué relación tiene con mi plan de inversión?"

Con esa pregunta me di la vuelta, caminé hacia la pizarra y dibujé el siguiente diagrama. "Éste es el acertijo 90-10", dije.

"¿Ése es el acertijo 90-10?", preguntó el estudiante. "Parece más bien estados financieros sin activos."

"Y lo son. Así que ésta es la pregunta que completa el acertijo", dije con una sonrisa, mientras observaba los rostros de los estudiantes para ver si me prestaban atención.

Después de una larga pausa de mi parte, uno de los estudiantes finalmente exigió: "Cuál es la pregunta."

"La pregunta es", dije lentamente, "¿Cómo llenan ustedes su columna de activos sin comprar ningún activo?"

"Sin comprar ningún activo", respondió el estudiante. "¿Quiere decir sin dinero?"

"Más o menos", respondí. "Tu plan de inversión de ahorrar 20 000 dólares al año para invertir es una buena idea. Pero mi desafío es:

¿corresponde a la idea de adquirir activos con dinero una idea de 90-10, o se trata de una idea de inversionista promedio?"

"Así que usted propone crear activos en la columna de activos, en vez de comprar activos con dinero, que es lo que la mayoría de la gente hace."

Asentí con la cabeza. "Verás, este diagrama, el diagrama que llamo 'el acertijo 90-10', es el acertijo con el que mi padre rico me desafiaba de manera regular. Él me preguntaba cuáles eran mis ideas sobre la manera en que podía crear activos en la columna de activos sin comprarlos con dinero."

Los estudiantes observaron en silencio el acertijo en la pizarra. Uno de ellos dijo: "¿Es por esto por lo que usted dice frecuentemente que no se necesita dinero para ganar dinero?"

Asentí con la cabeza y respondí: "Me estás comprendiendo. La mayoría de la gente que compone el 90% que es dueño del 10% frecuentemente dice: 'Se necesita dinero para ganar dinero.' A menudo muchos se rinden y no invierten si no tienen dinero."

"Así que el acertijo de su padre rico consistía en darle una columna de activos en blanco y preguntarle si podría llenarla con activos sin tener que comprarlos."

"Constantemente. Cuando regresé de Vietnam, él me invitaba de manera rutinaria a almorzar o cenar, y me preguntaba qué nuevas ideas tenía sobre la manera de llenar la columna de activos al crearlos en vez de comprarlos. Él sabía que es la manera en que muchos de los ultra-ricos se volvieron ricos al principio. Es la manera en que Bill Gates, Michael Dell y Richard Branson se volvieron multimillonarios. No lo hicieron al buscar un empleo y ahorrar unos cuantos dólares."

"¿Así que usted dice que la manera de volverse rico es ser un empresario?"

"No, yo no digo eso. Sólo utilicé esos ejemplos porque todos ustedes están en el programa de desarrollo empresarial de la Universidad de Thunderbird. Los Beatles se volvieron ultra-ricos al crear un tipo diferente de activos, y sin embargo crearon activos que todavía les reditúan dinero hoy en día. Todo lo que digo es que mi padre rico colocó estos estados financieros con la columna de activos en blanco frente a mí de manera regular, y me preguntaba cómo crearía yo los activos de la columna de activos sin tener que gastar dinero para adquirirlos. Él comenzó por darme esta pregunta de 90-10 cuando le pregunté cómo encontró el poder para adquirir un terreno en la playa más cara sin tener dinero."

"Así que él le dijo que su negocio compró el terreno", intervino otro estudiante.

"Como dije antes, es una manera, pero existen otras formas en que ustedes pueden crear activos en la columna de activos sin comprarlos. Los inventores lo hacen al inventar algo de gran valor. Los artistas crean pinturas que son invaluables. Los autores escriben libros que les reportan regalías durante años. Crear un negocio es la manera en que lo hace un empresario, pero ustedes no necesitan ser empresarios para crear activos en la columna de activos. Yo lo hice con los bienes raíces sin utilizar dinero. Todo lo que ustedes tienen que hacer es ser creativos y pueden ser ricos durante toda su vida."

"¿Quiere usted decir que yo puedo inventar algo con tecnología nueva y volverme rico?", preguntó uno de los estudiantes.

"Tú podrías hacerlo, pero no tiene que ser una invención o una nueva tecnología", dije haciendo una pausa por un momento. "Lo que crea los activos es una manera de pensar y una vez que ustedes tienen esa manera de pensar, pueden ser más ricos de lo que jamás soñaron."

"¿Qué quiere decir al señalar que no tiene que ser un nuevo invento o tecnología? ¿Qué otra cosa podría ser?"

Haciendo mi mejor esfuerzo por transmitir mi mensaje, les dije: "¿Recuerdan la historia de los libros de tiras cómicas de mi libro *Padre rico, padre pobre*?"

"Sí", dijo uno de los estudiantes. "¿La historia que relata que su padre rico le quitó los diez centavos por hora y le pidió que trabajara de manera gratuita después de que usted le pidió un aumento? Él le quitó los diez centavos porque no quería que usted pasara su vida trabajando para ganar dinero."

"Sí, esa historia", respondí. "Es una historia que trata de la manera de llenar la columna de activos con un activo sin adquirirlo."

Los estudiantes permanecieron en silencio durante unos momentos, pensando en lo que yo acababa de decir. Finalmente uno de ellos habló y dijo: "Así que usted tomó libros de tiras cómicas y los convirtió en activos."

Yo asentí con la cabeza. "¿Pero eran los libros de tiras cómicas el activo?", pregunté.

"No hasta que usted los convirtió en un activo", respondió otro estudiante. "Usted tomó algo que tiraban a la basura y lo convirtió en un activo."

"Sí, pero ¿eran los libros de tiras cómicas el activo, o eran los libros de tiras cómicas únicamente la parte del activo que ustedes podían ver?"

"Ah", intervino otro de los estudiantes. "Fue el proceso invisible de pensamiento lo que convirtió al libro de tiras cómicas en un activo que era el verdadero activo."

"Es la manera en que lo veía mi padre rico. Él me dijo más tarde que el poder que él tenía era su proceso de pensamiento. Era un proceso de pensamiento al que se refería bromeando como "convertir la basura en dinero." También decía que: "La mayor parte de la gente hace exactamente lo opuesto y convierte el dinero en basura. Por eso la regla de 90-10 es verdadera."

"Él era como los antiguos alquimistas", dijo uno de los estudiantes. "Los alquimistas que buscaban la fórmula para convertir el plomo en oro."

"Exactamente", dije. "La gente que se encuentra en el grupo 90-10 del dinero son los alquimistas modernos. La única diferencia es que son capaces de convertir la nada en activos. Su poder es la capacidad de tomar las ideas y convertirlas en activos."

"Pero como usted dice, muchas personas tienen grandes ideas; simplemente no son capaces de convertirlas en activos", dijo un estudiante.

Asentí con la cabeza. "Y era el poder secreto de mi padre rico que yo vi ese día en la playa. Era el poder mental o la inteligencia financiera que le permitió adquirir un terreno tan caro, mientras el inversionista promedio se alejaría de él diciendo: 'No puedo comprarlo', o 'se necesita dinero para ganar dinero'."

"¿Qué tan frecuentemente le presentó el acertijo 90-10?", preguntó un estudiante.

"Muy frecuentemente", respondí. "Era su manera de hacer que yo ejercitara mi mente. Mi padre rico decía que nuestras mentes son nuestro activo más poderoso y que, si se les usa de manera inadecuada, pueden ser nuestro pasivo más poderoso."

Los estudiantes guardaron silencio, al parecer contemplando y cuestionando sus propios pensamientos. Finalmente, el primer estudiante, cuyo plan consistía en ahorrar 20 000 dólares al año, dijo: "Así que esa es la razón por la que en su libro *Padre rico, padre pobre*, una de las lecciones de su padre rico era que los ricos inventaban su propio dinero."

Yo asentí con la cabeza y dije: "Y la lección número uno de las seis era que los ricos no trabajan por dinero."

Nuevamente se produjo un silencio entre los jóvenes estudiantes, hasta que uno dijo: "Así que mientras nosotros planificamos obtener un empleo y ahorrar dinero para comprar activos, a usted le enseñaron que su trabajo era crear activos."

"Bien dicho", respondí. "La idea de un *empleo* fue creada en la era industrial y desde 1989 estamos en la era de la información."

"¿Qué quiere usted decir con que la idea de un empleo es una idea de la era industrial?" preguntó uno de los estudiantes. "Los humanos siempre hemos tenido empleos, ¿no es así?"

"No, al menos no de la manera en que conocemos al empleo hoy en día. En el periodo de cazadores-recolectores de la humanidad, los seres humanos vivían en tribus y el trabajo de cada persona consistía en contribuir a la supervivencia común de la tribu. En otras palabras, era todos para uno y uno para todos. A continuación vino la era agrícola, en que había reyes y reinas. El trabajo de una persona durante ese periodo era ser un campesino o un siervo que le pagaba al rey para trabajar las tierras que el rey poseía. Luego vino la era industrial y la servidumbre o esclavitud fue abolida y los seres humanos comenzaron a vender su mano de obra en el mercado abierto. Muchas personas se convirtieron en empleados o autoempleados y hacían su mejor esfuerzo para vender su mano de obra a quien les ofreciera más dinero. Tal es el concepto moderno de la palabra *empleo*."

"Así que en el momento en que dije que voy a conseguir un empleo para ahorrar 20 000 dólares al año, usted consideró que esa clase de pensamiento corresponde a la era industrial."

Asentí con la cabeza. "De la misma forma en que hoy en día todavía existen trabajadores de la era agrícola que son conocidos como granjeros o rancheros, actualmente hay cazadores-recolectores, como por ejemplo las personas dedicadas a la pesca comercial. Muchas personas trabajan con ideas de la era industrial y por eso tanta gente tiene empleos."

"¿Cómo sería una idea de la era de la información?", preguntó un estudiante.

"Gente que no trabaja porque sus ideas trabajan. Hoy en día existen estudiantes muy parecidos a mi padre rico, que van a la escuela para volverse ricos sin un empleo. Consideren por ejemplo a muchos de los multimillonarios de internet. Algunos de ellos abandonaron la universidad para volverse multimillonarios sin haber tenido jamás un empleo formal."

"En otras palabras, comenzaron con una columna de activos vacía y la llenaron con un gran activo, un activo de la era de la información", agregó uno de los estudiantes.

"Muchos crearon activos multimillonarios", dijc. "Pasaron de estudiantes a multimillonarios, y pronto habrá estudiantes de preparatoria que pasarán a ser multimillonarios sin haber solicitado jamás un empleo. Yo conozco uno que es millonario sin haber tenido jamás un empleo. Después de leer mi libro y de jugar mis juegos, compró una gran propiedad inmobiliaria, vendió una sección de terreno baldío, conservó el edificio de apartamentos y pagó el préstamo con el dinero de la venta de la tierra. Actualmente es dueño de un edificio de apartamentos que vale un poco más de un millón de dólares y tiene un ingreso por flujo de efectivo de 4 000 dólarcs al mcs sin trabajar. Se graduará de la preparatoria en aproximadamente un año."

Los estudiantes guardaron silencio nuevamente, pensando en lo que yo acababa de decir. Algunos tuvieron dificultades para creer mi historia sobre el estudiante de preparatoria; sin embargo sabían que las historias de personas que habían abandonado la universidad para convertirse en multimillonarios eran verdaderas. Finalmente uno de ellos dijo: "Así que la gente de la era de la información se vuelve rica mediante la información."

"No sólo en la era de la información", respondí. "Así ha ocurrido a lo largo de diferentes eras. Son las personas que no tienen los activos quienes trabajan para, o son controlados por, aquellas otras personas que crean, adquieren o controlan los activos."

"Así que usted dice que un muchacho de escuela preparatoria puede superarme desde el punto de vista financiero, a pesar de que no tenga una gran educación de una escuela prestigiosa, o un empleo bien pagado", dijo el primer estudiante.

"Es exactamente lo que estoy diciendo. Eso depende de la manera en que tú piensas, más que de tu educación. El autor del libro *The Millionaire Next Door*, Thomas Stanley, en su último libro *The Millionaire Mind*, afirma que en su investigación no encontró relación entre buenas calificaciones en los exámenes de admisión, buenas calificaciones escolares y el dinero."

El estudiante que tenía el plan de inversión de 20 000 dólares al año dijo entonces: "Así que si quiero unirme al club 90-10, es mejor que practique la creación de activos en vez de comprar activos. Debo ser creativo en vez de hacer lo que todos los demás hacen, en lo que se refiere a adquirir activos."

"Es la razón por la que el multimillonario Henry Ford dijo: 'Pensar es el trabajo más duro que existe. Por eso tan pocas personas lo realizan'," respondí. "También explica por qué si haces lo que hace 90% de los inversionistas, te unirás a ellos para compartir sólo 10% de la riqueza."

"O la razón por la que Einstein dijo: 'La imaginación es más importante que el conocimiento'," agregó otro estudiante.

"O la razón por la que mi padre rico me dio este consejo al contratar a un contador. Él me dijo que, cuando estés entrevistando a un contador pregúntale: '¿Cuánto es 1+1?' Si el contador responde '3', no lo contrates. No es inteligente. Si el contador responde '2', tampoco lo contrates, porque no es lo suficientemente inteligente. Pero si el contador responde '¿Cuánto quiere usted que sea 1+1?', contrátalo inmediatamente."

Los estudiantes se rieron conforme comenzaban a guardar sus útiles. "Así que usted crea activos que adquieren otros activos y pasivos. ¿Es eso correcto?" preguntó un estudiante, yo asentí.

"¿Utiliza alguna vez dinero para comprar otros activos?", preguntó el mismo estudiante.

"Sí, pero me gusta utilizar el dinero generado por el activo que yo creo para comprar otros activos", respondí, mientras levantaba mi portafolio. "Recuerden que no me gusta trabajar por dinero. Prefiero crear activos que adquieren otros activos y pasivos."

Un joven estudiante de China me ayudó con mi portafolio y dijo: "¿Y es la razón por la que usted recomienda tanto el mercadeo en red? A cambio de un poco de dinero y de riesgo, una persona puede crear un activo en su tiempo libre."

Asentí con la cabeza. "Un activo a nivel mundial que ellos pueden transmitir a sus hijos si sus hijos lo desean. Yo no conozco muchas compañías que te permiten heredar tu empleo a tus hijos. Ésa es una prueba de un activo, la prueba de si puede ser transmitida a las personas que quieres. Mi padre, el hombre al que llamo mi padre pobre, trabajó muy duro para subir el escalafón del gobierno. Incluso si no hubiera sido despedido, no hubiera podido transmitir sus años de trabajo duro a sus hijos, además de que ninguno de nosotros quería el empleo o estaba calificado para desempeñarlo, de cualquier manera."

El estudiante me ayudó a llevar mis cosas al automóvil. "Así que debemos pensar en crear activos, en vez de trabajar duro y adquirirlos", dijo el estudiante de los 20 000 dólares.

"Si quieres ingresar al club 90-10", respondí. "Por eso mi padre rico constantemente desafiaba mi creatividad para crear diferentes tipos de activos en la columna de activos sin comprarlos. Él decía que era mejor trabajar durante varios años para crear un activo en vez de pasar tu vida trabajando duro para ganar dinero al crear los activos de alguien más."

El estudiante de los 20 000 dólares dijo entonces, mientras me subía a mi automóvil: "Así que todo lo que tengo que hacer es tomar una idea y convertirla en activo, un gran activo que me permita volverme rico. Si hago eso resolveré el acertijo 90-10 y me uniré al 10% de los inversionistas que controlan 90% de la riqueza".

Me reí, cerré la puerta y respondí a su último comentario: "Si resuelves el acertijo 90-10 en la vida real, tendrás una buena oportunidad de unirte al 10% de las personas que controlan 90% del dinero. Si no resuelves el acertijo 90-10 en la vida real, probablemente te unirás al 90% de las personas que controlan sólo 10% del dinero." Agradecí a los estudiantes y me marché.

Prueba de actitud mental

Como dijo Henry Ford: "Pensar es el trabajo más duro que existe. Por eso tan pocas personas lo realizan." O como decía mi padre rico: "Tu cerebro puede ser tu activo más poderoso y si no lo utilizas adecuadamente puede ser tu pasivo más poderoso."

Mi padre rico me hizo crear muchas veces activos nuevos en una columna vacía de activos. Se sentaba con Mike y conmigo y nos preguntaba cómo podíamos crear un activo nuevo y diferente. A él no le importaba en realidad si la idea era descabellada; solamente quería que fuéramos capaces de explicar la manera en que esa idea podía ser convertida en un activo. Nos pedía que defendiéramos nuestras ideas y desafiáramos sus retos. A largo plazo, eso fue mejor a la alternativa de que nos dijera que trabajáramos duro, ahorráramos dinero y viviéramos de manera frugal, que era lo que mi padre pobre recomendaba.

Así que la prueba de actitud mental es:

"¿Está dispuesto a considerar la idea de crear sus propios activos en vez de comprarlos?"

Sí _____ No _____

Existen muchos libros y programas educativos sobre la manera de adquirir activos de manera inteligente. Para la mayoría de la gente, el mejor plan consiste en comprar los activos. Yo también recomendaría que, en el caso de los niveles de seguridad y comodidad de su plan de inversión, esos activos fueran adquiridos. Invierta en activos como acciones de grandes compañías y fondos de inversión bien administrados para los niveles de seguridad y comodidad. Pero si usted abriga sueños de convertirse en un inversionista muy rico, la pregunta es: "¿Está usted dispuesto a crear sus activos en vez de comprar los de alguien más?" Si no lo está, como dije anteriormente, existen muchos libros y programas educativos sobre la manera de adquirir activos.

Si está dispuesto a considerar la manera de crear activos, entonces el resto de este libro le será muy valioso, quizá invaluable. Trata de cómo tomar una idea y convertirla en un activo que adquirirá otros. No trata solamente sobre cómo ganar mucho dinero en la columna de activos; trata también sobre la manera de conservar el dinero ganado mediante esos activos y hacer que adquiera incluso más activos, así como los lujos de la vida. Revela la manera en que muchas de las personas del 10% adquirieron 90% del dinero. De manera que si estos temas son de su interés, por favor siga leyendo.

Nuevamente, este es el acertijo 90-10:

El acertijo es: "¿Cómo crear un activo en la columna de activos sin gastar dinero para adquirirlo?"

Mi primer gran negocio fue el negocio de las carteras de nylon y velcro en 1977. Fue creado como un gran activo de la columna de activos. El problema fue que el activo creado era grande, pero mis habilidades en el negocio eran pequeñas. Así que a pesar de que técnicamente yo era un millonario antes de cumplir 30 años, también lo perdí todo antes de cumplir esa edad. Repetí el mismo proceso tres años después en el negocio del *rock and roll*. Cuando la cadena MTV tuvo éxito, nuestra pequeña compañía estaba en la posición perfecta para aprovechar el furor. Nuevamente, el activo creado fue más grande que las personas que lo crearon. Subimos como un cohete y nos desplomamos como un cohete al que se le ha acabado el combustible. El resto de este libro está dedicado a la creación de grandes activos, a la manera de contar con el talento profesional que corresponda al tamaño del activo y cómo conservar el dinero obtenido al invertir en otros activos más estables. Como decía mi padre rico: "¿De qué sirve ganar mucho dinero si no puede conservarlo?" Invertir es la manera inteligente en que las personas conservan su dinero.

Segunda etapa

¿En qué clase de inversionista quiere convertirse?

Capítulo 20

Resolver el acertijo 90-10

Mi padre rico decía: "Existen inversionistas que adquieren activos y otros que los crean. Si desea resolver el acertijo 90-10, necesita ser ambos tipos de inversionista."

En la introducción narré el episodio en que mi padre rico, Mike y yo caminamos por la playa, observando una propiedad inmobiliaria muy cara que él había adquirido. Quizá recuerde que le pregunté a mi padre rico cómo podía el pagar un terreno tan caro cuando mi padre pobre no podía hacerlo. Su respuesta fue: "Yo tampoco puedo pagar este terreno, pero mis negocios sí pueden." Todo lo que yo podía ver era un terreno en que había automóviles abandonados, una construcción a punto de caerse, mucha maleza y escombros, y un gran letrero: "Se vende", en medio de la propiedad. A los doce años de edad yo no podía ver negocio alguno en ese terreno, pero mi padre rico sí. El negocio estaba siendo creado en su mente y esa capacidad de crear negocios en su mente era la razón por la que se convirtió en uno de los hombres más ricos de Hawaii. En otras palabras, mi padre rico resolvió su acertijo 90-10 al crear activos que a su vez adquirieron otros activos. Ese plan no era sólo el plan de inversión de mi padre rico; era el de inversión de la mayoría de las personas que integran el 10% que gana 90% del dinero, en el pasado, el presente y el futuro.

Aquellos de ustedes que leyeron *Padre rico, padre pobre*, posiblemente recuerdan la historia de Ray Kroc, quien le dijo a los estudiantes de la clase de la maestría en administración de empresas que impartía un amigo mío: McDonald's, la compañía que él fundó, no estaba en el negocio de las hamburguesas. Su negocio era el de los bienes raíces. Nuevamente, la fórmula consistía en crear activos que adquirieran otros activos, y esa fórmula es la razón por la que McDonald's es dueña de las propiedades inmobiliarias más caras del mundo. Todo eso era parte del plan. Y por eso mi padre rico me dijo reiteradamente, una vez que supo que yo era serio en mi deseo de volverme rico: "Si quieres resolver el acertijo 90-10 por ti mismo, necesitas ser ambos tipos de inversionista. Necesitas ser una persona que conozca la manera de crear activos, así como una persona que sepa cómo comprarlos. El inversionista promedio generalmente no está consciente de los diferentes procesos y no es bueno en ninguno de ellos. El inversionista promedio incluso no tiene un plan escrito de manera formal."

Ganar millones, quizá miles de millones con sus ideas

Gran parte de la segunda mitad de este libro trata de la manera en que las personas crean activos. Mi padre rico pasó muchas horas conmigo, enseñándome el proceso relacionado con la manera en que una persona toma una idea y la convierte en un negocio que crea activos que compran otros activos. Durante una de esas lecciones con mi padre rico, él dijo: "Muchas personas tienen ideas que podrían volverlos ricos más allá de sus sueños más descabellados. El problema es que a la mayoría de la gente no le enseñaron cómo crear una estructura de negocios al interior de sus ideas, de manera que muchas de sus ideas nunca cobran forma o se mantienen por sí mismas. Si quieres ser una de las personas que integran el 10% que gana 90% del dinero, necesitas saber cómo crear una estructura de negocio al interior de tus ideas creativas." Gran parte de la segunda mitad de este libro trata de lo que mi padre rico llamaba el "Triángulo D-I", que es la estructura mental que puede darle vida a sus ideas financieras. Es el poder del triángulo D-I lo que toma una idea y la convierte en un activo.

Mi padre rico decía frecuentemente: "Más que sólo saber cómo crear activos que adquieran activos, una de las principales razones por las que los inversionistas más ricos son capaces de enriquecerse más aún, es porque conocen la manera de convertir las ideas en millones y quizá en miles de millones de dólares. El inversionista promedio puede tener excelentes ideas, pero a menudo carece de las aptitudes para convertir sus ideas en activos que adquieran activos." El resto de este libro está dedicado a la manera en que las personas ordinarias son capaces de convertir sus ideas en activos que compren activos.

"Usted no puede hacer eso"

Mientras me enseñaba la manera de convertir mis ideas en activos, mi padre rico decía frecuentemente: "Cuando intentan por primera vez convertir sus ideas en su fortuna personal, muchas personas dirán: 'Usted no puede hacer eso.' Recuerde siempre que nada perjudica más sus grandes ideas que las personas con ideas pequeñas e imaginación limitada." Mi padre rico me dio dos razones por las que pensaba que las personas tienden a decir: "Usted no puede hacer eso."

1. Ellos dicen: "Usted no puede hacer eso", a pesar de que usted está haciendo lo que ellos le dicen que no puede hacer; no porque usted no pueda, sino porque ellos no pueden.
2. Ellos dicen; "Usted no puede hacer eso", porque no pueden ver lo que usted está haciendo.

Mi padre rico explicaba que el proceso de ganar mucho dinero es un proceso mental, más que un proceso físico.

Una de las citas favoritas de mi padre rico provenía de Einstein, quien decía: "Los grandes espíritus han encontrado frecuentemente una violenta oposición por parte de las mentes mediocres." Al comentar la cita de Einstein, mi padre rico decía: "Todos poseemos tanto un gran espíritu como una mente mediocre. El reto de convertir nuestras ideas en activos por un millón de dólares o por mil millones de dólares es frecuentemente la batalla entre nuestros grandes espíritus y nuestras mentes mediocres."

Cuando explico el Triángulo D-I, que es la estructura de negocios que da vida a las ideas de negocios y que se explica en la segunda parte de este libro, algunas personas quedan abrumadas por la cantidad de conocimientos que se requieren para hacer que el Triángulo D-I funcione para ellos. Cuando eso ocurre, les recuerdo la batalla entre los grandes espíritus y las mentes mediocres. Siempre que la mente mediocre de una persona comienza a oponerse a su propio gran espíritu, yo siempre les recuerdo lo que mi padre rico me decía: "Existen muchas personas con grandes ideas, pero muy pocas con grandes cantidades de dinero. La razón por la que la regla 90-10 es verdadera es porque no se requiere de una gran idea para volverse rico, sino de una gran persona detrás de una idea. Usted debe tener un espíritu fuerte y convicciones poderosas para convertir sus ideas en fortunas. Incluso si comprende el proceso por medio del cual sus ideas pueden convertirse en millones y en miles de millones de dólares, recuerde siempre que las grandes ideas sólo se convierten en grandes fortunas si la persona detrás de la idea también está dispuesta a ser grande. En general es difícil seguir avanzando cuando todos los que le rodean le dicen: "Usted no puede hacer eso." Debe tener un espíritu muy fuerte para resistir las dudas que surgen a su alrededor. Pero su espíritu debe ser todavía más fuerte cuando usted mismo es la persona que dice: "Usted no puede hacer eso." Eso no significa que se empeñe ciegamente en no escuchar las buenas y malas ideas de sus amigos o de usted mismo. Sus pensamientos y contribuciones deben ser escuchadas y a menudo utilizadas cuando esas ideas son mejores que las que tiene usted. Pero en este momento no me refiero únicamente a ideas o consejos.

De lo que hablo es de mucho más que sólo ideas. Hablo acerca del espíritu y de la voluntad de seguir adelante, incluso cuando esté lleno de dudas y se le acaben las buenas ideas. Nadie puede decirle lo que puede o no hacer en su vida. Sólo usted puede decidir eso. Su propia grandeza a menudo se encuentra al final del camino, y en lo que se refiere a convertir sus ideas en dinero, existen muchas ocasiones en que usted llega al final del camino: aquí es donde se le acaban las ideas, se le acaba el dinero y está lleno de dudas. Si puede encontrar en su interior el espíritu para seguir adelante, descubrirá lo que se necesita en realidad para convertir sus ideas en grandes activos. Convertir una idea en una gran fortuna es más una cuestión del espíritu humano que del poder de la mente. Al final de cada camino el empresario encuentra su espíritu. Encontrar su espíritu empresarial y fortalecerlo es más importante que la idea o negocio que está desarrollando. Una vez que encuentra su espíritu empresarial, siempre será capaz de tomar ideas ordinarias y convertirlas en fortunas extraordinarias. Recuerde siempre que el mundo está lleno de personas con grandes ideas y de muy pocas personas con grandes fortunas.

El resto de este libro está dedicado a ayudarle a encontrar su espíritu empresarial y a desarrollar su capacidad para convertir ideas ordinarias en fortunas extraordinarias. La segunda etapa le proporciona una visión de los diferentes tipos de inversionistas según mi padre rico, y le permitirá escoger el mejor camino para usted. La tercera etapa analiza el Triángulo D-I de mi padre rico y la manera en que puede proporcionarle la estructura para obtener un activo de una buena idea.

La cuarta etapa se adentra en la mente del inversionista sofisticado y la manera en que él o ella analizan las inversiones, así como el sendero del inversionista consumado que toma su idea y el Triángulo D-I para crear fortunas. La última fase es la quinta etapa, "devolver lo recibido", la etapa más importante.

CAPÍTULO 21

Las categorías de inversionistas de mi padre rico

Este libro es una historia educativa acerca de la manera en que mi padre rico me guió de no tener dinero ni empleo cuando abandoné a los Marines, a estar adelantado en mi camino hasta convertirme en un inversionista consumado; es decir, una persona que se convierte en un accionista que vende: en vez de un accionista que compra; una persona que está en el interior de la inversión, en vez de en el exterior. Otros medios de inversión en que los ricos invierten y que los pobres y las personas de la clase media no lo hacen, incluyen las ofertas públicas primarias de acciones (IPOs, por sus siglas en inglés), colocaciones privadas y otros valores corporativos. Ya sea que esté al interior o al exteriorr de una inversión, es importante que comprenda los conceptos básicos de las regulaciones de valores.

Al leer *Padre rico, padre pobre*, aprendió acerca de la educación financiera, que es indispensable para ser un inversionista exitoso. Al leer *El cuadrante del flujo de dinero*, aprendió acerca de los cuatro diferentes cuadrantes y las maneras en que las personas ganan dinero, así como las diferentes leyes fiscales que afectan a los distintos cuadrantes. Con sólo leer los dos libros y posiblemente jugar nuestro juego de mesa educativo *CASHFLOW*, ya conoce más acerca de los conceptos fundamentales de las inversiones que muchas personas que invierten de manera activa.

Una vez que comprende los conceptos fundamentales de las inversiones, puede comprender mejor las categorías de inversionista de mi padre rico y los diez controles del inversionista que, según él, eran importantes para todos los inversionistas:

Los diez controles del inversionista

1. El control sobre uno mismo.
2. El control sobre la relación ingresos-gastos y la relación activo-pasivo.
3. El control sobre la administración de la inversión.
4. El control sobre los impuestos.
5. El control sobre cuándo comprar y cuándo vender.
6. El control sobre las transacciones de corretaje.
7. El control sobre EOC (entidad, oportunidad y características).
8. El control sobre los términos y las condiciones de los acuerdos.
9. El control sobre el acceso a la información.
10. El control sobre devolver lo recibido, la filantropía y la redistribución de la riqueza.

Mi padre rico decía: "Invertir no es riesgoso; no tener control es riesgoso." Muchas personas consideran que invertir es riesgoso porque no se encuentran en control de uno o más de esos diez controles del inversionista. Este libro no abordará todos ellos. Sin embargo, conforme avance en la lectura obtendrá algunas perspectivas sobre la manera de obtener mayor control como inversionista, especialmente en lo referente al control número 7, sobre entidad, oportunidad y características. Es aquí donde muchos inversionistas carecen de control, necesitan incrementarlo, o simplemente carecen de toda comprensión básica sobre inversión.

La primera etapa de este libro estuvo dedicada al control del inversionista más importante de mi padre rico: EL CONTROL SOBRE UNO MISMO. Si no está mentalmente preparado y comprometido para convertirse en un inversionista exitoso, debe entregar su dinero a un asesor financiero profesional o a un equipo capacitado para ayudarle a escoger sus inversiones.

Yo estaba más que listo

En ese punto de mi educación financiera, mi padre rico sabía que yo había hecho la elección:

Estaba preparado mentalmente para convertirme en un inversionista.

Quería convertirme en un inversionista muy exitoso.

Sabía que estaba mentalmente preparado y quería ser rico.

Sin embargo, mi padre rico me preguntó: "¿En qué clase de inversionista quieres convertirte?"

"En un inversionista rico", fue mi respuesta. Entonces mi padre rico sacó nuevamente su bloc de hojas de papel y escribió las siguientes categorías de inversionistas:

1. El inversionista acreditado.
2. El inversionista calificado.
3. El inversionista sofisticado.
4. El inversionista interno.
5. El inversionista consumado.

"¿Cual es la diferencia?", pregunté. Mi padre rico agregó una descripción para cada tipo de inversionista:

1. El inversionista acreditado gana mucho dinero y/o tiene un patrimonio neto valioso.
2. El inversionista calificado conoce la inversión fundamental y la inversión técnica.
3. El inversionista sofisticado comprende las inversiones y la ley.

4. El inversionista interno crea la inversión.

5. El inversionista consumado se convierte en accionista que vende.

Cuando leí la definición del inversionista acreditado, me sentí desamparado. Yo no tenía dinero ni empleo.

Mi padre rico vio mi reacción, tomó el bloc de hojas de papel y encerró en un círculo las palabras "inversionista interno".

Comience como un inversionista interno

"Aquí es donde tú comenzarás, Robert", dijo mi padre rico, al señalar al inversionista interno. "Incluso si tienes muy poco dinero y muy poca experiencia, es posible comenzar en el nivel de inversión interna", continuó mi padre rico. "Necesitas comenzar en pequeño y seguir aprendiendo. No se necesita dinero para ganar dinero."

En ese punto enumeró en su bloc de hojas las tres "E":

1. Educación.

2. Experiencia.

3. Excedente de efectivo.

"Una vez que tienes las tres 'E', te habrás convertido en un inversionista exitoso", dijo mi padre rico. "Has tenido un buen desempeño con tu educación financiera, pero ahora necesitas experiencia. Cuando tengas la experiencia correcta combinada con una buena educación financiera, el excedente de efectivo vendrá por sí mismo."

"Pero tú enumeraste al inversionista interno en cuarto lugar. ¿Cómo puedo comenzar como inversionista interno?", pregunté, todavía confundido.

Mi padre rico quería que yo comenzara como inversionista interno porque quería que fuera una persona que creara activos que eventualmente adquirieran otros activos.

Comience a construir un negocio

"Voy a enseñarte los conceptos fundamentales para construir un negocio exitoso", continuó mi padre. "Si puedes aprender a crear un negocio del cuadrante 'D' que sea exitoso, tu negocio generará el excedente de efectivo. Entonces puedes utilizar las habilidades que has aprendido para convertirte en un 'D' exitoso para analizar inversiones como un 'I'."

"Es como entrar por la puerta trasera, ¿no es así?", pregunté.

"Bien, ¡yo diría que es la oportunidad de tu vida!", respondió mi padre rico. "Una vez que aprendas a ganar tu primer millón, los siguientes diez serán fáciles."

"Muy bien, ¿cómo empiezo?", pregunté con impaciencia.

"Primero, déjame decirte acerca de las diferentes categorías de inversionistas", respondió mi padre rico, "con el fin de que puedas comprender lo que estoy diciendo."

Perspectiva general: usted elige

En esta etapa de *La guía para invertir de mi padre rico*, compartiré las descripciones que hizo mi padre rico de cada una de las categorías de inversionistas. Los siguientes minicapítulos explican las diferencias (ventajas y desventajas) de cada categoría porque el camino que yo escogí puede no ser el camino indicado para usted.

El inversionista acreditado

El inversionista acreditado es alguien con altos ingresos o un patrimonio neto valioso. Sabía que yo no podía calificar como un inversionista acreditado.

Un inversionista de largo plazo que ha escogido invertir por seguridad y comodidad puede calificar muy bien como un inversionista acreditado. Existen muchos 'E' y 'A' que están muy satisfechos con su posición financiera. Ellos reconocieron pronto la necesidad de proveer para su futuro financiero por medio del cuadrante 'I', y adoptaron un plan para invertir con su ingreso obtenido como 'E' y 'A'. Sus planes financieros, ya sea para estar seguros o cómodos, han sido cumplidos.

En *El cuadrante del flujo de dinero* analizamos la aproximación "a dos piernas" hacia la creación de la seguridad financiera. Yo admiro a esos individuos por su previsión y disciplina al desarrollar un plan financiero y proveer para su futuro financiero. Para ellos, el sendero que yo tomé sonará, ya sea como una misión imposible o como mucho trabajo duro.

Existen también muchos 'E' y 'A' de altos ingresos que califican como inversionistas acreditados con base tan sólo en su ingreso.

Si puede calificar como un inversionista acreditado, usted tendrá acceso a inversiones a las que no tiene acceso la mayoría de la gente. Sin embargo, para ser exitoso al seleccionar sus inversiones, también necesita educación financiera. Si escoge no invertir su tiempo en su educación financiera, debe entregar su dinero a asesores financieros competentes que pueden asistirle con sus decisiones de inversión.

Como estadística interesante, en Estados Unidos actualmente existen sólo 6 millones de personas que reúnen los requisitos de un inversionista acreditado. En un país de aproximadamente 250 millones de personas, si esa cifra es verdadera, entonces sólo 2.4% de la población cumple con los requisitos mínimos.Entonces existen todavía menos personas que reunirán los requisitos de los siguientes niveles de inversionistas. Eso significa que existen muchos inversionistas no calificados que participan en inversiones especulativas de alto riesgo en las que no deberían estar invirtiendo.

Nuevamente, la definición de un inversionista acreditado de la SEC es actualmente:

1. 200 000 dólares o más de ingreso anual de manera individual.
2. 300 000 dólares o más en el caso de una pareja.
3. Un millón de dólares de patrimonio neto.

El hecho de que sólo 6 millones de personas califiquen como inversionistas acreditados me indica que trabajar duro por el dinero constituye una manera muy difícil de calificar para participar en las inversiones de los ricos. Mientras sopeso la idea de que se requiere un ingreso mínimo de 200000 dólares, me doy cuenta de que mi padre, la persona a quien llamo mi padre pobre, nunca hubiera estado cerca de calificar, sin importar qué tan duro hubiera trabajado y cuántos incrementos de salario le hubiera proporcionado su empleo en el gobierno.

Si usted ha jugado *CASHFLOW 101*, habrá advertido que la pista rápida del juego es la que representa el sitio en que el inversionista acreditado reúne los requisitos como inversionista. En otras palabras, desde el punto de vista técnico, menos de 2.4% de la población de Estados Unidos reúne los requisitos para invertir en las inversiones que se encuentran en la pista rápida del juego. Eso significa que 97% de la población invierte en la carrera de la rata.

El inversionista calificado

El inversionista calificado comprende la manera de analizar una acción bursátil que se cotiza de manera pública. Este inversionista es considerado un inversionista "externo", en contraposición al inversionista "interno". En general, los inversionistas calificados incluyen aquellos que comercian con acciones y los analistas.

El inversionista sofisticado

El inversionista sofisticado normalmente tiene las "tres E" de mi padre rico. Además, el inversionista sofisticado comprende el mundo de la inversión. Este tipo de inversionista utiliza la legislación fiscal, corporativa y de valores para optimizar sus ganancias y proteger su capital principal.

Si quiere convertirse en un inversionista exitoso, pero no desea crear su propio negocio para hacerlo, su meta debe ser convertirse en un inversionista sofisticado.

A partir del inversionista sofisticado, estos inversionistas saben que existen dos caras de la moneda: que en un lado existe un mundo en blanco y negro, y que del otro lado existe un mundo con diferentes matices de gris. Es un mundo donde usted definitivamente no quiere hacer las cosas por cuenta propia. En el lado blanco y negro de la moneda, algunos inversionistas pueden invertir por cuenta propia. En el lado gris de la moneda, un inversionista debe ingresar con su equipo.

El inversionista interno

La creación de un negocio exitoso es la meta del inversionista interno. El negocio puede ser una sola propiedad inmobiliaria o una compañía multimillonaria de comercio al menudeo.

Un 'D' exitoso sabe cómo crear y construir activos. Mi padre rico decía: "Los ricos inventan el dinero. Después de que aprendas a ganar tu primer millón, los siguientes diez serán más sencillos."

Un 'D' exitoso también aprenderá las aptitudes necesarias para analizar compañías con el fin de invertir "desde afuera". Por lo tanto, un inversionista interno exitoso puede aprender a convertirse en un inversionista sofisticado exitoso.

El inversionista consumado

Convertirse en un accionista capaz de vender acciones es la meta del inversionista consumado. Éste es propietario de un negocio exitoso del que vende acciones al público; por lo tanto, es un accionista vendedor. Es mi meta. Aunque no la he logrado aún, continúo educándome y aprendiendo de mis experiencias, y estoy comprometido a seguir haciéndolo hasta convertirme en un accionista capaz de vender.

¿Qué inversionista es usted?

Los siguientes capítulos abordarán cada tipo de inversionista con mayor detalle. Después de haber estudiado cada tipo, quizá esté mejor preparado para escoger su propia meta para invertir.

CAPÍTULO 22

El inversionista acreditado

¿Quién es un inversionista acreditado? La mayoría de los países desarrollados han promulgado leyes para proteger a la persona promedio de las inversiones malas y riesgosas. El problema es que esas mismas leyes pueden impedir que las masas sean capaces de invertir en algunas de las mejores opciones.

En Estados Unidos existe la Ley de Valores de 1933, la Ley de Corretaje de Valores de 1934, las regulaciones de la SEC correspondientes a esas leyes y a la misma comisión. Esas leyes y regulaciones, diseñadas para proteger al público de engaños, manipulación y otras prácticas fraudulentas en la compra y venta de valores, limitan ciertas inversiones sólo a inversionistas acreditados y sofisticados, además de que requieren que esas inversiones se den a conocer de manera detallada. La SEC fue creada para vigilar el cumplimiento de esas leyes.

En el cumplimiento de su papel de vigilar en el ámbito de los valores, la SEC definió al inversionista acreditado como una persona que gana al menos 200 000 dólares o más de manera individual (o 300 000 dólares como pareja) en cada uno de los dos últimos años y que espera obtener la misma cantidad en el año en curso. El individuo o pareja puede calificar también si tiene un patrimonio neto de al menos un millón de dólares.

Mi padre rico decía: "Un inversionista acreditado es simplemente una persona que gana mucho más dinero que una persona promedio. Eso no significa necesariamente que la persona sea rica o que conozca sobre inversiones."

El problema con esa regla es que menos de 3% de los estadounidenses califica bajo el requisito del ingreso anual de 200 000 ó 300 000 dólares. Eso significa que sólo ese 3% puede invertir en las acciones emitidas que son reguladas por la SEC. El otro 97% no tiene permitido participar en esas mismas inversiones porque no se trata de inversionistas acreditados. La prueba de la SEC para los inversionistas sofisticados se relaciona con el nivel de inteligencia financiera del inversionista.

Recuerdo cuando le ofrecieron a mi padre rico la oportunidad de invertir en una compañía llamada Texas Instruments antes de que sus acciones fueran ofrecidas al público. Dado que no tenía tiempo para estudiar la compañía y realizar su análisis, declinó la oportunidad, una decisión que lamentó durante muchos años. Sin embargo, no declinó otras oportunidades de invertir en compañías antes de que sus acciones fueran puestas a la venta al público. Él se hizo aún más rico por medio de esas inversiones, que no estaban a disposición del público en general. Mi padre rico calificaba como inversionista acreditado.

Cuando le pedí invertir en la próxima oferta pública previa de una compañía, mi padre rico me informó que yo no era lo suficientemente rico o sabio para invertir con él. Todavía recuerdo que dijo: "Espera a que seas rico y las mejores inversiones se presentarán primero ante ti. El rico siempre escoge primero entre las mejores inversiones. Además, el rico puede comprar a precios muy bajos, así como en gran volumen. Ésa es una de las razones por las que los ricos se vuelven más ricos."

Mi padre rico estaba de acuerdo con la SEC. Él pensaba que era una buena idea proteger al inversionista promedio de los riesgos de este tipo de inversiones a pesar de que él mismo había ganado mucho dinero como inversionista acreditado.

Sin embargo, mi padre rico me previno: "Incluso si eres un inversionista acreditado, es posible que no tengas la oportunidad de participar en las mejores inversiones. Para hacerlo es necesario ser un tipo de inversionista completamente diferente, con el conocimiento adecuado y el acceso a la información sobre las nuevas oportunidades de inversión."

Los controles del inversionista acreditado

El inversionista acreditado no tiene ninguno. Mi padre rico creía que un inversionista acreditado, sin educación financiera, no tenía ninguno de los diez controles del inversionista. Éste quizá tiene mucho dinero pero generalmente no sabe qué hacer con él.

Las tres 'E' que tiene el inversionista acreditado

Excedente de efectivo... quizá. Mi padre rico aclaraba que a pesar de que usted podría calificar como inversionista acreditado, aún requería de la educación y la experiencia para avanzar y convertirse en inversionista sofisticado, interno o consumado. De hecho, él conocía muchos inversionistas acreditados que en realidad no tenían excedente de efectivo. Cumplían con los requisitos pero no sabían cómo administrar bien su efectivo.

Notas de Sharon

Casi cualquier persona puede abrir una cuenta en una casa de corretaje para comprar y vender acciones de compañías que son consideradas como "públicas". Las acciones de una compañía pública son intercambiadas libremente, así como vendidas y compradas por el público, generalmente en la bolsa. El mercado de valores es un verdadero mercado libre en acción. Sin la intervención externa, o del gobierno, los individuos pueden decidir por sí mismos si el precio de una acción es justo o no. Pueden decidir la compra, y por lo tanto, comprar una participación accionaria en la compañía.

En la última década los fondos de inversión se han vuelto cada vez más populares. Se trata de portafolios administrados profesionalmente, en que cada participación del fondo de inversión representa la propiedad parcial de acciones de muchos valores individuales diferentes. Muchas personas invierten en fondos de inversión debido a la administración profesional, así como al atractivo de ser propietario de una pequeña parte de muchos valores diferentes en vez de ser dueño de acciones de una sola compañía. Si no tiene tiempo de estudiar sobre inversiones (de manera que pueda tomar decisiones más informadas), puede ser más inteligente elegir un fondo de inversión o contratar a un asesor que maneje sus inversiones.

Un camino hacia la verdadera riqueza en el ámbito de los valores consiste en participar en la oferta pública primaria (IPO, por sus siglas en inglés) de las acciones de una compañía. Normalmente, los fundadores e inversionistas iniciales de una compañía son dueños de paquetes accionarios. Para atraer recursos adicionales la compañía puede hacer una oferta pública primaria. Es entonces cuando interviene la SEC, mediante requisitos relacionados con la autorización y con dar a conocer información sobre la compañía, con la intención de prevenir el fraude y proteger al inversionista del engaño. Sin embargo, eso no significa que la SEC impida que las ofertas públicas primarias constituyan malos negocios. Una oferta pública primaria puede ser legal y aun así ser una mala inversión o un pasivo (disminuye su valor).

La Ley de Valores de 1933 y la Ley de Corretaje de Valores de 1934 fueron adoptadas en Estados Unidos para regular este tipo de inversiones y para proteger al inversionista de inversiones fraudulentas o muy riesgosas, así como del abuso de confianza del corredor de bolsa. La SEC fue creada para vigilar la emisión de valores, así como la industria de valores.

Las regulaciones de los valores se aplican tanto a la emisión de las acciones que son puestas a la venta al público como a la emisión de las acciones privadas. Existen algunas excepciones a las regulaciones de las que no hemos hablado. Por ahora es importante comprender la definición de un inversionista acreditado. Éste puede invertir en ciertos tipos de valores que un inversionista no acreditado o no sofisticado no puede, debido a que el estatus de "acreditado" implica que el inversionista puede resistir un nivel de riesgo monetario más alto que un inversionista no acreditado.

Robert ha analizado los requisitos de un inversionista acreditado para un individuo o una pareja, relacionados con su ingreso o su patrimonio neto. Cualquier director, presidente o socio general del emisor de la acción también será considerado como un inversionista acreditado, incluso si esa persona no reúne los requisitos de ingreso o patrimonio neto. Ésta será una distinción muy importante cuando analicemos al "inversionista interno". De hecho, es el camino que frecuentemente toman los inversionistas "interno" y "consumado".

CAPÍTULO 23

El inversionista calificado

Mi padre rico definía al inversionista calificado como una persona que tiene dinero, así como algún conocimiento sobre inversiones. Un inversionista calificado es generalmente un inversionista acreditado que también ha invertido en su educación financiera. En lo que se refiere al mercado bursátil, por ejemplo, él decía que los inversionistas calificados incluían a la mayoría de las personas que comerciaban profesionalmente con acciones. A pesar de su educación, han aprendido y comprenden la diferencia entre la inversión fundamental y la inversión técnica.

1. **Inversión fundamental.** Mi padre rico decía: "Un inversio nista fundamental reduce el riesgo y busca el valor y crecimiento al analizar los datos financieros de la compañía." La consideración más importante para seleccionar una buena acción en qué invertir es el potencial de ganancias futuras de la compañía. Un inversionista fundamental revisa cuidadosamente los estados financieros de cualquier compañía antes de invertir en ella. También toma en consideración el estado general de la economía en su conjunto, así como de la industria específica en que participa esa compañía. La dirección de las tasas de interés es un factor muy importante en el análisis fundamental.

Warren Buffet ha sido reconocido como uno de los mejores inversionistas fundamentales.

2. **Inversión técnica.** Mi padre rico decía: "Un inversionista técnico bien entrenado invierte en las emociones del mercado e invierte con un seguro para pérdida catastrófica. La consideración más importante para seleccionar una buena acción en qué invertir se basa en la oferta y la demanda de las acciones de la compañía. El inversionista técnico estudia el patrón del precio de venta de las acciones. ¿Será suficiente la oferta de acciones a la venta con base en la demanda esperada para esas acciones?

Este inversionista tiende a comprar de acuerdo con el sentimiento sobre el precio y el mercado, de la misma manera que un comprador busca ofertas y artículos de descuento. De hecho, muchos inversionistas técnicos son como mi tía Doris, quien va de compras en busca de ofertas con sus amigas y compra artículos porque son baratos, han sido rebajados o porque sus amigas los están comprando. Cuando regresa a casa, se pregunta por qué compró el artículo, lo prueba y luego lo devuelve y pide el reembolso para tener dinero y comprar nuevamente.

El inversionista técnico estudia el patrón en la historia del precio de las acciones de la compañía. Un verdadero inversionista técnico no se preocupa por las operaciones internas de una compañía, como podría preocuparse un inversionista fundamental. La razón por la que invertir parece riesgoso desde el lado "técnico" es porque los precios de las acciones fluctúan de acuerdo con las emociones en el mercado. He aquí unos cuantos ejemplos de cosas que pueden causar fluctuaciones en el precio de las acciones:

Un día una acción es popular y está en las noticias, la semana siguiente no lo está, o la compañía manipula la oferta y demanda al dividir las acciones duplicando su número (maniobra conocida como *split*), diluyendo la participación con acciones adicionales creadas mediante procedimientos como las ofertas secundarias, o reduciendo el número de acciones mediante la recompra.

O bien, un comprador institucional (como un fondo de inversión o un fondo de pensiones) compra o vende las acciones de cierta compañía en un volumen tal que distorsiona el mercado.

La inversión parece riesgosa para el inversionista promedio porque carece de las aptitudes básicas de educación financiera para ser un inversionista fundamental y no tiene las aptitudes adecuadas del inversionista técnico. Si no están en el consejo de administración de la compañía, alterando el lado de la oferta de las acciones, no tienen control administrativo sobre las fluctuaciones de la oferta y la demanda del precio de las acciones en el mercado abierto. Quedan a merced de las emociones del mercado.

En muchas ocasiones un inversionista fundamental encontrará una excelente compañía con grandes utilidades, pero por alguna razón los inversionistas técnicos no están interesados, por lo que el precio de las acciones de la compañía no subirá, incluso si se trata de una compañía bien administrada y redituable. En el mercado actual, muchas personas invierten en las ofertas públicas primarias de compañías de internet que no tienen ventas ni utilidades. Es el caso de los inversionistas técnicos que determinan el valor de las acciones de una compañía.

Desde 1995, las personas que operan estrictamente como inversionistas fundamentales no han tenido tan buen desempeño como los inversionistas que también consideran el aspecto técnico del mercado. En este mercado desbocado, donde gana la gente que corre más riesgos, las personas con perspectivas más cautelosas y orientadas hacia el valor pierden. De hecho, muchos de los inversionistas que corren riesgos han asustado a los inversionistas técnicos, así como los altos precios de acciones que carecen de todo valor. Pero en el caso de un *crack*, a quien les va bien es a los inversionistas con inversiones fundamentales sólidas y aptitudes de compra-venta técnica. Los especuladores aficionados que se precipitaron a entrar al mercado y todas esas nuevas compañías con ofertas públicas primarias, serán lastimados con la baja del mercado. Mi padre rico decía: "El problema de volverse rico rápidamente sin un paracaídas es que caes más lejos y más rápido. Cuando las personas ganan mucho dinero fácilmente piensan que son genios financieros, cuando de hecho son tontos financieros." Mi padre rico creía que tanto las aptitudes técnicas como las fundamentales eran importantes para sobrevivir a los altibajos en el mundo de las inversiones.

Charles Dow, del famoso Dow-Jones, era un inversionista técnico. Por eso *The Wall Street Journal*, el periódico que ayudó a fundar, está escrito principalmente para inversionistas técnicos y no necesariamente para inversionistas fundamentales.

George Soros es reconocido frecuentemente como uno de los mejores inversionistas técnicos.

La diferencia entre los dos estilos de inversión es muy acentuada. El inversionista fundamental analiza la compañía desde sus estados financieros, para evaluar su solidez y su potencial de éxito futuro. Además, el inversionista fundamental se mantiene atento a la economía y a la industria en que participa la compañía.

Un inversionista técnico invierte con ayuda de gráficas que le permiten seguir las tendencias de precio y volumen y los patrones de las acciones de la compañía. El inversionista técnico puede revisar la relación entre opciones de compra y opciones de venta de las acciones, así como las posiciones de venta en corto de las acciones. Aunque ambos inversionistas invierten con base en los datos, los obtienen a partir de diferentes fuentes de información. Por otra parte, ambos tipos de inversionistas requieren diferentes aptitudes y un vocabulario distinto. Lo aterrador es que los inversionistas de hoy en día están invirtiendo sin tener las aptitudes del inversionista técnico o del fundamental. De hecho, puedo apostar que la mayoría de los nuevos inversionistas actualmente no conocen la diferencia entre un inversionista técnico y un inversionista fundamental.

Mi padre rico solía decir: "Los inversionistas calificados necesitan conocer bien tanto el análisis fundamental como el análisis técnico." Él trazó los siguientes diagramas para mí. Estos diagramas son la razón por la que desarrollamos nuestros productos de la manera en que lo hicimos. Queremos que las personas sean capaces de aprender la educación financiera y enseñar a sus hijos a estar educados en el punto de vista financiero desde edad temprana, tal y como me enseñó mi padre rico.

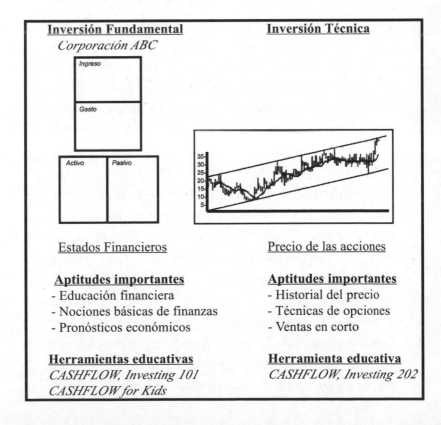

Frecuentemente me preguntan: "¿Por qué necesita un inversionista calificado comprender tanto la inversión fundamental como la inversión técnica?" Mi respuesta se encuentra en una palabra: "Confianza." El inversionista promedio siente que invertir es riesgoso porque:

1. Está en el exterior, tratando de mirar al interior de la compañía o propiedad en que está invirtiendo. Si no conoce la manera de leer los estados financieros, es totalmente dependiente de las opiniones de los demás. Así sea a nivel inconsciente, las personas saben que los inversionistas internos tienen mejor información y por lo tanto corren menor riesgo.

2. Si las personas no pueden leer estados financieros, sus estados financieros personales son frecuentemente un desastre. Como decía mi padre rico: "Si las bases financieras de una persona son débiles, su confianza en sí mismo también es débil." Un amigo mío, Keith Cunningham, dice frecuentemente: "La principal razón por la que la gente no quiere ver sus estados financieros personales es porque podrían descubrir que tienen un cáncer financiero." La buena noticia es que una vez que curan la enfermedad financiera, el resto de sus vidas también mejora; y en ocasiones incluso mejora su salud física.

3. Muchas personas sólo saben cómo ganar dinero cuando el mercado va a la alza, y viven bajo el terror de que el mercado se desplome. Si una persona comprende la inversión técnica, entonces tiene las aptitudes para ganar dinero cuando el mercado está a la baja, así como cuando está a la alza. El inversionista privado que carece de las aptitudes técnicas sólo gana dinero cuando el mercado está a la alza y frecuentemente pierde todo lo que ha ganado en un mercado a la baja. Mi padre rico decía: "Un inversionista técnico invierte con un seguro contra enormes pérdidas. El inversionista pro-

medio es como una persona que vuela un aeroplano sin paracaídas."

Como decía con frecuencia mi padre rico acerca de los
inversionistas técnicos: "El toro sube por las escaleras y el oso
sale por la ventana." Un mercado a la alza sube lentamente, pero
cuando se desploma, el mercado es como un oso que sale por la
ventana. Los inversionistas técnicos se emocionan cuando el mercado se desploma porque se colocan en una posición para ganar
dinero más rápidamente que los inversionistas promedio que pierden su dinero, dinero que creció muy lentamente.

	Mercado	
	Alza	**Baja**
Inversionista perdedor:	Pierde	Pierde
Inversionista promedio:	Gana	Pierde
Inversionista calificado:	Gana	Gana

Muchos inversionistas frecuentemente pierden porque esperan
demasiado tiempo antes de ingresar al mercado. Están tan teme-
rosos de perder que esperan demasiado a tener pruebas de que el
mercado va a la alza. Tan pronto como ingresan al mercado, este
alcanza su punto más alto y se desploma, y ellos terminan perdiendo en el descenso.

Los inversionistas calificados están menos preocupados acerca de si el mercado va a la alza o a la baja. Entran confiados, con
un sistema para operar con acciones para un mercado a la alza.
Cuando el mercado marcha en dirección opuesta, a menudo cambian sus sistemas de compra-venta, venden sus acciones y utilizan la venta en corto y las opciones de venta para obtener ganancias mientras el mercado baja. El hecho de contar con múltiples
sistemas y estrategias para operar con acciones les ayuda a tener
más confianza como inversionistas.

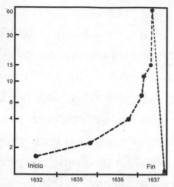

La locura de los tulipanes 1634-37
*Basado en estudios históricos

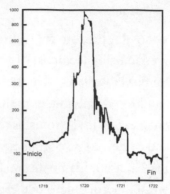

La burbuja de los Mares del Sur
1719-22

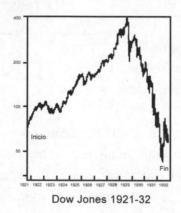

Dow Jones 1921-32

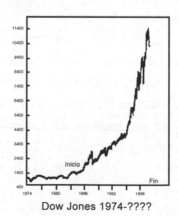

Nikkei 1950-????   Dow Jones 1974-????

Por qué es posible que quiera ser un inversionista calificado

El inversionista promedio vive bajo el miedo de que el mercado se desplome o que los precios caigan. Frecuentemente se les escucha decir: "¿Qué pasa si compro acciones y el precio baja?" Por ello, muchos inversionistas promedio no logran aprovechar las oportunidades de obtener ganancias en un mercado a la alza y en un mercado a la baja. Un inversionista calificado espera con ilusión los altibajos del mercado. Cuando el precio sube, tiene las aptitudes para minimizar el riesgo y obtener ganancias sin importar si los precios suben o bajan. A menudo "protege" sus posiciones, lo que significa que está protegido para el caso de que el precio se desplome repentinamente o de que se incremente de manera súbita. En otras palabras, tienen una buena oportunidad de ganar dinero en ambas direcciones, mientras se protegen de las pérdidas.

El problema con los nuevos inversionistas

Actualmente, con un mercado tan "caliente", escucho a menudo a nuevos inversionistas que dicen confiados: "No tengo que preocuparme de que el mercado se desplome porque esta vez las cosas son diferentes." Un inversionista experimentado sabe que todos los mercados suben y todos los mercados bajan. Hoy en día, mientras escribo estas líneas, nos encontramos en uno de los mercados a la alza más grandes de la historia mundial. ¿Se desplomará este mercado? Si la historia nos enseña algo, entonces debemos estar al borde de uno de los desplomes más grandes que el mundo ha visto. Hoy en día la gente invierte en compañías que no tienen utilidades… lo que significa que la locura se ha desatado. Los diagramas de la página anterior son diagramas de burbujas, locuras o *booms* y *cracks* por los que ha atravesado el mundo en el pasado.

Sir Isaac Newton, quien perdió la mayor parte de su fortuna en la Burbuja de los Mares del Sur, dijo: "Puedo calcular los movimientos de los cuerpos celestes, pero no la locura de la gente." Hoy en día, en mi opinión, hay locura. Todos piensan en volverse ricos rápidamente en el mercado. Temo que pronto veremos a millones de personas que lo pierden todo simplemente porque invirtieron en el mercado; algunos pidieron dinero prestado para invertir, en vez de invertir primero en su educación y experiencia. Al mismo tiempo, me emociono porque muchas personas pronto estarán vendiendo, presas del pánico, y es entonces cuando el inversionista calificado realmente se enriquece.

No es el desplome del mercado lo que es tan malo, sino el pánico emocional que surge en tiempos en que tienen lugar esos desastres-oportunidades financieros. El problema con la mayoría de los nuevos inversionistas es que no han pasado todavía por un verdadero mercado a la baja… toda vez que el mercado a la alza en que nos encontramos comenzó en 1974. Muchos administradores de fondos de inversión no habían nacido aún o eran muy pequeños en 1974, de manera que: ¿cómo podrían saber lo que es el desplome del mercado o un mercado a la baja, especialmente si se mantiene durante varios años, como ha ocurrido con el mercado japonés?

Mi padre rico simplemente decía: "No es posible predecir al mercado, pero es importante que estemos preparados para cualquier dirección en que decida ir." También decía: "Los mercados a la alza parecen continuar para siempre, lo que ocasiona que las personas se vuelvan descuidadas, torpes y complacientes. Los mercados a la baja también parecen continuar para siempre, lo que ocasiona que la gente olvide que los mercados a la baja son frecuentemente los mejores tiempos para volverse muy, muy rico. Por eso tú quieres ser un inversionista calificado."

Por qué los mercados se desplomarán más rápido en la era de la información

En su libro *The Lexus and the Olive Tree,* que recomiendo mucho a cualquiera que desee comprender la nueva era de negocios globales en que nos encontramos, el autor Thomas L. Friedman hace referencia a "la horda electrónica". La horda electrónica es un grupo de varios miles de personas, generalmente jóvenes, que controlan grandes sumas de dinero electrónico. Son individuos que trabajan para los grandes bancos, los fondos de inversión, los fondos de protección, las compañías de seguros y otras instituciones similares. Tienen el poder de movilizar, con oprimir el botón del ordenador, literalmente billones de dólares de un país a otro en una fracción de segundo. Esa capacidad hace que la horda electrónica sea más poderosa que los políticos.

Yo me encontraba en el sureste de Asia en 1997 cuando la horda electrónica sacó su dinero de países como Tailandia, Indonesia, Malasia y Corea, lo que provocó el hundimiento de las economías de esos países de la noche a la mañana. No fue una perspectiva agradable, ni fue placentero estar físicamente presente en esos países.

Para aquellos de ustedes que invierten a nivel global, es posible que recuerden cómo la mayor parte del mundo, incluso Wall Street, elogiaba las economías de los nuevos tigres asiáticos. Todos querían invertir en esos países. Repentinamente, de la noche a la mañana, el mundo cambió. Se produjeron asesinatos, suicidios, motines, saqueos y un sentimiento generalizado de malestar financiero en todas partes. A la horda electrónica no le gustó lo que vio y sacó su dinero en cuestión de segundos.

Citando el libro de Thomas Friedman, él afirma:

Piense en la horda electrónica como una horda de bestias salvajes que pastan en una gran área de África. Cuando una bestia salvaje a la orilla de la manada ve que algo se mueve entre la maleza alta y espesa, cerca de donde está pastando, esa bestia no voltea a decirle a la que está a su lado: "Dios, me pregunto si es un león lo que se mueve allí entre la maleza." Claro que no. Esa bestia da inicio a la estampida, y esos animales no corren en estampida por unos cuantos centenares de metros. La estampida avanza al siguiente país y aplasta todo lo que encuentra en su camino.

Es lo que les ocurrió a los tigres asiáticos en 1997. A la horda electrónica no le gustó lo que ocurría en el área y se mudó literalmente de la noche a la mañana. Pasó del optimismo más alto a los motines y el asesinato en cuestión de días.

Por eso predigo que los desplomes del mercado se producirán más rápido y de manera más grave en la era de la información.

¿Cómo protegerse de esos desplomes?

La manera en que esos países se están protegiendo a sí mismos del poder de la horda electrónica es limpiando y ajustando sus estados financieros nacionales e incrementando los requisitos y estándares financieros. En su libro, Thomas Friedman escribe acerca de los estándares:

"Si usted estuviera escribiendo una historia de los mercados de capital estadounidenses", observó una vez el subsecretario del Tesoro, Larry Summers, "yo sugeriría que la innovación más importante que dio forma al mercado de capital fue la idea de tener principios de contabilidad generalmente aceptados. Necesitamos eso a nivel internacional. El hecho de que alguien que enseña una clase de contabilidad en una escuela nocturna en Corea me haya dicho que normalmente tiene 22 estudiantes en el curso de invierno, y que este año (1998) tenía 385, constituye un triunfo menor del Fondo Monetario Internacional, aunque no insignificante. Necesitamos eso a nivel corporativo en Corea. Necesitamos eso a nivel nacional."

Hace muchos años mi padre rico dijo algo similar, pero no se refería a todo un país como lo hace Larry Summers en esa cita. Mi padre rico dijo: "La diferencia entre una persona rica y una persona pobre es mucho más que el dinero que gana. La diferencia se encuentra en su educación financiera y en los estándares de importancia que le dan a esa educación. Para decirlo de manera sencilla, la gente pobre tiene estándares de educación financiera muy bajos, sin importar cuánto dinero ganen." También dijo:

"Las personas con bajos estándares de educación financiera generalmente son incapaces de tomar sus ideas y convertirlas en activos. En vez de crear activos crean pasivos con sus ideas, tan sólo debido a sus bajos estándares de educación financiera."

Salir es más importante que entrar

Mi padre rico decía con frecuencia: "La razón por la que la mayoría de los inversionistas promedio pierde dinero es porque generalmente es fácil invertir en un activo, pero a menudo es difícil salir de esa inversión. Si quiere ser un inversionista conocedor, necesita saber la manera de salir de una inversión, así como la manera de entrar en ella." Hoy en día, cuando invierto, una de las estrategias más importantes que debo tomar en consideración es lo que se llama "mi estrategia de salida". Mi padre rico daba mucha importancia a una estrategia de salida en esos términos, con el fin de que yo pudiera comprender su importancia. Él decía: "Comprar una inversión es como contraer matrimonio. Al principio las cosas son emocionantes y divertidas. Pero si las cosas no marchan bien, entonces el divorcio puede ser mucho más doloroso que toda la emoción y la diversión inicial. Por eso tú debes pensar realmente en la inversión como en un matrimonio. Porque frecuentemente es mucho más fácil entrar que salir."

Mis dos padres eran hombres felizmente casados. Así que cuando mi padre rico hablaba de divorcio, no estaba alentando a la gente a que se divorciara; simplemente me aconsejaba que pensara a largo plazo. Decía: "Existe 50% de posibilidades de que un matrimonio termine en divorcio, pero la realidad es que casi 100% de los matrimonios piensa que puede vencer esas posibilidades." Y esa puede ser la razón por la que muchos nuevos inversionistas están comprando en las ofertas públicas primarias de acciones y adquieren acciones de los inversionistas más experimentados. La mejor opinión de mi padre rico sobre este tema era: "¡Recuerda siempre que cuando estás muy emocionado al adquirir un activo, frecuentemente hay alguien que sabe más acerca de ese activo y que está muy emocionado al vendértelo!"

Cuando las personas aprenden a invertir al practicar los juegos *CASHFLOW*, una de las aptitudes técnicas que asimilan consiste en cuándo comprar y cuándo vender. Mi padre rico decía: "Cuando compras una inversión, debes tener una idea de cuándo venderla, especialmente las inversiones que se ofrecen a los inversionistas acreditados y de niveles superiores. En las inversiones más sofisticadas tu estrategia de salida a menudo es más importante que tu estrategia de ingreso. Cuando entras en inversiones como esas debes saber qué ocurrirá si la inversión tiene un buen desempeño y qué ocurrirá si le va mal."

Las aptitudes financieras de un inversionista calificado

Para las personas que desean aprender las aptitudes financieras básicas, hemos desarrollado *CASHFLOW 101*. Recomendamos jugarlo al menos entre seis y doce veces. Al jugar *CASHFLOW 101* en varias ocasiones comienza a comprender los conceptos básicos del análisis de inversión fundamental. Después de jugar *CASHFLOW 101* y de comprender las aptitudes financieras que enseña, quizá desee pasar a jugar *CASHFLOW 202*. El juego avanzado utiliza el mismo tablero que *CASHFLOW 101*, pero avanza a otro nivel y utiliza un juego de cartas diferente y un juego de hojas distinto de marcadores. En *CASHFLOW 202* comienza a comprender las complejas aptitudes y el vocabulario de la compra-venta técnica de acciones. Aprende a utilizar técnicas de comercio de acciones como la venta en corto, que consiste en vender acciones que no posee, previendo que el precio bajará. Usted aprende también a utilizar las opciones de compra, opciones de venta y opciones simultáneas de compra y venta. Todas esas son técnicas de transacción de valores muy sofisticadas que todos los inversionistas calificados necesitan conocer. Lo mejor acerca de esos juegos es que aprende al jugar y al utilizar dinero ficticio. La misma educación en el mundo real podría ser muy cara.

Por qué los juegos son los mejores maestros

En 1950 una monja, que era maestra de historia y geografía en Calcuta, recibió el llamado para ayudar a los pobres y vivir entre ellos. En vez de sólo cuidar de los pobres, decidió decir pocas cosas y ayudar a los pobres con sus acciones y no con sus palabras. Fue debido a sus acciones que cuando ella hablaba la gente escuchaba. Ella tenía algo que decir acerca de la diferencia entre palabras y acciones: "Debemos hablar menos. Un punto de sermón no es un punto de reunión. Debe haber más acción de su parte."

Yo elegí utilizar los juegos como medios para enseñar las habilidades que me enseñó mi padre rico debido a que los juegos requieren de más acción que de lectura en el proceso de enseñanza y aprendizaje. Como decía la Madre Teresa: "Un punto de sermón no es un punto de reunión." Nuestros juegos son puntos de reunión. Los juegos proporcionan interacción social para aprender y ayudar a alguien más a aprender. En lo que se refiere a invertir, existen demasiadas personas que tratan de enseñar mediante sermones. Todos sabemos que existen ciertas cosas que no pueden aprenderse bien simplemente al leer y escuchar. Algunas cosas requieren de acción para ser aprendidas y los juegos proporcionan ese paso elemental de acción para aprender.

Existe un viejo aforismo que dice: "Escucho y olvido. Veo y recuerdo. Hago y comprendo."

Mi propósito al ir más allá de sólo escribir libros acerca de dinero e inversión, y de crear juegos como herramientas de aprendizaje, es lograr una mejor comprensión. Mientras mejor comprenda la gente, más dinero puede ver del otro lado de la moneda. En lugar de ver miedo y dudas, los jugadores comienzan a ver oportunidades que nunca antes vieron porque su comprensión se incrementa cada vez que practican el juego.

Nuestro sitio en internet está lleno de historias de personas que han jugado nuestros juegos y cuyas vidas han cambiado súbitamente. Han obtenido una nueva comprensión sobre el dinero y la inversión que les permitió deshacerse de algunas ideas viejas y les proporcionó nuevas posibilidades en sus vidas.

Al final de este libro usted puede encontrar información sobre los juegos y la manera en que esas herramientas educativas pueden ayudarle a incrementar su comprensión sobre dinero, negocios e inversión.

Mi padre rico me enseñó a ser un dueño de negocios y un inversionista al jugar el juego de *Monopolio*. Él fue capaz de enseñarnos a su hijo y a mí mucho más, una vez que el juego había terminado y visitábamos sus negocios y propiedades. Yo quería crear juegos educativos que enseñaran las mismas aptitudes de inversión técnica y de inversión fundamental que mi padre rico me enseñó, más allá de lo que se enseña en *Monopolio*. Como decía mi padre rico: "La capacidad para administrar el flujo de efectivo y para leer estados financieros es fundamental para tener éxito en el lado 'D' e 'I' del cuadrante del flujo de dinero."

Los controles del inversionista que posee el inversionista calificado:

1. El control sobre uno mismo.
2. El control sobre la relación entre ingreso-gasto y activo-pasivo.
3. El control sobre cuándo compra y cuándo vende.

Las tres "E" que posee el inversionista calificado:

1. Educación
2. Experiencia
3. Excedente de efectivo (quizá)

Notas de Sharon

Los inversionistas calificados, tanto fundamentales como técnicos, analizan a una compañía desde el exterior. Ellos deciden si desean convertirse en "accionistas que compran". Muchos inversionistas muy exitosos operan felizmente como inversionistas calificados. Con educación y consejo financiero adecuados, muchos inversionistas calificados pueden volverse millonarios. Invierten en negocios desarrollados y dirigidos por otras personas; debido a que han estudiado y obtenido educación financiera, son capaces de analizar una compañía con base en sus estados financieros.

¿Qué significa la relación entre precio y ganancias?

El inversionista calificado comprende la relación entre precio y utilidad de una acción, que también se conoce como multiplicador de mercado (o múltiplos). La relación entre precio y utilidad se calcula al dividir el precio de mercado actual de una acción bursátil entre las utilidades por acción del ejercicio anterior. Generalmente, una baja relación precio-utilidad significaría que la acción se vende a un precio relativamente bajo en comparación con sus utilidades;

una alta relación precio-utilidad indicaría que el precio de la acción es alto y no constituye en realidad una oportunidad.

Relación precio-utilidad = Precio de Mercado (Por acción)

Ingreso neto (Por acción)

La relación precio-utilidad de una compañía exitosa puede ser muy diferente a la de otra compañía exitosa si ambas se encuentran en industrias diferentes. Por ejemplo, las compañías de alta tecnología con gran crecimiento y grandes utilidades generalmente se venden a una relación precio-utilidad mucho más alta que las compañías de baja tecnología o maduras, donde el crecimiento se ha estabilizado. Tan sólo observe las acciones de las compañías relacionadas con internet que están a la venta hoy en día: muchas de ellas se venden a precios muy altos a pesar de que las compañías no tienen ganancias. Los precios altos en esos casos reflejan las expectativas del mercado, de que obtendrán grandes utilidades en el futuro.

La futura relación precio-utilidad es la clave

Un inversionista calificado reconoce que la relación precio-utilidad actual no es tan importante como la del futuro. El inversionista quiere invertir en una compañía donde el futuro financiero sea sólido. Con el fin de que la relación precio-utilidad sea útil para el inversionista, es posible que se requiera mucha más información acerca de la compañía. Generalmente el inversionista comparará la relación precio-utilidad del año en curso con el del año anterior para medir el crecimiento de la compañía. El inversionista también comparará la relación precio-utilidad con la de otras compañías de la misma industria.

No todos los comerciantes de acciones están calificados

Muchas personas hoy en día participan en la "compra-venta diaria de acciones", que se ha vuelto muy popular debido a la conveniencia y disponibilidad del comercio de acciones por internet. El comerciante cotidiano espera ganar utilidades por medio de la compra y venta de acciones en un solo día. Este tipo de comerciante conoce bien la relación precio-utilidad. Lo que distingue a un comerciante exitoso de uno que no tiene éxito generalmente es su capacidad para ver más allá de la relación precio-utilidad. En su mayor parte, los comerciantes exitosos han dedicado tiempo a aprender los conceptos básicos de la inversión técnica y de la fundamental. Los comerciantes que carecen de la adecuada educación financiera y de aptitudes de análisis financiero operan más como apostadores que como comerciantes. Sólo los operadores bursátiles más educados y exitosos podrían ser considerados inversionistas calificados.

De hecho, se ha dicho que la mayoría de los nuevos comerciantes en acciones venderán parte o todo su capital y dejarán de comerciar en el curso de dos años. El comercio de acciones es una actividad competitiva en el cuadrante 'A', en la que los comerciantes que conocen más y que están mejor preparados utilizan el dinero de todos los demás.

Recuerde obtener su informe de audio gratuito *Mi padre rico dijo: "Obtenga ganancias, no tenga miedo"*, disponible en la dirección electrónica www.richdadbook3.com. Aprender cómo mantener la cabeza fría e invertir de manera inteligente durante el desplome del mercado es una aptitud muy importante del inversionista calificado. Por otra parte, es durante el desplome del mercado que muchas personas se vuelven muy ricas.

CAPÍTULO 24

El inversionista sofisticado

El inversionista sofisticado conoce tanto como el inversionista calificado, pero también ha estudiado las ventajas disponibles por medio del sistema legal. Mi padre rico definía al inversionista sofisticado como un inversionista que sabe lo mismo que el calificado pero que también conoce las siguientes especialidades de la ley:

1. Legislación fiscal
2. Derecho corporativo
3. Legislación de valores

Aunque no sea un abogado, el inversionista sofisticado puede basar gran parte de su estrategia de inversión en las leyes, así como en el producto de inversión y las ganancias potenciales. El inversionista sofisticado a menudo obtiene ganancias más altas con muy bajo riesgo al utilizar las diferentes disciplinas de la ley.

Conocer la E-O-C

Al conocer los conceptos básicos de la legislación, el inversionista sofisticado es capaz de utilizar las ventajas de E-O-C, que son las iniciales de entidad, oportunidad y característica:

Mi padre rico describía la E-O-C de la siguiente manera: "La 'E' representa control sobre la entidad, lo que significa la elección de la estructura de negocios." Si usted es un empleado, esto no está normalmente bajo su control. Una persona del cuadrante "A" generalmente puede elegir entre las siguientes opciones: ser propietario único, ser socio (la cual es la peor estructura porque usted merece su parte del ingreso pero es responsable de la totalidad del riesgo) y una corporación "S", una corporación de responsabilidad limitada, una sociedad de responsabilidad limitada, o una corporación "C".

Hoy en día, si usted es un abogado, doctor, arquitecto, dentista, etcétera, y escoge una corporación "C" como su entidad en los Estados Unidos, su tasa mínima de impuesto es de 35%, en comparación de 15% para alguien como yo, porque mi negocio es un negocio de servicios profesionales que no requiere licencia.

Esa diferencia en la tasa de impuestos de 20% adicional asciende a mucho dinero, especialmente cuando se mide con el paso de los años. Eso significa que una persona no profesionista tiene una ventaja financiera de 20% sobre un profesionista al comienzo de cada año con la corporación "C".

Mi padre rico me decía: "Pero tan sólo piensa en las personas del cuadrante 'E' que no pueden elegir su entidad preferida. Para ellos, sin importar qué tan duro trabajen por el dinero y cuánto ganen, el gobierno siempre es pagado primero por medio de la retención de impuestos sobre la renta. Y mientras más duro trabajes para ganar dinero, más toma el gobierno. Eso se debe a que las personas en el cuadrante 'E' virtualmente no tienen control sobre la entidad, los gastos y los impuestos. Nuevamente, las personas en el cuadrante 'E' no pueden pagarse primero a sí mismas debido a la actual Ley de Pago de Impuestos de 1943 de Estados Unidos, que dio inicio a la retención de los impuestos sobre los ingresos de los empleados. Luego de la aprobación de esa ley, el gobierno siempre recibe su pago primero."

Notas de Sharon

En Estados Unidos, las corporaciones "S", las corporaciones de responsabilidad limitada y las sociedades de responsabilidad limitada son llamadas frecuentemente "entidades de paso", porque el ingreso pasa a través de las ganancias de esas entidades y aparece en cl ingreso del propietario. Consulte a un asesor fiscal para determinar qué entidad es apropiada para su situación.

Corporaciones "C"

"Y tú siempre tratas de operar por medio de una entidad corporativa 'C', ¿no es así?", le pregunté a mi padre rico.

"En la mayoría de los casos", respondió. "Recuerda que el plan precede al producto, o en este caso a la entidad corporativa. Lo importante es que quienes operan en el cuadrante 'D' tienden a tener más opciones y por lo tanto más control sobre la mejor entidad para haccr quc su plan funcione mejor. Nuevamente, debes analizar los detalles tanto con tu abogado fiscalista como con tu contador".

"¿Pero por qué una corporación 'C'?", pregunté. "¿Dónde está la diferencia que es tan importante para ti?"

"Exlstc una gran diferencia", dijo, tras esperar mucho tiempo para explicarlo. "Trabajar como propietario único, o estar en sociedad con alguien, o en una corporación 'S', son estructuras que forman parte de ti. Esas estructuras son, en términos sencillos, una extensión de ti mismo."

"¿Y qué es una corporación 'C'?", pregunté.

"Una corporación 'C' es otro tú. No se trata solamente de una extensión de ti mismo. Una corporación 'C' tiene la capacidad de ser un clon tuyo. Si eres serio al hacer negocios, entonces no deseas hacer negocios como un ciudadano. Eso es muy arriesgado, especialmente en esta época en que tienen lugar tantas demandas legales. Cuando haces negocios, deseas tener un clon de ti mismo que en realidad haga los negocios. Tú no quieres hacer negocios o ser propietario de nada como ciudadano", me guió mi padre rico. "Si quieres ser rico como ciudadano, necesitas ser tan pobre y miserable como sea posible en el papel." Mi padre rico también dijo: "Los pobres y la clase media, por otra parte, quieren poseer todo bajo su nombre. Le llaman 'el orgullo de ser propietario'. Yo le llamo a cualquier cosa que lleve tu nombre 'un objetivo para los predadores y los abogados'."

El principal argumento de mi padre rico era que: "Los ricos no quieren poseer nada pero quieren controlarlo todo. Y ellos ejercen su control por medio de corporaciones y sociedades limitadas." Por eso el control de la entidad en E-O-C es tan importante para los ricos.

En los últimos dos años he visto un ejemplo desolador de cómo la elección de la entidad pudo haber prevenido la destrucción financiera de una familia.

Una ferretería local muy exitosa era propiedad de una sociedad formada por los miembros de una familia. La familia había estado desde siempre en el pueblo, conocía a todos, se había enriquecido y estaba muy involucrada en organizaciones cívicas y caritativas. No hubiera podido encontrar gente más maravillosa, atenta y desprendida. Una noche su hija adolescente manejó su automóvil en estado de ebriedad, tuvo un accidente y mató a un pasajero en el otro automóvil. Sus vidas se modificaron de manera dramática. Su hija de 17 años de edad fue enviada a una prisión para adultos durante siete años y la familia perdió todo lo que tenía, incluyendo el negocio. Al compartir este ejemplo con usted no trato de hacer ninguna afirmación moral o relacionada con la paternidad; simplemente señalo que la adecuada planificación financiera tanto para la familia como para el negocio hubiera podido prevenir —por medio del uso del seguro, los fideicomisos, las sociedades limitadas o las corporaciones— que esta familia perdiera la fuente de sus ingresos.

¿Qué pasa con el doble gravamen de impuestos?

A menudo me preguntan: "¿Por qué recomienda las corporaciones 'C' en vez de las corporaciones 'S' o las corporaciones de responsabilidad limitada? ¿Por qué quiere ser sujeto de doble gravamen de impuestos?"

El doble gravamen tiene lugar cuando la corporación debe pagar impuestos por sus ingresos y luego declara un dividendo para sus accionistas, que a su vez deben pagar impuestos sobre los dividendos. Lo mismo puede ocurrir cuando tiene lugar la venta de una corporación que es estructurada de manera inadecuada y se declara un dividendo por liquidez. El dividendo no es deducible para la corporación, pero el accionista debe pagar impuestos sobre el mismo. Por lo tanto, el ingreso es gravado con impuestos tanto al nivel corporativo como individual.

Los propietarios frecuentemente incrementan sus propios salarios para reducir o eliminar las utilidades corporativas, y por lo tanto eliminan la posibilidad de que esas utilidades sean gravadas dos veces. De manera alternativa, conforme una corporación continúa creciendo, las utilidades retenidas son utilizadas para ampliar el negocio y ayudarle a crecer. (En Estados Unidos, una corporación 'C' debe justificar esta acumulación de ganancias o será sujeto del impuesto sobre acumulación de ganancias.) No existe doble gravamen de impuestos a menos que se declaren dividendos.

Personalmente me gustan las corporaciones 'C' porque creo que proporcionan la flexibilidad máxima. Siempre observo la imagen global. Cuando comienzo un negocio, espero que se convierta en un gran negocio. La mayoría de los grandes negocios actualmente son corporaciones 'C' (o su equivalente en otros países). Hago crecer los negocios porque quiero venderlos o emitir acciones para venta al público, no recibir dividendos. En ocasiones escojo una entidad diferente para un negocio. Por ejemplo, recientemente formé una corporación de responsabilidad limitada con socios para comprar un edificio.

Usted debe consultar a sus asesores financieros y fiscales para determinar la estructura adecuada a su situación.

Oportunidad. Mi padre rico describía la O como oportunidad. "La oportunidad es importante porque en última instancia todos necesitamos pagar impuestos. Pagarlos es un gasto relacionado con vivir en una sociedad civilizada. Los ricos quieren controlar cuánto dinero pagan por impuestos, así como cuándo tienen que pagarlos."

La comprensión de la ley ayuda a controlar la oportunidad en el pago de los impuestos. Por ejemplo, el artículo 1031 del Código Fiscal de Estados Unidos le permite "transferir" su ganancia en una inversión relacionada con bienes raíces, si usted adquiere otra propiedad de precio más alto. Esto le permite diferir el pago de impuestos hasta que la segunda propiedad es vendida (o usted puede elegir la transferencia en varias ocasiones, ¡y quizá para siempre!).

Otro tema importante relacionado con la oportunidad tiene que ver con el estatus de la corporación 'C'. Las corporaciones 'C' pueden elegir un fin de año fiscal diferente de acuerdo con sus propósitos contables y fiscales, como por ejemplo 30 de junio en vez de 31 de diciembre, que es el requerido para la mayoría de los individuos, sociedades, corporaciones 'S' y corporaciones de responsabilidad limitada. Esto da margen a realizar alguna planificación estratégica fiscal, en lo que se refiere a la oportunidad de las distribuciones entre las corporaciones y los individuos.

Notas de Sharon

Aunque Robert analiza los temas de la entidad y la oportunidad únicamente como medios de planificación fiscal, es importante comprender que todas las decisiones relacionadas con la selección de la entidad, así como los temas de la oportunidad del ingreso, deben detener propósitos de negocio legítimos y deben ser discutidos de manera integral con sus asesores legales y fiscales. Aunque Robert utiliza esas oportunidades de planificación fiscal de manera personal, lo hace con la guía cuidadosa y la planificación de sus asesores legales y fiscales.

La gráfica de la página siguiente describe las diversas formas de entidades de negocio y temas relacionados que usted necesita tomar en cuenta cuando escoja la entidad correcta para sus necesidades individuales. Es imperativo que revise cuidadosamente su situación fiscal y financiera individual con sus asesores legales y fiscales, al escoger la entidad correcta para su negocio.

El carácter del ingreso

En lo que se refiere al tercer componente de E-O-C, mi padre rico decía: "Los inversionistas controlan, todos los demás apuestan. Los ricos son ricos porque tienen más control sobre su dinero que los pobres y las personas de clase media. En el momento en que comprendes que el juego del dinero es un juego de control, puedes concentrarte en lo que es importante en la vida, que no consiste en ganar más dinero sino en ganar mayor control financiero."

Con ayuda de su bloc de hojas, mi padre rico escribió:

1. Ingreso ganado
2. Ingreso pasivo
3. Ingreso de portafolio

"Éstas son las tres diferentes clases de ingreso." Mi padre rico hacía énfasis en que yo debía conocer la diferencia entre esas tres diferentes clases de ingreso. La C de la E-O-C significa el carácter del ingreso.

"¿Existe mucha diferencia?", pregunté.

"Mucha", respondió mi padre rico. "Especialmente cuando se combina con la 'E' de entidad y la 'O' de oportunidad de la E-O-

C. Controlar las características de tu ingreso es el control financiero más importante de todos. Pero es posible que primero quieras controlar la 'E' y la 'O'."

Tardé algún tiempo en apreciar y comprender cabalmente por
qué el control de las características de esos tres tipos diferentes de
ingreso es tan importante.

"Es importante porque la característica del ingreso es lo que se-
para a los ricos de la clase trabajadora", analizó mi padre rico. "Los
pobres y las personas de clase media se concentran en el ingreso
ganado, también conocido como salario o ingreso por sueldo. Los
ricos se concentran en el ingreso pasivo y en el ingreso de portafolio. Es la diferencia fundamental entre los ricos y la clase trabajadora, lo que explica por qué el control de la 'C' (característica) es un
control fundamental, especialmente si planeas volverte rico."

"En Estados Unidos y otras economías avanzadas, incluso el
primer dólar de ingreso ganado es gravado con impuestos a tasas
más altas que el ingreso pasivo y el ingreso de portafolio. Esas
tasas más altas son necesarias para proporcionar diversas formas
de 'seguro social'," continuaba explicando mi padre rico. El seguro social representa los pagos que el gobierno realiza a diversas
personas. (En Estados Unidos esto incluye la seguridad social,
los servicios de salud Medicare y el seguro de desempleo, tan
sólo por mencionar algunos.) Los impuestos sobre el ingreso se
calculan por separado de los impuestos de seguro social. El ingreso pasivo y de portafolio no es sujeto de impuestos de seguro
social.

ENTIDADES LEGALES PARA NEGOCIOS

ENTIDAD	CONTROL	RESPONSABILIDAD	IMPUESTO	FIN DE AÑO FISCAL	CONTINUIDAD
PROPIETARIO ÚNICO	Usted tiene control absoluto.	Usted es totalmente responsable.	Usted reporta todos sus ingresos y gastos en su declaración personal de impuestos.	Fin del año calendario.	El negocio termina con su muerte.
SOCIEDAD GENERAL.	Cada socio, incluyendo usted, puede celebrar contratos y otros acuerdos de negocio.	Usted es totalmente responsable por todas las deudas de negocio, incluyendo la parte de sus socios.	Usted reporta su parte del ingreso de la sociedad en su declaración personal de impuestos.	Debe ser la misma que el correspondiente al socio mayoritario, o a los socios principales. Si no los hay, debe ser año calendario.	La sociedad termina con la muerte o retirada de cualquier socio.
SOCIEDAD LIMITADA.	Los socios generales controlan el negocio.	Los socios generales son totalmente responsables; los socios limitados son responsables sólo por la cantidad de su inversión.	La sociedad presenta declaraciones de impuestos anuales; los socios generales y limitados reportan sus ingresos o pérdidas en sus declaraciones personales de impuestos. Las pérdidas pueden estar sujetas a limitaciones.	Puede ser el mismo que el del socio mayoritario, o de los socios principales. Si no los hay, entonces debe ser año calendario.	La sociedad no se disuelve por la muerte de un socio limitado pero puede disolverse por la muerte de un socio general a menos que el acuerdo de sociedad establezca otra cosa.
COMPAÑÍA DE RESPONSABILIDAD LIMITADA	Los dueños o miembros tienen autoridad.	Los dueños o miembros no son responsables por las deudas del negocio.	Las reglas varían dependiendo del estado – Es posible seleccionar el tratamiento fiscal.	Las reglas varían de acuerdo al estado. Es posible seleccionar el tratamiento fiscal.	Las reglas varían de acuerdo al estado. En algunos estados la compañía se disolverá por la muerte de un dueño o miembro.
CORPORACIÓN 'C'	Los accionistas nombran al Consejo de Administración, que a su vez nombra a los directores, quienes la autoridad más importante.	Los accionistas sólo arriesgan el monto de sus inversiones en las acciones de la corporación.	La corporación paga sus propios impuestos; los accionistas pagan impuestos por los dividendos recibidos.	Cualquier fin de mes. Las corporaciones de servicios personales deben usar el año calendario.	La corporación existe por sí misma como entidad legal. Puede sobrevivir la muerte de un dueño, director o accionista.
CORPORACIÓN 'S'	Los accionistas nombran al Consejo de Administración, que a su vez nombra a los directores, quienes son la autoridad más importante.	Los accionistas sólo arriesgan el monto de sus inversiones en las acciones de la corporación.	Los accionistas reportan su participación en las pérdidas o ganancias corporativas en sus declaraciones de impuestos personales.	Año calendario.	La corporación existe por sí misma como entidad legal. Puede sobrevivir la muerte de un dueño, director o accionista.

ADVERTENCIA: Por favor consulte a sus asesores financieros y fiscales para determinar la entidad más adecuada para usted.

"De manera que cada día que me levanto y me dedico a trabajar duro para ganar dinero, me estoy concentrando en el ingreso ganado, lo que significa que pago más por impuestos", dije. "Por eso me has estado alentando a que cambie mi enfoque en el tipo de ingreso que deseo ganar."

Me di cuenta de que mi padre rico había regresado a la lección # 1 de *Padre rico, padre pobre*. "Los ricos no trabajan duro para ganar dinero, sino que hacen que su dinero trabaje duro para ellos." Repentinamente todo tuvo sentido. Yo necesitaba aprender cómo convertir el ingreso ganado en pasivo y de portafolio, con el fin de que mi dinero pudiera comenzar a trabajar para mí.

Los controles del inversionista que posee el inversionista sofisticado son:

1. El control sobre uno mismo
2. El control sobre la relación ingreso-gasto y la relación activo-pasivo
3. El control sobre impuestos
4. El control sobre cuándo comprar y cuándo vender
5. El control sobre transacciones de valores
6. El control sobre E-O-C (entidad, oportunidad, característica)

Las "tres E" que posee el inversionista sofisticado son:

1. Educación
2. Experiencia
3. Excedente de efectivo

Notas de Sharon

La prueba de la SEC de un "inversionista sofisticado" es un inversionista no acreditado que, ya sea por sí mismo o mediante su representante de compras, tiene suficiente conocimiento y experiencia en asuntos financieros y de negocios para evaluar los méritos y riesgos de una inversión potencial. La SEC supone que los inversionistas acreditados (tal y como definimos anteriormente, como personas acomodadas que pueden contratar asesores) son capaces de vigilar sus propios intereses.

En contraste, nosotros consideramos que muchos inversionistas acreditados y calificados no son sofisticados. Muchos individuos adinerados no han aprendido los conceptos básicos de la inversión y de la ley. Muchos de ellos dependen de asesores de inversiones que esperan que sean inversionistas sofisticados para que hagan las inversiones en su nombre.

Nuestro inversionista sofisticado comprende el efecto y las ventajas de la legislación y ha estructurado su portafolio de inversión para aprovechar al máximo las ventajas de la selección de la entidad, la oportunidad y las características del ingreso. Al hacerlo, el inversionista sofisticado ha buscado el consejo de sus asesores fiscales y legales.

Muchos inversionistas sofisticados a menudo están satisfechos al invertir en otras entidades como inversionistas externos. Es posible que no posean el control sobre la administración de sus inversiones, lo que les distingue de un inversionista interno. Ellos pueden invertir en equipos de administración sin tener un interés que les permita tener control en la compañía. De manera alternativa, pueden invertir como socios en uniones de bienes raíces o como accionistas de grandes corporaciones. Ellos estudian e invierten de manera prudente pero carecen de control sobre la administración de los activos base, y por lo tanto, tienen acceso únicamente a la información pública de las operaciones de la compañía. Esta carencia de control administrativo es la diferencia más importante entre un inversionista sofisticado y un inversionista interno.

Sin embargo, el inversionista sofisticado todavía utiliza las ventajas proporcionadas por el análisis E-O-C de sus propios portafolios financieros. En la cuarta etapa nos referiremos a la manera en que el inversionista sofisticado aplica esos principios para obtener la máxima ventaja proporcionada por la ley.

Bueno vs. malo

Además de las tres características de ingreso a las que se refiere Robert, existen otros principios generales que distinguen a un inversionista sofisticado de uno promedio. Un inversionista sofisticado conoce la diferencia entre:

1. Deuda buena y mala
2. Gastos buenos y malos
3. Pérdidas buenas y malas

Como regla general, la deuda buena, los gastos buenos y las pérdidas buenas generan un flujo de efectivo adicional para usted. Por ejemplo, la deuda contraída para adquirir una propiedad en renta, que tiene un flujo de efectivo positivo cada mes, sería deuda buena. De la misma forma, el pago de asesoría legal y fiscal son gastos buenos si usted ahorra miles de dólares al disminuir sus impuestos por medio de la planificación fiscal. Un ejemplo de una buena pérdida es la generada por la depreciación de los bienes raíces. Esa buena pérdida también se conoce como "pérdida fantasma", porque se trata de una pérdida en papel y no requiere del desembolso de efectivo. El resultado final es el ahorro en la cantidad de impuestos pagados por el ingreso reducido por la pérdida.

Conocer la diferencia entre deuda buena y mala, gastos buenos y malos, y pérdidas buenas y malas, es lo que distingue al inversionista sofisticado del inversionista promedio. Cuando este último escucha las palabras "deuda, gasto, pérdida", generalmente reacciona de manera negativa. Por lo general su experiencia con la deuda, los gastos y las pérdidas han tenido como resultado un flujo de efectivo adicional "hacia el exterior de sus bolsillos", en vez de hacia el interior de los mismos.

El inversionista sofisticado consigue la asesoría de contadores, estrategas fiscales y consejeros financieros para estructurar la organización financiera más benéfica para sus inversiones. El inversionista sofisticado busca e invierte negocios que incluyen características de E-O-C que apoyan su plan financiero personal; es decir, la trayectoria que sigue para volverse rico.

¿Cómo puede identificar a un inversionista sofisticado?

Recuerdo una historia que una vez me contó mi padre rico acerca del riesgo. Aunque una parte de esa historia ha sido abordada en otras partes del libro, vale la pena repetirla aquí. El inversionista promedio considera al riesgo desde un punto de vista completamente diferente al sofisticado. Y este punto de vista es lo que verdaderamente distingue al inversionista sofisticado.

Por qué estar seguro es riesgoso

Un día acudí adonde estaba mi padre rico y le dije: "Mi padre piensa que lo que tú haces es demasiado riesgoso. Él piensa que tener unos estados financieros es seguro, pero tú piensas que controlar sólo unos estados financieros es riesgoso. Parece haber contradicción en sus puntos de vista."

Mi padre rico se río. "Así es", dijo. "Son casi totalmente opuestos y contradictorios." Hizo una pausa por un momento para poner en orden sus ideas. "Si quieres volverte realmente rico, entonces una de las cosas que tienes que hacer es cambiar tu punto de vista sobre lo que consideras riesgoso y lo que consideras seguro. Yo pienso que es riesgoso lo que los pobres y las personas de clase media consideran seguro", dijo.

Pensé en esa afirmación por un momento, asimilando la idea de que aquello que mi padre consideraba seguro era lo que mi padre rico consideraba riesgoso. "No comprendo totalmente", y pregunté finalmente: "¿Puedes darme un ejemplo?"

"Desde luego", dijo mi padre rico. "Sólo escucha nuestras palabras. Tu padre siempre dice: 'Consigue un empleo seguro'. ¿No es así?"

Asentí con la cabeza. "Sí. Él piensa que es una manera segura de dirigir tu vida."

"¿Pero es realmente segura?", preguntó mi padre rico.

"Creo que lo es para él", repetí. "¿Pero tú lo ves de manera distinta?"

Mi padre asintió con la cabeza y preguntó a continuación:

"¿Qué ocurre generalmente cuando una compañía que cotiza sus acciones al público anuncia el despido masivo de empleados?"

"No lo sé", respondí. "¿Quieres decir qué pasa cuando una compañía despide a muchos empleados?"

"Sí", dijo mi padre rico. "¿Qué ocurre en general con el precio de sus acciones?"

"No lo sé", respondí. "¿Baja el precio de sus acciones?"

Mi padre negó con la cabeza. Dijo tranquilamente: "No, desafortunadamente cuando una compañía que cotiza en la bolsa anuncia un despido masivo de empleados, el precio de las acciones de esa compañía frecuentemente sube."

Pensé en esa afirmación por un momento y dije: "¿Y por eso has dicho a menudo que existe una gran diferencia entre las personas en el lado izquierdo del cuadrante del flujo de dinero y las personas que se encuentran en el lado derecho?"

Mi padre rico asintió con la cabeza. "Una gran diferencia. Aquéllo que es seguro para un lado es riesgoso para el otro."

"Y por eso tan pocas personas se vuelven realmente ricas?", pregunté.

Nuevamente mi padre rico asintió con la cabeza y repitió: "Lo que parece seguro para un lado parece riesgoso para el otro. Si quieres ser rico y conservar tu riqueza durante varias generaciones, debes ser capaz de ver ambos lados del riesgo y la seguridad. El inversionista promedio sólo ve un lado."

Lo que parece seguro es en realidad riesgoso

Ahora que soy adulto comprendo lo que mi padre rico veía. Actualmente, lo que yo considero seguro es considerado por la mayoría de la gente como riesgoso. Las siguientes son algunas de las diferencias.

INVERSIONISTA PROMEDIO	INVERSIONISTA SOFISTICADO
Un juego de estados financieros.	Múltiples juegos de estados financieros.
Quiere tener todo bajo su nombre.	No quiere tener nada bajo su nombre. Utiliza entidades corporativas. Su residencia personal y su automóvil frecuentemente no están bajo su nombre.
No piensa que el seguro sea una inversión. Utiliza palabras como "diversificar".	Utiliza el seguro como un producto de inversión y protección contra la exposición al riesgo. Utiliza palabras como "cubierto", "exposición" y "protección".
Tiene activos de papel, que incluyen el efectivo y los ahorros.	Tiene activos de papel y activos tangibles como bienes raíces y metales preciosos. Los metales preciosos son un medio de protección contra la mala administración del dinero circulante del gobierno.
Se enfoca en la seguridad del empleo.	Se enfoca en la libertad financiera.
Se enfoca en la educación profesional. Evita cometer errores.	Se enfoca en la educación financiera. Comprende que los errores son parte del aprendizaje.
No busca información financiera, o si lo hace quiere obtenerla gratuitamente.	Está dispuesto a pagar por la información financiera.
Piensa en términos de bueno y malo, blanco o negro, correcto o equivocado.	Piensa en matices de gris desde el punto de vista financiero.
Considera indicadores pasados, como la relación precio-ganancia y las tasas de capitalización.	Considera indicadores futuros: tendencias, cambios en la administración y los productos.
Llama primero a los corredores de bolsa y les pide consejo de inversión o invierte sólo, sin pedir consejo a nadie.	Llama al corredor de bolsa al final... después de haber consultado con su plan y su equipo de asesores financieros y legales llama al corredor adecuado. Sus corredores son frecuentemente parte del equipo.
Busca la seguridad externa, como un empleo, una compañía, el gobierno.	Aprecia la confianza en sí mismo y la independencia personal.

CAPÍTULO 25

El inversionista interno

El inversionista interno es alguien que se encuentra en el interior de la inversión y tiene cierto grado de control administrativo.

A pesar de que una distinción importante del inversionista interno consiste en el aspecto del control sobre la administración, la distinción más importante que señalaba mi padre rico consistía en que usted no necesita tener muchos ingresos o un gran patrimonio neto para ser considerado un inversionista interno. Un director, ejecutivo o dueño de 10% o más de las acciones emitidas de una corporación es un inversionista interno.

La mayoría de los libros sobre inversiones han sido escritos para personas que se encuentran alejadas del mundo de la inversión. Este libro ha sido escrito para personas que quieren invertir desde adentro.

En el mundo real, existen actividades de inversión interna legal, y también ilegal. Mi padre rico siempre quería que su hijo y yo fuéramos inversionistas desde adentro, en vez de serlo desde afuera. Es una manera muy importante de reducir el riesgo e incrementar las ganancias.

Alguien con la educación financiera pero sin los recursos financieros de un inversionista acreditado, aún puede convertirse en un inversionista interno. Es en este punto donde muchas personas ingresan al mundo de las inversiones actualmente. Al crear sus propias compañías, los inversionistas internos están creando activos que pueden dirigir, vender u ofrecer al público.

En su libro *What Works on Wall Street*, James P. O'Shaughnessy analiza las ganancias por capitalización de mercado de diversos tipos de inversión. El autor demuestra que las acciones de compañías pequeñas tuvieron mucho mejor desempeño que las otras categorías. Una gráfica de ese libro ha sido incluida para su referencia en la siguiente página.

Casi todas las grandes ganancias se encuentran en acciones de pequeñas microempresas con capitalización de mercado inferior a 25 millones de dólares. El aspecto negativo es que esas acciones son demasiado pequeñas para que los fondos de inversión inviertan en ellas y son difíciles de encontrar por parte del inversionista promedio. Como afirma O'Shaughnessy: "Se encuentran fuera del alcance de casi todos." Existe un volumen de transacciones muy pequeño en esas acciones, por lo que el precio de oferta y el precio de demanda generalmente se encuentran muy alejados. Este es un ejemplo de cómo 10% de los inversionistas obtiene el control de 90% de las acciones.

Si no puede encontrar estas acciones para invertir, entonces considere la mejor opción entre las demás. Construya su propia compañía de pequeña capitalización y disfrute de las utilidades superiores como inversionista interno.

Cómo lo hice

Yo encontré mi libertad financiera como inversionista interno. Recuerde que comencé en pequeño, comprando bienes raíces como un inversionista sofisticado. Aprendí cómo utilizar las sociedades limitadas y las corporaciones para optimizar mis ahorros fiscales y la protección de activos. A continuación fundé varias compañías para obtener experiencia adicional. Con la educación financiera que aprendí de mi padre rico, construí negocios como inversionista interno. No me convertí en inversionista acreditado hasta que encontré el éxito como inversionista sofisticado. Nunca me he considerado un inversionista calificado. No sé cómo seleccionar acciones y prefiero no comprar acciones como inversionista externo. (¿Por qué lo haría? ¡Ser inversionista interno es mucho menos arriesgado y mucho más redituable!)

Comparto esto con usted para darle esperanza. Si pude aprender cómo convertirme en inversionista interno al crear una compañía, también usted puede hacerlo. Recuerde que mientras más controles posea sobre su inversión, esta será menos riesgosa.

Los controles de inversionista del inversionista interno son:

1. El control sobre uno mismo
2. El control sobre la relación ingreso-gasto y la relación activo-pasivo
3. El control sobre la administración de la inversión
4. El control sobre los impuestos
5. El control sobre cuándo comprar y cuándo vender
6. El control sobre transacciones de valores
7. El control sobre E-O-C (entidad, oportunidad, característica)
8. El control sobre los términos y condiciones de los acuerdos
9. El control sobre el acceso a la información

Las "tres E" que posee el inversionista interno:

1. Educación
2. Experiencia
3. Excedente de efectivo

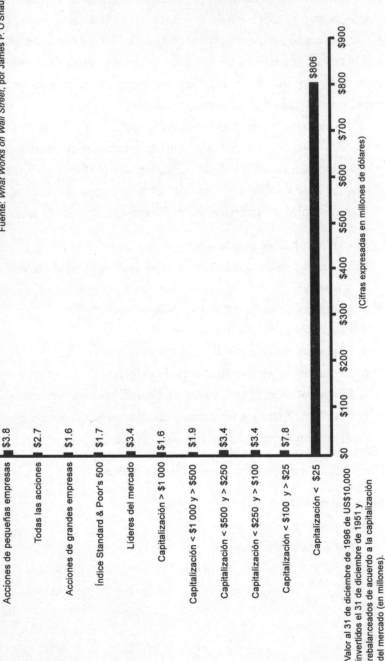

Fuente: *What Works on Wall Street*, por James P. O'Shaughnessy

Acciones de pequeñas empresas $3.8

Todas las acciones $2.7

Acciones de grandes empresas $1.6

Índice Standard & Poor's 500 $1.7

Líderes del mercado $3.4

Capitalización > $1 000 $1.6

Capitalización < $1 000 y > $500 $1.9

Capitalización < $500 y > $250 $3.4

Capitalización < $250 y > $100 $3.4

Capitalización < $100 y > $25 $7.8

Capitalización < $25 $806

$0 $100 $200 $300 $400 $500 $600 $700 $800 $900

(Cifras expresadas en millones de dólares)

Valor al 31 de diciembre de 1996 de US$10,000 invertidos el 31 de diciembre de 1951 y rebalarceados de acuerdo a la capitalización del mercado (en millones).

Notas de Sharon

La SEC define como "inversionista interno" a cualquiera que tenga información sobre una compañía que aún no haya sido puesta a disposición del público. La Ley de Corretaje de Valores de 1934 hizo ilegal que alguien que tuviera información sobre una compañía que no fuera del conocimiento público lucrara con dicha información. Eso incluye al inversionista interno así como a cualquier persona a quien proporcione un "consejo" y que lucre posteriormente con dicha información.

Robert utiliza el término "interno" para definir inversionistas que tienen control administrativo sobre las operaciones del negocio. El inversionista interno tiene control sobre la dirección de la compañía. Un inversionista externo no lo tiene. Robert distingue entre transacciones internas legales e ilegales, y se opone enfáticamente a las transacciones internas ilegales. Es muy fácil ganar dinero de manera legal.

Crear el control

El dinero que usted invierte y arriesga como propietario de un negocio privado es el suyo. Si usted tiene inversionistas externos, tiene una responsabilidad fiduciaria para administrar bien sus inversiones, pero también es capaz de controlar la administración de la inversión y cuenta con acceso a la información interna.

Comprar el control

Además de crear un negocio por cuenta propia, usted puede convertirse en inversionista interno al comprar una participación de control en una compañía existente. Adquirir la mayoría de las acciones de una compañía le permite adquirir la participación controladora. Recuerde que conforme usted incremente su número de controles de inversionista continúa reduciendo el riesgo de su inversión; desde luego, si posee la capacidad de administrar la inversión de manera adecuada.

Si ya es el propietario de un negocio y desea ampliarlo, puede adquirir otro negocio por medio de una fusión o adquisición. Los temas importantes sobre fusiones y adquisiciones son demasiado numerosos para ser analizados aquí. Sin embargo, es muy importante buscar asesoría legal, fiscal y contable competente antes de cualquier compra, fusión o adquisición, para asegurarse que dichas transacciones sean realizadas adecuadamente.

Para pasar de ser un inversionista interno a uno consumado, debe decidir la venta de una porción o la totalidad de su negocio. Las siguientes preguntas pueden ayudarle en el proceso de decisión:

1. ¿Todavía está emocionado con el negocio?
2. ¿Desea iniciar otro negocio?
3. ¿Desea retirarse?
4. ¿Es redituable el negocio?
5. ¿Está creciendo su negocio demasiado rápido como para que usted lo maneje?
6. ¿Tiene su compañía grandes necesidades de capital que pueden ser satisfechas al vender acciones o al vender la empresa a otro negocio?
7. ¿Tiene su compañía el dinero y el tiempo para realizar una oferta pública?
8. ¿Puede desviar su enfoque individual de las operaciones cotidianas de la compañía para negociar una venta u oferta pública sin dañar las operaciones de la compañía?
9. La industria de la que forma parte su negocio, ¿está expandiéndose o contrayéndose ?
10. ¿Qué efecto tendrán sus competidores en una venta u oferta pública?
11. Si su negocio es sólido, ¿puede transferirlo a sus hijos u otros miembros de su familia?

12. ¿Están los miembros de su familia (sus hijos) bien capa-
    citados y son fuertes desde el punto de vista gerencial
    como para transferirles el negocio?

13. ¿Necesita el negocio de aptitudes gerenciales de las que
    usted carece?

Muchos inversionistas internos están muy satisfechos al dirigir
sus negocios y sus portafolios de inversión. Ellos no desean vender una parte de sus negocios por medio de una oferta pública o
privada, ni desean vender la totalidad de su negocio. Éste es el
tipo de inversionista en que se convirtió Mike, el mejor amigo de
Robert. Él está muy satisfecho dirigiendo el imperio financiero
que él y su padre construyeron.

CAPÍTULO 26

El inversionista consumado

El inversionista consumado es una persona como Bill Gates o Warren Buffet. Esos inversionistas crearon compañías gigantescas en que otros inversionistas desean participar. El inversionista consumado es una persona que crea un activo que se vuelve tan valioso que vale literalmente miles de millones de dólares para millones de personas.

Tanto Gates como Buffet se volvieron ricos no debido a sus altos salarios o sus grandes productos, sino porque crearon compañías y ofrecieron sus acciones al público.

Aunque no es probable que muchos de nosotros alguna vez crearemos un Microsoft o un Berkshire Hathaway, todos tenemos la posibilidad de crear un negocio más pequeño y de volvernos ricos al venderlo de manera privada o al ofrecer su venta al público.

Mi padre rico solía decir: "Algunas personas construyen casas para vender; otros construyen automóviles, pero lo más difícil es construir un negocio del que millones de personas quieran comprar una parte."

Los controles de inversionista del inversionista consumado son:

1. El control sobre uno mismo
2. El control sobre la relación ingreso-gasto y la relación activo-pasivo

3. El control sobre la administración de la inversión

4. El control sobre los impuestos

5. El control sobre cuándo comprar y cuándo vender

6. El control sobre las transacciones de valores

7. El control sobre la E-O-C (entidad, oportunidad, característica)

8. El control sobre los términos y las condiciones de los acuerdos

9. El control sobre el acceso a la información

10. El control sobre devolver lo recibido, la filantropía y la redistribución de la riqueza

Las "tres E" que posee el inversionista consumado:

1. Educación

2. Experiencia

3. Excedente de efectivo

Notas de Sharon

Existen ventajas y desventajas de "ofrecer acciones al público", a las que nos referiremos con mayor detalle posteriormente. Sin embargo, las siguientes son algunas ventajas y desventajas de una oferta pública primaria:

Ventajas:

1. Para permitir que los dueños del negocio "conviertan en efectivo" parte de su participación en el negocio. Por ejemplo, el socio original de Gates, Paul Allen, vendió algunas de sus acciones de Microsoft con el fin de comprar compañías de televisión por cable.

2. Para obtener capital de expansión.

3. Para liquidar deuda de la compañía.

4. Para elevar el valor neto de la compañía.

5. Para permitir que la compañía ofrezca opciones de compra de las acciones como beneficios para sus empleados.

Desventajas:

1. Sus operaciones se vuelven públicas. Usted queda obligado a dar a conocer información al público que anteriormente había sido privada.
2. La oferta pública primaria es muy cara.
3. Su enfoque se distrae de la dirección de las operaciones del negocio al facilitar y reunir los requisitos para ser una compañía pública.
4. Es necesario cumplir con los requisitos de la oferta pública primaria y con los informes trimestrales y anuales.
5. Si sus acciones no tienen un buen desempeño en el mercado público, corre el riesgo de ser demandado por sus accionistas.

Para muchos inversionistas, la recompensa financiera potencial de ofrecer la venta de acciones de la compañía al público superan cualquier posible desventaja de una oferta pública primaria.

Comenzar en mi camino

El resto de este libro trata de la manera en que mi padre rico me guió de ser un inversionista interno y sofisticado, hasta convertirme en un inversionista consumado. Él ya no tenía que guiar a su hijo Mike. Mike estaba satisfecho con ser inversionista interno. Usted obtendrá algunas ideas sobre lo que mi padre rico me enseñó que era importante, lo que yo necesitaba aprender y algunos de los errores que cometí a lo largo del camino. Espero que pueda aprender de mis éxitos así como de mis errores en su propio camino para convertirse en un inversionista consumado.

CAPÍTULO 27

Cómo volverse rico rápidamente

Mi padre rico revisaba regularmente conmigo los diversos niveles de inversionista. Quería que yo comprendiera las diversas maneras en que los inversionistas crearon sus fortunas. Él se volvió rico al invertir primero como inversionista interno. Comenzó en pequeño y aprendió las ventajas fiscales que estaban a su disposición. Rápidamente ganó confianza y se convirtió en un verdadero inversionista sofisticado a edad temprana. Había creado un increíble imperio financiero. Mi verdadero padre, por su parte, había trabajado duro toda su vida como empleado gubernamental y tenía muy pocas cosas que pudieran demostrarlo.

Conforme crecí, la diferencia entre mi padre rico y mi padre pobre se hizo cada vez más evidente. Finalmente le pregunté a mi padre rico por qué él se volvía más rico mientras mi padre verdadero estaba trabajando más y más.

A lo largo de este libro he relatado la historia en que caminaba a lo largo de la playa con mi padre rico mientras mirábamos un gran terreno frente al mar que él acababa de adquirir. Durante esa caminata por la playa me di cuenta de que mi padre rico había adquirido una inversión que sólo una persona rica podía adquirir. El problema era que mi padre rico todavía no era un hombre rico. Por eso le pregunté cómo podía pagar una inversión tan cara, cuando yo sabía que mi verdadero padre, un hombre que ganaba más dinero que mi padre rico, no podía hacerlo.

Fue durante esa caminata en la playa que mi padre rico me permitió conocer la base de su plan de inversión. Él dijo: "Yo tampoco puedo pagar este terreno, pero mis negocios pueden." Como afirmé en la introducción, fue entonces cuando se despertó mi curiosidad sobre el poder de la inversión y me convertí en estudiante de esa profesión. Durante la caminata por la playa, a la edad de doce años, comencé a conocer los secretos de la manera en que muchas de las personas más ricas del mundo invierten y por qué constituyen el 10% que controla 90% del dinero.

Nuevamente me refiero a Ray Kroc, el fundador de McDonald's, que dijo prácticamente lo mismo a los estudiantes de la clase de mi amigo en la maestría en administración de empresas. Ray Kroc les dijo: "Mi negocio no son las hamburguesas. Mi negocio son los bienes raíces." Por eso McDonald's posee las propiedades inmobiliarias más valiosas del mundo. Ray Kroc y mi padre rico comprendían que el propósito de un negocio era adquirir activos.

El plan de inversión de mi padre rico

Cuando yo era un niño pequeño y estaba todavía en la escuela primaria, mi padre rico ya estaba sembrando en mi mente ideas sobre las diferencias entre ser rico, pobre o de clase media. Durante una de nuestras lecciones sabatinas dijo: "Si tú quieres tener seguridad en tu empleo, sigue el consejo de tu padre. Si quieres ser rico, necesitas seguir mi consejo. Las posibilidades de que tu padre rico tenga seguridad en su empleo y al mismo tiempo se vuelva rico son muy pequeñas. Las leyes no fueron elaboradas para favorecerle."

Una de las seis lecciones de mi padre rico, que fueron expuestas en *Padre rico, padre pobre,* fue una acerca del poder de las corporaciones. En *El cuadrante del flujo de dinero* escribí acerca de la manera en que los diferentes cuadrantes son regulados por diferentes leyes fiscales. Mi padre rico utilizó esas lecciones para mostrarme la diferencia entre su plan de inversión y el plan de inversión de mi verdadero padre. Esas diferencias afectaron mucho mi camino en la vida después de que completé mi educación formal y terminé mi servicio militar.

"Mis negocios adquieren activos con dinero previo al pago de impuestos", dijo mientras trazaba el siguiente diagrama:

"Tu padre trata de adquirir activos con el dinero después de pagar impuestos. Sus estados financieros tienen el siguiente aspecto", dijo mi padre rico:

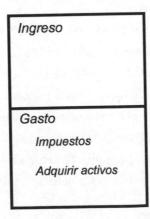

Cuando era niño, yo no comprendía cabalmente lo que mi padre
rico estaba tratando de enseñarme; sin embargo, reconocí la diferencia. Debido a mi confusión, pasé mucho tiempo preguntándo-
le qué quería decir. Para ayudarme a comprender mejor, trazó el
siguiente diagrama:

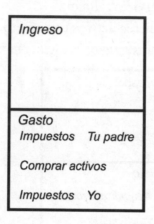

"¿Por qué?", le pregunté a mi padre rico. "¿Por qué pagas tú los
impuestos al final y por qué paga mi padre los suyos al principio?"

"Porque tu padre es un empleado y yo soy dueño de negocio",
dijo mi padre rico. "Recuerda siempre que aunque vivamos en un
país libre, no todos vivimos bajo las mismas leyes. Si quieres ser
rico o volverte rico rápidamente, es mejor que sigas las mismas
leyes que utilizan los ricos."

"¿Cuánto paga mi padre por impuestos?", pregunté.

"Bien, tu padre es un empleado bien pagado del gobierno, por
lo que estimo que paga al menos 50 a 60% de su ingreso total en
impuestos, de una forma u otra", dijo mi padre rico.

"¿Y cuánto pagas tú por impuestos?", pregunté.

"Bien, esa no es en realidad la pregunta correcta", dijo mi padre rico. "La verdadera pregunta es: ¿a cuánto asciende mi impuesto gravable?" Yo quedé desconcertado y le pregunté: "¿Cuál
es la diferencia?"

"Bien", dijo mi padre rico, "Yo pago impuestos sobre mi ingreso neto, y los impuestos de tu padre son retenidos de su ingreso total. Es una de las diferencias más grandes entre tu padre y yo. Avanzo más rápidamente porque puedo comprar mis activos con ingreso bruto, y pago mis impuestos sobre mi ingreso neto. Tu padre paga sus impuestos sobre el ingreso bruto y luego trata de adquirir activos con su ingreso neto. Por esta razón es muy difícil para él lograr cualquier tipo de riqueza. Él le proporciona gran parte de su dinero primero al gobierno, dinero que él podría estar utilizando para comprar activos. Yo pago mis impuestos sobre el ingreso neto o lo que queda después de comprar mis activos. Primero compro mis activos y pago impuestos al final. Tu padre paga impuestos primero y le queda muy poco dinero para comprar activos."

A la edad de once años no comprendí realmente con exactitud lo que decía mi padre rico. Yo sólo sabía que eso no parecía justo y lo dije: "Eso no es justo", protesté.

"Estoy de acuerdo", dijo mi padre rico, al asentir con la cabeza. "No es justo, pero es lo que establece la ley."

Las leyes son las mismas

Cuando analizo este tema en mis seminarios, a menudo escucho: "Eso quizá es lo que establece la ley en Estados Unidos, pero no es lo que establece la ley en mi país."

Dado que enseño en muchos países de habla inglesa, frecuentemente respondo: "¿Cómo sabe eso? ¿Qué le hace pensar que las leyes son diferentes?" De hecho, la mayoría de la gente no sabe qué leyes son similares y cuáles son diferentes, así que ofrezco una breve lección sobre historia de la economía y leyes.

Señalo a mis estudiantes que muchas de las leyes de los países de habla inglesa se basan en el derecho consuetudinario inglés, que fue difundido en el mundo por la Compañía Británica de la India Oriental. También les digo la fecha exacta en que los ricos comenzaron a establecer las reglas. En 1215 la Carta Magna, el documento más famoso de la historia constitucional británica, fue promulgado. Al promulgarlo el rey Juan cedió parte de su poder a los ricos barones de Inglaterra. Actualmente se reconoce en general que la Carta Magna demostró la viabilidad de la oposición al uso excesivo del poder real.

A continuación explico la importancia de la Carta Magna de la misma forma en que me la explicó mi padre rico. "Desde que se promulgó la Carta Magna, los ricos han estado estableciendo las reglas." También decía: "La regla de oro espiritual es: 'No hagas a los demás lo que no quieres que te hagan a ti.' Otras personas dicen que la regla de oro de las finanzas es: 'Quien tiene el oro hace las reglas.' Sin embargo, yo pienso que la verdadera regla de oro de las finanzas es: 'Quien establece las reglas obtiene el oro.'"

El 13 de septiembre de 1999 *The Wall Street Journal* publicó un artículo de introducción que parece respaldar la perspectiva de mi padre rico sobre la verdadera regla de oro de las finanzas. El artículo decía: "A pesar de lo que se dice acerca de los fondos de inversión para las masas, de los peluqueros y lustradores de calzado que dan consejo sobre inversiones, el mercado de valores sigue siendo el privilegio de un grupo relativamente elitista."

"Sólo 43.3% de los hogares poseían acciones en 1997, el año más reciente sobre el que se dispone de datos, de acuerdo con el economista Edward Wolff, de la Universidad de Nueva York. De ellos, muchos portafolios eran relativamente pequeños. Cerca de 90% de todas las acciones eran propiedad de 10% de los hogares más ricos. Lo importante es que el 10% más alto poseía 73% del patrimonio neto del país en 1997, un incremento de 68% respecto a 1983."

El negocio adquiere sus activos

Cuando yo tenía 25 años y estaba por salir del Cuerpo de Marines, mi padre rico me recordó la diferencia entre los dos caminos en la vida.

Me dijo: "Esta es la manera en que tu padre trata de invertir y adquirir activos:"

A continuación añadió "Ésta es la manera en que yo invierto":

"Recuerda siempre que las reglas son diferentes en los distintos cuadrantes. Por lo tanto, toma tu próxima decisión sobre tu carrera de manera cuidadosa. Aunque ese empleo con las aerolíneas pueda ser divertido en el corto plazo, a largo plazo podrías no ser tan rico como deseas ser."

Cómo han cambiado las leyes fiscales

Aunque mi padre rico no terminó la escuela, era un ávido estudiante de economía, historia mundial y leyes. Cuando yo asistía a la Academia de la Marina Mercante de Estados Unidos en Kings Point, Nueva York (de 1965 a 1969) y estudiaba comercio mundial, mi padre rico estaba muy emocionado de que mis estudios incluyeran legislación del almirantazgo, derecho mercantil, economía y derecho corporativo. Debido a que estudié esas materias me fue más fácil decidir no aceptar un empleo como piloto de una aerolínea.

La razón se encuentra en la historia

Una de las diferencias entre Estados Unidos y el resto del mundo colonizado por los ingleses es que ellos protestaron por los impuestos excesivos al organizar el motín conocido como "La fiesta del té", de Boston. Estados Unidos creció rápidamente en el siglo XIX simplemente porque era un país de bajos impuestos. Al serlo, Estados Unidos atrajo empresarios de todo el mundo que querían volverse ricos rápidamente. Sin embargo, en 1913 se aprobó la 16ª enmienda constitucional, que hizo posible gravar con impuestos a los ricos, y ése fue el fin del estado de bajos impuestos. Sin embargo, los ricos siempre han encontrado una manera de salir de la trampa, por lo que las leyes son diferentes en los distintos cuadrantes y favorecen especialmente al cuadrante 'D', el cuadrante de las personas más ricas de Estados Unidos.

Los ricos se desquitaron de la reforma a la legislación fiscal de 1913 al cambiar lentamente las leyes y ejercer presión en los demás cuadrantes. Así que el lento avance de los impuestos tiene el siguiente aspecto:

En 1943 se aprobó la Ley para el Pago de Impuestos. Actualmente, en vez de gravar sólo con impuestos a los ricos, el gobierno federal puede gravar con impuestos a cualquier persona en el cuadrante 'E'. Si usted era un empleado en el cuadrante 'E', ya no podía pagarse primero a sí mismo porque el gobierno recibió primero su pago. La gente siempre queda impresionada al ver cuánto le quitan de su sueldo, tanto en impuestos directos como en impuestos escondidos.

En 1986 fue promulgada la Ley de Reforma Fiscal. Esta reforma legal afectó de manera dramática a quienes eran trabajadores profesionales; personas como doctores, abogados, contadores, arquitectos, ingenieros, etcétera. Esa reforma legal impidió que las personas del cuadrante 'A' utilizaran las mismas leyes fiscales utilizadas por el cuadrante 'D'. Por ejemplo, si una persona del cuadrante 'A' tiene el mismo ingreso que una persona del cuadrante 'D', el trabajador del cuadrante 'A' deberá pagar una tasa de impuestos inicial de 35% (50% al incluir los impuestos relacionados con el seguro social). Por su parte, la persona del cuadrante 'D' podría pagar posiblemente 0% por la misma cantidad de ingreso.

En otras palabras, la regla de oro: "Quien establece las reglas conserva el oro", era nuevamente verdadera. Las reglas son elaboradas desde el cuadrante 'D' y lo han sido siempre desde 1215, cuando los barones obligaron al rey a firmar la Carta Magna.

Algunas de esas leyes y reformas fueron explicadas de manera más detallada en *Padre rico, padre pobre* y en *El cuadrante del flujo de dinero*.

La decisión está tomada

Incluso después de que decidí seguir el plan de inversión de mi padre rico en vez del plan de inversión de mi padre pobre, mi padre rico compartió conmigo un análisis sencillo sobre las oportunidades del éxito en la vida que reforzaron mi decisión. Al dibujar el cuadrante del flujo de dinero, él dijo: "Tu primera decisión consiste en averiguar en qué cuadrante tienes más oportunidades de lograr el éxito financiero de largo plazo."

Mi padre rico señaló el cuadrante 'E' y dijo: "No tienes los conocimientos por los que los empleadores pagan sueldos altos, así que probablemente como un empleado nunca ganarás mucho dinero para invertir. Además, eres descuidado, te aburres fácilmente, no logras mantener fija la atención durante un periodo prolongado, tiendes a discutir y no sigues bien las instrucciones. Por lo tanto, tus oportunidades de tener éxito financiero en el cuadrante 'E' no parecen buenas."

A continuación señaló el cuadrante 'A' y dijo: "La 'A' significa *avispado*. Por eso tantos doctores, abogados, contadores e ingenieros se encuentran en el cuadrante 'A'. Tú eres inteligente, pero no avispado. Nunca fuiste un buen estudiante. La 'A' también representa *admirado*. Tú probablemente nunca serás una estrella de rock admirada, una estrella de cine o de los deportes, así que tus posibilidades de ganar mucho dinero en el cuadrante 'A' son pocas."

"Eso deja únicamente al cuadrante 'D'", continuó mi padre rico. "Ese cuadrante es perfecto para ti. Dado que careces de todo talento o conocimiento, tus oportunidades de obtener una gran riqueza se encuentran en este cuadrante."

Y tras escuchar ese comentario yo estaba seguro. Decidí que mi mejor oportunidad para obtener el éxito financiero y una gran riqueza sería por medio de la creación de un negocio. Las leyes fiscales estaban a mi favor y mis carencias en los demás cuadrantes hicieron que fuera más fácil tomar la decisión.

La lección del autor, en retrospectiva

Trato de transmitir un poco de la sabiduría que aprendí de mi padre rico en los seminarios que ofrezco actualmente. Cuando me preguntan "cómo invertir", generalmente les digo que lo hagan por medio de un negocio, o como decía mi padre rico: "Mi negocio compra mis activos."

Invariablemente la gente levanta la mano y dice cosas como:

1. Pero yo soy un empleado y no soy dueño de mi propio negocio.
2. No todos pueden ser dueños de un negocio.

3. Comenzar un negocio es riesgoso.

4. No tengo dinero para invertir.

En relación con este tipo de respuestas al plan de inversión de mi padre rico, ofrezco las siguientes ideas.

Sobre la afirmación de que no todos pueden poseer un negocio, les recuerdo que hace menos de 100 años la mayoría de la gente poseía sus propios negocios. Tan sólo hace 100 años, 85% de la población de Estados Unidos estaba formada por granjeros independientes o pequeños propietarios de tiendas. Yo sé que mis dos abuelos eran dueños de pequeños negocios. Sólo un pequeño porcentaje de la población estaba compuesta de empleados. Luego digo: "Parece que la era industrial —con su promesa de empleos bien pagados, seguridad en el empleo de por vida y beneficios de pensión— nos privó de esa independencia." También agrego que nuestro sistema educativo fue diseñado para crear empleados y profesionistas, no empresarios, de manera que fuera natural que las personas consideraran que comenzar un negocio sería riesgoso.

Los argumentos que esgrimo son:

1. Es probable que tengan el potencial de ser grandes dueños de negocios si tienen el deseo de desarrollar esas aptitudes. Sus antepasados desarrollaron sus aptitudes empresariales y dependieron de ellas. Si ustedes no tienen actualmente un negocio, la pregunta es: ¿quieren atravesar por el proceso de aprender cómo crear un negocio? Ustedes son los únicos que pueden responder esa pregunta.

2. Cuando la gente dice: "No tengo dinero para invertir" o "necesito un trato de bienes raíces que pueda comprar sin pago inicial", mi respuesta es: "Quizá ustedes deban cambiar de cuadrantes e invertir en los cuadrantes que les permiten invertir con dinero antes de pagar impuestos. Entonces quizá dispongan de mucho más dinero para invertir."

Una de las primeras consideraciones en su plan de inversión debe ser decidir en qué cuadrante existe la mejor oportunidad para que gane más dinero rápidamente. De esa manera puede comenzar a invertir para obtener las ganancias más grandes con el menor riesgo y tendrá la mejor oportunidad de volverse muy, muy rico.

CAPÍTULO 28

Conserve su empleo y aun así conviértase en rico

Una vez que decidí crear un negocio, el siguiente problema que encaré fue que no tenía dinero. En primer lugar no sabía cómo crear un negocio. En segundo término, yo carecía del dinero para hacerlo y en tercero no tenía dinero para vivir. Dado que me sentía débil y carecía de confianza en mí mismo, llamé a mi padre rico y le pregunté qué debería hacer.

Él inmediatamente dijo: "Consigue un empleo."

Su respuesta me impactó. "Yo pensé que me habías dicho que comenzara mi propio negocio."

"Sí, lo dije. Pero de cualquier manera necesitas comer y poner un techo sobre tu cabeza", dijo.

Lo que agregó a continuación se lo he transmitido a innumerables personas. Mi padre rico dijo: "La regla número uno de volverte empresario es nunca obtener un empleo por dinero. Obtén un empleo sólo debido a las aptitudes de largo plazo que aprenderás."

El primer y único empleo que yo obtuve después de estar en el Cuerpo de Marines fue con la Xerox Corporation. Lo escogí porque tenía el mejor programa de entrenamiento de ventas. Mi padre rico sabía que yo era muy tímido y tenía mucho temor al rechazo. Me recomendó que aprendiera a vender, no por el dinero sino para aprender a superar mis miedos personales. Diariamente tenía que ir de un edificio de oficinas a otro, tocando puertas y tratando de venderle a la gente una máquina Xerox. Fue un proceso de aprendizaje muy doloroso y sin embargo ese proceso me hizo ganar millones de dólares con el paso de los años.

Mi padre rico decía: "Si no puedes vender, no puedes ser un empresario."

Durante dos años fui el peor vendedor de la oficina de Honolulu. Tomé clases adicionales de ventas, compré cintas y las escuché. Finalmente, después de estar a punto de ser despedido en varias ocasiones, comencé a vender. Aunque todavía era muy tímido, el entrenamiento en ventas me ayudó a desarrollar las aptitudes necesarias para adquirir riqueza.

El problema era que sin importar qué tan duro trabajara y cuántas máquinas vendiera, siempre me faltaba dinero. Yo no tenía dinero para invertir o comenzar un negocio. Un día le dije a mi padre rico que aceptaría un empleo de medio tiempo para suplementar mi ingreso, de manera que pudiera invertir. Ése era el momento que él había estado esperando.

Mi padre rico dijo: "El error más grande que comete la gente es que trabajan muy duro por su dinero." A continuación agregó: "La mayoría de la gente no sale adelante desde el punto de vista financiero porque cuando necesitan más dinero, buscan empleos de medio tiempo. Si realmente quieres salir adelante, necesitas conservar tu empleo durante el día y comenzar un negocio de medio tiempo."

Mi padre rico trazó este diagrama para mí una vez que supo que yo estaba aprendiendo aptitudes valiosas y que tenía serias intenciones de convertirme en dueño de negocio e inversionista:

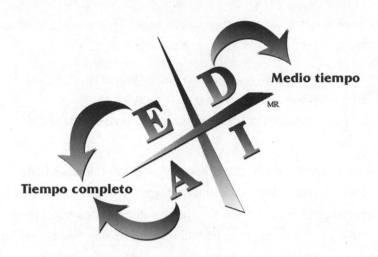

"Es el momento de que comiences tu propio negocio de medio tiempo", dijo. "No pierdas el tiempo con un empleo de medio tiempo. Un empleo así te mantiene en el cuadrante 'E', pero un negocio de medio tiempo te coloca en el cuadrante 'D'. La mayoría de las grandes compañías comenzaron como negocios de medio tiempo."

En 1977 comencé mi negocio de medio tiempo en la fabricación de carteras de nylon y velcro. Muchos de ustedes conocen esa línea de productos hoy en día. Entre 1977 y 1978 trabajé muy duro en Xerox, y eventualmente me convertí en uno de los mejores representantes de ventas de esa sucursal. En mi tiempo libre también estaba creando un negocio que pronto se convirtió en un negocio multimillonario a nivel mundial.

Cuando la gente me pregunta si me gustaba mi línea de productos —una línea que consistía en coloridas carteras de nylon, correas de nylon para relojes y bolsillos de nylon para los zapatos, que se ajustaban a las agujetas de los zapatos para correr y sostenían las llaves, el dinero y una tarjeta de identificación—, yo respondo: "No. No estaba enamorado de la línea de productos. Pero disfruté el reto de crear el negocio."

Menciono este aspecto de manera específica porque muchas personas actualmente me dicen cosas como:

1. No tengo una gran idea para un producto nuevo.
2. Uno tiene que sentir pasión por su producto.
3. Estoy buscando el producto adecuado antes de comenzar mi negocio.

A esas personas generalmente les digo: "El mundo está lleno de grandes ideas para nuevos productos y también está lleno de productos magníficos. Pero existe escasez de grandes hombres de negocios. La principal razón para comenzar un negocio de medio tiempo no consiste en hacer que un producto sea magnífico. La verdadera razón para comenzar un negocio es que usted se convierta en un gran hombre de negocios. Los grandes productos se encuentran por todas partes. Pero los grandes hombres de negocios son escasos y ricos."

Si usted considera a Bill Gates, fundador de Microsoft, él ni siquiera inventó su producto de aplicaciones para computadora. Lo adquirió de un grupo de programadores de computadora y a continuación creó una de las compañías más poderosas e influyentes de la historia mundial. Gates no creó un gran producto, pero creó un gran negocio que le ayudó a convertirse en el hombre más rico del mundo. El mensaje es, por lo tanto, que no debe molestarse en tratar de crear un gran producto. Enfoque mejor su atención en comenzar un negocio de manera que pueda aprender cómo ser un gran dueño de negocio.

Michael Dell, de Dell Computers, comenzó su negocio de medio tiempo en su dormitorio de la Universidad de Texas. Tuvo que abandonar la escuela porque su negocio de medio tiempo lo enriqueció mucho más de lo que podría hacerlo cualquier empleo para el que estuviera estudiando.

Amazon.com también comenzó como un negocio de medio

tiempo en una cochera. El joven que lo inició es actualmente multimillonario.

La lección en retrospectiva

Muchas personas sueñan comenzar sus propios negocios pero nunca lo hacen porque tienen temor de fracasar. Muchas personas sueñan volverse ricas pero no lo logran porque carecen de las aptitudes y la experiencia. Las habilidades y la experiencia en los negocios es de donde realmente proviene el dinero.

Mi padre rico me dijo: "La educación que tú recibes en la escuela es importante, pero la educación que recibes en la calle es aún mejor."

Comenzar un negocio en casa de medio tiempo, le permite aprender las invaluables aptitudes del negocio y temas como:

1. Aptitudes de comunicación
2. Aptitudes de liderazgo
3. Aptitudes de creación de equipo
4. Derecho fiscal
5. Derecho corporativo
6. Leyes sobre valores

Esas aptitudes o temas no pueden ser aprendidos en un curso de fin de semana o en un solo libro. Yo continúo estudiándolos actualmente y mientras más los estudio, más mejoran mis negocios.

Otra razón por la que las personas aprenden tanto al comenzar sus negocios de medio tiempo es que comienzan como inversionistas internos en sus propios negocios. Si alguien puede aprender a crear negocios, queda a su disposición todo un nuevo mundo con oportunidades financieras prácticamente ilimitadas. Uno de los problemas de estar en el cuadrante "E" o en el cuadrante "A" es que esas oportunidades frecuentemente están limitadas por qué tan duro pueda trabajar una persona y cuántas horas tenga un día.

CAPÍTULO 29

El espíritu empresarial

Las personas invierten por dos razones básicas:

1. Para ahorrar para el retiro
2. Para ganar mucho dinero

Aunque muchos de nosotros invertimos por ambas razones —y ambas son importantes— parece que la mayoría de la gente se inclina más por la primera razón. Ellos ahorran y esperan incrementar su valor con el paso del tiempo. Invierten pero están más preocupados por perder que por ganar. Yo he conocido muchas personas cuyo miedo a perder les impide actuar. Las personas necesitan ser fieles a sus sentidos emocionales cuando invierten. Si el dolor o el miedo a perder es demasiado grande, es mejor que se invierta de manera muy conservadora.

Sin embargo, si considera la gran riqueza que existe en el mundo, ésta no está en manos de los inversionistas cautelosos. Los grandes cambios en este mundo provienen de inversionistas que respaldan lo que mi padre rico llamaba "el espíritu empresarial."

Una de mis historias favoritas es la de Cristóbal Colón, valiente explorador que creía que el mundo era redondo y que tenía un plan atrevido para encontrar una ruta más rápida a las riquezas de Asia. Sin embargo, la creencia popular de su tiempo era que el mundo era plano. Todos pensaban que Colón navegaría a los confines de la tierra si intentaba poner en práctica su plan. Con el fin de poner a prueba su teoría de que el mundo era redondo, Colón tuvo que acudir ante los reyes de España y convencerlos de invertir en su aventura de negocios. El rey Fernando y la reina Isabel aportaron lo que se llama "el pago inicial" e invirtieron en su aventura de negocios.

Mi maestra de historia en la escuela trató de explicarme que el dinero fue recaudado para hacer avanzar el conocimiento por medio de la exploración. Mi padre rico me dijo que aquella fue únicamente una empresa de negocios que necesitaba capital. El rey y la reina sabían que si este empresario llamado Colón tenía éxito al navegar hacia el oeste y llegar al este, obtendrían una enorme retribución sobre su inversión. Colón, el rey y la reina que lo respaldaron, tenían un verdadero espíritu de empresarios. El rey y la reina no invirtieron para perder dinero. Invirtieron porque querían ganar más dinero. Es el espíritu que consiste en correr riesgos con la posibilidad de obtener una gran recompensa. Ellos invirtieron en ese espíritu.

Por qué comenzar un negocio

Cuando comencé a formular mis planes para comenzar mi negocio de medio tiempo, mi padre rico puso énfasis en el espíritu con que yo emprendí esa nueva aventura, la aventura de crear un negocio a nivel mundial. Él dijo: "Tú creas un negocio debido al desafío porque es emocionante, constituye un reto y requerirá que hagas todo tu esfuerzo para que tenga éxito."

Mi padre rico quería que yo comenzara un negocio con el fin de encontrar mi espíritu empresarial. Él decía con frecuencia: "El mundo está lleno de personas con grandes ideas, pero sólo unos cuantos con grandes fortunas obtenidas a partir de sus ideas." Así que me alentó a comenzar un negocio, cualquier negocio. A él no le importaba el producto o qué tanto me gustara el producto. A él no le preocupaba que yo fracasara. Quería que yo comenzara. Actualmente veo muchas personas con grandes ideas que tienen miedo de comenzar, o que comienzan, fracasan y se rinden. Por eso mi padre rico citaba frecuentemente las palabras de Einstein, quien decía: "Los grandes espíritus frecuentemente han encontrado una violenta oposición por parte de las mentes mediocres." Él quería que yo simplemente comenzara cualquier negocio tan sólo para que pudiera desafiar mi propia mente mediocre y, al hacerlo, desarrollara mi espíritu empresarial. Mi padre rico decía: "La principal razón por la que muchas personas adquieren sus activos en vez de crearlos es porque no han invocado su propio espíritu empresarial para tomar sus ideas y convertirlas en grandes fortunas."

No lo haga por sólo 200 000 dólares

Al regresar a la definición de inversionista acreditado, mi padre rico dijo: "Todo lo que una persona necesita para ser un inversionista acreditado es tener un salario de 200 000 dólares. Es mucho dinero para algunas personas, pero no es razón suficiente para comenzar a construir un negocio. Si sólo sueñas con un salario de 200 000 dólares, entonces comienza en los cuadrantes 'E' o 'A'. Los riesgos son demasiado grandes en los cuadrantes 'D' e 'I' por una suma tan pequeña. Si decides crear un negocio, no lo hagas por sólo 200 000 dólares. Los riesgos son demasiado altos a cambio de una recompensa tan pequeña. Hazlo por una cantidad mucho mayor. Hazlo por millones, quizá por miles de millones, o no lo hagas en absoluto. Pero si decides crear un negocio, debes invocar tu espíritu empresarial."

Mi padre rico también decía: "No existen los empresarios o dueños de negocio exitosos y pobres. Tú puedes ser un doctor exitoso y pobre, o un contador exitoso y pobre. Pero no puedes ser un dueño de negocio exitoso y pobre. Existe sólo un tipo de dueño de negocio exitoso, y es el rico."

Las lecciones en retrospectiva

Con frecuencia me preguntan: "¿Qué tanto es demasiado?" o "¿cuánto es suficiente?" La persona que formula esa pregunta es a menudo alguien que nunca ha creado un negocio exitoso que haya producido mucho dinero. También he notado que la mayoría de las personas que formulan esa pregunta se encuentran en el lado 'E' y 'A' del cuadrante. Otra gran diferencia entre quienes están en el lado izquierdo del cuadrante y quienes están en el lado derecho es la siguiente:

Las personas que se encuentran en el lado izquierdo, en general sólo tienen un juego de estados financieros porque a menudo tienen una fuente de ingresos. Aquellos en el lado derecho sólo tienen múltiples juegos de estados financieros y fuentes de ingresos. Mi esposa y yo somos empleados de varias corporaciones en las que también tenemos participación como dueños. Por lo tanto, tenemos estados financieros como individuos y estados financieros de nuestros negocios. Conforme nuestros negocios se vuelven más exitosos y generan flujo de efectivo, necesitamos menos de nuestro ingreso como empleados. Muchas personas que se encuentran en el lado izquierdo no saben lo que se siente ganar más y más dinero con menos trabajo.

Aunque el dinero es importante, no es el principal factor de motivación para crear un negocio. Considero que la pregunta puede ser respondida al formularla de otra manera. La pregunta formulada es similar a preguntar a un golfista: "¿Por qué sigue jugando al golf?" La respuesta se encuentra en el espíritu del juego.

Aunque tardé muchos años de dolor y miseria ocasionales, el reto y el espíritu fueron siempre los factores que me impulsaron a querer construir un negocio. Hoy en día tengo amigos que han vendido sus negocios por millones de dólares. Muchos de ellos descansaron durante unos meses y luego regresaron al juego. Es la emoción, el reto, el espíritu y el potencial de obtener una gran recompensa al final lo que hace que el empresario siga adelante. Antes de crear mi negocio de las carteras de nylon y velcro, mi padre rico quería que me asegurara de que lo hacía con ese espíritu.

El espíritu empresarial es un activo valioso para crear un exitoso negocio 'D'. Muchos capitalistas exitosos hoy en día son todavía empresarios de corazón.

Tercera Etapa

¿Cómo puede construir un negocio sólido?

CAPÍTULO 30

¿Por qué crear un negocio?

Mi padre rico decía: "Existen tres razones para construir un negocio, además de simplemente crear un activo."

1. "Para proporcionarle un excedente de flujo de efectivo." En su libro *How to Be Rich*, J. Paul Getty afirma que su primera regla consiste en que uno debe estar en el negocio por uno mismo. Además sugiere que nunca se volverá rico si trabaja para alguien más.

Una de las principales razones por las que mi padre rico comenzó tantos negocios fue que contaba con un excedente de flujo de efectivo procedente de sus otros negocios. También tenía tiempo porque sus negocios requerían un esfuerzo mínimo de su parte. Esto le permitía contar con el tiempo libre y el dinero extra para seguir invirtiendo en más y más activos libres de impuestos. Ésa es la razón por la que se volvió rico tan rápidamente y por la que decía: "Atienda su propio negocio."

2. "Para venderlo." Mi padre rico explicó a continuación que el problema de tener un empleo es que usted no puede vender el empleo, sin importar qué tan duro trabaje. El problema con crear un negocio en el cuadrante "A" es que generalmente existe un mercado limitado que quisiera adquirirlo.

Por ejemplo, si un dentista pone su consultorio, generalmente la única persona que puede tener interés en comprarlo es otro dentista. Para mi padre rico, eso constituía un mercado muy pequeño. Él decía: "Para que algo sea valioso, debe haber mucha gente que lo desee. El problema con un negocio del cuadrante 'A' es que usted es frecuentemente la única persona que lo quiere."

Mi padre rico dijo: "Un activo es algo que aporta dinero a su bolsillo o que puede ser vendido a alguien más por una cantidad mayor que la que usted pagó o invirtió. Si usted puede crear un negocio exitoso, siempre tendrá mucho dinero. Si aprende a crear un negocio exitoso, habrá desarrollado una profesión que muy pocas personas logran desarrollar."

En 1975, mientras estaba aprendiendo a vender máquinas Xerox, conocí a un joven que había sido dueño de cuatro talleres de fotocopiado rápido en Honolulu. La razón por la que estaba en el negocio de sacar copias era interesante. Mientras estaba en la escuela había dirigido el taller de copiado de la universidad y había aprendido la parte operativa del negocio. Cuando salió de la escuela no había empleos, por lo que abrió un taller de copiado en el centro de Honolulu, haciendo lo que sabía hacer mejor. Pronto tuvo cuatro de esos centros de copiado en cuatro de los más grandes edificios de oficinas del centro, todos ellos con contratos de arrendamiento a largo plazo. Una importante cadena de centros de copiado llegó a la ciudad y le hizo una oferta que él no pudo rechazar. Él aceptó 750 000 dólares, una enorme suma en aquella época; adquirió un yate, depositó 500 000 dólares con un administrador profesional de dinero y se marchó a navegar alrededor del mundo. Cuando regresó, un año y medio más tarde, el administrador había hecho crecer su inversión a casi 900 000 dólares, así que el joven zarpó nuevamente, de regreso a las islas del Pacífico sur.

Yo fui el tipo que le vendió las máquinas de copiado y todo lo que obtuve fue mi pequeña comisión. Él fue quien creó el negocio, lo vendió y se fue a navegar. Nunca volví a verlo después de 1978, pero escuché que regresa al pueblo de vez en cuando, revisa su portafolio y vuelve a marcharse a navegar.

Como decía mi padre rico: "Como dueño de negocio, no necesita estar en lo correcto 51% de las veces. Necesita estar en lo correcto sólo una vez." Él también dijo: "Crear un negocio es un camino riesgoso para la mayoría de la gente. Pero si puede sobrevivir y mejorar sus aptitudes, su potencial de riqueza es ilimitado. Si evita el riesgo y juega a lo seguro en el lado 'E' y 'A', es posible que esté seguro, pero también limitará lo que verdaderamente puede ganar."

3. "Para crear un negocio y ofrecer las acciones al público." Era la idea de mi padre rico de convertirse en lo que él llamaba el inversionista consumado. Fue la creación de un negocio y la oferta de sus acciones al público lo que hixo que Bill Gates, Henry Ford, Warren Buffet, Ted Turner y Anita Roddick fueran muy, muy ricos. Fueron accionistas que vendían acciones, mientras nosotros somos accionistas que las compramos. Fueron inversionistas internos, mientras nosotros somos inversionistas internos que tratamos de mirar hacia el interior.

Nunca es demasiado viejo, ni demasiado joven

Si alguien le dice que no puede construir un negocio que otros quieren comprar, utilice esa idea de mente limitada para inspirarse. Es verdad que Gates era muy joven cuando creó Microsoft, pero el coronel Sanders tenía 66 años cuando comenzó Kentucky Fried Chicken.

En los siguientes capítulos describiré lo que mi padre rico llamaba el Triángulo D-I. Utilizo este triángulo como guía para crear negocios. Describe las principales aptitudes técnicas que se requieren para ello. Mi padre rico también consideraba que se requerían ciertas características personales para ser un empresario exitoso:

1. **Visión:** la capacidad de ver lo que los demás no pueden ver.
2. **Coraje:** la aptitud de actuar a pesar de tener enormes dudas.
3. **Creatividad:** la capacidad para pensar de manera original.
4. **La capacidad para resistir la crítica:** no existe una sola persona exitosa que no haya sido criticada.
5. **La aptitud para retrasar la gratificación:** puede ser difícil aprender a negar la autogratificación inmediata a corto plazo, a cambio de una recompensa más grande a largo plazo.

Capítulo 31

El Triángulo D-I

La clave para una gran riqueza

El siguiente es un diagrama que mi padre rico llamaba el Triángulo D-I, la clave para una gran riqueza.

El Triángulo D-I era muy importante para mi padre rico porque le daba estructura a sus ideas. Como él decía: "Existen muchas personas con grandes ideas pero muy pocas personas con grandes fortunas. El Triángulo D-I tiene el poder de convertir las ideas ordinarias en grandes fortunas. Es la guía para tomar una idea y crear un activo." El triángulo representa el conocimiento necesario para ser exitoso en cl lado "D" e "I" del cuadrante del flujo de dinero. Yo lo he modificado un poco con el paso de los años.

Tenía cerca de dieciséis años de edad cuando vi por primera vez este diagrama. Mi padre rico lo trazó para mí cuando comencé a formularle las siguientes preguntas:

1. ¿Cómo es posible que tengas tantos negocios y otras personas apenas puedan manejar uno?
2. ¿Por qué crecen tus negocios mientras los de otros permanecen pequeños?
3. ¿Cómo es posible que tengas tiempo libre cuando otros dueños de negocios trabajan constantemente?
4. ¿Por qué hay tantos negocios y fracasan tan rápido?

Yo no le formulé todas esas preguntas al mismo tiempo, pero eran preguntas que me venían a la mente conforme estudiaba sus negocios. Mi padre rico tenía cerca de 40 años de edad y yo estaba asombrado de que él pudiera dirigir varias compañías diferentes, todas ellas en distintas industrias. Por ejemplo, tenía un negocio de restaurantes, uno de comida rápida, una cadena de tiendas de conveniencia, una compañía de camiones, un constructora y uno de administración de propiedades. Yo sabía que él estaba siguiendo su plan para hacer que sus negocios compraran sus verdaderas inversiones, las que para él eran los bienes raíces, pero era sorprendente cuántos negocios podía dirigir al mismo tiempo. Cuando le pregunté cómo podía comenzar, poseer y administrar tantos negocios, su respuesta consistió en trazar el Triángulo D-I.

Hoy en día soy dueño de participaciones en diversas compañías diferentes en negocios completamente distintos porque utilizo el Triángulo D-I como guía. No poseo tantas compañías como las que tenía mi padre rico, pero al seguir la misma fórmula descrita en el Triángulo D-I, yo podría poseer más si lo deseara.

Explicación del Triángulo D-I

Obviamente, la cantidad de material que puede ser escrita —y que es necesario escribir— para cubrir la información representada por el Triángulo D-I, es más de lo que este libro podría abarcar. Sin embargo, revisaremos los conceptos básicos.

La misión

Mi padre rico decía: "Un negocio necesita tanto de una misión espiritual como de una misión de negocio para tener éxito, especialmente al principio." Cuando nos explicaba este diagrama a Mike y a mí, siempre comenzaba con la misión porque pensaba que era el aspecto más importante del triángulo y la razón por la cual se encontraba en la base del mismo. "Si la misión es clara y poderosa, el negocio pasará las pruebas por las que atraviesan todos los negocios durante sus primeros diez años. Cuando un negocio crece y olvida su misión, o la misión para la que fue creado ya no es necesaria, el negocio comienza a morir."

Mi padre rico eligió las palabras "espiritual" y "negocio". Él decía: "Muchas personas comienzan un negocio sólo para ganar dinero. El solo propósito de ganar dinero no es lo suficientemente poderoso. El dinero por sí solo no proporciona suficiente pasión, motivación o deseo. La misión de un negocio debe satisfacer una necesidad del cliente, y si satisface esa necesidad y la satisface bien, el negocio comenzará a ganar dinero."

En lo que se refiere a la misión espiritual, mi padre rico dijo: "Henry Ford era un hombre guiado por una misión espiritual en primer lugar, y por una misión de negocio, en segundo. Él quería hacer que el automóvil estuviera a disposición de las masas; no sólo quería volverse rico. Por eso su declaración de misión fue: "Democratizar el automóvil." Mi padre rico agregó: "Cuando la misión espiritual y la misión de negocio son poderosas y se complementan, el poder combinado construye enormes negocios."

La misión espiritual y la misión de negocio de mi padre rico se complementaban estrechamente. Su misión espiritual consistía en proporcionar empleos y oportunidades a muchas de las personas pobres a quienes servía alimentos en sus restaurantes. Mi padre rico pensaba que la misión de un negocio era muy importante a pesar de que fuera difícil de ver y de medir. Él decía: "Sin una misión poderosa, es poco probable que un negocio sobreviva sus primeros cinco a diez años." También afirmaba que: "Al comenzar un negocio, la misión y el espíritu empresarial son esenciales para que el negocio sobreviva. Éstos deben ser preservados mucho después de que el empresario se marche, si no el negocio muere." Mi padre rico decía: "La misión de un negocio es el reflejo del espíritu del empresario. General Electric fue una compañía fundada por el genio de Thomas Edison, y ha crecido al preservar el espíritu del gran inventor y al continuar inventando productos nuevos e innovadores. Ford Motor Company ha sobrevivido al continuar la tradición de Ford."

Hoy en día considero que el espíritu de Bill Gates continúa impulsando a Microsoft para dominar el mundo de los programas de computación. En contraste, cuando Steven Jobs fue expulsado de Apple y un equipo de administración del tradicional mundo corporativo lo reemplazó, la compañía se vino abajo rápidamente. Tan pronto como Jobs fue reinstalado en Apple, regresó el espíritu de la compañía, se crearon nuevos productos, se incrementó la rentabilidad y el precio de las acciones subió.

Aunque la misión de un negocio sea difícil de medir, imposible de ver, y para todos los efectos prácticos sea intangible, muchos de nosotros la hemos experimentado. Nosotros podemos identificar la misión de alguien que está tratando de vendernos algo a cambio de una comisión, en contraste con alguien que trata de satisfacer nuestras necesidades. Conforme el mundo se llena cada vez de más productos, los negocios que sobreviven y prosperan desde el punto de vista financiero serán los negocios que se enfoquen en servir y cumplir la misión de la compañía y las necesidades de sus clientes, en vez de sólo incrementar los ingresos.

CASHFLOW Technologies, Inc., la compañía que Kim, Sharon y yo creamos para dar vida a este libro, así como nuestros demás productos relacionados con la educación financiera, tiene la siguiente misión: "Elevar el bienestar financiero de la humanidad". Al ser claros y fieles a la misión espiritual y de negocio de esta compañía, hemos disfrutado del éxito que va más allá de la suerte. Al ser claros en nuestra misión, atraemos a individuos y a otros grupos que tienen una misión similar. Algunas personas le llaman suerte… Yo le llamo ser fieles a nuestra misión. Con el paso de los años he llegado a creer que mi padre rico estaba en lo cierto sobre la importancia de tener una misión espiritual y una misión de negocio, sólidas y armónicas.

Con apego a la verdad, no todos mis negocios tienen una misión doble tan sólida como CASHFLOW Technologies, Inc. Hay negocios en los que la participación tiene misiones de negocio más poderosas que las espirituales.

Ahora me doy cuenta de que mi negocio de carteras de nylon y velcro tenía una misión muy diferente a lo que pensé inicialmente. La misión para crear ese negocio era proporcionarme a mí mismo una educación rápida acerca de la creación de un negocio a nivel mundial. Ese negocio cumplió su misión de manera dolorosa. En otras palabras, yo obtuve lo que quería. El negocio creció muy rápidamente, el éxito fue vertiginoso así como el desplome. Sin embargo, por dolorosa que haya sido la experiencia, me di cuenta de que había logrado mi misión. Después de salir de entre los escombros y reconstruir el negocio, entendí lo que quería. Como decía mi padre rico: "Muchos empresarios no se convierten realmente en hombres de negocios hasta después de perder su primer negocio." En otras palabras, aprendí más al perder mi negocio y reconstruirlo de lo que aprendí al ser exitoso. Como decía mi padre rico: "La escuela es importante, pero la calle es una mejor maestra." Así que mi primera gran aventura en los negocios después de abandonar el Cuerpo de Marines fue cara y dolorosa, pero las lecciones que aprendí fueron invaluables. Y el negocio cumplió su misión.

Nota de Sharon

La misión de una compañía le ayuda a mantener el enfoque. En las primeras etapas de su desarrollo, muchos factores pueden causar distracción. La mejor manera de volver al camino es revisar su misión. ¿Afectó la distracción el logro de su misión? De ser así, usted debe resolver la distracción tan rápidamente como sea posible para poder reenfocar sus esfuerzos en la misión general.

Actualmente advierto que muchas personas se vuelven millonarias de manera instantánea, incluso multimillonarias, con sólo realizar una oferta pública primaria de las acciones de una compañía. Frecuentemente me pregunto si la misión de la compañía consistía solamente en ganar dinero para sus dueños o inversionistas, o si la compañía fue realmente creada para cumplir una misión o alguna clase de servicio. Me temo que muchas de esas nuevas ofertas públicas primarias fracasarán en última instancia debido a que su única misión es ganar dinero rápidamente. Además, es en la misión de la compañía donde se encuentra el espíritu empresarial.

El equipo

Mi padre rico siempre decía: "Los negocios son un deporte en equipo, la inversión es un deporte en equipo y el problema de estar en los cuadrantes 'E' y 'A' es que usted juega como individuo, en contra de un equipo."

Mi padre rico dibujaba el cuadrante del flujo de efectivo para ilustrar su argumento:

Una de las críticas más fuertes de mi padre rico al sistema educativo era: "En la escuela entrenamos a los estudiantes para que presenten las pruebas por su cuenta. Si un niño intenta cooperar durante el examen, a eso se le llama 'hacer trampa'. En el mundo real de los negocios, los dueños de negocios cooperan durante los exámenes y todos los días se realizan exámenes."

Una lección muy importante

Considero que esta lección sobre el trabajo en equipo es crucial para las personas que consideran la idea de crear un negocio poderoso y exitoso. Esta es una de las principales claves para mi éxito financiero. Los negocios y la inversión son deportes en equipo y todos los días son días de exámenes. Para ser exitoso en la escuela debía presentar solo los exámenes. En los negocios, el éxito es el resultado de presentar los exámenes como equipo, no de manera individual.

Las personas en los cuadrantes "E" y "A" frecuentemente ganan menos dinero del que podrían o del que quisieran porque intentan hacer las cosas por cuenta propia. Si trabajan como un grupo, especialmente aquellos en el cuadrante "E", forman un sindicato en vez de un equipo. Y eso es lo que le está ocurriendo actualmente a los médicos en Estados Unidos. Están formando un sindicato profesional para combatir el poder de un equipo, el equipo de negocios conocido como las organizaciones para el mantenimiento de la salud (HMO's, por sus siglas en inglés).

Muchos inversionistas tratan de invertir actualmente como individuos. Veo y leo sobre miles de personas que se dedican a comerciar con acciones por internet. Éste es un ejemplo perfecto de un individuo que trata de comerciar en contra de equipos bien organizados. Por eso muy pocos de ellos tienen éxito, y es la razón por la que muchos pierden su dinero. A mí me enseñaron que en lo que se refiere a las inversiones, uno debe invertir como miembro de un equipo. Mi padre rico decía: "Si las personas desean convertirse en inversionistas sofisticados o de niveles superiores, deben invertir como equipo." En el equipo de mi padre rico estaban sus contadores, abogados, corredores, asesores financieros, agentes de seguros y banqueros. Yo utilizo los plurales porque él siempre tenía más de un asesor. Cuando tomaba una decisión, lo hacía con la participación del equipo. Hoy en día yo hago lo mismo.

No un gran yate: un gran equipo

Actualmente, veo comerciales en la televisión en que aparece una pareja rica que navega en su yate en cálidas aguas tropicales. El anuncio parece estar dirigido a todos los individuos que tratan de volverse ricos por cuenta propia. Siempre que veo ese comercial, pienso en lo que me decía mi padre rico: "La mayoría de las personas que tienen pequeños negocios sueñan con poseer algún día un yate o un aeroplano. Por eso nunca serán dueños de un yate o un aeroplano. Cuando yo estaba comenzando, soñaba con tener mi propio equipo de contadores y abogados, no un yate."

Mi padre rico quería que yo tuviera como objetivo tener un equipo de contadores y abogados trabajando solamente en mi negocio, antes de que yo soñara con un yate. Para lograr que yo comprendiera eso, me hizo acudir con un contador del pueblo para realizar mi pequeña declaración de impuestos. Cuando me senté en la mesa frente a Ron, el contador público, lo primero que noté fue una pila de carpetas de papel manila que reposaban sobre su escritorio. Inmediatamente comprendí la lección de mi padre rico. El contador público estaba atendiendo otros 30 negocios tan sólo ese día. ¿Cómo podía prestar atención total a mi negocio?

De regreso en la oficina de mi padre rico esa tarde, vi algo que no había notado antes. Mientras me sentaba en el área de recepción para esperar a que la secretaria personal de mi padre rico me permitiera pasar, pude ver a un equipo de personas que trabajaban solamente en el negocio de mi padre rico. En el área de trabajo de su oficina había una fila de tenedores de libros, cerca de catorce. También había cinco contadores de tiempo completo y un director financiero. Él tenía además dos abogados que trabajaban en su oficina central. Cuando me senté frente a mi padre rico, todo lo que dije es: "Ellos están atendiendo tus negocios y no los de alguien más."

Mi padre rico asintió: "Como dije antes, la mayoría de la gente trabaja duro y sueña con ir de viaje en su propio yate. Yo primero soñé con tener un equipo de contadores y abogados de tiempo completo. Por eso ahora puedo tener el gran yate y el tiempo libre. Es una cuestión de prioridades."

¿Cómo puede usted sufragar los gastos del equipo?

En mis seminarios me preguntan frecuentemente: "¿Cómo puede sufragar los gastos de ese equipo?" La pregunta generalmente viene de alguien que se encuentra en los cuadrantes "E" o "A". Nuevamente, la diferencia se remonta a las diferentes leyes y reglas que existen para los distintos cuadrantes. Por ejemplo, cuando una persona en el cuadrante "E" paga los servicios profesionales, la transacción tiene el siguiente aspecto:

Ingreso
Gasto Impuestos Servicios profesionales

Para las personas en los cuadrantes "D" e "I", la transacción tiene el siguiente aspecto:

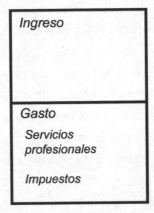

Ingreso
Gasto *Servicios* *profesionales* *Impuestos*

Existe también una diferencia entre el dueño de negocios del cuadrante "D" y el dueño de negocios del cuadrante "A". El dueño de negocios del cuadrante "D" no duda en pagar por esos servicios porque el sistema de negocios, el Triángulo D-I completo, está pagando por los servicios. Los dueños de negocios del cuadrante "A" a menudo pagan por esos servicios con su propia sangre y sudor, por lo que la mayoría de ellos no puede contratar a un equipo de tiempo completo, debido a que frecuentemente no ganan suficiente para cubrir sus propias necesidades financieras.

La mejor educación

Mi respuesta es la misma si me formulan preguntas como:

1. ¿Cómo aprendió tanto acerca de negocios e inversiones?
2. ¿Cómo obtiene usted utilidades tan altas con tan bajo riesgo?
3. ¿Qué le proporciona la confianza para invertir en aquello que otros consideran riesgoso?
4. ¿Cómo encuentra usted los mejores tratos?

Yo respondo: "Mi equipo." Éste consta de contadores, abogados, banqueros, corredores de bolsa, etcétera.

Cuando las personas dicen: "Crear un negocio es riesgoso." a menudo hablan desde el punto de vista de quien hace las cosas por cuenta propia, un hábito que aprendieron desde la escuela. En mi opinión, no crear un negocio es riesgoso. Al no crear un negocio, usted deja de ganar una experiencia invaluable en el mundo real y no obtiene la mejor educación del mundo, la educación que proviene de su equipo de asesores. Como decía mi padre rico: "Quienes juegan a lo seguro se pierden de la mejor educación del mundo y desperdician mucho tiempo precioso. El tiempo es nuestro activo más valioso, especialmente cuando envejecemos."

Tolstoi lo dijo de una manera diferente. Se le cita diciendo: "La cosa más inesperada que nos ocurre es la vejez."

Tetraedros y equipos

A menudo me preguntan: "¿Cuál es la diferencia entre el propietario de negocios del cuadrante "D" y el dueño de negocios de "A"? Mi respuesta es: "El equipo."

La mayoría de los negocios "A" están estructurados con base en un propietario único o socios. Pueden constituir equipos, pero no la clase de equipos a los que yo me refiero. De la misma forma que las personas del cuadrante "E" se reúnen para formar un sindicato, las personas del cuadrante "A" se organizan como socios. Cuando pienso en un equipo, me refiero a diferentes tipos de personas con aptitudes distintas que se reúnen para trabajar juntas. En un sindicato o sociedad, como por ejemplo un sindicato de maestros o una sociedad legal, se reúne el mismo tipo de personas con la misma profesión.

Uno de mis maestros más grandes fue el doctor R. Buckminster Fuller, quien se consagró hace muchos años a encontrar lo que él llamaba "los elementos constitutivos del universo". En su búsqueda descubrió que los cuadrados y los cubos no existen en la naturaleza. Él decía: "Los tetraedros son los elementos básicos de construcción de la naturaleza."

Cuando observo las grandes pirámides de Egipto, comprendo un poco más aquello a lo que se refería el doctor Fuller. Mientras los altos rascacielos vienen y van, esas pirámides han resistido el paso de los siglos. Mientras un rascacielos puede desplomarse con sólo unas cuantas cargas de dinamita bien colocadas, las pirámides no cederían ante la misma explosión. El doctor Fuller estaba buscando una estructura estable en el universo y la encontró en el tetraedro.

Los diferentes modelos

Las siguientes son representaciones gráficas de diferentes estructuras de negocios.

1. Éste es un negocio con un propietario único.

2. Ésta es una sociedad.

3. Éste es un negocio del cuadrante "D"

El prefijo "tetra" significa "cuatro". En otras palabras, todo tiene cuatro puntos. Después de estudiar con el doctor Fuller, comencé a ver la importancia de tener estructuras con un mínimo de cuatro elementos. Por ejemplo cuando usted observa el cuadrante del flujo de efectivo, podrá ver que tiene cuatro partes. Por lo tanto, una estructura de negocios estable tendría un aspecto similar al siguiente diagrama:

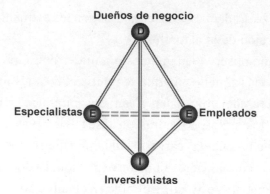

Un negocio bien administrado tendrá empleados excelentes. En este caso, yo afirmo que la "E" representa "excelente" y "esencial", porque los empleados son responsables de las actividades cotidianas del negocio. La "E" también significa "extensión"; porque los empleados son una extensión del dueño del negocio y representan al negocio ante el cliente.

Los especialistas se encuentran normalmente en el cuadrante "A". Cada especialista le guiará con base en su área de conocimientos. Aunque quizá no participen diariamente, su guía es invaluable para mantener la marcha de su negocio y hacerlo avanzar en la dirección correcta.

La estructura tiene más oportunidades de ser estable y resistente si los cuatro puntos trabajan de manera armónica. Mientras los inversionistas proporcionan los recursos, los dueños del negocio deben trabajar con los especialistas y los empleados para desarrollar el negocio y hacerlo crecer, de forma que sea posible lograr una utilidad sobre la inversión original de los inversionistas.

Otra relación interesante de cuatro puntos con la que me encontré es la de los cuatro elementos que componen el mundo en que vivimos, que los antiguos creían que eran tierra, aire, fuego y lluvia (agua). En un negocio de propietario único, así como en una sociedad, el individuo necesita de los cuatro para ser exitoso, lo cual es difícil:

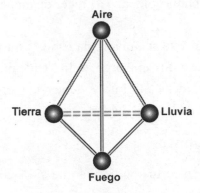

Aunque la mayoría de nosotros tiene en su interior los cuatro elementos, cada uno tiende a poseer uno de ellos de manera predominante. Por ejemplo, yo soy fuego, nací bajo el signo de Aries y del planeta Marte. Eso significa que soy bueno para comenzar las cosas pero no para completarlas. Al tener un tetraedro, soy más capaz de ser exitoso que si lo intentara por cuenta propia. Mi esposa Kim, por su parte, es tierra. Ella y yo tenemos un buen matrimonio porque me calma y calma a las personas que me rodean y a quienes yo tiendo a hacer enojar. Ella me dice frecuentemente: "Hablar contigo es como hablar con un lanzallamas." Sin ella, en la compañía yo sólo tendría a mi alrededor a personas enojadas y molestas. Sharon, por su parte, desempeña el papel del aire. Ella alimenta el fuego, mueve a la compañía en la dirección correcta y mantiene todos los sistemas funcionando adecuadamente. Como directora ejecutiva de nuestra compañía, Sharon se asegura de que los cuatro estemos en línea y trabajando para cumplir nuestra misión. Cuando Mary, nuestra administradora de operaciones, se unió a nosotros, la compañía despegó súbitamente. Mary la completó al asegurarse de que cumpliéramos lo prometido. Es importante destacar que tardamos dos años en formar este equipo. Las personas iban y venían hasta que el equipo correcto de cuatro personas quedó integrado. Una vez que este modelo quedó consolidado, la compañía comenzó a crecer de manera rápida y estable.

No afirmo que ésta sea una regla rígida y rápida para que un negocio tenga éxito. Sin embargo, todo lo que uno necesita hacer es mirar las pirámides de Egipto y viene a la mente un sentido de fortaleza, estabilidad y longevidad.

Sólo dos elementos

A menudo digo en forma de broma que si usted reúne sólo dos elementos, como en una sociedad, obtiene a cambio un extraño fenómeno. Por ejemplo:

1. Aire y agua = rocío
2. Agua y tierra = lodo
3. Fuego y agua = vapor
4. Aire y tierra = polvo
5. Tierra y fuego = lava o cenizas
6. Fuego y aire = flamas

Un equipo se compone de diferentes niveles

Una de las primeras cosas que reviso como inversionista es el equipo que está detrás del negocio. Rara vez invierto si el equipo es débil o carece de experiencia y de buenos resultados. Me entrevisto con muchas personas que tratan de recaudar dinero para su nuevo negocio o producto. Los problemas más grandes que muchos de ellos tienen es que personalmente carecen de experiencia y no tienen un equipo que los respalde, que inspire confianza.

Muchas personas quieren que invierta en su plan de negocios. Una de las cosas que la mayoría de ellos dice es: "Una vez que esta compañía esté funcionando, vamos a ofrecer las acciones al público." Esta afirmación siempre me intriga, así que pregunto lo que todos ustedes deberían preguntar: "¿Quién en su equipo tiene experiencia en ofrecer las acciones al público y cuántas compañías ha puesto a la venta esa persona?" Si la respuesta a esa pregunta es débil, yo sé que estoy escuchando una estrategia de ventas más que un plan de negocios.

Otro aspecto al que presto atención en las cifras de un plan de negocios es el rubro intitulado "salarios". Si los salarios son altos, yo sé que estoy mirando a personas que están recaudando dinero para pagarse salarios onerosos. Les pregunto si están dispuestos a trabajar de manera gratuita o a reducir sus salarios a la mitad. Si la respuesta es débil o un "no" definitivo, conozco entonces la verdadera misión de su negocio. La misión de su negocio probablemente es proporcionarles un empleo con un buen salario.

Los inversionistas invierten en la administración. Consideran al equipo en el contexto del negocio propuesto y desean ver experiencia, pasión y compromiso. Me resulta difícil creer que exista un alto nivel de compromiso por parte de personas que están tratando de recaudar dinero para pagar sus propios salarios.

Sobre nuestros juegos *CASHFLOW*

Muchas personas han preguntado por qué no creamos nuestros juegos de mesa educativos como juegos electrónicos. Una de las principales razones es porque queremos alentar el aprendizaje cooperativo. En el mundo real, ser capaz de cooperar con tantas personas como sea posible y ayudar a la gente sin incapacitarlas constituyen aptitudes humanas muy importantes.

Aunque podríamos sacar a la venta una versión electrónica de *CASHFLOW* en el futuro, por el momento estamos satisfechos con alentar a la gente a aprender de manera cooperativa —o a enseñarse mutuamente— porque mientras más enseñemos, más aprendemos. Nuestros hijos pasan gran parte de sus vidas en aislamiento. Pasan horas solos frente a la computadora, mirando el televisor o presentando exámenes. Luego nos preguntamos por qué muchos niños son antisociales. Para tener éxito, todos necesitamos aprender a llevarnos con muchos tipos diferentes de personas. Por esta razón, *CASHFLOW* es todavía un juego de mesa que requiere que juegue con otros seres humanos. Necesitamos aprender a operar como individuos, así como miembros de un equipo; y siempre podemos mejorar esas aptitudes.

Notas de Sharon

Robert ha mencionado que "el dinero sigue a la administración" en el mundo del capital de negocios. Para tener éxito, un negocio debe tener gente con conocimientos en áreas clave.

Cuando no tenga el talento para pagar por adelantado la contratación de las personas especializadas que usted necesita, considere la idea de atraer personas talentosas como miembros de una junta de asesoría bajo el entendimiento de que una vez que se recaude suficiente capital, su equipo ingresará a la empresa. Sus oportunidades de éxito son mayores si el equipo de administración tiene antecedentes de éxito en el negocio o industria en que participará el negocio que usted propone.

Su equipo también incluye a los asesores externos. La guía adecuada de sus contadores, asesores fiscales, asesores financieros y consejeros legales es imprescindible para construir un negocio fuerte y exitoso. Si su negocio son los bienes raíces, sus corredores se convierten en una parte importante de su equipo. A pesar de que esos asesores pueden ser "caros", su consejo puede proporcionarle una increíble ganancia sobre su inversión al ayudarle a estructurar un negocio sólido y al mismo tiempo evitar los descalabros a lo largo del camino.

Y eso nos conduce a la siguiente parte del Triángulo D-I: el liderazgo, porque todo equipo necesita un líder.

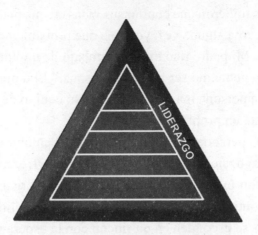

Liderazgo

Una razón por la que asistí a una academia militar federal en vez de a una universidad normal fue que mi padre rico sabía que yo necesitaba desarrollar las aptitudes de liderazgo si quería convertirme en empresario. Después de mi graduación acudí al Cuerpo de Marines de Estados Unidos y me convertí en piloto para probar mis habilidades en el mundo real, en Vietnam. Como dijo mi padre rico: "La escuela es importante, pero la calle es una mejor maestra."

Todavía recuerdo al comandante de mi escuadrón que dijo: "Caballeros, su trabajo más importante consiste en pedirle a sus tropas que arriesguen sus vidas por ustedes, por su equipo y por su país." El oficial agregó: "Si ustedes no los inspiran a hacerlo, probablemente les dispararán por la espalda. Las tropas no siguen a un líder que no las encabeza." Lo mismo ocurre en los negocios hoy y todos los días. Son más los negocios que fracasan desde adentro que desde afuera.

En Vietnam aprendí que una de las cualidades más importantes de un líder es la confianza. Como piloto de un helicóptero con una tripulación de cuatro personas, tuve que confiar mi vida a mi equipo y ellos tuvieron que confiar sus vidas en mis manos. Si esa confianza era rota alguna vez, yo sabía que probablemente no regresaría vivo. Mi padre rico dijo: "El trabajo de un líder es sacar lo mejor de la gente, no ser la mejor persona." Él también decía: "Si usted es la persona más inteligente de su equipo de negocios, su negocio está en problemas."

Cuando las personas preguntan cómo pueden obtener aptitudes de liderazgo, siempre les digo lo mismo: "Ofrézcanse como voluntarios con mayor frecuencia." En muchas organizaciones es difícil encontrar personas que realmente quieran liderar. Muchas personas se esconden en un rincón con la esperanza de que nadie les llame. Yo les digo: "En su iglesia y en su trabajo, ofrézcanse como voluntarios para realizar proyectos. Ahora bien, ofrecerse como voluntario no necesariamente lo convertirá en un gran líder, pero si acepta la retroalimentación y se corrige, puede convertirse en un gran líder.

Al ofrecerse como voluntario puede obtener retroalimentación sobre sus aptitudes de liderazgo en la vida real. Si se ofrece como voluntario para liderar y nadie le sigue, tiene cosas que aprender y corregir sobre la vida real. Pida usted retroalimentación y apoyo correctivo. Hacer eso constituye una de las características más importantes de un líder. Yo veo muchos negocios que tienen dificultades o fracasan debido a que el líder no acepta la retroalimentación de sus pares o trabajadores en la compañía. El comandante de mi escuadrón en el Cuerpo de Marines solía decir: "Los verdaderos líderes no nacen líderes. Los verdaderos líderes quieren serlo y están dispuestos a ser entrenados para lograrlo, y el entrenamiento significa ser lo suficientemente grande para aceptar la retroalimentación correctiva."

Un verdadero líder también sabe cuándo escuchar a los demás. Anteriormente señalé que yo no soy un buen hombre de negocios o inversionista; yo soy un hombre de negocios promedio. Dependo del consejo de mis asesores y de los miembros de mi equipo para ayudarme a ser un mejor líder.

Notas de Sharon

El papel de un líder es una combinación de cualidades de jefe, de visionario y de porrista.

Como visionario, el líder debe mantener su enfoque en la misión corporativa. Como "porrista", debe inspirar al equipo mientras los integrantes trabajan juntos para lograr la misión, así como dar a conocer los éxitos a lo largo del camino. Como jefe debe ser capaz de tomar decisiones difíciles respecto de temas que distraen al equipo y le impiden lograr la misión. La capacidad única de realizar acciones decisivas mientras mantiene el enfoque en la misión más importante es lo que define a un verdadero líder.

Con la misión, el equipo y el líder correctos, estará en el camino correcto para crear un poderoso negocio "D". Como dije anteriormente, el dinero sigue a la administración. Es en este punto que puede comenzar a atraer dinero de los inversionistas externos. Se requiere de cinco elementos esenciales para desarrollar un negocio sólido. Cada uno de ellos será analizado de manera separada.

CAPÍTULO 32

La administración del flujo de efectivo

Mi padre rico decía: "La administración del flujo de efectivo es una aptitud fundamental y esencial si una persona verdaderamente quiere ser exitosa en los cuadrantes 'D' e 'I'." Por eso insistía en que Mike y yo leyéramos los estados financieros de otras compañías, con el fin de que pudiéramos comprender mejor la administración del flujo de efectivo. De hecho, él pasó la mayor parte de su tiempo enseñándonos educación financiera. Él decía: "La educación financiera te permite leer las cifras, y las cifras te dicen la historia del negocio con base en los hechos."

Si le pregunta a la mayoría de los banqueros, contadores o funcionarios encargados de los préstamos, le dirán que muchas personas son débiles desde el punto de vista financiero simplemente porque no tienen educación financiera. Tengo un amigo que es un contador respetado en Australia. Él me dijo una vez: "Es impactante ver un negocio perfectamente bueno que se desploma sólo porque sus dueños no tienen educación financiera. Muchos dueños de pequeños negocios fracasan porque no conocen la diferencia entre utilidades y flujo de efectivo. Como resultado, muchos negocios rentables quiebran. Ellos no se dan cuenta de que las utilidades y el flujo de efectivo no son la misma cosa."

Mi padre rico me repetía constantemente la importancia de la administración del flujo de efectivo. Decía que: "Los dueños de negocios necesitan ver los dos tipos de flujo de efectivo si quieren ser exitosos. Existe el verdadero flujo de efectivo y el flujo de efectivo fantasma. Estar consciente de esos dos flujos de efectivo constituye la diferencia entre ser rico o pobre."

Una de las habilidades que enseña el juego *CASHFLOW Investing 101* es la manera de reconocer las diferencias entre esos dos tipos de flujo de efectivo. Jugar ese juego de manera reiterada ayuda a que las personas comiencen a comprender las diferencias. Por eso la afirmación de posicionamiento del juego es: "Mientras más juegue, más rico se volverá." Usted se vuelve rico porque su mente comienza a sentir el flujo de efectivo fantasma, que a menudo es invisible.

Mi padre rico decía también: "La capacidad para dirigir a una compañía desde sus estados financieros es una de las principales diferencias entre el dueño de un negocio pequeño y el dueño de un gran negocio."

Notas de Sharon

El flujo de efectivo es para un negocio lo que la sangre es para el ser humano. Nada puede impactar de manera más profunda un negocio que no ser capaz de pagar la nómina un viernes. La adecuada administración del flujo de efectivo comienza el primer día en que usted comienza su negocio. Cuando Robert, Kim y yo comenzamos CASHFLOW Technologies, Inc., acordamos que ninguna compra sería realizada si no estaba justificada por un incremento en las ventas. De hecho, a menudo nos reímos de nuestra estrategia de incrementar las ventas de libros a principios de 1998 con el fin de comprar una máquina copiadora de 300 dólares. Nuestra estrategia funcionó y en diciembre de 1998 fuimos capaces de reemplazar la máquina copiadora usada de 300 dólares por una nueva de 3 000 dólares. Es esta atención al detalle en las primeras etapas de su negocio lo que establecerá el tono para su éxito.

Un buen administrador de flujo de efectivo revisa su posición de efectivo diariamente y revisa las fuentes y necesidades de efectivo de la semana siguiente, el mes siguiente y el trimestre siguiente. Esto le permite planificar para hacer frente a cualquier momento en que sea necesaria una gran cantidad de efectivo, antes de que se convierta en una crisis. Este tipo de revisión es indispensable para una compañía que crece rápidamente.

He enumerado algunos consejos para el manejo del flujo de efectivo que pueden ayudarle a estructurar su negocio. Cada paso se aplica a su negocio sin importar si se trata de una empresa de alcance internacional, una simple unidad para renta o un puesto de hamburguesas.

Etapa inicial de creación corporativa:

- Retrase la asignación de un salario hasta que su negocio esté generando un flujo de efectivo en las ventas. En algunos casos eso quizá no es posible debido a que se trata de un periodo muy largo de desarrollo. Sin embargo, sus inversionistas le apoyarán más si ven que está compartiendo el proceso de desarrollo al "invertir su tiempo." De hecho, aconsejamos mantener su trabajo de tiempo completo y comenzar su negocio de medio tiempo. Al retrasar la asignación de un salario, usted puede reinvertir las ventas para ayudar a que su negocio crezca.

Ventas y cuentas por cobrar

- Facture a sus clientes rápidamente tras el envío de bienes o cuando se proporcionen servicios.
- Pida el pago por adelantado hasta que establezca el crédito. Requiera que las solicitudes de crédito sean completadas antes de otorgarlo y siempre revise las referencias. Las formas estándar de crédito están disponibles en las tiendas de suministros para negocios.
- Establezca una cantidad mínima para los pedidos antes de otorgar crédito.
- Establezca penalizaciones por moratoria en el pago como parte de sus términos y condiciones y hágalas cumplir.
- Conforme su negocio crezca, para acelerar la entrada de efectivo quizá desee que sus clientes paguen sus cuentas directamente o que depositen en su banco.

Gastos y cuentas por pagar:

- Muchos negocios olvidan que una parte crucial del flujo de efectivo consiste en administrar su propio pago de cuentas. Asegúrese de pagar sus cuentas oportunamente. Pida por adelantado términos de extensión para el pago. Después de que haya pagado a tiempo por dos o tres meses, pida extensiones adicionales en sus términos de pago. Un proveedor extenderá generalmente su crédito de 30 a 90 días a un buen cliente.
- Mantenga sus gastos en un nivel mínimo. Antes de comprar algo nuevo, fije una meta para incrementar las ventas con el fin de justificar el gasto. Destine los recursos de sus inversionistas a los costos directamente relacionados con las operaciones de negocios, y no con los gastos, si es po-

sible. Conforme crezcan sus ventas, puede comprar los artículos adicionales con el flujo de efectivo; pero sólo si ha fijado y logrado nuevas metas de ventas más altas.

Administración general del efectivo:

- Cuente con un plan de inversión para su efectivo con el fin de optimizar su potencial de ganancias.
- Establezca una línea de crédito con su banco antes de que la necesite.
- Para asegurarse de que puede obtener un préstamo rápidamente si lo necesita, mantenga bajo control su relación actual entre activos y pasivos (al menos una relación de 2 a 1 es buena), y relaciones rápidas de activos líquidos divididos entre pasivos actuales (que debe ser aproximadamente de 1 a 1).
- Establezca buenos controles internos sobre el manejo de efectivo.
- Las personas que registren los recibos de efectivo en los depósitos bancarios deben ser distintas de quienes las incluyen en las cuentas por cobrar y en los libros de contabilidad.
- Los cheques deben ser endosados inmediatamente "sólo para depósito".
- Las personas autorizadas para firmar cheques no deben preparar los vales o registrar los desembolsos en las cuentas por cobrar y en los libros de contabilidad.
- La persona que coteja el estado de cuenta del banco no debe tener asignadas funciones regulares relacionadas con recepción de efectivo o desembolso de efectivo (nuestro contador externo se encarga de esto).

Aunque esto puede sonar muy complicado, cada paso de la administración de efectivo es importante. Pida consejo a su contador,

banquero y asesor financiero personal sobre la estructuración de
su sistema de administración de efectivo. Una vez que establezca
un sistema sobre la manera de administrar su efectivo, es esencial
que se realice una supervisión constante. Revise diariamente su
posición en efectivo y sus necesidades cotidianas de fondos y prepare con anticipación recursos adicionales que pueden ser necesarios para ampliar su negocio. Muchas personas pierden de vista
la administración del efectivo cuando su negocio se vuelve exitoso. Ésta es una causa importante del fracaso de los negocios. La
adecuada administración del efectivo (y por lo tanto la administración de los gastos) es crucial para el éxito continuo de cualquier negocio.

Aquellos de ustedes que consideren la adquisición de una franquicia o unirse a una organización de mercadeo en red, es posible
que encuentren que gran parte del sistema de administración de
efectivo les será proporcionado. Con una franquicia todavía necesitará implementar y supervisar el sistema. Las organizaciones de
mercadeo en red frecuentemente se encargan de la administración
de efectivo en su nombre. En esos casos las oficinas centrales desempeñan las funciones de contabilidad de su organización y le en-
vían un informe periódico de sus ganancias con su pago. En cualquier caso, es importante que tenga sus propios asesores que le ayuden a estructurar su administración personal del efectivo.

CAPÍTULO 33

La administración de las comunicaciones

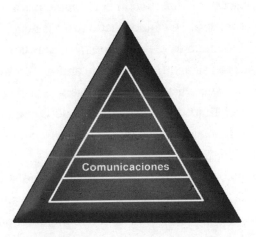

Mi padre rico decía: "Mientras mejor seas al comunicarte, y mientras con más personas te comuniques, mejor será tu flujo de efectivo." Por eso la administración de las comunicaciones constituye el siguiente nivel del Triángulo D-I.

Él también decía: "Para ser bueno en las comunicaciones, necesitas primero ser bueno en lo relacionado con la psicología humana. Nunca sabes qué motiva a las personas. Sólo porque algo les emociona no significa que otros también se emocionen con lo mismo. Para ser buen comunicador necesitas saber qué botones oprimir. Las personas tienen botones distintos. Mucha gente habla, pero sólo unos cuantos escuchan." Agregó que: "El mundo está lleno de productos fabulosos, pero el dinero va a los mejores comunicadores."

Siempre me ha sorprendido el poco tiempo que destinan los hombres de negocios a mejorar sus aptitudes generales de comunicación. Cuando en un principio me resistí en 1974 a la idea de vender máquinas Xerox de puerta en puerta, todo lo que mi padre rico me dijo fue: "Las personas pobres son malas comunicadoras." Yo repetí esa afirmación negativa con el fin de inspirarme a estudiar y practicar en este amplio tema.

Mi padre rico también dijo: "El flujo de efectivo de tu negocio guarda una proporción directa con la comunicación que fluye hacia afuera del mismo." Cuando encuentro un negocio que tiene dificultades, a menudo es el reflejo de las malas comunicaciones con el exterior, con su insuficiencia o de ambos factores. En general yo considero que existe un ciclo de seis semanas entre la comunicación y el flujo de efectivo. Deje de comunicarse hoy y dentro de seis semanas observará usted un efecto en su flujo de efectivo.

Sin embargo, las comunicaciones externas no son las únicas que existen. Las comunicaciones internas también son vitales. Al observar los estados financieros de una compañía, puede ver fácilmente qué áreas del negocio se están comunicando y cuáles no.

Una compañía pública tiene muchos problemas de comunicación. Parece como si se tratara de dos compañías en una: la primera para el público y la segunda para los accionistas. La comunicación con ambos grupos tiene una importancia vital. Cuando escucho gente que dice: "Ojalá no hubiera sacado a la venta las acciones de mi compañía", generalmente significa que tienen problemas de comunicación con los accionistas.

Como política general, mi padre rico asistía a un seminario de comunicaciones al año. Yo continúo con esa tradición. Siempre he advertido que poco después de asistir al seminario mis ingresos se incrementan. Con el paso de los años he asistido a cursos sobre:

1. Ventas

2. Sistemas de mercadotecnia

3. Publicidad, encabezados y elaboración de anuncios

4. Negociaciones

5. Oratoria

6. Publicidad mediante correo directo

7. Dirección de un seminario

8. Obtención de capital

De todos esos temas, la recaudación de capital es de mayor interés para los empresarios. Cuando las personas me preguntan cómo aprender a recaudar capital, les menciono los temas 1 a 7 de la lista y les explico que para obtener capital se requiere de cada uno de ellos, de una manera o de otra. La mayoría de los negocios no despegan porque el empresario no sabe cómo obtener capital, y como mi padre rico decía: "La obtención del capital es el trabajo más importante del empresario." Él no se refería a que el empresario estuviera pidiendo constantemente dinero a los inversionistas. Lo que él decía era que un empresario siempre se aseguraba de que el capital estuviera fluyendo a la empresa, ya fuera mediante ventas, mercadotecnia directa, ventas privadas, ventas institucionales, inversionistas, etcétera. Mi padre rico decía: "Hasta que el sistema de negocios haya sido creado, el empresario es el sistema que mantiene el flujo de dinero. Al comienzo de cualquier negocio, el trabajo más importante del empresario consiste en mantener el flujo de dinero hacia el negocio."

El otro día un joven se acercó a mí y me preguntó: "Yo quiero comenzar mi propio negocio. ¿Qué me recomienda que haga antes de empezar?" Le respondí como lo hago usualmente: "Obtén un empleo con una compañía que te entrene en ventas." Él respondió: "Odio las ventas. No me gusta vender y no me gustan los vendedores. Yo sólo quiero ser el presidente y contratar vendedores." Una vez que dijo eso, simplemente estreché su mano y le desee suerte. Una lección invaluable que mi padre rico me enseñó fue: "No discutas con personas que piden consejo pero que no quieren el consejo que les das. Termina inmediatamente la discusión y ve a atender tu propio negocio."

Ser capaces de comunicarnos de manera efectiva con tanta gente como sea posible es una habilidad muy importante en la vida. Se trata de una habilidad que vale la pena actualizar anualmente, por lo cual asisto a los seminarios. Como mi padre rico me decía: "Si quieres ser una persona del cuadrante 'D', tu primera aptitud es ser capaz de comunicarte y hablar el lenguaje de los otros tres cuadrantes. Las personas en los otros tres cuadrantes pueden darse el lujo de hablar sólo el lenguaje de su cuadrante, pero las personas del cuadrante 'D' no pueden hacerlo. Para decirlo de manera sencilla, el trabajo principal, y posiblemente el único, de aquellas personas que están en el cuadrante 'D' consiste en comunicarse con las personas de los demás cuadrantes."

He recomendado que las personas se unan a una compañía de mercadeo en red para obtener experiencia de ventas. Algunas organizaciones de mercadeo en red tienen excelentes programas de capacitación en comunicación y ventas. He visto individuos introvertidos y tímidos que se convierten en comunicadores poderosos y efectivos, y que ya no tienen miedo al rechazo o el ridículo. Esa mentalidad de piel gruesa es vital para cualquiera en el cuadrante "D", especialmente cuando sus aptitudes personales de comunicación no han mejorado.

Mi primera visita de ventas

Yo todavía recuerdo mi primera visita de ventas en la calle, cerca de Waikiki Beach. Después de pasar una hora reuniendo el valor para tocar a la puerta, finalmente vi al propietario de una pequeña tienda de baratijas para turistas. Se trataba de un caballero viejo que había visto vendedores nuevos como yo durante muchos años. Después de esforzarme por recitar las frases de ventas que había memorizado sobre las ventajas de la máquina copiadora Xerox, todo lo que hizo fue reírse. Cuando recobró la compostura me dijo: "Hijo, eres el peor que he visto jamás. Pero sigue intentándolo porque si logras superar tus miedos, tu mundo será muy brillante. Si renuncias, terminarás como yo, sentado detrás de un mostrador durante catorce horas al día, siete días a la semana, 365 días al año, esperando a que vengan los turistas. Yo espero aquí porque tengo miedo de salir y hacer lo que tú estás haciendo. Supera tus miedos y el mundo se abrirá ante ti. Si te rindes a tus miedos, el mundo se volverá más pequeño cada año." Hasta el día de hoy agradezco a ese hombre viejo y sabio.

Después de que comencé a superar mi miedo a las ventas, mi padre rico me hizo unirme a la organización Toastmasters para aprender a superar mi miedo de hablar frente a grupos numerosos de personas. Cuando me quejé con mi padre rico, él me dijo: "Todos los grandes líderes son grandes oradores. Los líderes de negocios grandes necesitan ser grandes oradores. Si quieres ser un líder, debes ser un orador." Hoy en día puedo hablar cómodamente a decenas de miles de personas en salones de convenciones debido a mi entrenamiento en ventas y a mi anterior entrenamiento con la organización Toastmasters.

Si usted está pensando en comenzar su propio negocio en el cuadrante "D", le recomiendo esas mismas dos aptitudes. Primero desarrolle la habilidad de superar sus miedos, de vencer el rechazo y de comunicar el valor de su producto o servicio. En segundo lugar desarrolle su habilidad de hablar frente a grupos numerosos de personas y de mantenerlos interesados en lo que usted tiene que decir. Como dijo mi padre rico: "Existen oradores a los que nadie escucha, existen vendedores que no pueden vender, existen anunciadores que nadie mira, existen empresarios que no pueden obtener capital y existen líderes de negocios que nadie sigue. Si quieres ser exitoso en el cuadrante 'D', no seas ninguno de ellos."

Mi primer libro de la serie, *Padre rico, padre pobre*, ha estado en las listas de los libros mejor vendidos del prestigioso *Sydney Morning Herald* (Australia) por más de dos años. En Estados Unidos ha estado en la lista de libros mejor vendidos de *The Wall Street Journal* por casi nueve meses y llegó a la lista de los libros mejor vendidos de *The New York Times* en septiembre de 1999. Cuando otros autores me preguntan mi secreto para llegar a esas listas, les repito simplemente una frase de *Padre rico, padre pobre*: "Yo no soy un autor de los libros mejor escritos, sino un autor de los libros mejor vendidos." Debo agregar que reprobé un año en la preparatoria dos veces porque no podía escribir, y que nunca besé a una chica en la preparatoria porque era demasiado tímido. Concluyo diciendo lo mismo que mi padre rico me dijo: "Las personas que no tienen éxito encuentran sus fortalezas y pasan su vida aumentándolas, a menudo ignorando sus debilidades, hasta que una de esas debilidades no puede ser ignorada por más tiempo. Las personas exitosas encuentran sus debilidades y las convierten en fortalezas."

La apariencia física de una persona frecuentemente comunica más que sus palabras. A menudo las personas que se acercan a mí con un plan de negocios o para pedir dinero tienen el aspecto de un ratón que ha sido masticado por un gato. Sin importar qué tan bueno sea su plan, su apariencia física es un factor limitante. Se dice que en oratoria el lenguaje corporal constituye aproximadamente 55% de la comunicación, el tono de la voz 35% y las palabras 10%. Si usted recuerda al presidente Kennedy, él tenía 100%, y por eso era un comunicador muy poderoso. Aunque no todos nosotros podemos ser tan atractivos físicamente como él, sí podemos hacer nuestro mejor esfuerzo para vestirnos y arreglarnos de manera adecuada con el fin de fortalecer nuestros argumentos.

Un programa de investigaciones de televisión recientemente envió solicitantes de empleo muy atractivos y a otros poco atractivos con exactamente las mismas calificaciones en su *curriculum* para entrevistarse en relación con los mismos empleos. Fue interesante advertir que los solicitantes atractivos obtuvieron más ofertas de trabajo que quienes no lo eran.

Un amigo mío ocupa un puesto en el consejo de administración de un banco, y me comentó que el presidente de la institución había sido contratado recientemente debido a su apariencia; tiene el aspecto de un presidente. Cuando le pregunté acerca de sus calificaciones, todo lo que dijo fue: "Su apariencia fue su calificación. Él tiene el aspecto que debe tener un presidente de banco y habla de la manera en que debe hablar un presidente de banco. El consejo de administración dirigirá el negocio. Sólo queremos que atraiga nuevos clientes." Yo utilizo ese ejemplo para cualquiera que diga: "¡Ah, mi apariencia no importa!" En el mundo de los negocios, la apariencia es un elemento de comunicación muy poderoso. Cito un lugar común: "Usted sólo tiene una oportunidad para causar la primera impresión."

La diferencia entre ventas y mercadotecnia

Todavía en relación con el tema de las comunicaciones, mi padre rico insistió en que Mike y yo conociéramos la diferencia entre ventas y mercadotecnia. Decía: "El gran error que muchas personas cometen en lo que se refiere a comunicación consiste en decir 'ventas y mercadotecnia'. Por eso tienen ventas bajas o mala comunicación con su equipo e inversionistas". Mi padre rico explicaba que la verdadera afirmación debía tener el siguiente aspecto:

VENTAS

MERCADOTECNIA

A continuación añadía: "El verdadero truco para la comunicación consiste en saber que en realidad es 'ventas sobre mercadotecnia', y no 'ventas y mercadotecnia'. Si un negocio tiene una mercadotecnia poderosa y convincente, las ventas se realizan fácilmente. Pero si el negocio tiene una mercadotecnia débil, la compañía debe esperar mucho tiempo y gastar mucho dinero y trabajar muy duro para lograr las ventas."

También nos dijo a Mike y a mí: "Una vez que aprendan a vender, necesitan aprender mercadotecnia. El dueño de un negocio del cuadrante 'A' frecuentemente es bueno en las ventas, pero para ser un exitoso dueño de negocio del cuadrante 'D', deben ser buenos tanto en las ventas como en la mercadotecnia."

A continuación trazó el siguiente diagrama:

Él dijo: "Las ventas es lo que ustedes hacen en persona, cara a cara. La mercadotecnia son las ventas realizadas por medio de un sistema." La mayoría de los hombres de negocios del cuadrante "A" son muy buenos en las ventas cara a cara. Para que ellos hagan la transición al cuadrante "D", necesitan aprender cómo vender por medio de un sistema, lo cual se llama mercadotecnia.

En conclusión, la comunicación es un tema digno de ser estudiado a lo largo de toda la vida debido a que es más que sólo hablar, escribir, vestirse o mostrar. Como me dijo mi padre rico, "El simple hecho de que hables no significa que alguien esté escuchando." Cuando las personas preguntan dónde comenzar a construir las bases de una comunicación sólida, los aliento a que comiencen con las dos aptitudes básicas de las ventas cara a cara y a hablar en público frente a un grupo. También les recomiendo que observen cuidadosamente sus resultados y escuchen la retroalimentación. Conforme avance en el proceso de transformarse de un mal comunicador a un excelente comunicador con esas dos aptitudes, encontrará que sus habilidades de comunicación cotidiana también mejoran. Cuando las tres mejoren, percibirá que su flujo de efectivo se incrementará como resultado de lo anterior.

Notas de Sharon

Causar una buena primera impresión tiene una importancia vital. Sus esfuerzos de mercadotecnia y ventas frecuentemente constituyen la primera impresión que causa su negocio en su cliente potencial. Siempre que usted esté hablando, tanto su pasión por su negocio como su apariencia deben causar un impacto duradero en su audiencia. Cualquier material publicado o impreso que distribuya también es importante. Es una representación pública de su negocio.

Como menciona Robert, la mercadotecnia consiste en vender por medio de un sistema. Asegúrese siempre que conoce a su audiencia y que sus instrumentos de mercadotecnia han sido diseñados para esa audiencia. En cada intento de ventas o mercadotecnia incluya esos tres ingredientes clave: identifique una necesidad, proporcione una solución y responda la pregunta de sus clientes: "¿Qué hay para mí?", con una oferta especial. También puede serle útil crear un sentido de urgencia al cual respondan sus clientes.

La mayor parte de la comunicación se dirige hacia el exterior, pero la comunicación interna de un negocio también es de importancia vital. Algunos ejemplos de cada una de ellas son:

Comunicación externa

- Ventas.

* Mercadotecnia.
* Servicio al cliente.
* Comunicación con los inversionistas.
* Relaciones públicas.

Comunicación interna

* Compartir las victorias y éxitos con todo su equipo.
* Reuniones regulares con los empleados.
* Comunicación regular con asesores.
* Políticas de Recursos Humanos.

Una de las formas más poderosas de comunicación que afecta a un negocio es una sobre la que tenemos poco control: la comunicación entre sus clientes existentes y sus clientes potenciales. En CASHFLOW Technologies, Inc., atribuimos gran parte de nuestro éxito al hecho de que nuestros clientes hablaron sobre nosotros con otras personas. El poder de esa publicidad "de boca en boca" es inconmensurable. Esa forma de publicidad puede llevar a una compañía al éxito o al fracaso muy rápidamente. Por esa razón, el servicio a clientes constituye una función de comunicaciones de importancia vital para cualquier compañía.

Cuando compra una franquicia o se asocia a una compañía de mercadeo en red, es común que le proporcionen los sistemas de comunicación. Además, sus materiales de comunicación ya han demostrado ser exitosos en otras franquicias o miembros de su organización. Por lo tanto, tiene una tremenda ventaja inicial sobre las personas que tratan de desarrollar sus propios materiales. Esas personas no saben si sus materiales son exitosos hasta que los utilizan y miden sus resultados.

Como menciona Robert, la capacidad para hablar es vital para crear un negocio exitoso. Los programas de desarrollo personal y tutoría que ofrecen algunas franquicias y organizaciones de mercadeo en red le proporcionan oportunidades magníficas para el crecimiento personal.

CAPÍTULO 34

La administración de los sistemas

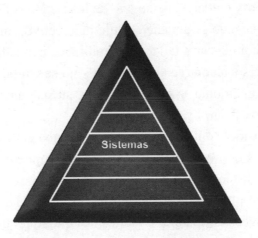

El cuerpo humano es un sistema de sistemas. Lo mismo ocurre con un negocio. El cuerpo humano está compuesto por un sistema sanguíneo, un sistema de oxígeno, un sistema alimenticio, un sistema de desechos, etcétera. Si uno de esos sistemas se detiene, existen grandes probabilidades de que el cuerpo quede incapacitado o muera. Lo mismo ocurre con un negocio: es un complejo sistema de sistemas que interactúan. De hecho, cada rubro enumerado en el Triángulo D-I es un sistema separado vinculado con el negocio general que el triángulo representa. Es difícil separar los sistemas porque son interdependientes. También es difícil decir que uno es más importante que otro.

Para que cualquier negocio crezca, los individuos deben asumir la responsabilidad sobre cada uno de los sistemas y un director general debe estar a cargo de asegurarse de que todos los sistemas operan a su máxima capacidad. Cuando leo estados financieros, soy como un piloto que se sienta en la cabina de vuelo de un avión para leer los instrumentos de todos los sistemas operativos. Si uno de esos sistemas comienza a fallar, deben implementarse procedimientos de emergencia. Así que muchos pequeños negocios que comienzan o negocios del cuadrante "A" fracasan porque el operador del sistema tenía demasiados sistemas que debía monitorear y cuidar. Cuando uno de los sistemas falla, como por ejemplo, cuando se detiene el flujo de efectivo, todos los demás sistemas comienzan a fallar casi simultáneamente. Es como cuando una persona contrae un resfriado y no se cuida. Pronto se enferma de neumonía, y si no es tratada, su sistema inmunológico comienza a fallar.

Yo considero que los bienes raíces son una gran inversión para comenzar porque el inversionista promedio puede aprender con todos los sistemas. Un edificio en un terreno es un negocio; su sistema un medio por el cual un inquilino le paga la renta. Los bienes raíces son estables e inertes, así que le proporcionan a un hombre de negocios novato más tiempo para corregir las cosas si algo comienza a salir mal. Aprender a manejar una propiedad durante un año o dos le enseña excelentes aptitudes de administración de negocios. Cuando las personas me preguntan dónde encontrar las mejores inversiones en propiedades inmobiliarias, les digo: "Tan sólo encuentre a alguien que sea un mal administrador de negocios y encontrará una buena oferta de bienes raíces." Sin embargo, nunca adquiera una propiedad sólo porque es una buena oferta, ya que algunas buenas ofertas son en realidad pesadillas hábilmente disfrazadas.

A los bancos les gusta prestar dinero con garantía sobre bienes raíces porque generalmente es un sistema estable que conserva su valor. Otros negocios generalmente tienen más dificultades para ser financiados porque no son considerados sistemas estables. A menudo escucho lo siguiente: "La única ocasión en que un banco le prestará dinero es cuando no lo necesite." Yo veo las cosas de manera distinta. Siempre he encontrado que el banco le prestará dinero cuando tenga un sistema estable que tenga valor y cuando pueda demostrar que pagará el préstamo.

Un buen hombre de negocios puede administrar múltiples sistemas de manera efectiva sin convertirse en parte del sistema. Un verdadero sistema de negocios se parece mucho a un automóvil. El automóvil no depende únicamente de una persona que lo conduzca. Cualquiera que sepa cómo conducir puede hacerlo. Lo mismo ocurre con un negocio del cuadrante "D", pero no necesariamente con un negocio del cuadrante "A". En la mayoría de los casos la persona en el cuadrante "A" es el sistema.

Un día yo estaba considerando abrir un pequeño taller de numismática, especializado en monedas de colección raras, y mi padre rico me dijo: "Recuerda siempre que el cuadrante "D" obtiene más dinero de los inversionistas porque éstos invierten en buenos sistemas, y en personas que pueden crear buenos sistemas. A los inversionistas no les gusta invertir en negocios donde el sistema se va a casa por las noches."

Notas de Sharon

Todos los negocios, ya sean pequeños o grandes, necesitan tener sistemas que les permitan conducir sus actividades cotidianas. Incluso un propietario único debe "portar diferentes sombreros" para conducir su negocio. En esencia, el propietario único es la reunión de todos los sistemas en uno.

Mientras mejor sea el sistema, menos dependerá usted de los demás. Robert describió a McDonald's de la siguiente manera: "Es el mismo en todas partes del mundo y lo manejan los adolescentes." Esto es posible debido a que existen excelentes sistemas en la empresa. McDonald's depende de los sistemas, no de las personas.

El papel del director ejecutivo

El trabajo de un director ejecutivo consiste en supervisar todos los sistemas e identificar las debilidades antes de que se conviertan en fallas sistémicas. Esto puede ocurrir de muchas formas, pero es muy desconcertante cuando su compañía está creciendo rápidamente: sus ventas se están incrementando, su producto o servicio está recibiendo atención de los medios de comunicación y repentinamente no puede cumplir con lo ofrecido. ¿Por qué? Generalmente se debe a que sus sistemas implotaron debido al incremento de la demanda. No tenía suficientes líneas telefónicas u operadoras contestando los teléfonos; no tenía suficiente capacidad de producción o suficientes horas en la semana para satisfacer la demanda; o bien no tenía el dinero para crear el producto o para contratar ayuda adicional. Cualquiera que sea la razón, perdió la oportunidad de llevar su negocio al siguiente nivel de éxito debido al fracaso de uno de sus sistemas.

En cada nivel de crecimiento, el director ejecutivo debe comenzar a planificar los sistemas necesarios para apoyar el siguiente nivel de crecimiento, desde líneas telefónicas a líneas de crédito para las necesidades de producción. Los sistemas impulsan tanto la administración del flujo de efectivo como la comunicación. Conforme sus sistemas sean mejores, usted o sus empleados tendrán que realizar un menor esfuerzo. Sin sistemas operativos bien diseñados y exitosos, su negocio dependerá de los trabajadores. Una vez que tenga sistemas operativos bien diseñados y exitosos, tendrá un activo de negocios susceptible de ser vendido.

Sistemas típicos

En el siguiente apartado se incluye una lista de los sistemas típicos que los negocios exitosos deben tener. En algunos casos el sistema requerido puede ser definido de manera distinta a la manera en que aparece en la lista, pero de cualquier forma es necesario para las operaciones del negocio. Por ejemplo: "Sistemas de desarrollo del producto" podría ser "Procedimientos para proporcionar servicios" en una organización dedicada a los servicios. Aunque los detalles específicos pueden diferir, los elementos básicos son los mismos. Ambos requieren que el negocio desarrolle el producto (o servicio) que en última instancia será ofrecido a los consumidores.

En el caso de las franquicias y las organizaciones de mercadeo en red, muchos de esos sistemas son proporcionados de manera automática. Por el costo de la franquicia o de la membresía de la organización de mercadeo en red, le proporcionarán un manual de operaciones que describe los sistemas proporcionados para su negocio. Eso hace que el tipo de negocios "pre-elaborados" sean tan atractivos para mucha gente.

Si desea crear su propio negocio, revise la lista de sistemas. Aunque ya está desempeñando muchas de estas funciones, es posible que no las haya definido como sistemas separados. Mientras más pueda formalizar sus operaciones, más eficiente se volverá su negocio.

Sistemas requeridos por todos los negocios para la eficiencia óptima

Sistemas de operaciones diarias en la oficina:

- Contestar el teléfono y el sistema de línea de larga distancia gratuita.
- Recibir y abrir el correo.
- Comprar y mantener artículos y equipo de oficina.
- Enviar faxes y correos electrónicos.
- Atender las necesidades de envío y la recepción de paquetes.
- Crear respaldos y archivar la información.

Sistemas de desarrollo de productos:

- Desarrollo de producto y su protección legal.
- Desarrollo del empaque y material adicional (por ejemplo, catálogos, etcétera.)
- Desarrollo del proceso y método de manufactura.
- Desarrollo del proceso de obtención de costos de manufactura.

Sistemas de manufactura e inventario:

- Seleccionar a los proveedores.
- Determinar las garantías ofrecidas por el producto o servicio.
- Fijar el precio del producto o servicio (al menudeo y al mayoreo).
- Crear el proceso de nuevos pedidos para producción de inventario.
- Recepción y almacenamiento del producto como inventario.
- Cotejo de inventario físico y registros de contabilidad.

Sistemas de procesamiento de pedidos:

- Levantamiento y registro de los pedidos por correo, fax, teléfono o mediante internet.
- Atención y empaquetamiento de los pedidos.
- Envío de los pedidos.

Sistemas de facturación y cuentas por cobrar:

- Facturación a los clientes por los pedidos.
- Recepción de los pagos por los pedidos y acreditación a los clientes por el pago (ya sea en efectivo, por medio de cheque o tarjeta de crédito).
- Inicio del proceso de cobro para las cuentas pendientes por cobrar.

Sistemas de servicio a clientes:

- Procedimiento de devolución para recepción en inventario y reembolso a clientes.
- Respuesta a las quejas del cliente.
- Reemplazo de productos defectuosos o cumplimiento de otro servicio de garantía.

Sistema de cuentas por pagar:

- Procedimientos de compra y aprobaciones requeridas.
- Proceso de pago por suministros e inventario.
- "Caja chica", o dinero para pagos menores.

Sistemas de mercadotecnia:

- Creación de un plan general de mercadotecnia.
- Diseño y producción de materiales promocionales.
- Desarrollo de prototipos.
- Creación de un plan de publicidad.
- Creación de un plan de relaciones públicas.
- Creación de un plan de correo directo.
- Desarrollo y mantenimiento de una base de datos.
- Desarrollo y mantenimiento de un sitio en internct.
- Análisis y seguimiento de estadísticas de ventas.

Sistemas de recursos humanos:

- Procedimientos de contratación y acuerdos con los empleados.
- Capacitación de los empleados.
- Proceso de nómina y planes de beneficios.

Sistemas de contabilidad general:

- Administración del proceso de contabilidad con informes diarios, semanales, mensuales, trimestrales y anuales.

- Administración de efectivo que asegure que los fondos estarán disponibles para el caso en que sea necesario pedir prestado en el futuro.
- Elaboración del presupuesto y pronóstico.
- Consignación de impuestos sobre nómina y retención de pagos.

Sistemas corporativos generales:

- Negociación, creación de borradores y ejecución de contratos.
- Desarrollo y protección de la propiedad intelectual.
- Administración de las necesidades y cobertura de seguros.
- Consignación y pago de impuestos federales, estatales y de otras jurisdicciones.
- Planificación para el pago de impuestos federales, estatales y de otras jurisdicciones.
- Administración y almacenamiento de registros.
- Manejo de relaciones con inversionistas y accionistas.
- Obtención de la seguridad legal.
- Planificación y administración del crecimiento.

Sistemas de administración de espacio físico

- Conservación y diseño de sistemas eléctrico y telefónico.
- Planificación de permisos y honorarios.
- Otorgamiento de licencias.
- Garantizar la seguridad física.

Es posible que desee registrar sus operaciones en un manual de políticas y procedimientos. Dicho manual puede convertirse en una referencia invaluable para su equipo. Al crear el manual, encontrará formas de hacer que sus operaciones sean más eficientes y de mejorar su rentabilidad. Usted también habrá dado un paso más para ser dueño de un negocio del cuadrante "D".

CAPÍTULO 35

La administración legal

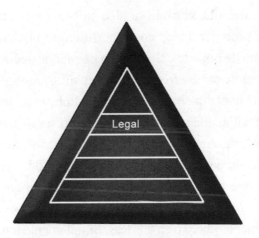

Este nivel del Triángulo D-I, la administración legal, fue una de las lecciones más dolorosas que yo tuve que aprender. Mi padre rico identificó una seria falla en mi negocio: yo no había asegurado los derechos legales de los productos de nylon y velcro que había diseñado antes de comenzar a producirlos. Para ser más específico, yo no patenté algunos de mis productos (no lo hice porque creí que el pago de 10 000 dólares como honorarios para el abogado de patentes era demasiado caro y que no era lo suficientemente importante para gastar tanto dinero). Otra compañía se presentó rápidamente y copió mi idea, y yo no pude hacer nada al respecto.

Hoy en día, yo predico lo contrario. Actualmente, especialmente en la era de la información, su abogado especializado en propiedad intelectual y su abogado contratista son algunos de sus asesores más importantes porque ayudan a crear sus activos más relevantes. Estos abogados, si son buenos, protegerán sus ideas y sus acuerdos de los piratas intelectuales, gente que roba sus ideas y por lo tanto sus utilidades.

El mundo de los negocios está lleno de historias de empresarios inteligentes con grandes ideas que comienzan por vender sus productos o ideas antes de protegerlos. En el mundo de la propiedad intelectual, una vez que su idea ha sido expuesta, es casi imposible de proteger. Hace no mucho tiempo una compañía creó un programa de hoja de cálculo para pequeños negocios. Yo compré ese brillante producto para mi compañía. Unos años más tarde la compañía había quebrado. ¿Por qué? Porque no patentó su idea y otra compañía, que no mencionaré, se presentó, tomó esa idea y la hizo quebrar. Actualmente, la compañía que tomó la idea es líder destacado en los programas de computadora para negocios.

Se dice que Bill Gates se convirtió en el hombre más rico del mundo con sólo una idea. En otras palabras, él no se volvió rico al invertir en bienes raíces o en fábricas. Simplemente tomó la información, protegió la información y se convirtió en el hombre más rico del mundo cuando todavía no cumplía 40 años. Lo irónico es que él ni siquiera creó el sistema operativo de Microsoft. Él lo adquirió de otros programadores, lo vendió a IBM y el resto es historia.

Aristóteles Onassis se convirtió en un gigante de la navegación mercante con un simple documento legal. Se trató de un contrato de una gran compañía manufacturera que le garantizaba los derechos exclusivos para transportar su cargamento en todo el mundo. Todo lo que él tenía era ese documento. Él no tenía barcos. Sin embargo, con ese documento legal, fue capaz de convencer a los bancos de que le prestaran dinero para comprar los barcos. ¿Dónde obtuvo los barcos? Los obtuvo del gobierno de Estados Unidos después de la segunda guerra mundial. El gobierno de Estados Unidos tenía un superávit de buques de las clases Liberty y Victory, que fueron utilizados para transportar materiales de guerra de América a Europa. Había un impedimento. Con el fin de adquirir los barcos, la persona necesitaba ser un ciudadano estadounidense, y Onassis era un ciudadano griego. ¿Lo detuvo eso? Desde luego que no. Al comprender las leyes del cuadrante "D", Onassis adquirió los barcos utilizando una corporación estadounidense que él controlaba. Otro ejemplo de que las leyes son diferentes para los distintos cuadrantes.

Proteja sus ideas

Mi abogado especializado en protección intelectual es Michael Lechter, uno de los más importantes abogados en esa área. Es responsable de asegurar los patentes y registros de marca a nivel mundial de CASHFLOW Technologies, Inc. También es el marido de mi coautora y socia de negocios, Sharon Lechter. Aunque él está casado con Sharon, le pagamos la misma tasa por hora que cualquier otro de sus clientes. Sin importar cuánto le paguemos, el valor que devuelve a nuestra compañía no tiene precio. Él nos ha hecho ganar mucho dinero y ha protegido nuestros derechos para continuar ganando dinero al proteger lo que hacemos y al guiarnos en algunas negociaciones delicadas. Michael ha escrito un libro, *The Intellectual Property Handbook*, que es una explicación maravillosa de los diversos mecanismos de protección legal disponibles. Analiza cada caso de manera individual (patentes, registros de marca, derechos de autor, etcétera), así como la manera en que pueden ser utilizados de manera combinada para proporcionarle la más amplia protección. El libro está disponible en nuestro sitio en internet.

En resumen

Más de un negocio ha comenzado y sobrevivido por una simple hoja de papel. Un documento legal puede ser la semilla de un negocio a nivel mundial.

Notas de Sharon

Algunos de los activos más valiosos que puede poseer son los activos intangibles llamados patentes, registros de marca y derechos de autor. Estos documentos legales le otorgan protección específica sobre su propiedad intelectual. Como Robert descubrió con su negocio de carteras de velcro, sin este tipo de protección usted corre el riesgo de perderlo todo. Una vez que tenga protegidos sus derechos, no sólo puede evitar que otros utilicen su propiedad, sino que además puede vender o extender una licencia por esos derechos y recibir un ingreso por regalías al hacerlo. ¡Otorgar licencia sobre sus derechos a un tercero es un ejemplo perfecto de la manera en que sus activos trabajan para usted!

Sin embargo, los asuntos legales pueden presentarse en casi todos los aspectos de un negocio. Es muy importante obtener asesoría legal competente, no sólo si está formando su negocio, sino como parte de su equipo de asesores permanentes. Los honorarios legales pueden parecer caros al principio. Sin embargo, cuando los compara con el costo de los honorarios legales por derechos perdidos o por el litigio subsiguiente, es mucho menos caro establecer sus acuerdos de manera adecuada desde un principio. Además de los gastos en dinero, también debe tomar en cuenta el costo en tiempo perdido. En vez de concentrarse en su negocio, es posible que se vea obligado a concentrarse en asuntos legales.

Ésta es otra área en que las franquicias y el mercadeo en línea pueden ayudarle a comenzar su negocio. Generalmente cuando adquiere una franquicia o se une a una organización de mercadeo en red, le proporcionarán la mayor parte de los documentos legales necesarios para comenzar y hacer crecer su negocio. Esto le permite ahorrar no sólo una gran cantidad de dinero, sino una tremenda cantidad de tiempo, y le permite concentrar sus esfuerzos en el desarrollo del negocio. De cualquier forma es recomendable que haga que su propio asesor revise los documentos en su nombre.

Algunas áreas específicas en que la adecuada asesoría legal puede ayudarle a evitar problemas potenciales en aspectos legales del negocio, son los siguientes:

Corporación en general:

- Elección de la entidad de negocio
- Contratos de compra-venta
- Licencias de negocio
- Cumplimiento regulatorio
- Contratos de arrendamiento o compra de oficinas

Leyes del consumidor:

- Términos y condiciones de las ventas
- Correo directo
- Leyes de responsabilidad por el producto
- Leyes sobre veracidad en la publicidad
- Leyes ambientales

Contratos:

- Con proveedores
- Con clientes al por mayor
- Con empleados
- Código comercial uniforme
- Garantías
- Jurisdicción

Propiedad intelectual:

- Acuerdos sobre creaciones de los empleados
- Acuerdos de confidencialidad
- Derechos de autor
- Derechos sobre planos y diseños
- Patentes
- Registros de marca
- Licencias sobre propiedad intelectual

Derecho laboral:

- Temas de Recursos Humanos
- Acuerdos con empleados
- Disputas con empleados
- Salud y seguridad en el trabajo
- Compensación de los trabajadores

Instrumentos de valores y deuda:

- Arrendamiento o compra de equipos
- Documentos de los préstamos
- Colocaciones privadas
- Ofertas públicas primarias

Asuntos de los accionistas:

- Estatutos corporativos
- Autoridad del consejo de administración
- Emisión de acciones
- Fusiones y adquisiciones
- Empresas adicionales de la compañía

CAPÍTULO 36

La administración del producto

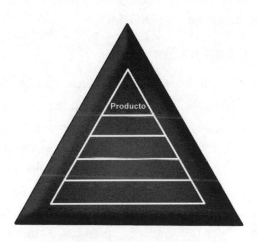

El producto de la compañía, que el consumidor adquiere en última instancia del negocio, es el último aspecto importante en el Triángulo D-I. Puede tratarse de un artículo tangible como una hamburguesa, o intangible como los servicios de consultoría. Es interesante notar que cuando evalúan un negocio, muchos inversionistas promedio se concentran en el producto en vez de hacerlo en el resto del negocio. Mi padre rico pensaba que el producto era la pieza menos importante por inspeccionar cuando realizaba la evaluación de un negocio.

Muchas personas acuden a mí con ideas sobre productos innovadores. Mi respuesta es que el mundo está lleno de grandes productos. La gente también me dice que su nueva idea o producto es mejor que uno existente. Pensar que un mejor producto o un mejor servicio es más importante, es una idea que corresponde generalmente al dominio de los cuadrantes "E" y "A", donde para tener éxito es importante ser el mejor o tener la más alta calidad. Sin embargo, en los cuadrantes "D" e "I", la parte más importante de un nuevo negocio es el sistema detrás del producto o la idea, o el resto del Triángulo D-I. A continuación señalo que la mayoría de nosotros puede cocinar una hamburguesa mejor que McDonald's, pero pocos de nosotros podemos crear un sistema de negocio mejor que McDonald's.

La guía de mi padre rico

En 1974 decidí que iba a aprender a crear un negocio siguiendo el modelo del Triángulo D-I. Mi padre rico me advirtió: "Aprender a crear un negocio de acuerdo con este modelo es muy riesgoso. Muchas personas lo intentan y sólo unas cuantas lo logran. Sin embargo, a pesar de que existe un gran riesgo al principio, si aprendes cómo crear un negocio, tu potencial de ganancias es ilimitado. Para las personas que no están dispuestas a correr el riesgo, aquellos que no desean emprender una curva de aprendizaje tan cerrada, su riesgo será menor pero también lo serán sus ganancias a lo largo de su vida."

Todavía recuerdo cuando experimenté los puntos más altos entre los puntos altos, y los puntos más bajos entre los puntos bajos, conforme aprendí a crear un negocio sólido. Recuerdo algunos de los textos de publicidad que escribí que no vendieron nada. Recuerdo algunos de los folletos que escribí, donde nadie podía comprender lo que yo trataba de decir. Y recuerdo el esfuerzo por aprender a recaudar capital y a gastar sabiamente el dinero de los inversionistas con la esperanza de crear un negocio poderoso. También recuerdo haber acudido de regreso con mis inversionistas para decirles que había perdido su dinero. Siempre estaré agradecido con los inversionistas que comprendieron y me dijeron que volviera cuando tuviera otra propuesta en que pudieran invertir.

Sin embargo, a lo largo del proceso, cada error fue una experiencia invaluable de aprendizaje, así como una experiencia para fortalecer el carácter. Como decía mi padre rico, el riesgo es muy alto al principio, pero si yo seguía adelante y continuaba aprendiendo, las recompensas serían ilimitadas.

En 1974 yo era muy débil en cada nivel del Triángulo D-I. Creo que era más débil en la administración del flujo de efectivo y en la administración de la comunicación. Hoy en día, a pesar de que todavía no soy muy bueno en cualquier sector del triángulo, podría decir que soy muy fuerte en la administración del flujo de efectivo y de las comunicaciones. Dado que puedo crear sinergia entre todos los niveles, mis compañías son exitosas. Lo que quiero decir es que incluso a pesar de que yo no era fuerte al principio, y de que todavía no soy magnífico en esta etapa de mi desarrollo, continúo con mi proceso de aprendizaje. Para cualquiera que desee adquirir una gran riqueza de esta manera, le aliento a que comience, practique, cometa errores, los corrija, aprenda y mejore.

Cuando miro al 10% de los estadounidenses que controlan 90% de las acciones y 73% de la riqueza de Estados Unidos, comprendo exactamente de dónde proviene su riqueza. Muchos la adquirieron de la misma forma que Henry Ford y Thomas Edison (quien era más rico en su época de lo que Bill Gates lo es ahora). La lista incluye a Bill Gates, Michael Dell, Warren Buffet, Rupert Murdock, Anita Roddick, Richard Branson y otros que adquirieron su riqueza de la misma forma. Encontraron su espíritu y su misión; crearon un negocio; y permitieron que otros compartieran sus sueños, los riesgos así como las recompensas. Usted puede hacer lo mismo si lo desea. Sólo siga el mismo diagrama con el que mi padre rico me guió: el Triángulo D-I.

Hellen Keller decía: "La verdadera felicidad no se obtiene por medio de la autogratificación, sino por medio de la lealtad a un propósito valioso."

Como afirma la melodía de la película *Flashdance:* "Toma tu pasión y hazla realidad."

Notas de Sharon

El producto se encuentra en la cima del Triángulo D-I porque es la expresión de la misión del negocio. Se trata de lo que le ofrece a su cliente. El resto del Triángulo D-I sienta las bases para el éxito a largo plazo de su negocio. Si su comunicación con el mercado es sólida, sus sistemas serán capaces de facilitar la producción, tomar los pedidos y entregarlos. Si su efectivo es administrado de manera adecuada, será capaz de vender su producto de manera exitosa y apoyar una fuerte curva de crecimiento para su negocio.

El Triángulo D-I y sus ideas

Mi padre rico decía: "Es el Triángulo D-I lo que da forma a sus ideas. Es el conocimiento del Triángulo D-I lo que permite que una persona pueda crear un activo que adquiera otros activos." Mi padre rico me guió para aprender la manera de crear y construir muchos Triángulos D-I. Muchos de esos negocios fracasaron porque yo no fui capaz de colocar todas las piezas de manera armónica. Cuando la gente me pregunta qué ocasionó que algunos de mis negocios fracasaran, se trató frecuentemente de uno o más de los sectores del Triángulo D-I. En vez de quedar desalentado de manera permanente, como ocurre con muchas personas que fracasan, mi padre rico me alentó a que continuara y aprendiera a construir nuevos triángulos. Él decía: "Mientras más practiques la creación de esos Triángulos D-I, más fácil te será crear activos que compren otros activos. Si practicas de manera diligente, se te facilitará cada vez más y ganarás más y más dinero. Una vez que seas bueno al tomar ideas, podrás construir un Triángulo D-I alrededor de la idea, la gente acudirá a ti e invertirá el dinero contigo, entonces será verdad para ti el hecho de que no se necesita dinero para ganar dinero. La gente te proporcionará su dinero para ganar más dinero para ti y para ellos. En vez de pasar la vida trabajando por dinero, mejorarás en lo que se refiere a crear activos que ganen más y más dinero."

El Triángulo D-I y la regla 90-10 van de la mano

Un día, mientras mi padre rico me enseñaba más acerca del Triángulo D-I, hizo un comentario que consideré interesante. Él dijo: "Existe un Triángulo D-I en el interior de cada uno de nosotros." Sin comprender lo que quería decir, le pregunté más acerca del tema. Aunque su explicación fue buena, tardé algún tiempo en darme cuenta cuán verdadera era su afirmación. Actualmente, siempre que conozco a una persona, familia, negocio, ciudad o país que tiene dificultades financieras, para mí eso significa que falta uno o más de los segmentos del Triángulo D-I, o que no está en sincronía con las demás partes. Cuando una o más partes del Triángulo D-I no están funcionando, existen muchas posibilidades de que el individuo, la familia o el país, se encuentren entre el 90% que comparte 10% del dinero disponible. De manera que si usted, su familia o su negocio enfrenta problemas financieros actualmente, observe el modelo del Triángulo D-I y realice un análisis de lo que puede cambiar o mejorar.

Resolver el acertijo del Triángulo D-I

Mi padre rico me dio otra razón para comenzar a dominar el Triángulo D-I que consideré única. Él dijo: "Tu padre cree en trabajar duro como medio para ganar dinero. Una vez que dominas el arte de crear Triángulos D-I, descubrirás que mientras menos trabajes más dinero ganarás y más valioso será aquello que tú construyas." Al principio no comprendí lo que mi padre rico estaba diciendo, pero después de algunos años de práctica lo comprendo mejor. Hoy en día encuentro gente que trabaja duro para construir una carrera y va ascendiendo por el escalafón corporativo, o practica su profesión con base en su reputación. Esas personas generalmente provienen de los cuadrantes "E" y "A". Con el fin de volverme rico, yo necesitaba aprender a construir e integrar sistemas que pudieran trabajar sin mi presencia. Después de que construí y vendí mi primer Triángulo D-I, me di cuenta de lo que mi padre rico quería decir con eso de que mientras menos trabajara yo, más dinero ganaría. Él le llamaba a esa idea "la solución del acertijo del Triángulo D-I". Si es una persona adicta al trabajo duro, o lo que mi padre rico llamaba "una persona ocupada en sus ocupaciones y que no construye nada", entonces le sugiero que se siente con otras personas que están ocupadas en sus ocupaciones y analice cómo trabajar menos puede ayudarle a ganar más dinero. Yo he descubierto que la diferencia entre las personas de los cuadrantes "E" y "A" y las personas de los cuadrantes "D" e "I" es que las personas de los cuadrantes "E" y "A" a menudo tienen una actitud de "manos a la obra" que es excesiva. Mi padre rico solía decir: "La clave del éxito es la pereza. Mientras más dispuesto estés a poner 'manos a la obra', menos dinero puedes ganar." Una de las razones por las que mucha gente no se une al club 90-10 es que son demasiado inclinados a poner "manos a la obra", cuando deberían estar buscando nuevas maneras de hacer más con menos. Si usted va a convertirse en la clase de persona que crea activos que adquieren otros activos, necesitará encontrar las maneras de hacer menos con el fin de que pueda ganar más. Como decía mi padre rico: "La clave del éxito es la pereza". Por esa razón pudo crear tantos activos que adquirieron otros activos. No hubiera podido hacerlo si hubiera sido como mi padre verdadero, quien era un hombre muy trabajador.

Resumen del Triángulo D-I

El Triángulo D-I es la representación total de un poderoso sistema de sistemas —apoyado por un equipo con un líder—, que trabajan juntos para cumplir una misión común. Si un miembro del equipo es débil o flaquea, el éxito total del negocio puede estar en peligro. Me gustaría destacar tres aspectos importantes al resumir el Triángulo D-I:

1. El dinero siempre sigue a la administración. Si alguna de las funciones de administración de los cinco niveles individuales es débil, la compañía será débil. Si usted tiene dificultades financieras personales, o no tiene el excedente de flujo de efectivo que desea, a menudo puede encontrar puntos débiles al analizar cada nivel. Una vez que identifique sus debilidades, es posible que desee considerar convertirlas en su fortaleza, o contratar a alguien que posea esa fortaleza.

2. Algunas de las mejores inversiones y negocios son aquellos de las que se aleja. Si alguno de los cinco niveles es débil y la administración no está preparada para fortalecerlo, es mejor alejarse de la inversión. En muchas ocasiones he discutido los cinco niveles del Triángulo D-I con un equipo de administración con quien considero invertir y he escuchado discusiones en vez de pláticas. Cuando los dueños de un negocio o sus equipos son débiles en cualquiera de los cinco niveles, se vuelven defensivos en vez de aceptar los cuestionamientos. Si se vuelven defensivos en vez de emocionarse al identificar y corregir una debilidad, generalmente me alejo de la inversión. Tengo en una pared de mi casa una foto de un cerdo que tomé en Fiji. Debajo de la foto dice: "No enseñe a los cerdos a cantar. Pierde su tiempo y eso molesta a los cerdos." Existen muchas inversiones excelentes como para desperdiciar su tiempo tratando de enseñar a cantar a los cerdos.

3. La computadora personal e internet han hecho que el Triángulo D-I sea más accesible, más fácil de sufragar y más manejable para todos. En mis conferencias digo que nunca ha

sido más fácil tener acceso a una gran riqueza. En la era industrial se necesitaban millones de dólares para construir una fábrica de automóviles. Hoy en día, con una computadora usada de 1 000 dólares, algo de inteligencia, una línea telefónica y un poco de educación en cada uno de los cinco aspectos del Triángulo, el mundo puede ser suyo.

Si todavía desea crear un negocio por cuenta propia, nunca ha habido oportunidades más grandes para tener éxito. Recientemente conocí a un joven que vendió su pequeña compañía de internet a una gran compañía de programas de computación por 28 millones de dólares. Todo lo que me dijo fue: "Gané 28 millones a la edad de 28 años. ¿Cuánto dinero ganaré cuando tenga 48?"

Notas de Sharon

Si quiere ser un empresario que construye un negocio exitoso o que invierte en negocios, todo el Triángulo D-I debe ser fuerte e interdependiente. Si lo es, el negocio crecerá y florecerá. La buena noticia es que si es una persona habituada a trabajar en equipo, no necesita ser un experto en todos los niveles del Triángulo D-I. Sólo conviértase en parte de un equipo que tenga una visión clara, una misión poderosa y un estómago de hierro.

El triángulo D-I

Del Triángulo D-I al Tetraedro de negocios

Un negocio con una misión definida, un líder decidido y un equipo calificado y unido comienza a tomar forma cuando las secciones del Triángulo D-I se unen. Es entonces cuando el Triángulo D-I se vuelve tridimensional y se convierte en tetraedro.

El punto en que se completa es mediante la introducción de la integridad. La definición de integridad se relaciona con algo completo, entero, así como una condición y solidez perfectas. La definición más común de integridad es honestidad o sinceridad. Aunque las definiciones suenan diferentes, de hecho son lo mismo.

Un negocio dirigido con honestidad y sinceridad, que ha sido construido sobre los principios del Triángulo D-I, se volverá completo, entero y sólido.

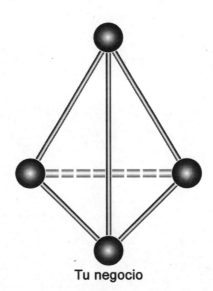

Tu negocio

CUARTA ETAPA

¿Quién es un inversionista sofisticado?

CAPÍTULO 37

¿Cómo piensa un inversionista sofisticado?

"Ahora que comprendes el Triángulo D-I, ¿estás listo para crear un negocio?", me preguntó mi padre rico.

"Sí, totalmente. Incluso a pesar de que me da un poco de miedo", respondí. "Hay muchas cosas que recordar."

"Ése es el punto, Robert. Una vez que creas un negocio exitoso, tendrás las habilidades para crear tantos como lo desees. También tendrás las aptitudes necesarias para analizar otros negocios desde el exterior antes de invertir en ellos."

"Todavía parece como una misión imposible", respondí.

"Quizá es así porque piensas en crear negocios enormes", continuó mi padre rico.

"Desde luego. Yo voy a ser rico", respondí con vehemencia.

"Para aprender las habilidades necesarias para el Triángulo D-I, necesitas comenzar en pequeño. Incluso un carrito de salchichas o una pequeña casa para renta necesita de su propio Triángulo D-I. Cada componente del Triángulo D-I se aplica incluso a los negocios más pequeños. Tú cometerás errores. Si aprendes de esos errores, puedes crear negocios cada vez más grandes. A lo largo del proceso te convertirás en un inversionista sofisticado."

"¿Así que aprender a crear un negocio me convertirá en inversionista sofisticado?", pregunté. "¿Es todo lo que se necesita?"

"Si aprendes las lecciones a lo largo del camino y creas un negocio exitoso, te convertirás en un inversionista sofisticado", continuó mi padre rico, mientras sacaba su famoso bloc de hojas de papel. "Ganar el primer millón de dólares es lo difícil. Una vez que hayas ganado el primer millón, los siguientes diez son fáciles. Analicemos qué hace que un hombre de negocios e inversionista exitoso sea un inversionista sofisticado."

¿Quién es un inversionista sofisticado?

"Un inversionista sofisticado es un inversionista que comprende cada uno de los diez controles del inversionista; comprende y aprovecha las ventajas del lado derecho del cuadrante. Analicemos cada control del inversionista con el fin de comprender mejor la manera en que piensa un inversionista sofisticado", explicó mi padre rico.

Los diez controles del inversionista

1. El control sobre uno mismo
2. El control sobre la relación ingresos-gastos y la relación activo-pasivo
3. El control sobre la administración de la inversión
4. El control sobre los impuestos
5. El control sobre cuándo comprar y cuándo vender
6. El control sobre las transacciones de corretaje
7. El control sobre EOC (la entidad, la oportunidad y las características)
8. El control sobre los términos y las condiciones de los acuerdos
9. El control sobre el acceso a la información
10. El control sobre devolver lo recibido, la filantropía y la redistribución de la riqueza

"Es importante comprender que un inversionista sofisticado puede escoger no convertirse en inversionista interno o en inversionista consumado; en vez de eso, comprende los beneficios de cada control", continuó mi padre rico. "Mientras más controles posean estos inversionistas, menos riesgo tendrán en la inversión."

Control del inversionista #1
El control sobre uno mismo

"El control más importante que debe tener como inversionista es sobre sí mismo." Eso puede determinar su éxito como inversionista, y es la razón por la que la totalidad de la primera etapa de este libro está dedicada a obtener control sobre uno mismo. Mi padre rico decía a menudo: "¡No es la inversión la que es riesgosa; es el inversionista quien es riesgoso!"

A la mayoría de nosotros nos enseñaron en la escuela a convertirnos en empleados. Sólo había una respuesta correcta y cometer errores era horrible. No nos enseñaron educación financiera en la escuela. Se necesita mucho trabajo y tiempo para cambiar su manera de pensar y obtener educación financiera.

Un inversionista sofisticado sabe que existen múltiples respuestas correctas, que el mejor aprendizaje proviene de cometer errores y que la educación financiera es esencial para tener éxito. Conoce sus propios estados financieros y comprende cómo cada decisión financiera que toma tendrá en última instancia un efecto sobre sus estados financieros.

Para volverse rico, usted necesita enseñarse a sí mismo a pensar como una persona rica.

Control del inversionista #2
El control sobre la relación ingreso-gasto y la relación activo-pasivo

Este control se desarrolla por medio de la educación financiera. Mi padre rico me enseñó los tres patrones de flujo de efectivo en pobres, clase media y ricos. Yo decidí a edad temprana que quería tener el patrón de flujo de efectivo de una persona rica.

El patrón de flujo de efectivo de los pobres es:

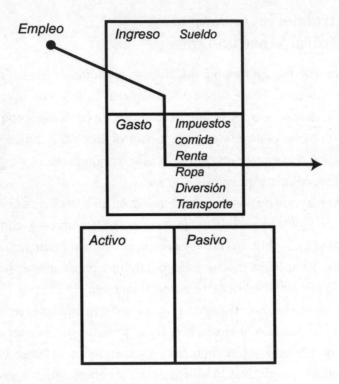

Los pobres gastan cada centavo que ganan; no tienen activos y no tienen deuda.

El patrón de flujo de efectivo de la clase media es:

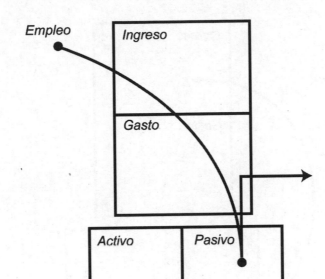

Los individuos de clase media acumulan más deuda conforme tienen más éxito. Un aumento de sueldo les permite pedir prestado más dinero del banco con el fin de poder adquirir artículos personales como automóviles más grandes, casas de vacaciones, yates y casas rodantes. Gastan su ingreso por salario en los gastos actuales y después en el pago de su deuda personal.

Conforme se incrementa su ingreso, también lo hace su deuda personal. Por eso se llama a esto "la carrera de la rata".

El patrón de flujo de los ricos es:

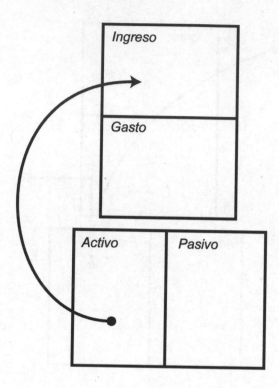

Los ricos hacen que sus activos trabajen para ellos. Han obtenido el control sobre sus gastos y se concentran en adquirir o crear activos. Sus negocios pagan la mayor parte de sus gastos y tienen pocos pasivos, si es que tienen alguno.

Usted puede tener un flujo de efectivo que es una combinación de los tres tipos. ¿Qué historia cuentan sus estados financieros? ¿Tiene el control de sus gastos?

Adquiera activos, no pasivos

Los inversionistas sofisticados compran activos que aportan dinero a sus bolsillos. Es así de simple.

Convierta los gastos personales en gastos de negocios

Los inversionistas sofisticados comprenden que sus negocios tienen permitido deducir todos los gastos ordinarios y necesarios que han pagado o en que han incurrido para el negocio. Analizan sus gastos y convierten gastos personales no deducibles en gastos de negocio deducibles, siempre que es posible. No todos los gastos serán deducciones permitidas.

Revise sus gastos personales y de negocios con sus asesores financieros y fiscales, con el fin de que pueda optimizar las deducciones que tiene a su disposición por medio de su negocio. Algunos ejemplos de gastos personales que pueden ser gastos legítimos de negocio son:

Gasto personal	Gasto de negocio	Justificación
Computadora	Equipo de negocios	Uso en el negocio
Teléfono celular	Equipo de negocios	Para llamar a sus clientes
Comidas fuera	Comidas de negocios	Anote el propósito del negocio y con quién
Gastos médicos	Reembolsos médicos	Plan de reembolsos médicos
Colegiaturas	Educación	Respalde con documentos la justificación
Costos de hogar	Oficina en el hogar	Siga las guías: dé seguimiento a todos los gastos del hogar y reembolse con base en metros cuadrados

Éstos son sólo unos ejemplos de los tipos de gastos de negocios que son deducibles para los dueños del negocio. Los mismos gastos no son generalmente deducibles para los empleados. Sus gastos deben estar respaldados adecuadamente por documentos y tener un propósito legítimo de negocios. ¿Puede pensar en gastos que esté sufragando personalmente hoy en día, que podrían ser gastos de negocio deducibles si fuera dueño de un negocio?

Control del inversionista #3
El control sobre la administración de la inversión

Un inversionista interno, que posee una participación accionaria en la inversión suficiente para que pueda tener control sobre las decisiones de administración, tiene este control de inversionista. Puede ser en el caso de un propietario único o cuando el inversionista posee una participación accionaria lo suficientemente grande para participar en el proceso de toma de decisiones.

Las aptitudes aprendidas durante la creación de un negocio exitoso utilizando el Triángulo D-I son esenciales para este inversionista.

El triángulo D-I

Una vez que el inversionista posea estas aptitudes, será más capaz de analizar la efectividad de la administración de otras inversiones potenciales. Si la administración parece ser competente y exitosa, el inversionista está más cómodo al invertir sus recursos.

Control del inversionista #4
El control sobre los impuestos

El inversionista sofisticado ha aprendido acerca de las leyes fiscales, ya sea mediante estudios formales o al realizar preguntas y escuchar a buenos asesores. El lado derecho del cuadrante del flujo de efectivo proporciona ciertas ventajas fiscales, que el inversionista sofisticado utiliza de manera inteligente para reducir la cantidad de impuestos que paga, así como para diferir más el pago de impuestos cuando es posible.

En Estados Unidos, aquellos que se encuentran en el lado derecho del cuadrante disfrutan de muchas ventajas fiscales que no están a disposición de quienes se hallan en el lado izquierdo. Tres ventajas específicas son:

1. Impuestos de "seguro social" (seguridad social en Estados Unidos, impuesto para los servicios públicos de salud

Medicare, impuesto de desempleo e ingreso por discapacidad, para sólo mencionar unos cuantos). No aplican para los ingresos pasivo y de portafolio (lado derecho del cuadrante del flujo de efectivo), pero sí aplican para las personas de ingreso ganado (lado izquierdo del cuadrante del flujo de efectivo).

2. Es posible diferir el pago de impuestos, quizá de manera indefinida, utilizando leyes disponibles para usted, relacionadas con bienes raíces y con ser dueño de una compañía (un ejemplo sería el plan para compartir utilidades, patrocinado por su corporación de negocios).

3. Las corporaciones "C" pueden pagar por cierto número de gastos con recursos antes del pago de impuestos, que las personas que reciben su ingreso en el cuadrante "E" deben pagar después de haber pagado impuestos. Algunos ejemplos de esto se incluyen bajo el control del inversionista #2.

Los inversionistas sofisticados reconocen que cada país, estado y provincia tienen leyes fiscales diferentes y están preparados para trasladar sus asuntos de negocio al lugar más conveniente para lo que están haciendo.

Al reconocer que los impuestos son el gasto más grande en los cuadrantes "E" y "A", los inversionistas sofisticados pueden tratar de reducir su ingreso con el fin de reducir sus impuestos sobre la renta, al mismo tiempo que incrementan los fondos para inversión. Vea el ejemplo bajo el control del inversionista #7.

Control del inversionista # 5
El control sobre cuándo comprar y cuándo vender

El inversionista sofisticado conoce la manera de ganar dinero en un mercado a la alza así como en un mercado a la baja.

Al crear un negocio, el inversionista sofisticado tiene mucha paciencia. En ocasiones me refiero a esa paciencia como "gratificación retrasada". Un inversionista sofisticado comprende que la verdadera recompensa financiera se da después de que la inversión o negocio se vuelve redituable y puede ser vendido, o cuando es posible ofrecer las acciones para la venta al público.

Control del inversionista # 6
El control sobre las transacciones de valores

El inversionista sofisticado que actúa como inversionista interno puede dirigir la manera en que se gasta o amplía la inversión. Como inversionista externo en otras compañías, el inversionista sofisticado da seguimiento cuidadoso al desempeño de sus inversiones y dirige a su corredor para comprar o vender.

Muchos inversionistas dependen actualmente de sus corredores para saber cuándo comprar o vender. Esos inversionistas no son sofisticados.

Control del inversionista # 7
El control sobre E-O-C (entidad, oportunidad, características)

"Con el control sobre uno mismo, el control sobre la E-O-C es el más importante", repetía frecuentemente mi padre rico. Para tener control sobre la entidad, la oportunidad y las características de su ingreso, necesita comprender la legislación corporativa, fiscal y de seguridad.

Mi padre rico comprendía verdaderamente los beneficios que se ofrecían al escoger la entidad correcta, con el fin de año correcto y convertir tanto ingreso ganado en ingreso pasivo e ingreso de portafolio como sea posible. Lo anterior, combinado con la capacidad para leer estados financieros y "pensar en términos de estados financieros", ayudó a que mi padre rico creara su imperio financiero más rápidamente.

Para ilustrar lo que la planificación adecuada de E-O-C puede hacer, revisemos los siguientes estudios de caso sobre James y Cathy.

CASO # 1

James y Cathy son propietarios ausentes de un restaurante.

El restaurante es operado como negocio de propietario único.

James y Cathy no tienen hijos.

El ingreso neto del restaurante es de 60 000 dólares.

James y Cathy tienen un juego de estados financieros.

Estados financieros de James y Cathy

(cifras en dólares estadounidenses)

Ingreso

Ingreso neto del negocio (después de los pagos de la hipoteca del restaurante y la depreciación de 120 000):	60 000

Gasto

Impuestos de seguro social:	9 200	
Impuestos sobre el ingreso:	5 000	
Impuestos totales:		14 200
Hipoteca de la casa:	10 200	
Gastos de vida		
Servicios:	3 000	
Automóvil:	3 000	
Alimentos:	12 000	
Seguro médico:	8 000	
Contabilidad y servicios jurídicos:	2 000	
Educación:	1 000	
Caridad:	1 000	
Gastos de vida totales:		40 200

Flujo neto de efectivo	5 600

Activo	Pasivo
Local del restaurante	Hipoteca sobre la casa
Equipamiento del restaurante	Hipoteca sobre el restaurante

CASO # 2

James y Cathy se reúnen con sus asesores financieros y fiscales para estructurar su negocio con el fin de optimizar el flujo de efectivo y reducir la cantidad que deben pagar en impuestos.

James y Cathy son dueños de dos corporaciones; una es dueña del restaurante y la otra es dueña del edificio donde se ubica el restaurante.

James es el gerente general de ambas corporaciones.

James y Cathy tienen dos hijos.

James y Cathy tienen tres juegos de estados financieros que tienen efectos sobre su posición financiera.

¿Cómo se beneficiaron James y Cathy del consejo de sus asesores financieros y fiscales?

Al crear esta estructura de dos corporaciones:

1. James y Cathy pueden convertir algunos gastos personales en legítimos gastos de negocio (seguro de salud, gastos legales y de contabilidad, gastos de educación, y una deducción sobre la oficina en la casa y el auto).

2. Fueron capaces de reducir la cantidad total que pagan por impuestos en 7 885 dólares.

3. Fueron capaces de colocar 12 000 dólares en un fondo para el retiro.

4. Tanto el punto 2 como el 3 fueron posibles a pesar de que redujeron su ingreso personal a cero.

5. Han protegido sus activos personales al colocar las operaciones de su negocio en corporaciones; James es dueño de 100% de una de ellas y Cathy posee 100% de la otra.

Veamos cómo fueron capaces de lograr todo esto:

Estados financieros de James y Cathy

(cifras en dólares estadounidenses)

Ingreso

Salario del gerente general

Restaurante	20 000
Compañía inmobiliaria	10 000
Reembolso de oficina	1 000
Reembolso por viajes en automóvil	1 000
Ingresos totales	32 000

Gasto

Impuestos de seguro social:	2 300	
Impuestos sobre el ingreso:	1 500	
Impuestos totales:		3 800*
Hipoteca de la casa:	10 200	
Gastos de vida		
Servicios:	3 000	
Automóvil:	3 000	
Alimentos:	12 000	
Gastos de vida totales:		28 200

Flujo neto de efectivo	0

Activo	**Pasivo**
Empresa restaurantera	Hipoteca sobre la casa
Empresa de bienes raíces	

Estados financieros de la empresa restaurantera

(cifras en dólares estadounidenses)

Ingreso

Servicio de alimentos	180 000

Gasto

Gerente general:	20 000
Impuestos seg. social:	1 500
Gasto por renta:	155 000
Reembolso:	1 000
Legal y contable:	1 000
Impuesto sobre ingreso:	225
Ingreso neto:	1 275

Activo	**Pasivo**

Impuestos totales = 6 315

Estados financieros de la empresa de bienes raíces

(cifras en dólares estadounidenses)

Ingreso

Servicio de alimentos	155 000

Gasto

Gerente general:	10 000
Impuestos de seg. social:	750
Hipoteca + Depreciación:	120 000
Reembolso:	1 000
Legal y contable:	1 000
Plan para el retiro:	12 000
Plan de servicios médicos:	8 000
Reembolso por educación:	1 000
Caridad:	1 000
Impuestos sobre el ingreso:	40
Ingreso neto	210

Activo	**Pasivo**
Local	Hipoteca sobre el local
Equipamiento	

Ahora comparemos el CASO # 1 con el CASO # 2

	CASO # 1 Propietario único	CASO # 2 Individual + 2 corporaciones	Diferencia
Impuestos pagados	(14 200)	(6 315)	7 885
Ingresos:			
Fondos para el retiro	0	12 000	
Utilidades			
Personal	5600	0	
Corporación # 1		1 275	
Corporación # 2		210	
Flujo de efectivo total	5600	13 485	7 885

El resultado final de este plan financiero para James y Cathy es que han agregado 7 885 dólares a su riqueza personal al ahorrar esa cantidad en impuestos. Sin embargo, lo más importante es que han protegido sus activos personales al trasladar sus negocios a corporaciones. Al tener corporaciones válidamente establecidas, sus activos personales deben estar a salvo incluso si una de ellas pierde un juicio. Por ejemplo, si un cliente se enferma en el restaurante, puede demandar a la corporación que es propietaria del restaurante. Cualquier juicio que falle una sentencia en contra de la corporación del restaurante será pagado de los activos de la corporación. La corporación que es dueña del edificio y los activos personales de James y Cathy, deben estar protegidos.

El ejemplo de James y Cathy es muy simple y lo proporciono únicamente con el fin de ilustrar. Es extremadamente importante que busque asesoría profesional, legal y fiscal, antes de estructurar su propio plan financiero. Debe considerar muchos aspectos complejos para asegurarse que cumpla con todas las leyes.

Todas esas cifras me parecen muy complicadas, por lo que también he incluido el diagrama sencillo que mi padre rico me mostró al describir sus corporaciones del restaurante y de la propiedad inmobiliaria. Yo aprendo mejor al ver imágenes que al ver cifras, así que quizá sea también de ayuda para usted.

Más control, no menos

Mi padre rico decía: "Una vez que puedes pensar de manera automática en términos de estados financieros, puedes operar múltiples negocios así como evaluar otras inversiones rápidamente. Sin embargo, lo más importante es que una vez que puedas pensar en términos de estados financieros, tendrás un mayor control sobre tu vida financiera y ganarás todavía más dinero, dinero que la persona promedio no se da cuenta de que puede obtener".

A continuación trazó el siguiente diagrama:

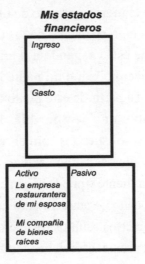

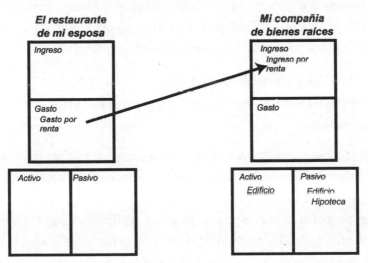

Observé el diagrama y dije: "Tus gastos van hacia donde tienes control. En este caso, tu negocio de restaurante paga su renta a tu compañía inmobiliaria."

Mi padre rico asintió y dijo: "¿Y técnicamente, qué estoy haciendo?"

"Estás transfiriendo el ingreso ganado de tu negocio de restaurante y lo conviertes en ingreso pasivo de tu compañía inmobiliaria. En otras palabras, te estás pagando a ti mismo."

"Y eso sólo es el principio", dijo mi padre rico. "Sin embargo, quiero prevenirte de que a partir de este punto necesitarás el mejor consejo legal y contable que sea posible. Es aquí donde los inversionistas que no son sofisticados comienzan a meterse en problemas. Se meten en problemas porque el diagrama que te he mostrado puede hacerse legalmente y puede hacerse ilegalmente. Siempre debe existir un propósito de negocio para las transacciones entre las corporaciones y ciertos asuntos relacionados con el control por parte de un grupo de propietarios deben tomarse en cuenta cuando poseas acciones en varias corporaciones. Es muy fácil ganar dinero legalmente, así que contrata a los mejores asesores y aprenderás todavía más acerca de cómo volverte rico legalmente.

Control del inversionista # 8
El control sobre los términos y condiciones de los contratos

El inversionista sofisticado se encuentra en control de los términos y condiciones de los contratos cuando se encuentra al interior de la inversión. Por ejemplo, cuando transfiero la venta de varias de mis casas pequeñas para comprar un pequeño edificio de apartamentos, estoy utilizando el artículo 1031 del Código Fiscal de Estados Unidos, que me permite transferir las ganancias. No tengo que pagar ningún impuesto sobre la venta porque controlé los términos y las condiciones de los acuerdos.

Control del inversionista # 9
El control sobre el acceso a la información

Como inversionista interno, el inversionista sofisticado nuevamente tiene el control sobre el acceso a la información. Es aquí donde el inversionista necesita comprender los requisitos legales de los inversionistas internos, impuestos por la SEC de Estados Unidos (otros países tienen similares organizaciones de supervisión).

Control del inversionista # 10
El control sobre la devolución de lo recibido, la filantropía y la redistribución de la riqueza

El inversionista sofisticado reconoce la responsabilidad social que viene con la riqueza y por ello devuelve algo a la sociedad. Esto puede ser mediante las donaciones de caridad y la filantropía. Otra parte puede ser mediante el capitalismo, al crear empleos y hacer crecer a la economía.

Capítulo 38

Análisis de inversiones

"Los números cuentan una historia" decía mi padre rico. "Si puedes aprender a leer estados financieros puedes ver lo que está ocurriendo al interior de cualquier compañía o inversión."

Mi padre rico me enseñó cómo utilizar las relaciones financieras para administrar sus negocios. Ya sea en una inversión en acciones de una compañía o mediante la compra de bienes raíces, yo siempre analizo los estados financieros. Puedo determinar qué tan redituable es un negocio o qué tan endeudado se encuentra, tan sólo con observar los estados financieros y calcular las relaciones de proporción financieras.

En el caso de una inversión en bienes raíces, calculo cuál será la retribución en efectivo sobre la inversión con base en la cantidad de efectivo que necesito gastar para realizar el pago inicial.

Pero lo más importante nos hace regresar siempre a la educación financiera. Este capítulo abordará algunos de los importantes procesos de pensamiento por los que atraviesa todo inversionista sofisticado al escoger las inversiones de su plan financiero:

- Las relaciones de proporción de una compañía
- Las relaciones de proporción de los bienes raíces
- Los recursos naturales

- ¿Se trata de deuda buena o mala?
- Ahorrar no es invertir

Las relaciones de proporción de una compañía

Porcentaje de ganancia bruta = $\dfrac{\text{Ventas} - \text{Costo de ventas}}{\text{Ventas}}$

El porcentaje de ganancia bruta es la ganancia bruta dividida entre las ventas, lo que le dice qué porcentaje de las ventas queda tras deducir el costo de los bienes vendidos. Las ventas menos el costo de los objetos vendidos (costo de los bienes vendidos) se denomina ganancia bruta. Recuerdo que mi padre rico decía: "Si el ingreso bruto no está allí, no habrá ingreso neto."

Qué tan grande necesita ser el porcentaje de ganancia bruta depende de la manera en que un negocio está organizado y de otros costos que es necesario apoyar. Después de calcular el porcentaje de ganancia bruta, las tiendas de conveniencia de mi padre rico todavía debían pagar la renta del edificio, pagar a los empleados, los servicios, los impuestos y derechos por los permisos gubernamentales, pagar los bienes dañados o desperdiciados, y una larga lista de gastos adicionales, además de dejar suficiente dinero para otorgarle a mi padre rico una buena ganancia sobre su inversión original.

En el caso de los sitios de internet especializados en comercio electrónico, esos costos adicionales son generalmente mucho más bajos, así que los negocios pueden vender y obtener una ganancia con un porcentaje más bajo de ganancia bruta.

Mientras mayor sea la ganancia bruta, mejor.

Ganancia operativa neta = $\dfrac{\text{Ingresos antes de intereses e impuestos}}{\text{Ventas}}$

El porcentaje de ganancia operativa neta le dice cuál es la rentabilidad neta de las operaciones del negocio antes de que tome en consideración sus impuestos y el costo del dinero. Los ingresos antes de intereses e impuestos (EBIT, por sus siglas en inglés) son las ventas menos la totalidad de los costos por estar en ese negocio, sin incluir los costos de capital (intereses, impuestos, dividendos).

La relación de proporción entre los ingresos antes de intereses e impuestos y las ventas, se denomina porcentaje de ganancia operativa neta. Los negocios con un alto porcentaje son generalmente más fuertes que aquellos que tienen bajos porcentajes.

Mientras mayor sea la ganancia operativa neta, mejor.

Apalancamiento operativo = Contribución
                            Costos fijos

La contribución es el nombre de las ganancias brutas (ventas menos el costo de los bienes vendidos) menos los costos variables (todos los costos que no son costos fijos son variables y fluctúan con las ventas). Los costos fijos incluyen todos los costos de ventas, los costos generales y los costos administrativos que son fijos y que no fluctúan con base en el volumen de ventas. Por ejemplo, los costos de mano de obra relacionados con empleados de tiempo completo, y la mayoría de los costos relacionados con sus instalaciones, son generalmente considerados como costos fijos.

Un negocio que tiene un apalancamiento operativo de 1 significa que el negocio apenas genera suficientes ingresos para pagar sus costos fijos. Eso significa que no hay utilidades para los dueños.

Mientras más alto sea el apalancamiento operativo, mejor.

Apalancamiento financiero = Capital total (Deuda y capital)
                            Aportaciones de los accionistas

El capital total empleado es el valor en el libro de contabilidad de toda la deuda que implica intereses (excluya cuentas por pagar por bienes que serán revendidos y pasivos debidos a salarios, gastos e impuestos adeudados y que todavía no han sido pagados), más todas las aportaciones de los dueños. Así que si usted tiene 50 000 dólares de deuda y 50 000 de aportaciones de los accionistas, su apalancamiento financiero será 2 (o 100 000 dólares divididos entre 50 000).

Apalancamiento total = <u>Apalancamiento operativo x Apalancamiento financiero</u>

El riesgo total que una compañía lleva en sus negocios actuales es el resultado de multiplicar su apalancamiento operativo por su apalancamiento financiero. El apalancamiento total le dice cual es el efecto total que un cambio determinado en el negocio debe tener en las aportaciones de los dueños (acciones comunes o socio general). Si usted es el dueño del negocio y por lo tanto un inversionista interno, el apalancamiento total de su compañía está al menos parcialmente bajo su control.

Si observa el mercado de valores, el apalancamiento total le ayudará a decidir si debe invertir. Las compañías estadounidenses bien dirigidas y administradas de manera conservadora, cuyas acciones se cotizan entre el público, generalmente mantienen la cifra de su apalancamiento total debajo de 5.

Proporción entre deuda y capital = <u>Pasivo total</u>
Capital total

La relación de proporción entre deuda y capital mide sólo eso, la parte de la empresa total (pasivo total) financiada por inversionistas externos, como proporción de la parte financiada por internos (capital total). La mayoría de los negocios tratan de mantener una relación de uno a uno, o menor. En términos generales, mientras más baja sea la proporción entre deuda y capital, más conservadora será la estructura financiera de la compañía.

Proporción rápida = <u>Activos líquidos</u>
Pasivos actuales

Proporción actual = <u>**Activos actuales**</u>
Pasivos actuales

La importancia de las proporciones rápidas y actuales es que le dicen si la compañía tiene suficientes activos líquidos para pagar sus pasivos en el año siguiente. Si una compañía no tiene suficientes activos actuales para cubrir sus pasivos actuales, generalmente es una señal de peligro inminente. Por otra parte, una proporción actual o rápida de 2 a 1 son más que adecuadas.

Ganancia de capital = <u>**Ingreso neto**</u>
Valor promedio del capital de los accionistas

Las ganancias sobre capital frecuentemente son consideradas como una de las proporciones más importantes. Le permiten comparar las ganancias de la compañía con la inversión realizada por los accionistas, en comparación con inversiones alternativas.

¿Qué le dicen las relaciones de proporción?

Mi padre rico me enseñó a considerar siempre al menos 3 años de estas cifras. La dirección y tendencia de los porcentajes de ganancia, la contribución, el apalancamiento y las ganancias sobre capital dicen mucho sobre una compañía y su administración, incluso sobre sus competidores.

Muchos informes publicados por las compañías no incluyen estas cifras e indicadores. Un inversionista sofisticado aprende a calcular esas proporciones (o contrata a alguien que sepa hacerlo) cuando no se le entregan.

Un inversionista sofisticado comprende la terminología de las relaciones de proporción y puede utilizarlas para evaluar la inversión. Sin embargo, las relaciones de proporción no pueden ser utilizadas en el vacío. Se trata de indicadores del desempeño de una compañía. Deben ser considerados de manera conjunta con el análisis de todo el negocio y de la industria. Al comparar las relaciones de proporción en un plazo de tres años, así como con las de otras compañías de la misma industria, puede determinar rápidamente la fortaleza relativa de una compañía.

Por ejemplo, una compañía con excelentes relaciones de proporción durante los últimos tres años y que ha obtenido buenas utilidades puede parecer una inversión sólida. Sin embargo, tras revisar la industria descubre que el principal producto de la compañía se ha vuelto obsoleto debido a un nuevo producto introducido en el mercado por el principal competidor. En este caso, una compañía con una historia de buen desempeño puede no constituir una inversión inteligente debido a su pérdida potencial de participación del mercado.

Aunque esas relaciones de proporción pueden parecer complicadas al principio, quedaría sorprendido de qué tan rápido puede aprenderlas para analizar a una compañía. Recuerde que esas relaciones de proporción son el lenguaje de un inversionista sofisticado. Puede aprender a "hablar en relaciones de proporción" al obtener educación financiera.

Inversión en bienes raíces: proporciones financieras para una propiedad inmobiliaria

En lo que se refiere a los bienes raíces, mi padre rico tenía dos preguntas:

1. ¿Genera la propiedad un flujo positivo de efectivo?
2. Si la respuesta es afirmativa, ¿ha hecho la revisión preliminar *(due dilligence)*?

La relación de proporción financiera más importante de una propiedad inmobiliaria, en opinión de mi padre rico, era la ganancia en efectivo sobre la inversión.

Ganancia sobre inversión = **Flujo de efectivo positivo neto** / **Pago inicial**

Digamos que adquiere un edificio de apartamentos por 500 000 dólares. Hace un pago inicial de 100 000 dólares y contrata una hipoteca por el saldo de 400 000. Tiene un flujo de efectivo mensual de 2 000 dólares después de realizar todos los gastos y los pagos de hipoteca. Su ganancia en efectivo sobre la inversión es de 24% ó 24 000 dólares (2 000 x 12 meses) dividido entre 100 000.

Antes de comprar el edificio de apartamentos, debe decidir cómo lo va a adquirir. ¿Va a comprarlo por medio de una corporación "C", una corporación de responsabilidad limitada o una sociedad limitada? Consulte con sus asesores legales y fiscales para asegurarse de que escoge la entidad que le proporcionará la mayor protección legal y más ventajas fiscales.

Revisión preliminar *(due dilligence)*

En mi opinión, las palabras "revisión preliminar" (conocida en inglés como *due dilligence)* son algunas de las más importantes en el mundo de la educación financiera. Es mediante el proceso de revisión preliminar que un inversionista sofisticado ve el otro lado de la moneda. Cuando la gente me pregunta cómo encuentro buenas inversiones, simplemente respondo: "Las encuentro por medio del proceso de revisión preliminar. Mi padre rico decía: 'Mientras más rápido seas capaz de realizar la revisión preliminar de cualquier inversión, sin importar si se trata de un negocio, bienes raíces, acciones, un fondo de inversión o una obligación, serás más capaz de encontrar las inversiones más seguras con las mayores posibilidades de redituar ganancias de capital o flujo de efectivo'."

La cinta de audio que contiene el programa de aprendizaje intitulado *Financial Literacy: How Sophisticated Investors Find the Investments that Average Investors Miss,* incluye un cuaderno de trabajo con formas muy sofisticadas para realizar revisiones preliminares que pueden ser adaptadas para evaluar muchas inversiones rápidamente. Si quisiera averiguar más acerca de este programa educativo y el cuaderno de trabajo, por favor visite nuestro sitio en internet www.richdad.com. No sólo escuchará usted a inversionistas muy sofisticados que comparten sus secretos sobre inversión, sino que además aprenderá la manera de utilizar esas formas de revisión preliminar. Estas formas que se dan a conocer rara vez, tienen el poder no sólo para convertirlo en un inversionista más sofisticado, sino ayudarlo a ahorrar mucho tiempo al analizar inversiones, y también pueden ayudarle a encontrar las inversiones con mejores rendimientos que ha estado buscando.

Por ejemplo, una vez que determina que una propiedad inmobiliaria generará un flujo de efectivo positivo para usted, aún necesita realizar una revisión preliminar en la propiedad.

Mi padre rico tenía una lista que siempre utilizaba. Yo uso una lista de revisión preliminar creada por Cindy Shopoff. Es muy completa e incluye aspectos que no existían hace 30 años (por ejemplo, la fase I de la auditoria ambiental). He incluido la lista de Cindy como referencia para usted.

Si tengo preguntas sobre la propiedad, a menudo acudo a los expertos y hago que mis abogados y contadores revisen el negocio.

Lista para la revisión preliminar

1. Lista de inquilinos actualizados con cantidades pagadas a la fecha.
2. Lista de depósitos de seguridad.
3. Información sobre pagos de hipoteca.
4. Lista de propiedades personales.
5. Planos de los pisos.
6. Póliza de seguros, agente.
7. Mantenimiento, acuerdo de servicios.
8. Información sobre inquilinos: contratos de arrendamiento, libro de cuentas, solicitudes, detección de incendios.

9. Lista de proveedores y compañías de servicios, incluyendo números de cuenta.

10. Declaración de las modificaciones estructurales realizadas a las instalaciones.

11. Documentos de construcción e ingeniería.

12. Acuerdos de comisión.

13. Acuerdos de renta.

14. Acuerdos de facilidades.

15. Planes de desarrollo, incluyendo planes y especificaciones con los dibujos arquitectónicos, estructurales, mecánicos, eléctricos y civiles de la construcción realizada.

16. Permisos gubernamentales o restricciones de la zona que afecten el desarrollo de la propiedad.

17. Contratos de administración.

18. Pagos de impuestos y declaraciones de impuestos sobre la propiedad.

19. Recibos de los servicios.

20. Recibos y bitácoras de desembolso correspondientes a la propiedad.

21. Registros de desembolso y gasto de capital correspondientes a la propiedad por los últimos cinco años.

22. Declaraciones de ingresos y gastos correspondientes a la propiedad por los dos años anteriores a la fecha de consideración.

23. Declaraciones financieras y declaraciones de impuestos estatales y federales por la propiedad.

24. Inspección de termitas, con forma y contenido que sean razonablemente satisfactorios para el comprador.

25. Todos los demás registros y documentos en posesión del vendedor o bajo su control que pudieran ser necesarios o útiles para la propiedad, operación o mantenimiento de la propiedad.

26. Estudios de mercado del área.

27. Presupuesto o estimaciones de construcción.

28. Perfiles o estudios sobre los inquilinos.

29. Archivos de las órdenes de trabajo.

30. Estados bancarios por los dos años anteriores que muestren la cuenta operativa de la propiedad.

31. Certificados de ocupación.

32. Título de propiedad.

33. Copias de todas las garantías que sigan vigentes.

34. Fase I de auditoría ambiental (si existe) para cada inversión.

Recursos naturales

Muchos inversionistas sofisticados incluyen inversiones en los recursos naturales de la tierra como parte de su portafolio. Ellos invierten en petróleo, gas, carbón y metales preciosos, tan sólo por mencionar algunos.

Mi padre rico creía firmemente en el poder del oro. Como recurso natural, el oro existe en cantidades limitadas. Como me dijo mi padre rico, a lo largo de los siglos la gente lo ha apreciado. Mi padre rico también creía que poseerlo atraía otras formas de riqueza.

Para leer más acerca de la lección de mi padre rico en relación con invertir en oro, por favor visite www.richdadgold.com.

¿Se trata de deuda buena o mala?

Un inversionista sofisticado reconoce la deuda buena, los gastos buenos y los pasivos buenos. Recuerdo que mi padre rico me preguntó: "¿Cuántas casas para renta puedes poseer cuando pierdes 100 dólares al mes?" Desde luego, le respondí: "No muchas." Entonces me preguntó: "¿Cuántas casas para renta puedes poseer cuando ganas 100 dólares al mes?" La respuesta a esa pregunta es: "¡Tantas como pueda encontrar!"

Analice cada uno de sus gastos, pasivos y deudas. ¿Corresponde cada gasto pasivo o deuda a un ingreso o activo? De ser así, ¿es más grande el flujo de efectivo que entra, resultante de los ingresos y/o activos, que el flujo de efectivo que sale por gastos, pasivos o deuda?

Por ejemplo, mi amigo Jim tiene una hipoteca sobre un edificio de apartamentos por 600 000 dólares, por la que paga 5 500 al mes por la hipoteca y pagos de intereses. Él recibe un ingreso por renta de sus inquilinos de 8 000 dólares al mes. Después de cubrir otros gastos, tiene un flujo de efectivo neto positivo de 1 500 dólares cada mes, proveniente de ese edificio de apartamentos. Yo consideraría que la hipoteca de Jim es deuda buena.

Ahorrar no es invertir

Un inversionista sofisticado comprende la diferencia entre ahorrar e invertir. Veamos el caso de dos amigos, John y Terry. Ambos creen ser inversionistas sofisticados.

John es un profesionista bien pagado e invierte la cantidad máxima en su plan para el retiro en el trabajo. John tiene 42 años de edad y tiene 250 000 dólares en su plan de ahorro para el retiro porque ha estado depositando en ella durante once años. No hay ganancia o flujo de efectivo de esa cuenta hasta que se retire y entonces deberá pagar impuestos a las tasas de impuesto sobre ingreso regulares.

Detalles de John:
Gana 100 000 dólares como salario.
Impuestos – Supongamos una tasa de impuesto promedio de 25% (baja)
Inversión – Plan de pensiones.
Contribución máxima de 15% ó 15 000 dólares
Plan de pensión – Gana 8% al año.
Flujo de efectivo actual de las inversiones – Ninguno.

Terry tiene la misma edad que John y gana un salario similar. Ella ha invertido en una serie de negocios inmobiliarios durante los últimos once años y acaba de hacer un pago inicial de 250 000 dólares por una propiedad de un millón de dólares. Terry tiene una ganancia sobre capital de 10% y espera una apreciación conservadora de su propiedad de 4% al año. Cuando se retire, Terry espera utilizar el intercambio del artículo 1031 del Código Fiscal de Estados Unidos para adquirir otra propiedad y sacar ventaja de un gran capital y flujo de efectivo. Terry nunca ha hecho contribuciones a su plan para el retiro, y los ingresos sobre su propiedad actualmente son gravados con impuestos.

Detalles de Terry:

Gana 100 000 dólares como salario.

Impuestos – Supongamos una tasa de impuestos promedio de 25% (baja)

Inversión – Compró bienes raíces por un millón de dólares con un pago inicial de 25% ó 250 000 dólares.

Propiedad – Ganancia de 10% sobre el capital.

Apreciación de 4% al año.

Flujo de efectivo actual – 25 000 dólares al año por la inversión en bienes raíces.

La siguiente gráfica muestra la acumulación anual de activos después de pagar impuestos, el flujo de efectivo disponible para gastar y el flujo de efectivo anual durante el retiro (también después de impuestos para John y Terry). Agradezco a mi asesora fiscal, la contadora pública Diane Kennedy, por preparar este análisis para que yo pudiera compartirlo con usted.

	Inicio		Años 1-19		A los 20 años		Retiro
	Activos	Flujo de efectivo	Inversión	Flujo de efectivo	Activos	Flujo de efectivo	Flujo neto
John	250 000	63 750	15 000	63 750	1 968 000	63 750	118 100
Terry	250 000	73 560	0	73 560	2 223 000	73 560	342 700

Cifras en dólares estadounidenses.

Como puede ver, la familia de Terry podrá gastar casi 100 000 dólares más al año que la familia de John, todos y cada uno de los siguientes veinte años. Después de eso, ambos se retirarán a los 62, tras trabajar 31 años.

Al llegar al retiro, John comienza a obtener 8% de su plan de ahorro para el retiro, y recibirá 118 100 dólares al año (157 400 dólares antes de impuestos). Él planifica no retirar cantidad alguna del principal. John tuvo éxito tras 31 años totales de invertir 15 000 dólares al año en su plan, en reemplazar 150% de su ingreso laboral.

A pesar de que Terry tuvo que dar un pago inicial de 250 000 dólares por la propiedad, se benefició por 4% de apreciación sobre el valor total de un millón de dólares de la propiedad. Durante los veinte años del plazo, el ingreso por rentas de la propiedad pagó la hipoteca de 750 000 dólares, de manera que cuando Terry se retire podrá transferir un capital completo de un millón de dólares en la compra de una propiedad mucho más grande (con valor de 8 892 000 dólares, de acuerdo con esos cálculos). La nueva propiedad generará un flujo de efectivo de 342 700 dólares al año para Terry.

Aunque el retiro de John será cómodo, Terry será rica.

Si por alguna razón John necesita más ingreso en su retiro, debe comenzar a retirar el principal de su plan de retiro. Terry sólo necesitará realizar otro intercambio libre de impuestos en otro negocio para obtener el principal de la hipoteca que pagaron sus inquilinos, lo que la impulsará a obtener un ingreso más alto.

El ejemplo de John habrá enseñado a sus hijos a ir a la escuela, obtener buenas calificaciones, obtener un buen empleo, trabajar duro, "invertir" de manera regular en su plan para el retiro y, como resultado, estar cómodo durante el mismo.

El ejemplo de Terry habrá enseñado a sus hijos que si aprenden cómo invertir y comenzar en pequeño, si atienden su propio negocio y hacen que su dinero trabaje duro para ellos, serán ricos.

Es fácil ver que la inversión en un edificio generó mucho más flujo de efectivo e ingreso para Terry en comparación con los ahorros para el retiro de John. Yo ubicaría a Terry en la categoría de inversionista y a John en la de ahorrador.

Un inversionista sofisticado comprende la diferencia entre invertir y ahorrar, y generalmente tiene ambos elementos como parte de su plan financiero.

Capítulo 39

El inversionista consumado

Así que la pregunta sigue siendo: ¿cómo se convirtió Bill Gates en el hombre de negocios más rico del mundo antes de cumplir 40 años? o, ¿cómo se convirtió Warren Buffet en el inversionista más rico de Estados Unidos? Ambos provienen de familias de clase media, así que no recibieron las llaves de la bóveda familiar. Sin embargo, sin tener una gran riqueza familiar que los respaldara, se impulsaron hasta la cima de la riqueza en el plazo de unos cuantos años. ¿Cómo? Lo hicieron de la manera en que muchos ultra-ricos lo han hecho en el pasado y lo harán en el futuro: se convirtieron en inversionistas consumados al crear un activo que vale miles de millones de dólares.

El número de la revista *Fortune* correspondiente al 27 de septiembre de 1999, publicó una historia principal intitulada: "Jóvenes y ricos, los 40 estadounidenses más ricos de menos de 40 años de edad." Algunos de esos jóvenes multimillonarios eran:

Nombre	Edad	Patrimonio	Negocio
1 Michael Dell	34	21.5 mmd	Dell Computer
2 Jeff Bezos	35	5.7 mmd	Amazon.com
3 Ted Waitt	36	5.4 mmd	Gateway Computer
4 Pierre Omidyar	32	3.7 mmd	eBay
5 David Filo	33	3.1 mmd	Yahoo!
6 David Yang	30	3.0 mmd	Yahoo!
7 Henry Nicholas	39	2.4 mmd	Broadcom
8 Rob Glaser	37	2.3 mmd	RealNetworks
9 Scott Blum	35	1.7 mmd	Buy.com

Usted podrá advertir que los 10 primeros jóvenes ricos corresponden a compañías de computadoras o internet. Sin embargo, hay otros tipos de negocios también incluidos en la lista:

26 John Schattner	37	403 millones	Papa John's Pizza
28 Master P	29	361 millones	Estrella musical
29 Michael Jordan	36	357 millones	Estrella deportiva

Considero interesante hacer notar que los ricos no relacionados con internet provienen de negocios como una compañía de pizza, el negocio de la música *rap* y los deportes. Todos los demás están relacionados con computadoras o internet.

Bill Gates y Warren Buffet no ingresaron en esa lista porque tienen más de 40 años. En 1999 Bill Gates tenía 43 años de edad y un patrimonio de 85 mil millones de dólares. De acuerdo con la revista *Forbes*, Warren Buffet tenía 69 años y un patrimonio de 31 mil millones de dólares.

Lo hicieron a la manera antigua

¿Cómo se unieron la mayoría de estas personas a las filas de los ultra-ricos tan temprano en la vida? Lo hicieron a la manera antigua: la misma manera en que Rockefeller, Carnegie y Ford se convirtieron en los ultra-ricos de ayer, y la misma manera en que lo harán los ultra-ricos de mañana. Crearon compañías y vendieron sus acciones al público. Trabajaron duro para convertirse en accionistas que venden acciones en vez de accionistas que las compran. En otras palabras, podría decirse que al ser accionistas que vendían acciones, imprimieron su propio dinero de manera legal. Crearon negocios y luego vendieron acciones propiedad del negocio a otras personas, accionistas que compraron acciones.

En *Padre rico, padre pobre*, escribí acerca de cómo a la edad de nueve años comencé a hacer mi propio dinero al fundir el plomo de los tubos de dentífrico y al forjar monedas de plomo con moldes de yeso. Mi padre pobre me enseñó lo que quería decir la palabra "falsificación". Mi primer negocio abrió y cerró el mismo día.

Mi padre rico, por su parte, me dijo que yo había estado muy cerca de la fórmula fundamental para obtener riqueza: imprimir o inventar su propio dinero de manera legal. Y es lo que el inversionista consumado hace. En otras palabras, ¿para qué trabajar duro por el dinero cuando puede imprimir el suyo? En *Padre rico, padre pobre*, la lección número cinco de mi padre rico fue que los ricos inventan su propio dinero: Me enseñó a inventar mi propio dinero con los bienes raíces o con pequeñas compañías. Esa habilidad técnica es el dominio de los inversionistas internos y consumados.

Cómo 10% es dueño de 90% de las acciones

Una razón por la que el 10% más rico posee 90% de todas las acciones, como informó *The Wall Street Journal*, es que el 10% más rico incluye a los consumidores consumados, las personas que crean las acciones. Otra razón es que sólo ese 10% es elegible (de acuerdo con las reglas de la SEC) para invertir en una compañía en las primeras etapas, antes de que se encuentre a disposición del público por medio de una oferta pública primaria. En ese grupo de élite están los fundadores de las compañías (también conocidos como los accionistas fundadores), los amigos de los fundadores o una selecta lista de inversionistas. Éstas son personas que se vuelven cada vez más ricas, mientras el resto de la población a menudo tiene dificultades para sufragar sus gastos, e invierten los pocos dólares que les quedan como accionistas que compran acciones, si es que les queda algún dinero.

La diferencia entre vender y comprar

En otras palabras, el inversionista consumado es alguien que crea una compañía y vende las acciones de la misma. Cuando lee el documento de presentación de una oferta pública primaria, los inversionistas consumados son quienes aparecen enlistados como accionistas que venden; no son accionistas que compran. Como puede advertir al conocer el patrimonio neto de estos individuos, parece existir una tremenda diferencia en la riqueza entre quienes venden y quienes compran acciones.

El último lado del tetraedro

En 1994 sentí que había completado exitosamente gran parte del plan que mi padre rico y yo habíamos creado en 1974. Me sentí relativamente cómodo con mi capacidad para administrar la mayoría de los componentes del Triángulo D-I. Comprendía el derecho corporativo lo suficientemente bien para hablar con un abogado y/o un contador. Conocía la diferencia entre los tipos de entidad (corporación "S", corporación de responsabilidad limitada, sociedad de responsabilidad limitada, corporación "C" y sociedad limitada), y cuándo utilizar una u otra. Me sentí cómodo con mi capacidad para adquirir y administrar inversiones en bienes raíces de manera exitosa. Para 1994 nuestros gastos estaban bajo control, convirtiéndolos en gastos de negocios antes que en impuestos como fuera posible. Pagábamos una cantidad pequeña en impuestos regulares sobre el ingreso, simplemente porque no teníamos empleos en el sentido normal de la palabra. Gran parte de nuestro ingreso tenía la forma de pasivo, con una parte en ingreso de portafolios, principalmente de fondos de inversión. Teníamos algún ingreso de inversiones en los negocios de otras personas.

Sin embargo, un día, mientras evaluaba mi tetraedro, me pareció obvio que uno de los lados del tetraedro era en realidad débil: el correspondiente a los activos en papel.

Mi tetraedro tenía el siguiente aspecto:

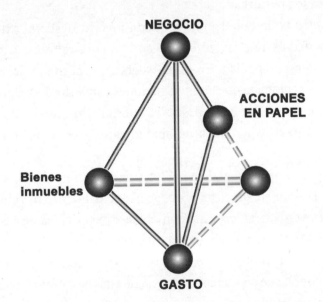

En 1994 me sentía bien acerca de mi éxito. Kim y yo éramos libres desde el punto de vista financiero y podíamos darnos el lujo de no trabajar el resto de nuestras vidas, a menos que ocurriera un desastre financiero. No obstante, era obvio que uno de los lados de mi tetraedro era débil. Mi imperio financiero parecía carecer de equilibrio.

Dediqué un año a descansar en las montañas entre 1994 y 1995 y pasé mucho tiempo considerando la idea de fortalecer el último lado, los activos en papel. Tenía que decidir si realmente quería hacer todo el trabajo necesario para fortalecerlo. Mi situación financiera era buena; pensaba que no necesitaba en realidad mucho más activos en papel para estar seguro desde el punto de vista financiero. Estaba bien exactamente de esa manera, y podía volverme todavía más rico sin tener activos en papel.

Después de un año de dudas e inquietud mental, decidí que el componente de activos en papel de mi portafolio necesitaba ser fortalecido. Si no lo hacía, estaría traicionándome a mí mismo. Era una idea perturbadora.

También tenía que decidir si quería invertir desde el exterior, como la mayoría de la gente hace en lo que se refiere a adquirir acciones en compañías. En otras palabras, necesitaba decidir si quería ser accionista que compra acciones e invertir desde el exterior o aprender a invertir desde el interior. En ambos casos se trataría de una experiencia de aprendizaje, casi como volver a empezar.

Es relativamente fácil llegar al interior de un trato de bienes raíces o de la adquisición de un pequeño negocio. Por eso recomiendo a quienes verdaderamente quieren obtener experiencia en los diez controles del inversionista, que comiencen con pequeños tratos en ese tipo de inversiones. Sin embargo, llegar al interior de una compañía antes de que sus acciones fueran puestas a la venta, mediante una preoferta pública primaria, era algo diferente. Generalmente, la invitación para invertir en una compañía antes de que las acciones sean puestas a la venta al público está reservada para un grupo muy elitista, y yo no pertenecía a ese grupo. No era lo suficientemente rico y mi riqueza era demasiado nueva para pertenecer al grupo de élite. Además, yo no provengo de la familia o universidad correctas. Mi sangre es roja, no azul; mi piel no es blanca y Harvard no tiene registros de que yo haya solicitado mi ingreso a esa prestigiosa institución. Yo tenía que aprender cómo volverme parte de ese grupo de élite que es invitado a invertir en las mejores compañías antes de que salgan a la venta al público.

Me sentí apenado por mí mismo durante unos momentos y disfruté un breve momento de autodiscriminación, de carencia de confianza en mí mismo, así como una fuerte dosis autocompasión. Mi padre rico había muerto ya; no tenía a quién acudir en busca de consejo. Después de que los breves momentos de tristeza terminaron, me di cuenta de que éste es un país libre. Si Bill Gates pudo abandonar la universidad, crear una compañía y sacarla a la venta al público, ¿por qué no podría yo hacerlo? ¿No es esta la razón por la que queremos vivir en un país libre? ¿No podemos ser tan ricos o pobres como queramos? ¿No es la razón por la que los barones obligaron al rey Juan a firmar la Carta Magna en 1215? A finales de 1994 decidí que, dado que nadie me iba a invitar a unirme al club de los inversionistas internos, tendría que encontrar uno y pedir que me invitaran a unirme o comenzar mi propio club. El problema es que yo no sabía en dónde comenzar, especialmente en Phoenix, Arizona, a tres mil kilómetros de Wall Street.

En el Año Nuevo de 1995, mi mejor amigo Larry Clark y yo fuimos a escalar una montaña cerca de nuestra casa. Pasamos por nuestro ritual de fin de año que consistía en analizar el año anterior, planificar para el siguiente y escribir nuestras metas. Pasamos cerca de tres horas en la cima de la montaña analizando nuestras vidas; el año anterior, nuestras esperanzas, sueños y metas para el futuro. Larry y yo hemos sido muy buenos amigos por más de 25 años (nos hicimos amigos cuando trabajábamos juntos para Xerox en Honolulu en 1974). Él se convirtió en mi mejor amigo porque él y yo teníamos más en común de lo que Mike y yo teníamos en esa etapa de mi vida. Mike era ya muy rico; Larry y yo estábamos empezando virtualmente de la nada, pero con un poderoso deseo de ser muy ricos.

Larry y yo pasamos muchos años juntos como socios y comenzamos varios negocios. Muchos fracasaron incluso antes de que termináramos de diseñarlos. Cuando él y yo reflexionamos sobre algunos de ellos, nos reímos de lo ingenuos que éramos entonces. Sin embargo, algunos de esos negocios tuvieron buen desempeño. Fuimos socios al comenzar el negocio de las carteras de nylon y velcro en 1977 y al desarrollarlo a nivel mundial. Nos hicimos buenos amigos al comenzar los negocios juntos, y seguimos siéndolo desde entonces.

Después de que el negocio de las carteras de nylon y velcro comenzó a fallar en 1979, Larry se mudó a Arizona y comenzó a crear su fama y fortuna en el desarrollo de bienes raíces. En 1995 la revista *Inc.* lo nombró constructor de casas de crecimiento más rápido en Estados Unidos, y se unió a su prestigiosa lista de empresarios de rápido crecimiento. En 1991 Kim y yo nos mudamos a Arizona debido al clima y al golf, pero sobre todo por los millones de dólares en bienes raíces que el gobierno federal estaba ofreciendo por centavos a cambio de dólares. Hoy en día, Kim y yo somos vecinos de Larry y su esposa Lisa.

En ese soleado día de Año Nuevo de 1995, le mostré a Larry el diagrama de mi tetraedro y mi necesidad de incrementar el lado de los papeles en activo. Compartí con él mi deseo de invertir en una compañía antes de que fuera puesta a la venta al público, o incluso quizá crear una compañía y ofrecer sus acciones a la venta. Al final de mi explicación, todo lo que Larry dijo fue: "Buena suerte." Terminamos el día al escribir nuestras metas en tarjetas de cartulina y al estrechar las manos. Escribimos nuestras metas porque mi padre rico siempre decía: "Las metas deben ser claras, sencillas, y constar por escrito. Si no constan por escrito y si no son revisadas diariamente, no son realmente metas. Se trata de deseos." Sentados en la fría cima de la montaña, analizamos entonces la meta de Larry de vender su negocio y retirarse. Al final de su explicación, estreché su mano y dije: "Buena suerte", luego bajamos de la montaña.

Yo revisaba de manera periódica lo que había escrito en la tarjeta de cartulina. Mi meta era sencilla. Había sido expresada de la siguiente manera: "Invertir en una compañía antes de que sus acciones sean puestas a la venta al público y adquirir 100000 acciones o más por menos de un dólar por acción." Al final de 1995 nada había ocurrido. Yo no había logrado mi meta.

En el Año Nuevo de 1996, Larry y yo nos sentamos en la cima de la misma montaña y analizamos nuestros resultados del año. La compañía de Larry estaba a punto de ser vendida, pero eso todavía no ocurría. De manera que no habíamos logrado nuestras metas para 1995. Larry estaba cerca de lograr su meta, pero yo parecía estar muy lejos de lograr la mía. Larry me preguntó si quería abandonar esa meta o escoger otra nueva. Conforme analizamos la meta, comencé a darme cuenta de que aunque la había escrito, no creía que fuera posible para mí. En el fondo de mi alma, en realidad yo no creía ser lo suficientemente inteligente o calificado o que alguien quisiera que yo perteneciera a ese grupo de élite. Mientras más hablábamos sobre mi meta, más molesto estaba conmigo mismo por dudar de mi capacidad y subestimarme tanto. "Después de todo", dijo Larry, "has cumplido con tus deberes. Sabes cómo crear y dirigir una compañía privada redituable. ¿Por qué no serías un activo valioso para un equipo que saque a la venta acciones de una compañía?" Después de reescribir nuestras metas y estrechar las manos, descendí de la montaña con mucho nerviosismo y dudas sobre mí mismo porque ahora quería lograr mi meta más que nunca. También descendí con más determinación por hacer que mi meta se volviera realidad.

Nada ocurrió durante aproximadamente seis meses. Yo leía mi meta por la mañana y luego me dedicaba a mis actividades cotidianas, que en aquella época era producir mi juego de mesa

CASHFLOW. Un día, mi vecina Mary tocó a mi puerta y dijo: "Tengo un amigo que pienso que debe conocer." Le pregunté por qué. Todo lo que dijo fue: "No lo sé. Creo que ustedes dos se llevarían bien. Él es un inversionista como usted." Confié en Mary y acepté conocer a su amigo.

Una o dos semanas más tarde, me reuní con su amigo Peter para almorzar en un club de golf en Scottsdale, Arizona. Peter es un hombre alto y distinguido que tiene facilidad de palabra y es aproximadamente de la misma edad que tendría mi propio padre, si estuviera vivo. Mientras almorzábamos, descubrí que Peter ha pasado gran parte de su vida adulta en Wall Street, como dueño de su propia casa de corretaje y ocasionalmente formó compañías y las sacó a la venta al público. Él había tenido sus propias compañías incluidas en el mercado AMEX, las bolsas canadienses, el mercado NASDAQ y en la gran pizarra de la bolsa de valores de Nueva York. No sólo era una persona que había creado activos, sino que además había invertido en el otro lado de la moneda de los mercados de valores. Yo sabía que él podía guiarme a un mundo que pocos inversionistas ven alguna vez . Podía guiarme para que yo viera desde las ventanas, podía llevarme tras bambalinas e incrementar mi comprensión de los mercados de capital más grandes del mundo.

Después de retirarse, Peter se mudó a Arizona con su esposa y vive relativamente recluido en su propiedad en el desierto, lejos del barullo de la creciente ciudad de Scottsdale. Cuando Peter me dijo que había participado en el proceso de sacar a la venta al público las acciones de casi 100 compañías a lo largo de su carrera, yo sabía por qué estaba almorzando con él.

Como no quería parecer demasiado emocionado o excesivamente agresivo, hice mi mejor esfuerzo para controlarme. Peter es un individuo muy reservado y le concede su tiempo a muy pocas personas. (Por eso lo llamo Peter en vez de usar su verdadero nombre. Él sigue prefiriendo el anonimato.) El almuerzo terminó de manera agradable, sin que yo hubiera abordado el tema que quería discutir. Como dije antes, no quería parecer demasiado ansioso e ingenuo.

Durante los dos meses siguientes, le llamé para solicitarle otra reunión. Siempre de manera caballerosa, Peter decía cortésmente "no", o evitaba fijar una fecha para reunirnos. Finalmente dijo: "Sí", y me dio la dirección de su hogar en el desierto. Fijamos una fecha y comencé a ensayar lo que quería decir.

Después de esperar una semana, me encontré conduciendo mi automóvil rumbo a su casa. La primera cosa que me dio la bienvenida fue el anuncio: "Cuidado con el perro." Mi corazón se aceleró mientras conducía por la larga rampa de acceso y vi ese enorme obstáculo negro que descansaba a la mitad del camino. Era el perro con el que supuestamente debía tener cuidado; era un animal muy grande. Estacioné el automóvil frente al perro porque este no se movió para darme paso. Había cerca de siete metros de distancia entre mi camioneta y la puerta principal de la casa, y el gran perro estaba en medio. Abrí la puerta de mi camioneta lentamente, hasta que me di cuenta de que el perro estaba profundamente dormido. Descendí despacio de mi vehículo, pero tan pronto como mi pie tocó la grava, el perro repentinamente volvió a la vida. Este enorme perro negro se paró, me miró y yo le miré. Mi corazón se aceleró mientras yo me preparaba para regresar de un salto a la cabina de mi camioneta. Súbitamente el perro comenzó a menear la cola y se acercó a saludarme. Pasé cinco minutos acariciando y recibiendo los lengüetazos de este enorme perro guardián.

Mi esposa Kim y yo tenemos una regla personal en lo que se refiere a los negocios: "Nunca hagas negocios con personas que tengan mascotas en las que no puedas confiar." A lo largo de los años hemos descubierto que las personas y sus mascotas son muy similares. Una vez realizamos una transacción de bienes raíces con una pareja que tenía muchas mascotas. A él le gustaban esos pequeños perros conocidos como *pugs*", y ella amaba las aves exóticas y coloridas. Cuando Kim y yo fuimos a su casa, sus pequeños perros y pájaros parecieron amistosos, pero cuando nos acercamos se volvieron malignos. Tan pronto como estuvimos cerca de ellos, los perros comenzaban a ladrar y las aves a graznar de manera sonora y agresiva. Una semana después de que el trato había sido cerrado, Kim y yo descubrimos que los dueños eran como sus mascotas; lindas en lo exterior pero malignas en el interior. En las letras pequeñas del contrato nos habían herido gravemente. Incluso nuestro abogado de aquella época pasó por alto la trampa sutil. La inversión se desarrolló bien, pero desde entonces Kim y yo hemos desarrollado esta nueva política: si tenemos dudas de alguien con quien estamos haciendo negocios y ellos tienen mascotas, encontramos la manera de revisar sus mascotas. Los humanos somos capaces de presentar una cara amable y decir cosas que en realidad no sentimos con una sonrisa, pero nuestras mascotas no mienten. A lo largo de los años hemos descubierto que esta guía simple es aceptablemente precisa. Hemos descubierto que el interior de una persona se refleja en el exterior de su mascota. Mi entrevista con Peter tuvo por lo tanto un buen principio. Además, el nombre de su gran perro negro era "Candy", que significa "dulce" en inglés.

La reunión con Peter no marchó bien al principio. Le pregunté si podía convertirme en su aprendiz y en un inversionista interno con él. Le dije que trabajaría gratis si él me enseñaba lo que sabía sobre el proceso de vender las acciones de una compañía. Le expliqué que yo era libre desde el punto de vista financiero y que no lo necesitaba para trabajar con él. Peter se mostró escéptico durante una hora. Él y yo analizamos el valor de su tiempo y cuestionamos mi capacidad para aprender rápidamente, así como mi disposición para seguir en el proceso. Él tenía el temor de que yo renunciaría una vez que hubiera descubierto cuán difícil era, debido a que mis antecedentes eran débiles en lo referente a las finanzas y los mercados de capitales como Wall Street. También dijo: "Nunca me han ofrecido trabajar gratis tan sólo a cambio de poder aprender de mí. La única ocasión que la gente me pide algo es cuando quieren dinero prestado o un empleo." Le reiteré que todo lo que yo quería era una oportunidad de trabajar con él y aprender. Le dije que mi padre rico me guió durante años y que trabajé gratis para él la mayor parte del tiempo. Finalmente me preguntó: "¿Qué tanto quieres aprender este negocio?" Le miré a los ojos y le dije: "Mucho".

"Bien", me dijo. "Estoy considerando actualmente una mina de oro en bancarrota en las montañas de los Andes, en Perú. Si realmente quieres aprender de mí, entonces toma un vuelo a Lima este jueves, inspecciona la mina con mi equipo, realiza una entrevista con el banco, averigua lo que quieren por ella, regresa y dame un informe de lo que averigües. Por cierto, todos los gastos del viaje corren por tu cuenta."

Me senté frente a él con una expresión de asombro en el rostro. "¿Volar a Perú este jueves?", pregunté.

Peter sonrió. "¿Aún quieres unirte a mi equipo y aprender el negocio de sacar a la venta las acciones de una compañía?" Mi estómago se hizo un nudo y comencé a sudar frío. Yo sabía que estaba poniendo a prueba mi sinceridad. Era martes y yo tenía citas concertadas para el jueves. Peter esperó pacientemente mientras yo consideraba mis opciones. Finalmente me preguntó en voz baja, con un tono agradable y una sonrisa: "¿Bien? ¿Todavía quieres aprender mi negocio?"

Yo sabía que era un momento decisivo, que era tiempo de hacerlo o callarme. Ahora era yo quien me ponía a prueba. Mi elección no tenía que ver con Peter. Tenía que ver con la siguiente evolución de mi desarrollo personal. En momentos como ése repetía fragmentos de un poema que me ayuda, escrito por W. N. Murray, intitulado "On Commitment". Escribió este poema mientras realizaba una expedición al Himalaya. Tengo el poema pegado en la puerta de mi refrigerador con cinta adhesiva y lo veo siempre que necesito inspiración para seguir adelante cuando todo lo demás me dice: "Detente." El fragmento del poema que yo pude recordar en ese momento dice:

> Hasta que uno se compromete existe duda,
> una oportunidad para dar marcha atrás, siempre ineficacia.
> En lo que se refiere a todos los actos de iniciativa y creación,
> existe una verdad elemental,
> la ignorancia de la cual
> *mata incontables sueños y planes espléndidos.*
> Pero en el momento en que uno se compromete definitivamente
> entonces la Providencia también se pone en marcha.

Es el verso: "Entonces la Providencia también se pone en marcha", lo que me ha ayudado a dar el siguiente paso cuando el resto de mi ser ha querido dar marcha atrás a lo largo de los años. El diccionario *Webster* define providencia como "guía o cuidado divinos. Dios concebido como el poder que sostiene y guía el destino humano". Ahora bien, yo no intento predicar o decir que Dios está de mi lado. Todo lo que digo es que siempre que llego al límite de mi mundo o cuando estoy a punto de dar un paso hacia lo desconocido, lo que tengo en ese momento es mi confianza en un poder mucho más grande que yo mismo. Es en esos momentos —en los que sé que debo dar el siguiente paso a lo desconocido— que lleno mis pulmones de aire y doy el paso. Puede llamarse a eso un salto de fe. Yo le llamo una prueba de mi confianza en un poder más grande que el mío. En mi opinión, son esos primeros pasos los que establecen la diferencia en mi vida. Los resultados iniciales no siempre han sido lo que yo hubiera querido que fueran, pero mi vida ha cambiado siempre para mejorar a largo plazo. Este poema siempre me ha ayudado mucho en momentos como ésos. El poema termina de la siguiente manera:

> He aprendido a tener un profundo respeto por unos versos de Goethe:
> 'Cualquier cosa que tú puedas hacer o que sueñas con hacer, dale inicio.
> El atrevimiento tiene genio, poder y magia'.

Conforme las palabras del poeta desaparecían, levanté la vista y dije: "Estaré en Perú este fin de semana."

Peter esbozó una gran sonrisa. "Esta es una lista de las personas con las que te reunirás y de los lugares donde las encontrarás. Llámame cuando regreses."

Ésta no es una recomendación

Definitivamente éste no es el camino que yo recomendaría para alguien que quiere aprender a sacar a la venta las acciones de una compañía. Existen caminos más inteligentes y sencillos. Sin embargo, fue el camino que estaba a mi disposición. Por lo tanto, describo fielmente el proceso por medio del cual logré mi meta. En mi opinión, todos deben ser fieles a sus fortalezas y debilidades emocionales y mentales. Simplemente estoy relatando el proceso por el que pasé una vez que supe cuál era la siguiente dirección en mi vida. No fue difícil desde el punto de vista mental, pero constituyó un desafío emocional, como tienden a ser los cambios más importantes en la vida.

Mi padre rico decía frecuentemente: "La realidad de un individuo es la frontera entre la fe y la confianza en sí mismo." Él trazaba un diagrama que tenía el siguiente aspecto:

```
                              r
                              e
                              a
   confianza en uno mismo     l     fe
                              i
                              d
                              a
                              d
```

Entonces decía: "Las fronteras de la realidad de una persona frecuentemente no cambian hasta que abandona aquello en que siente
confianza y avanza ciegamente con fe. De manera que muchas personas no se vuelven ricas porque están limitadas por su confianza
en sí mismas, en vez de estarlo por las limitaciones de la fe."

Ese jueves, en el verano de 1996, me puse en camino hacia los
Andes para inspeccionar una mina de oro que alguna vez fue ex-
plotada por los incas y luego por los españoles. Estaba dando un
atrevido paso con base en la fe, en un mundo del que no sabía
nada. Sin embargo, debido a ese paso, todo un nuevo mundo de
inversiones se abrió para mí. Mi vida no ha sido la misma desde
que decidí darlo. Mi realidad sobre cómo puede una persona volverse rica se ha ampliado. Mientras más trabajo con Peter y su
equipo, más se expanden los límites de la riqueza.

Actualmente continúo ampliando mis límites y puedo escuchar a mi padre rico que decía: "Una persona está limitada en su
realidad de lo que es posible desde el punto de vista financiero.
Nada cambia hasta que la realidad de esa persona cambia. Y la
realidad financiera de una persona no cambiará hasta que esté
dispuesta a ir más allá de los miedos y las dudas de los límites que
ella misma se ha impuesto."

Peter cumplió su palabra

Al regresar del viaje le presenté mi informe a Peter. El lugar era una
gran mina con vetas probadas de oro, pero tenía problemas financieros, así como desafíos operativos. Le recomendé que no la adquiriera

porque la mina tenía serios problemas sociales y graves problemas ambientales que costaría millones resolver. Con el fin de hacer que la mina operara de manera eficiente, cualquier nuevo propietario tendría que reducir la fuerza laboral en al menos 40%. Eso destruiría la economía del pueblo. Le dije a Peter: "Durante siglos esa gente ha vivido a cerca de 5000 metros sobre el nivel del mar. Las familias tienen varias generaciones de ancestros enterradas allí. No creo que sea sabio que seamos nosotros quienes les obliguemos a abandonar el hogar de sus ancestros para buscar empleo en las ciudades que se encuentran al pie de la montaña. Considero que tendríamos más problemas de los que queremos enfrentar."

Peter estuvo de acuerdo con mis opiniones y, lo que es más importante, aceptó enseñarme. Pronto estuvimos en búsqueda de minas y campos petroleros en otras partes del mundo y comenzó un nuevo capítulo en mi proceso educativo.

Entre el verano de 1996 y el otoño de 1997 trabajé como aprendiz de Peter. Él estaba ocupado trabajando en el desarrollo de su compañía, EZ Energy Corporation (no se trata del verdadero nombre), que estaba a punto de sacar sus acciones a la venta en la bolsa de valores de Alberta cuando me uní a él. Dado que me uní tarde al equipo, no fui capaz de adquirir ninguna de las acciones en la preoferta pública primaria al precio de los inversionistas internos. No hubiera sido adecuado para mí invertir con los fundadores debido a que yo todavía era nuevo y no había sido puesto a prueba. Sin embargo, fui capaz de adquirir un considerable paquete de acciones al precio de la oferta pública primaria a 50 centavos de dólar canadiense por acción.

Después de descubrir petróleo en Colombia y posiblemente descubrir lo que parecía ser un gran campo petrolero y de gas en Portugal, las acciones de EZ Energy se vendían en cerca de 2 a 2.35 dólares canadienses por acción. Si se demuestra que el descubrimiento en Portugal resulta ser tan grande como esperamos que sea, el precio por acción de EZ Energy podría subir a 15 ó 25 dólares canadienses en los siguientes dos años. Es el aspecto positivo. También existe uno negativo con esas acciones de baja capitalización. Las acciones también pueden bajar a cero dólares por acción en los próximos dos o tres años. Muchas cosas son posibles cuando las compañías se encuentran en esa etapa de desarrollo.

A pesar de que EZ Energy es una compañía muy pequeña, el incremento en el valor de lo que Peter llama "el dinero inicial de los inversionistas" es muy bueno a la fecha. Si las cosas marchan como se espera, esos inversionistas ganarán mucho dinero. El dinero aportado inicialmente por los inversionistas (inversionistas acreditados en la preoferta pública primaria) fue de 25 000 dólares por 100 000 acciones de la compañía, o 25 centavos por acción. Ellos invirtieron ese dinero con base en la reputación de Peter, la fortaleza del consejo de administración y la experiencia del equipo de exploración petrolera. Al momento en que tuvo lugar la oferta privada, incluso la oferta pública, no había garantías o un valor cierto en qué invertir. En otras palabras, al comienzo esta inversión era totalmente "P" (precio) y no "G" (ganancias). Inicialmente sólo fue ofrecida a los amigos de Peter en su círculo de inversionistas.

En esta etapa del ciclo, los inversionistas invierten en las personas que componen el equipo. Las personas —mucho más que el producto, ya sea petróleo, oro, un producto de internet o chucherías— son mucho más importantes que cualquier otra parte de la ecuación. La regla de oro de "el dinero sigue a la administración" es extremadamente importante en esta etapa del desarrollo de la compañía.

La administración de EZ Energy ha tenido un desempeño extraordinario. Pero más que detallar la excitación, esperanzas y sueños de esta compañía, considero que es mejor citarle sólo los hechos relacionados con la misma y cuyas acciones se venden al público.

Los fundadores de la compañía aportaron tiempo y conocimiento a cambio de acciones en la compañía. En otras palabras, la mayoría de los fundadores trabajaron gratuitamente e invirtieron su tiempo y conocimiento a cambio de paquetes accionarios. El valor de sus acciones cuando fueron emitidas es muy pequeño, de manera que tienen muy poco ingreso ganado, si acaso lo tienen. Trabajaron sin recibir un pago, con la intención de incrementar el valor de sus acciones, lo que generará ingreso de portafolio en vez de ingreso ganado. Algunos de los fundadores recibieron un pequeño salario por sus servicios. Ellos trabajaron con la mira puesta en la recompensa más grande, que tiene lugar si hacen un buen trabajo al hacer crecer la compañía y hacerla más valiosa.

Dado que la mayoría de los directores no están recibiendo un salario, les conviene seguir incrementando el valor de la compañía. Su interés personal es el mismo que el de los accionistas, que consiste en un precio por acción que se mantenga en ascenso. Lo mismo ocurre con la mayoría de los ejecutivos de la compañía. Quizá reciben un pequeño salario, pero en realidad están más interesados en que el precio de las acciones suba.

Los fundadores son muy importantes para el éxito de una empresa que comienza porque su reputación y conocimiento le dan credibilidad, confianza, impulso y legitimidad a un proyecto que generalmente existe sólo en el papel. Una vez que la compañía es vendida al público y tiene éxito, algunos de los fundadores pueden renunciar y llevarse sus acciones. Un nuevo equipo de administración los reemplaza y los fundadores comienzan a trabajar en la fundación de otra compañía, para repetir el proceso.

La historia de EZ Energy

La siguiente es la secuencia que tuvo lugar después de que la compañía fue fundada:

1. Los inversionistas iniciales aportaron 25 000 dólares por 100 000 acciones, o 25 centavos por acción. En esta etapa la compañía tenía un plan tentativo pero no poseía contratos de

exploración. No existían activos. El dinero de los inversionistas iniciales fue invertido en la administración.

2. Las acciones se cotizan actualmente en un rango de entre 2 y 2.35 dólares canadienses por acción.

3. Por lo tanto, el dinero del paquete de 100 000 acciones de los inversionistas iniciales vale actualmente de 200 000 a 235 000 dólares canadienses; de 160 000 a 170 000 dólares estadounidenses. El trabajo de los directores consiste ahora en hacer que siga creciendo el valor de la compañía y el precio de sus acciones, al llevar al mercado el petróleo que ha encontrado al perforar más pozos y encontrar más reservas petroleras. En el papel, el dinero inicial de los inversionistas ha ganado 140 000 dólares sobre una inversión de 25 000 dólares. Los inversionistas han participado en el negocio por cinco años, de manera que su tasa anual de ganancia sería de 45% si pudieran vender sus acciones.

4. El problema para los inversionistas es que la compañía es pequeña y las acciones no se venden en gran volumen. Un inversionista con 100 000 acciones no podría vender fácilmente 100 000 acciones en una sola operación sin reducir gravemente su precio. Así que la estimación del valor de todo el paquete accionario es en muchos sentidos una estimación de papel en este momento.

Si las cosas salen como se ha planeado, la compañía crecerá y más personas comenzarán a dar seguimiento a la compañía y a las acciones. Entonces se volverá más fácil la compra y venta de grandes paquetes accionarios. Puedo decir con seguridad que debido a las buenas noticias sobre los descubrimientos, la mayoría de los inversionistas que poseen grandes paquetes accionarios los conservan en vez de venderlos.

¿Por qué un mercado de valores canadiense?

Cuando comencé a trabajar con Peter, le pregunté por qué utilizaba los mercados de valores canadienses en vez de mercados mejor conocidos, como NASDAQ o Wall Street. En Estados Unidos, los mercados de valores canadienses generalmente son tratados como si fueran el cómico Rodney Dangerfield de la industria bursátil norteamericana. Sin embargo, Peter utiliza los mercados de valores canadienses porque:

1. Los mercados de valores canadienses son líderes mundiales en el financiamiento de pequeñas empresas especializadas en recursos naturales. Peter los utiliza porque desarrolla principalmente este tipo de compañías. Él es como Warren Buffet, quien suele realizar negocios que comprende. "Yo comprendo los negocios del petróleo y gas, plata y oro", dice Peter. "Comprendo los recursos naturales y los metales preciosos." Si Peter fuera a desarrollar una compañía especializada en tecnología, probablemente acudiría a cotizarla en una bolsa de valores estadounidense.

2. NASDAQ y Wall Street se han vuelto demasiado grandes para que una pequeña compañía logre captar su atención. Peter dice: "Cuando comencé en este negocio en la década de 1950, una pequeña compañía podía obtener alguna atención por parte de los corredores en los mercados de valores más importantes. Hoy en día, las compañías de internet, diversas de ellas sin ganancias, están obteniendo más dinero que muchas compañías mejor conocidas y más grandes de la era industrial. Por lo tanto, muchas casas de corretaje no tienen interés en pequeñas compañías que necesitan recaudar sólo unos cuantos millones de dólares. Las casas de corretaje de Estados Unidos están interesadas principalmente en ofertas de 100 millones de dólares o más.

3. Los mercados de valores canadienses permiten que los pequeños empresarios permanezcan en el negocio. Creo que Peter utiliza los mercados de valores canadienses principalmente porque está retirado. A menudo dice: "No necesito el dinero, así que no necesito crear una gran compañía para lograr un gran éxito. Simplemente disfruto del juego, me mantiene activo, y ¿adónde más pueden acudir mis amigos para participar en una oferta pública primaria por sólo 25 000 dólares por 100 000 acciones? Me dedico a esto porque todavía es divertido, me gustan los retos y el dinero puede ser una recompensa agradable. Me gusta comenzar compañías, sacar sus acciones a la venta y verlas crecer. También me gusta hacer que mis amigos y sus familias se vuelvan ricos."

4. Peter destaca una palabra de precaución. El solo hecho de que los mercados de valores canadienses sean pequeños no significa que cualquiera pueda jugar su juego. Algunos han ganado una mala reputación debido a transacciones anteriores. "Para trabajar con esas bolsas de valores, una persona debe conocer todos los detalles de sacar a la venta las acciones de una compañía."

La buena noticia es que el sistema canadiense de mercado de valores parece estar reforzando sus regulaciones, para aplicarlas de manera más estrecha. Considero que en unos cuantos años los mercados canadienses crecerán más, y que más compañías pequeñas de todo el mundo buscarán ingresar a mercados pequeños para recaudar el capital que requieren.

Tenga cuidado con los encargados de promover las acciones. En los pocos años que llevo participando activamente en este negocio me he encontrado con tres individuos que tenían las credenciales correctas, así como los apellidos correctos; que contaban una gran historia, que recaudaron decenas de millones de dólares y no tenían la más remota idea de cómo crear un negocio o construir uno de la nada. Durante varios años esas personas volaron en primera clase o en aviones privados, se hospedaron en los mejores hoteles, asistieron a las cenas más lujosas, bebieron los mejores vinos y se dieron la gran vida con el dinero de los inversionistas. La compañía desapareció poco después porque no había un verdadero desarrollo. El flujo de efectivo había desaparecido. Esas personas comenzaron a crear una nueva compañía y a hacer lo mismo otra vez. ¿Cómo distingue usted a un empresario sincero de un soñador manirroto? No lo sé. Dos de esas tres personas me engañaron hasta que sus compañías desaparecieron. El mejor consejo que puedo dar es que solicite le proporcionen sus antecedentes, revise sus referencias y permita que su sexto sentido o intuición lo guíe.

5. Si una pequeña compañía crece y prospera, más tarde puede mudarse de un pequeño mercado de valores a uno más grande como NASDAQ o la bolsa de valores de Nueva York, debido a su éxito. Las compañías que se mudan del mercado canadiense al mercado estadounidense tienen como promedio un incremento sustancial en la estimación del valor de la compañía (en ocasiones de más de 200%).

La mayoría de las grandes compañías actuales comenzaron siendo pequeñas y desconocidas. En 1989 Microsoft era una compañía muy pequeña, cuyas acciones se vendían a seis dólares. La misma acción se ha dividido y duplicado su valor (mecanismo conocido como *split*) en ocho ocasiones. En 1991 las acciones de Cisco valían sólo tres dólares por acción; se han dividido y duplicado ocho veces. Estas compañías utilizaron sabiamente el dinero de los inversionistas y crecieron para convertirse en impulsoras de la economía mundial.

Notas de Sharon

Los requisitos de ingreso a los mercados de valores más importantes en Estados Unidos han convertido a las ofertas públicas primarias en procesos difíciles para la mayoría de los negocios. Como se describe en *Ernst & Young Guide to Taking Your Company Public*, la bolsa de valores de Nueva York establece el requisito de que una compañía debe tener activos tangibles por 18 millones de dólares y un ingreso antes de impuestos de 2 millones 500 mil dólares. La bolsa americana de valores (AMEX) establece el requisito de que la compañía tenga un capital de los accionistas de cuatro millones de dólares y un valor de mercado en la oferta pública primaria de un mínimo de tres millones de dólares. Y el mercado nacional NASDAQ establece el requisito de tener activos tangibles netos de al menos 4 millones de dólares y un valor de mercado mínimo de la oferta pública primaria de tres millones de dólares.

Adicionalmente, se ha estimado que el proceso de oferta pública primaria puede tener un costo de 400 000 a 500 000 dólares para cada uno de esos grandes mercados. Esos costos incluyen los pagos de registro así como los honorarios de los asesores legales, contadores y casa de colocación.

Muchas compañías pequeñas a medianas que no pueden reunir esos requisitos buscan una oportunidad para hacer lo contrario", que les permite fusionarse con una compañía existente que cotiza en la bolsa. Por medio de este proceso, la compañía puede cotizar en público al asumir el control de la nueva compañía combinada.

Las compañías también pueden considerar mercados de valores externos, como el canadiense, donde los requisitos de ingreso no son tan estrictos.

¿Quién compra lo canadiense?

Durante una de mis conferencias sobre inversión en Australia hace dos años, un miembro del auditorio cuestionó mi salud mental al invertir en metales preciosos y petróleo. Dijo: "Si todos los demás están invirtiendo en acciones de internet y alta tecnología, ¿por qué está usted trabajando con los perros de la economía?"

Le expliqué que siempre es menos caro ser un inversionista contrario, es decir, un inversionista que busca acciones que no son populares o están fuera de ciclo. "Hace unos años", "dije, cuando todos estaban invirtiendo en oro, plata y petróleo, los precios de los contratos de exploración eran muy altos. Era muy difícil encontrar un buen trato a un buen precio. Ahora que los precios de petróleo, oro y plata están bajos, es fácil encontrar propiedades y personas dispuestas a negociar porque estas mercancías no son populares."

El precio del petróleo ha comenzado a subir, lo que ha hecho que las acciones de nuestra compañía sean más valiosas. Por otra parte, durante ese periodo, Buffet anunció que estaba adoptando una posición importante en plata. En febrero de 1998, el inversionista multimillonario reveló que había adquirido 130 millones de onzas de plata y las había almacenado en una bodega en Londres. El 30 de septiembre de 1999, la revista *Canadian Business* publicó un artículo en el que indicaba que el hombre más rico del mundo, Gates, había hecho una compra de plata y había adquirido una participación de 10.3% por 12 millones de dólares de una compañía canadiense de plata que cotiza en la bolsa de valores de Vancouver. Gates había estado adquiriendo discretamente acciones de la compañía desde febrero de 1999. Cuando se hizo público ese anuncio a nuestros inversionistas, las noticias constituyeron un alivio por los años de confianza.

Usted no siempre conecta cuadrangulares

No a todas las compañías que comienzan les va tan bien como a EZ Energy. Algunas nunca logran despegar, incluso después de comenzar a cotizar entre el público, y los inversionistas pierden la mayor parte, si no es que todo el dinero que aportaron inicialmente. Por lo tanto, los inversionistas necesitan estar acreditados y deben ser advertidos de que el tipo de inversionistas que llevamos al mercado son del tipo todo o nada.

Ahora que soy uno de los socios de Peter, hablo con inversionistas potenciales acerca de convertirse en inversionistas iniciales de nuevas compañías. Les explico los riesgos antes de analizar el negocio, las personas que participan o las recompensas. A menudo comienzo mi presentación así: "La inversión a la que me refiero es una inversión especulativa de alto riesgo, ofrecida principalmente a individuos que cumplen los requisitos de un inversionista acreditado." Si la persona no conoce los requisitos para ser un inversionista acreditado, le explico las guías establecidas por la SEC. También hago énfasis en la posibilidad de que pierdan todo el dinero invertido y repito esa afirmación en varias ocasiones. Si todavía tienen interés, les explico a continuación que cualquier dinero colocado con nosotros nunca debe ser más de 10% de su capital total de inversión. Entonces, y sólo entonces, si todavía tienen interés, les explico la inversión, los riesgos, el equipo y las posibles recompensas.

Al final de mi presentación les pregunto si tienen dudas. Después de responder a todas sus preguntas, vuelvo a reiterar los riesgos. Termino diciendo: "Si su dinero se pierde, todo lo que puedo ofrecerles es la primera oportunidad para invertir en nuestro siguiente negocio." Al llegar a este punto, la mayoría de la gente está totalmente consciente de los riesgos y yo diría que 90% decide no invertir con nosotros. Al 10% restante le proporcionamos más información, así como tiempo para pensar las cosas nuevamente y retractarse si lo desean.

Sospecho que muchas de las empresas de internet que salieron a la venta en ofertas públicas primarias de altos vuelos se desplomarán en los próximos años y los inversionistas perderán millones, si no es que miles de millones de dólares. A pesar de que internet constituye una nueva frontera, las fuerzas de la economía sólo permitirán que un puñado de las compañías pioneras sean ganadoras. Así, sin importar si la compañía que sale a la venta es una compañía minera especializada en el oro, proveedora de tuberías, o de internet, las fuerzas del mercado público todavía tienen gran parte del control.

Una gran educación

La decisión de volar a Perú resultó ser una gran decisión para mí. He aprendido mucho al ser estudiante y socio de Peter, como ocurrió con mi padre rico. Después de dedicar un año y medio como aprendiz de Peter y su equipo, me ofreció ser socio en su compañía privada.

Desde 1996 he ganado la experiencia de toda una vida al observar a EZ Energy Company salir a la venta y desarrollar una compañía viable, que quizá algún día se convierta en una de las principales compañías petroleras. No sólo me he vuelto un mejor hombre de negocios debido a mi asociación, sino que además he aprendido mucho acerca de la manera en que funcionan los mercados de valores. Una de mis políticas consiste en invertir cinco años en el proceso de aprendizaje, y hasta ahora he dedicado cuatro a dicha etapa. En este momento todavía no he ganado verdadero dinero; al menos no he ganado dinero que pueda transferir a mi bolsillo. Mis ganancias han sido todas en el papel, pero la educación sobre negocios e inversión ha sido invaluable. Quizá algún día en el futuro crearé una compañía para sacar sus acciones a la venta en un mercado de valores estadounidense.

Las ofertas públicas primarias en el futuro

Actualmente, Peter y su equipo de la compañía privada de capital de la que soy socio están desarrollando otras tres compañías que sacarán a cotizar al mercado: una compañía de metales preciosos que tiene contratos en China, una compañía petrolera que tiene contratos para la explotación de petróleo y gas en Argentina y una compañía especializada en plata que adquiere contratos para la explotación en Argentina.

La que ha tardado más tiempo en desarrollarse es la compañía de metales preciosos en China. Estábamos avanzando bien en nuestras negociaciones con el gobierno, cuando repentinamente, en Estados Unidos, un avión de guerra estadounidense bombardeó la embajada china en Kosovo. Dijeron que los mapas no habían sido actualizados. Cualquiera que haya sido la razón del bombardeo, el incidente retrasó nuestras relaciones un par de años. Sin embargo, continuamos realizando progreso constante, aunque lento.

Cuando la gente nos pregunta por qué corremos riesgos tan grandes al trabajar en China, respondemos: "Pronto será la economía más grande del mundo. Aunque los riesgos son enormes, las recompensas potenciales son impresionantes."

Invertir en China hoy en día es similar a lo que fue para los ingleses invertir en Estados Unidos en el siglo xix. Estamos invirtiendo en contactos y buena voluntad. Todos estamos conscientes de las diferencias políticas y de los problemas de derechos humanos. Como compañía, hacemos nuestro mejor esfuerzo para desarrollar relaciones sólidas y abrir la comunicación con nuestros contactos en China, con la esperanza de que seremos parte de la transformación de la relación entre Estados Unidos y China. La experiencia educativa ha sido invaluable para mí. Es como ser parte de la historia. En ocasiones se siente como si estuviéramos en el mismo barco en que Colón zarpó rumbo al nuevo mundo.

Generalmente se requieren entre tres y cinco años para llevar a una compañía a cotizar en el mercado público. Si las cosas marchan bien, es posible que llevemos a dos de las tres compañías a cotizar en el mercado en el curso del año próximo. Cuando eso ocurra, yo habré logrado mi meta de convertirme en un inversionista consumado. Será mi primera compañía en sacar a la venta sus acciones al público, y la noventa y tantos cn la cuenta de Peter. Así que, a pesar de que no he calificado todavía como inversionista consumado, estoy acercándome a lograr esa meta la cual fijé en 1995.

Debido al riesgo que implican, incluso uno de esos proyectos en que estoy trabajando actualmente podría fallar y no cotizar sus acciones con el público. Si eso ocurre, levantaremos los pedazos y comenzaremos nuevos proyectos. Nuestros inversionistas saben los riesgos implícitos y también saben que su plan de inversión es colocar un poco de dinero en varias de esas empresas más pequeñas. También saben que serán llamados y que se les pedirá que inviertan en cualquier compañía que iniciemos. Todo lo que se necesita es que un proyecto conecte un cuadrangular. En inversiones como éstas, definitivamente no es inteligente poner todos los huevos en una canasta. Es debido a esos riesgos que la SEC tiene requisitos mínimos para los inversionistas que participan en inversiones tan especulativas.

El siguiente capítulo define brevemente los pasos básicos para comenzar con una idea, crear una compañía y eventualmente sacar a la venta las acciones al público. Aunque para mí no ha sido un proceso fácil, ha sido muy emocionante.

El derecho de paso

Sacar a la venta las acciones de una compañía constituye un rito para cualquier empresario. Es algo parecido a una estrella del deporte colegial que es seleccionada para jugar en un equipo profesional. De acuerdo con el número del 27 de septiembre de 1999 de la revista

Fortune: "Si te compran, una compañía te aprecia. Si sales a la venta con el público, el mercado —el mundo— te aprecia."

Es la razón por la que mi padre rico consideraba como inversionista consumado a la persona que podía crear una compañía de la nada y sacar a la venta sus acciones al público. Él nunca pudo lograr ese título. Aunque invirtió en varios negocios que en última instancia salieron a la venta con el público, ninguna de las compañías que él comenzó logró cotizar ante el público. Su hijo Mike se hizo cargo de su negocio y continuó haciéndolo crecer, pero nunca ha construido una compañía que saque a la venta sus acciones. Así que convertirme en un inversionista consumado significaría que he completado el proceso de entrenamiento de mi padre rico.

CAPÍTULO 40

¿Es usted el próximo multimillonario?

La edición de 1999 de las 400 personas más ricas de la revista *Forbes* lleva por título en la portada: "El multimillonario de la casa contigua." Ese número contiene un artículo intitulado "Un siglo de riqueza", y un subtítulo que dice "¿De dónde proviene la gran riqueza?" Hace muchos años el petróleo y el acero eran la base de muchas fortunas estadounidenses. Hoy en día es cuestión de cuantos ojos están bajo sus órdenes.

De acuerdo con el artículo: "Si usted quiere hablar de los súper ricos, necesita fijar su vista más arriba en los multimillonarios, que están siendo producidos más rápido que nunca, utilizando productos cada vez más efímeros para ganar su dinero. A Rockefeller le tomó 25 años encontrar, perforar y distribuir petróleo para ganar su primer millar de millones de dólares. El año pasado Garry Winnick se unió al club de los multimillonarios tan sólo 18 meses después de colocar su dinero en Global Crossing, una compañía que intenta, aunque no lo ha logrado, desarrollar una red de telecomunicaciones global de fibra óptica."

¿Cuánto tiempo es necesario para convertirse en un súper rico en nuestra época? La respuesta es "no mucho". Esa realidad se vuelve más evidente para alguien como yo, miembro de la generación de los nacidos después de la segunda guerra mundial, cuando observo las edades de los nuevos multimillonarios. Por ejemplo, el multimillonario Jerry Yang nació en 1968, un año antes de que yo terminara mis estudios universitarios, y David Filo, su socio, nació en 1966, un año después de que yo iniciara la educación superior. Juntos fundaron Yahoo!, y tienen un patrimonio superior a tres mil millones de dólares cada uno, que sigue creciendo. Al mismo tiempo que estos jóvenes son súper ricos, conozco individuos que se preguntan si tendrán suficiente dinero en sus planes de retiro cuando lo hagan en diez años. Lo anterior fue para hablar de la brecha entre quienes tienen y los que en el futuro no tendrán.

Estoy sacando a la venta las acciones de mi compañía

En 1999, todo lo que escucho y leo es acerca de ofertas públicas primarias. Existe definitivamente una locura al respecto. Al ser alguien a quien a menudo le piden que invierta en los negocios de otras personas, escucho frecuentemente frases de venta como ésta: "Invierta en mi compañía y dentro de dos años cotizaremos en el mercado." El otro día un director ejecutivo, futuro multimillonario, me llamó para pedirme una oportunidad de mostrarme su plan de negocios y ofrecerme la oportunidad de invertir en su futura compañía de internet. Después de la presentación asintió lentamente con arrogancia y dijo: "Y desde luego usted sabe lo que ocurrirá con el precio de sus acciones después de la oferta pública primaria". Sentí como si estuviera hablando con un vendedor de automóviles novato que recién me ha informado que el automóvil que yo deseaba era el último de su tipo y que él me estaba haciendo un favor especial al permitirme adquirirlo por el precio de lista.

La locura de las ofertas públicas primarias, también llamada "locura de las nuevas emisiones", está de regreso. Tan sólo hace poco tiempo, incluso Martha Stewart sacó a la venta las acciones de su compañía y se convirtió en multimillonaria. Esto sucedió porque enseña modales civilizados y sentido común social a las masas, a personas que sienten la necesidad de ser más civilizadas y educadas. Considero que su servicio es valioso, pero me pregunto si vale mil millones de dólares. Sin embargo, si presta atención a la definición de *Forbes 400* (la riqueza se determina por el número de ojos que usted controle), Martha Stewart califica como multimillonaria. Ella definitivamente controla muchos ojos.

Mi preocupación acerca de todas esas ofertas públicas primarias relacionadas con la nueva tecnología e internet es que la regla de 90-10 del dinero todavía está en control. Muchas de esas compañías que comienzan han sido iniciadas por individuos con muy poca experiencia en los negocios. Pronostico que cuando repasemos esta época de la historia, descubriremos que 90% de las nuevas ofertas públicas primarias habrán fracasado y sólo 10% habrá sobrevivido. Las estadísticas correspondientes a los pequeños negocios demuestran que en 5 años, nueve de cada diez negocios habrán fracasado. Si esas estadísticas se aplican a las nuevas ofertas públicas primarias, esta locura podría colocarnos en la siguiente recesión y posiblemente en una depresión. ¿Por qué? Porque millones de inversionistas promedio estarán deprimidos. No sólo ocurrirá que millones de personas perderán el dinero que han invertido; las ondas se difundirán y no les permitirán pagar sus nuevas casas, automóviles, yates y aeroplanos. Esto podría hacer que se desplome el resto de la economía. Después del *crack* de 1987 se difundió un chiste en Wall Street que decía: "¿Cuál es la diferencia entre una gaviota y un corredor de bolsa? La gaviota todavía puede dejar un depósito sobre un BMW."

El sabor del mes

Comencé a trabajar en una oferta pública primaria en Hawaii, en 1978. Mi padre rico quería que yo aprendiera el proceso de crear una compañía para venderla al público mientras creaba mi compañía de carteras de nylon y velcro. Él dijo: "Yo nunca he sacado a la venta acciones de una compañía, pero he invertido en varios negocios que lo han hecho. Me gustaría que aprendieras el proceso del caballero con el que invierto." La persona que me presentó fue Mark, un hombre muy similar a mi socio Peter. La diferencia es que Mark era un capitalista de riesgo, que se conoce en inglés por las iniciales VC. Yo soy un veterano de la guerra de Vietnam, así que esas letras tenían un significado diferente para mí (por ser las iniciales de *viet-cong)*.

Los pequeños negocios acudían a Mark cuando necesitaban capital de riesgo o dinero para ampliar sus negocios. Dado que yo necesitaba mucho dinero para ampliar el mío, mi padre rico me alentó a entrevistarme con él y aprender desde su punto de vista. No se trató de una entrevista placentera. Mark era mucho más duro que mi padre rico. Miró mi plan de negocio y mis estados financieros reales, y escuchó durante 23 segundos mis gloriosos planes para el futuro. Entonces comenzó a hacerme pedazos. Me dijo que era yo un idiota, un tonto y estaba completamente loco; que nunca debería abandonar mi empleo regular y que era afortunado de que mi padre rico fuera su cliente. De otra manera no hubiera malgastado su tiempo con alguien tan incompetente como yo. Me dijo cuánto consideraba que valía mi negocio, cuánto dinero podía recaudar para el mismo, sus términos y condiciones para proporcionarme el dinero, y me dijo que él se convertiría en mi nuevo socio con una participación controladora en la compañía. Como dije antes, el término VC tenía un sonido familiar para mí.

En el negocio de las ofertas públicas primarias, los banqueros de inversión y los capitalistas de riesgo, existe una hoja de papel conocida como "hoja de términos". Es similar a la hoja de papel que los agentes de bienes raíces llaman "el acuerdo de lista". Para decirlo en palabras sencillas, una hoja de éstas contiene los términos y condiciones de la venta de su negocio, de la misma forma que un acuerdo de lista contiene los términos y condiciones para la venta de su casa.

Al igual que los acuerdos de lista en los bienes raíces, la hoja de términos es diferente para cada persona. En los bienes raíces, si está vendiendo solamente una pequeña casa en un mal vecindario y quiere obtener un precio alto, los términos del acuerdo de lista deben ser duros e inflexibles. Sin embargo, si se dedica a desarrollar bienes raíces, tiene miles de casas que vender y las casas son lindas, fáciles de vender y el precio es bajo, el agente de bienes raíces está más dispuesto a suavizar sus términos con el fin de hacer negocios con usted. Lo mismo ocurre en el mundo del capital de riesgo. Mientras más exitoso sea, mejores términos obtendrá.

Bien, después de observar la hoja de términos de Mark, consideré que eran demasiado severos. Definitivamente no deseaba entregarle 52% de mi compañía para terminar trabajando para él en la compañía que yo fundé. Esos eran sus términos. No culpo a Mark, y mirando las cosas en retrospectiva, quizá debí haberlos aceptado. En consideración a lo que sé hoy en día, y lo poco que sabía entonces, si yo hubiera estado en la posición de Mark, hubiera ofrecido los mismos términos. Creo que la única razón por la que me hizo un ofrecimiento fue por respeto a mi padre rico. Yo era un hombre de negocios novato, exitosamente incompetente. Digo "exitosamente incompetente" porque había hecho crecer una compañía, pero no era capaz de manejar su crecimiento.

Aunque Mark fue duro, me agradó y yo parecí agradarle. Acordamos reunirnos regularmente y aceptó darme su consejo gratuito conforme yo crecía. Aunque gratuito, era siempre duro. Eventualmente comenzó a confiar más en mí, conforme mi conocimiento y comprensión del negocio creció. Incluso trabajé con él brevemente en una compañía petrolera que estaba empezando a cotizar en el mercado. Era un negocio similar a la compañía petrolera en la que trabajo actualmente. Al trabajar con él en 1978 tuve la primera probada de la emoción que proporciona trabajar en una oferta pública primaria.

Durante uno de mis almuerzos con Mark, él dijo algo que yo nunca olvidé acerca del negocio de las ofertas públicas primarias: "Las nuevas emisiones y el mercado de las ofertas públicas primarias es como cualquier otro negocio. El mercado siempre está en busca del sabor del mes."

Mark estaba diciendo que, en ciertas ocasiones, el mercado de valores favorece a unos negocios más que a otros. Él también dijo: "Si quieres volverte rico, parte de tu estrategia como dueño de negocio es construir una compañía que el mercado quiera, antes de que el mercado la desee."

Mark me explicó a continuación que la historia hace famoso al pionero que tiene el negocio que es "el sabor del mes". Él dijo que inventos como la televisión crearon nuevos millonarios de la misma forma que el petróleo y los automóviles a principios del siglo XX. El concepto de Mark sobre la progresión de la riqueza es compatible con lo que puede verse en esta lista abreviada de la revista *Forbes*:

1. 1900, Andrew Carnegie hace su fortuna en el acero: 475 millones de dólares.

2. 1910, John D. Rockefeller se convierte en multimillonario gracias al petróleo: 1.4 mil millones de dólares.

3. 1920, Henry Ford se vuelve multimillonario en la industria automotriz: 1 mil millones de dólares.

4. 1930, John Dorrance se convierte en millonario al condensar la sopa en una lata (sopa Campbell's): 115 millones de dólares.

5. 1940, Howard Hughes se convierte en multimillonario mediante contratos de aviación militar, herramientas y películas: 1.5 mil millones de dólares.

6. 1950, Arthur Davis se vuelve millonario con el aluminio: 400 millones de dólares.
7. 1960, H. Ross Perot funda EDS (1962): 3.8 mil millones de dólares.
8. 1970, Sam Walton sacó a la venta las acciones del gigante del comercio detallista Wal-Mart: 22 mil millones de dólares.
9. 1980, Ron Perelman creó su fortuna como negociante en Wall Street: 3.8 mil millones de dólares.
10. 1990, Jerry Yang cofunda Yahoo!: 3.7 mil millones de dólares.

Obsoleto a los 35 años de edad

No trabajé con Mark después de 1978. Como predijo, mi éxito en el negocio comenzó a desaparecer y tuve enormes problemas internos en mi compañía. Por lo tanto, tuve que fijar toda la atención en mi negocio, en vez de dedicar el tiempo a tratar de sacar a cotización el negocio de alguien más. Sin embargo, nunca olvidé su lección sobre los negocios que eran "el sabor del mes". Conforme sigo obteniendo experiencia fundamental en los negocios, me pregunto cuál será el siguiente "sabor del mes".

En 1985 visité la base de Marines en Camp Pendelton, California, donde estuve estacionado en 1971 justo antes de ir a Vietnam. Mi amigo y compañero piloto James Treadwell era ahora el oficial comandante del escuadrón de la base. A Kim y a mí nos mostraron el escuadrón en que Jim y yo fuimos pilotos novatos hace catorce que yo nunca olvidée años. Mientras caminábamos frente a la línea de vuelo, Jim le mostró a Kim un aeroplano similar a los que volamos en Vietnam. Mientras abría la cabina, dijo: "Tú y yo ahora somos obsoletos. No somos capaces de volar este aeroplano."

Dijo eso porque los instrumentos y controles eran ahora totalmente electrónicos y orientados al video. Jim continuó diciendo: "Estos nuevos pilotos crecieron con juegos de video. Tú y yo crecimos con máquinas de *pinball* y mesas de billar. Nuestros cerebros no son iguales a los suyos. Es la razón por la que ellos vuelan y yo me siento detrás de un escritorio. Soy obsoleto como piloto."

Recuerdo ese día con claridad porque yo también me sentí obsoleto. Me sentí viejo y anticuado a los 37 años. Recuerdo haber pensado que mi propio padre era obsoleto a los 50 años y yo a los 37 años. Ese día me di cuenta cabal de cuán rápidamente estaban cambiando las cosas. También me di cuenta de que si no cambiaba igual de rápido, me quedaría cada vez más rezagado.

Actualmente trabajo con Peter y continúo mi educación en los negocios del capital de riesgo y las ofertas públicas primarias. Estoy ganando dinero en papel porque estoy adquiriendo activos en papel. Sin embargo, lo más importante es que estoy obteniendo experiencia en los mercados de capital. Incluso a pesar de que trabajo en compañías de petróleo, gas y metales preciosos, industrias que eran "el sabor del mes" hace 20 ó 30 años, mi mente continúa mirando hacia adelante y me pregunto cuál será la nueva frontera en los negocios. Me pregunto cuál será el próximo "sabor del mes" y si seré parte de esa nueva explosión de riqueza. ¿Quién sabe? Actualmente tengo 52 años; el Coronel Sanders tenía 66 cuando empezó. Mi meta todavía es convertirme en multimillonario durante mi vida. Quizá lo logre, tal vez no, pero trabajo todos los días en pos de esa meta. Convertirse en multimillonario es posible hoy en día, si tiene el plan adecuado. Así que no me he rendido y no tengo planes de convertirme en pobre o de volverme más obsoleto. Como decía mi padre rico: "El primer millón es el más difícil." En este caso, el primer millar de millones puede ser la segunda tarea más difícil que emprendo.

¿Es usted el próximo multimillonario?

Para quienes pudieran tener ambiciones y aspiraciones similares, ofrezco las siguientes guías para sacar su compañía a cotización pública. La información proviene de manera generosa de mi socio Peter, una persona que ha sacado a la venta pública las acciones de casi cien compañías.

Aunque existe una tremenda cantidad de cosas por aprender, estas guías le ayudarán a comenzar.

¿Por qué sacar a cotización una compañía?

Peter enumera seis razones principales para hacerlo:

1. Usted necesita más dinero. Ésta es una de las principales razones para emitir acciones de una compañía para su venta al público. En este caso, quizá ha establecido una compañía redituable y necesita capital para crecer. Ya ha acudido con su banquero y obtenido algunos fondos por medio de colocaciones privadas y su capital de riesgo, pero ahora realmente necesita de mucho dinero y de un banquero de inversión.

2. Su compañía (una compañía de internet, por ejemplo) es nueva, y usted necesita enormes cantidades de dinero para ganar participación en el mercado. El mercado le proporciona dinero, a pesar de que su compañía no es redituable actualmente, porque el mercado está invirtiendo en sus futuras ganancias.

3. Muchas veces una compañía utilizará sus propias acciones para adquirir otras compañías. Es lo que mi padre rico llamaba "imprimir su propio dinero". En el mundo corporativo se le llama "fusiones y adquisiciones".

4. Quiere vender su compañía sin perder el control. En una compañía privada, el dueño frecuentemente entrega el

control u obtiene un nuevo socio que quiere decirle cómo dirigir el negocio cuando recauda capital. Al obtener el dinero del mercado público, el propietario obtiene efectivo al vender, pero mantiene el control del negocio. Muchos accionistas tienen poco poder para influir en las operaciones de la compañía en que han invertido.

5. Por razones relacionadas con el patrimonio familiar, Ford Motor Company emitió acciones al público porque la familia tenía muchos herederos pero carecía de liquidez. Al vender al público una parte de la compañía, recaudó el efectivo que la familia necesitaba para los herederos. Es interesante la manera en que una compañía privada utiliza esta estrategia.

6. Para volverse ricos e invertir en otras partes. Crear un negocio se parece a construir un edificio de apartamentos y venderlo. Cuando usted construye un negocio para venderlo por medio de una oferta pública, sólo una parte de los activos se fragmenta; se divide en millones de partes que son vendidas al público. El creador puede entonces seguir siendo el dueño de la mayoría del activo, mantener todavía el control y generar mucho dinero al venderla a millones de compradores (en vez de un solo comprador). Las cosas buenas vienen en pequeños empaques.

Notas de Sharon

Existen algunas restricciones que se aplican a los principales accionistas y ejecutivos de una compañía que emite una oferta pública primaria. Aunque sus participaciones en la compañía pueden incrementar su valor de manera dramática como resultado de la oferta pública primaria, quedan regulados de manera estricta al vender cualquiera de sus acciones. Sus acciones se denominan generalmente "restringidas", lo que significa que han acordado no vender por un periodo de tiempo predeterminado.

Un accionista que desea "liquidar" su parte puede resultar beneficiado al vender la compañía, o al fusionarla con otra que vende sus acciones libremente, en contraposición al uso de una oferta pública primaria.

Aspectos adicionales por considerar

Peter ofrece estas consideraciones adicionales que se deben tener en cuenta antes de emitir acciones al público:

1. ¿Quién en el equipo ha dirigido un negocio? Existe una gran diferencia entre dirigir un negocio y soñar con un nuevo producto o un nuevo negocio. ¿Ha manejado esa persona la nómina, los empleados, los aspectos fiscales, los temas legales, los contratos, las negociaciones, el desarrollo de producto, la administración del flujo de efectivo, la recaudación de capital, etcétera?

   Usted podrá advertir que gran parte de lo que Peter piensa que es importante se encuentra en el Triángulo D-I de mi padre rico. De aquí, la pregunta fundamental: "¿Es usted (o alguien en el equipo) exitoso en el manejo de todo el Triángulo D-I?"

2. ¿Qué porcentaje de la compañía desea vender? Es aquí donde es necesario considerar las hojas de términos.

   Otro aspecto que analicé con Peter es que en los tres años que he trabajado con él, he notado que siempre conoce su meta respecto a una compañía antes de comenzarla. Antes de empezar sabe que su meta es vender la compañía en el mercado público. Es posible que no sepa si va a lograr su meta, pero la ha fijado. Menciono lo anterior porque muchos propietarios de negocios comienzan un negocio sin una meta concreta para el final del negocio. Muchos dueños de negocio comienzan porque consideran que es una buena idea, pero no tienen un plan para salir de él. Es fundamental para cualquier buen inversionista contar con una estrategia de salida. Lo mismo ocurre con un empresario que considera crear un negocio. Antes de construirlo, es necesario tener un plan sólido sobre la manera en que va a salir del mismo.

Antes de crear un negocio, es posible que usted quiera considerar algunos de los siguientes temas:

a. ¿Lo va a vender, conservar, o transferir a sus herederos?

b. Si va a venderlo, ¿lo hará de manera privada o pública?

    I. Vender una compañía en privado puede ser tan difícil como venderla al público.

    II. Encontrar un comprador calificado puede ser difícil.

    III. El financiamiento del negocio puede ser difícil.

    IV. Podría recibirlo de regreso si el nuevo propietario no puede pagarle o lo administra mal.

3. ¿Tiene la compañía que piensa sacar a cotización pública un plan de negocios bien escrito y bien pensado? Ese plan debe incluir descripciones sobre:

a. El equipo y su experiencia.

b. Estados financieros.

    I. El estándar es 3 años en el caso de los estados financieros auditados.

c. Proyecciones de flujo de efectivo.

    I. Recomiendo tres años de proyecciones de flujo de efectivo muy conservadoras.

Peter afirma que a los banqueros de inversión no les gustan los directores ejecutivos y empresarios que inflan sus proyecciones sobre ganancias a futuro. Peter también afirma que Bill Gates, de Microsoft, frecuentemente disminuye sus proyecciones de ganancias. Es una excelente estrategia para mantener sólido el precio de las acciones. Cuando los directores ejecutivos exageran y las expectativas de ganancias no se cumplen, el precio de las acciones baja y los inversionistas pierden confianza en la compañía.

4. ¿Quién constituye el mercado, qué tan grande es y cuánto crecimiento es posible para los productos de la compañía en ese mercado?

   Además de que existe un mercado para sus productos, existe otro para las acciones de su negocio. En diferentes ocasiones, ciertos tipos de compañías son más atractivas para los compradores de acciones que otras. Mientras escribo estas líneas, las compañías de internet y de tecnología son "los sabores del mes".

   Cuando una persona tiene una compañía pública, se dice a menudo que es como tener dos compañías en vez de una. Una compañía es para sus clientes regulares y la otra es para sus inversionistas.

5. ¿Quiénes forman parte de su consejo de administración o junta de asesores? El mercado funciona con base en la confianza. Si la compañía tiene un consejo de administración o asesores poderosos y respetados, el mercado tiene más confianza en el éxito futuro del negocio.

   Peter aconseja: "Si alguien se acerca y le dice: 'Voy a sacar a la venta las acciones de mi compañía', pregúntele a esa persona: '¿Quién en su equipo ha sacado a cotizar una compañía y cuántas compañías ha sacado a cotizar al mercado?' Si esa persona no puede responder esa pregunta, pídale que vuelva a comunicarse después, pero con la respuesta. La mayoría nunca vuelve."

6. ¿Tiene su compañía alguna propiedad? Un negocio debe ser dueño o controlar algo que otra compañía no tiene. Podría ser una patente para un nuevo producto o droga, un contrato para explotar un campo petrolero, o una marca registrada como Starbucks o McDonald's. Incluso quienes son dueños y expertos respetados en su campo deben ser considerados como activos. Los ejemplos de personas que constituyen activos son Martha Stewart, Steven Jobs cuando comenzó su nueva compañía (Apple Computer) y Steven Spielberg cuando formó su nueva compañía productora. La gente invierte en esas personas debido a su éxito anterior y su potencial futuro.

7. ¿Tiene la compañía una gran historia qué contar? Estoy seguro que Cristóbal Colón debió haberles contado una gran historia a sus inversionistas, el rey y la reina de España, antes de que recaudaran capital para que él navegara hasta los confines de la Tierra. Una gran historia debe interesar, excitar y hacer que la gente mire hacia el futuro y sueñe un poco. Debe haber también integridad detrás de la historia, porque las cárceles están llenas de personas que cuentan grandes historias y carecen de integridad.

8. ¿Tienen pasión quienes participan en la compañía? Es el aspecto más importante que Peter busca. Afirma que la primera y última cosa que busca en cualquier negocio es la pasión del dueño, los líderes y el equipo. Peter afirma: "Sin pasión, el mejor negocio, el mejor plan y las mejores personas no se volverán exitosas."

He aquí un fragmento de un artículo de la revista *Fortune* sobre las 40 personas más ricas de menos de 40 años:

Los maestros en administración de empresas no tienen cabida en [Silicon] Valley. Los maestros en administración de empresas son tradicionalmente reacios a correr riesgos. La razón por la que la mayoría de la gente asiste a la escuela de negocios es para asegurar un empleo con un sueldo de seis dígitos después de graduarse. Los veteranos de Silicon Valley ven a los egresados de las escuelas de negocios y no ven en ellos el fuego en el estómago que ellos mismos tenían cuando eran renegados románticos. Los maestros en administración de empresas observan a Silicon Valley y ven algo muy diferente a lo que les enseñaron en las escuelas de negocios. Michael Levine se unió a eBay luego de graduarse de la escuela Hass de Berkeley. El ex banquero de inversión no habla con la misma pasión que muestran los empresarios de raigambre. También trabaja menos que la mayoría; 60 horas, en vez de las 80 acostumbradas. "Me encantaría tener de 10 a 15 millones de dólares de dólares dentro de diez a quince años, bien invertidos", me dijo: "Pero me gustaría tener una vida. No lo sé. Quizá no estoy allí todavía."

Mi padre rico decía que él definitivamente no estaba allí todavía. Me prevenía frecuentemente para que estuviera consciente de la diferencia entre las personas exitosas del mundo corporativo y los empresarios exitosos. Decía: "Existe una diferencia entre una persona que sube por el escalafón corporativo y alguien que construye su propio escalafón corporativo. La diferencia está en la perspectiva que tienes al mirar hacia arriba en el escalafón. Uno ve un cielo azul y el otro ve... bien, ya conoces el dicho: 'Si no eres el perro que encabeza el tiro, la vista siempre es la misma.'"

¿Cómo recaudar el dinero?

Peter analiza cuatro fuentes del dinero:

1. **Amigos y familiares.** Estas personas le aman y generalmente están dispuestas a entregarle su dinero ciegamente. Peter no recomienda este método de recaudar dinero. Tanto él como mi padre rico decían frecuentemente: "No le dé dinero a sus hijos. Eso los mantiene débiles y con necesidades. Mejor enséñeles la manera de recaudar dinero."

Mi padre rico llevó el asunto del dinero un paso más allá. Como quizá recuerde, no nos pagó a su hijo y a mí un salario por trabajar para él. Él decía: "Pagarle a la gente para trabajar es entrenarlos para pensar como empleados". En vez de eso, nos entrenó para buscar oportunidades de negocio y para crear un negocio con esa oportunidad. Quizá recuerde la historia de los libros de tiras cómicas de *Padre rico, padre pobre*. Yo sigo haciendo lo mismo actualmente. Busco oportunidades para crear negocios, mientras otros buscan empleos bien pagados.

Mi padre rico no decía que ser empleado fuera equivocado. Él amaba a sus empleados. Sólo nos entrenó a pensar de manera diferente y a estar conscientes de las diferencias entre un dueño de negocios y las demás posiciones. Quería que tuviéramos más opciones cuando creciéramos, en vez de tener menos.

Hemos creado el juego de mesa educativo *CASHFLOW for Kids* para los padres que quieren dar a sus hijos más opciones financieras y evitar que queden atrapados por las deudas tan pronto como abandonan el hogar. Adicionalmente, fue creado para los padres que quizá sospechan que sus hijos pudieran ser el próximo Bill Gates de Microsoft o la próxima Anita Roddick de Body Shop. El juego proporciona una educación financiera temprana sobre la administración del flujo de efectivo que todo empresario necesita. La mayoría de los pequeños negocios fallan debido a una mala administración del flujo de efectivo. *CASHFLOW for Kids* enseñará a sus hijos la habilidad de administrar el flujo de efectivo antes de que abandonen el hogar.

2. Ángeles. Los ángeles son individuos ricos que tienen la pasión de ayudar a los nuevos empresarios. La mayoría de las ciudades principales tiene grupos de ángeles que apoyan financieramente a nuevos empresarios, además de proporcionarles consejos sobre cómo convertirse en jóvenes empresarios ricos.

Los ángeles se dan cuenta de que una ciudad con un número creciente de negocios jóvenes es una ciudad que crece. Hacer que florezca el espíritu empresarial en una ciudad hace que ésta también lo haga. Estos ángeles proporcionan un servicio vital para cualquier ciudad de cualquier tamaño. Actualmente es posible, con las computadoras y el internet llevar el espíritu empresarial hasta los pueblos más remotos.

Muchos jóvenes abandonan los pequeños pueblos para buscar mejores oportunidades de empleo en una ciudad más grande. Considero que esa pérdida de talento joven es provocada por el hecho de que nuestras escuelas enseñan a los jóvenes a buscar empleo. Si a nuestros jóvenes les enseñaran a crear negocios, muchos pequeños pueblos podrían seguir floreciendo porque podrían estar comunicados electrónicamente con el resto del mundo. Los grupos de ciudadanos privados que operan como grupos de ángeles podrían hacer maravillas para revitalizar pequeños pueblos en todas partes.

Sí considera lo que Bill Gates hizo por Seattle, lo que Michael Dell hizo por Austin, Texas; y lo que Alan Bond hizo por Freemantle, en Australia Occidental, usted puede ver el poder empresarial. Los empresarios y los ángeles juegan papeles importantes en la vitalidad de una ciudad.

3. Inversionistas privados. Quienes invierten en compañías privadas se denominan inversionistas privados. Estos inversionistas acreditados son más sofisticados que los promedio. Tienen más qué ganar y más qué perder que la mayoría. Por lo tanto, se recomienda obtener tanto educación financiera como experiencia en negocios antes de invertir grandes sumas de dinero en compañías privadas.

4. **Inversionistas públicos.** Quienes invierten por medio de acciones que cotizan en el mercado de valores o en compañías públicas se denominan inversionistas públicos. Éste es el mercado masivo de valores. Debido a que esas inversiones son vendidas en el mercado de las masas, generalmente se encuentran bajo el escrutinio de agencias como la SEC. Los valores que se compran y se venden aquí generalmente son menos riesgosos que las inversiones realizadas de manera privada. Sin embargo, en lo que se refiere a la inversión, siempre existe riesgo. Lo anterior podría parecer contradictorio con lo que dije anteriormente acerca de tener más control y por lo tanto menos riesgo, como un inversionista interno. Por favor recuerde, sin embargo, que un inversionista privado no siempre tiene el control. La SEC exige el cumplimiento estricto al presentar informes y revelar los requisitos con el fin de reducir el riesgo al público inversionista que definitivamente no tiene control sobre la inversión.

Recomendaciones de Peter

Mientras entrevistaba a Peter sobre los aspectos principales para sacar a la venta las acciones de una compañía, le pregunté qué recomendaría a una persona que desea aprender a recaudar cantidades importantes de capital. Él dijo: "Yo recomiendo que esa persona se familiarice con las siguientes fuentes de financiamiento si quiere sacar a la venta las acciones de su compañía." Éstas son:

1. **Prospecto de colocación privada (PPMs, por sus siglas en inglés).** Debe ser el comienzo de sus actividades formales de

recaudación de capital. Son una forma de "hágalo usted mismo" para recaudar dinero. Un prospecto de colocación privada es la manera en que establece los términos que desea, con la esperanza de que el inversionista esté interesado.

Peter recomienda que comience este proceso al contratar un abogado corporativo especializado en valores. Es aquí donde su educación formal empieza si verdaderamente quiere arrancar en pequeño y crecer. Se comienza al pagar por la asesoría del abogado y seguir su consejo. Si no le gusta el consejo, es mejor que busque un nuevo abogado.

La mayoría de los abogados le otorgarán consulta gratuita, o usted puede invitarlos a almorzar. Este tipo de asesor profesional es vital para su equipo al principio y conforme su compañía crece. Personalmente aprendí de la manera más difícil, al tratar de hacer esas cosas por mi cuenta y ahorrar unos cuantos dólares. Esos pocos dólares que ahorré me costaron una fortuna en el largo plazo.

2. **Capitalistas de riesgo (VCs, por sus siglas en inglés).** Ellos, como mi amigo Mark, se encuentran en el negocio de aportar capital. Las personas generalmente acuden a ellos después de haber agotado sus fondos personales, el dinero de su familia y amigos y el dinero de su banquero. Peter dice: "Los inversionistas de capital de riesgo ofrecen un trato duro, pero si son buenos, se ganan lealmente su dinero."

Un capitalista de riesgo frecuentemente se vuelve socio y le ayuda a que su compañía cobre forma y avance al siguiente nivel de financiamiento. En otras palabras, de la misma forma en que una persona puede ir a un gimnasio y contratar a un entrenador personal para ponerse en forma y ser más atractiva, un capitalista de riesgo puede actuar como su entrenador personal, que hace que su negocio se ponga en forma financiera de manera que sea atractivo para otros inversionistas.

3. Banqueros de inversión. Son generalmente las personas a quienes se acude cuando está listo para vender su compañía en el mercado público. Los banqueros de inversión frecuentemente recaudan dinero para la oferta pública primaria y para las secundarias. Una oferta secundaria es una oferta pública de acciones de una compañía que ya ha recaudado capital por medio de una oferta primaria al público. Cuando usted lee los periódicos financieros como *The Wall Street Journal*, muchos de los grandes anuncios de los banqueros de inversión informan al mercado sobre las ofertas que han patrocinado.

Notas de Sharon

Existe otro tipo de financiamiento llamado "de *mezzanine*", también conocido como "puente". Una compañía generalmente busca este tipo de financiamiento cuando ha pasado sus primeras etapas de desarrollo pero no está lista para una oferta pública primaria.

Un importante primer paso

Si está listo para intentar la recaudación de capital para su negocio, es posible que desee comenzar mediante un memorándum de colocación privada. Peter recomienda comenzar de esa manera por las siguientes razones:

1. Comienza a entrevistar y hablar con varios abogados corporativos que se especializan en esta área. Su educación y conocimiento se incrementarán con cada entrevista. Pregúnteles acerca de sus fracasos así como de sus éxitos.
2. Comienza a aprender acerca de los diferentes tipos de ofertas que puede hacer y la manera de estructurarlos legalmente. En otras palabras, no todas las ofertas son iguales. Distintas ofertas han sido diseñadas para cumplir diferentes necesidades.

3. Comienza a asignar un valor a su negocio y a desarrollar los términos que desea cuando lo venda.

4. Comienza a hablar formalmente con inversionistas potenciales y al mismo tiempo practica el arte y la ciencia de recaudar capital. Primero: quizá necesita superar su miedo a pedir. Segundo: quizá necesita superar su miedo a la crítica. Tercero: aprende cómo manejar el rechazo o las llamadas telefónicas que no le responden.

Peter ofrece el siguiente consejo: "He visto individuos que hacen su mejor esfuerzo para presentar una inversión pero fracasan al recoger el cheque al final. Una cosa que el empresario necesita hacer es aprender a recoger el cheque. Si no puede hacerlo, entonces debe conseguir un socio que pueda."

Peter también dice lo mismo que decía mi padre rico: "Si quiere estar en el negocio debe saber cómo vender. Vender es la habilidad más importante que puede aprender y continuar mejorando. Reunir capital es vender un producto diferente a una audiencia diferente."

Las personas no tienen éxito financiero principalmente debido a que no pueden vender. No pueden hacerlo porque carecen de confianza en sí mismos. Tienen miedo al rechazo y no pueden levantar el pedido. Si verdaderamente quiere ser empresario y necesita más desarrollo en las ventas y la confianza en sí mismo, le recomiendo que encuentre una compañía de mercadeo en red con un buen programa de entrenamiento, sígalo por lo menos durante cinco años y aprenda a ser un buen vendedor con confianza en usted mismo. Un vendedor exitoso no tiene miedo de acercarse a la gente, no teme ser criticado o rechazado y no tiene miedo de pedir un cheque.

Incluso hoy en día continúo trabajando para superar mi miedo al rechazo, mejorar mi capacidad para manejar la desilusión y encontrar maneras de mejorar mis problemas de baja autoestima.

He notado que existe una correlación directa entre mi capacidad para manejar esos obstáculos en mi vida y mi riqueza. En otras palabras, si esos obstáculos parecen abrumadores, mi ingreso disminuye. Si supero esos obstáculos, lo cual es un proceso constante, mi ingreso aumenta.

Cómo encontrar a alguien como Peter o Mark para que lo asesore

Después de haber obtenido alguna experiencia en los fundamentos del negocio y de haber logrado un cierto grado de éxito —y si piensa que está listo para llevar su negocio al mercado— necesitará asesoría especializada. El consejo y guía que he recibido de Peter, un banquero de inversión, y Mark, inversionista en capital de riesgo, ha sido invaluable. Ese consejo ha creado mundos de posibilidades que antes no existían para mí.

Cuando esté listo, consiga la lista de *Standard & Poor's Security Dealers*, publicada en inglés por McGraw Hill. Ese libro enumera a los negociantes de valores por estado. Busque en él a la persona que esté dispuesta a escuchar sus ideas y su negocio. No todos están dispuestos a proporcionarle consejo gratuito, pero algunos sí. La mayoría están muy ocupados y no tienen tiempo para ayudarle si no está listo. Por eso le sugiero que obtenga antes alguna experiencia en los negocios de la vida real y que tenga éxito bajo su cinturón antes de encontrar uno que esté dispuesto a formar parte de su equipo.

¿Es usted el próximo multimillonario?

Sólo una persona puede responder esa pregunta: usted. Con el equipo correcto, el líder correcto y un producto innovador y atrevido, todo es posible. La tecnología está a su disposición, o a punto de ser desarrollada pronto.

Justo después de que supe que era posible lograr mi meta de ganar mi primer millón, comencé a pensar en fijar la siguiente meta.

Yo sabía que podía seguir adelante y ganar 10 millones de dólares haciendo las cosas de la misma manera. Sin embargo, mil millones de dólares requiere nuevas habilidades y toda una nueva forma de pensar. Ésa es la razón por la que fijé la meta a pesar de que seguí enfrentándome con muchas dudas sobre mí mismo. Una vez que tuve el valor para fijar la meta, comencé a aprender cómo lo lograron otras personas. Si no la hubiera fijado, no podría considerarla como una posibilidad remota, y no hubiera buscado libros y artículos sobre la manera en que muchas personas la están logrando.

Hace muchos años, cuando estaba en problemas de deuda, pensé que convertirme en multimillonario era imposible. Por esa razón, en retrospectiva, no creo realmente que lograr la meta sea tan importante como escribirla y tratar de obtenerla. Una vez que estuve comprometido con la meta, mi mente pareció encontrar las maneras en que podía ser posible. Si hubiera dicho que la meta de convertirme en millonario era imposible, creo que entonces habría sido imposible lograrlo.

Después de fijar la meta de convertirme en multimillonario, me asaltaron las dudas sobre mí mismo. Sin embargo, mi mente comenzó a mostrarme las maneras en que era posible. Conforme me enfoqué en la meta, seguí considerando la manera en que podía ser posible convertirme en multimillonario. Frecuentemente me repetía: "Si piensas que puedes, puedes; si piensas que no puedes, no puedes. En cualquier caso estás en lo correcto." No sé quién es el autor de esa frase, pero agradezco a esa persona por haberlo pensado.

¿Por qué es posible ser multimillonario?

Una vez que fijé mi meta de convertirme en multimillonario, comencé a encontrar las razones por las que usted puede convertirse en multimillonario hoy en día, más fácil que nunca antes. Esas razones son:

1. Con sólo una línea telefónica, internet está creando un mundo de clientes a disposición de la mayoría de nosotros.

2. Internet está creando más negocios más allá de internet. De la misma forma que Henry Ford creó más negocios como consecuencia de la producción en masa de automóviles, el internet magnificará ese efecto. Internet ha abierto la posibilidad de que seis mil millones de personas puedan convertirse en Henry Ford o Bill Gates.

3. En el pasado, los ricos y poderosos controlaban los medios de comunicación. Con los cambios tecnológicos que todavía se producirán, internet es casi como si cada uno de nosotros tuviera el poder de ser dueño de sus propias estaciones de radio y televisión.

4. Los nuevos inventos engendran nuevos inventos. Una explosión de nueva tecnología hará que otras áreas de nuestra vida sean mejores. Cada nuevo cambio tecnológico permitirá que más personas desarrollen productos innovadores.

5. Conforme más personas se vuelvan más prósperas, querrán invertir cada vez más dinero en nuevos negocios que comienzan, no sólo para ayudar a los nuevos negocios sino también para compartir las utilidades. Hoy en día es difícil para la mayoría de la gente comprender la realidad de que existen literalmente decenas de miles de millones de dólares en busca de compañías innovadoras en las cuales invertir cada año.

6. No se necesita tener alta tecnología para ser un producto nuevo. Starbucks hizo que mucha gente se volviera rica con sólo una taza de café, y McDonald's se convirtió en el principal propietario de bienes raíces con sólo una hamburguesa y unas papas fritas.

7. La palabra clave es "efímero". En mi opinión, esa palabra es una de las más importantes para quien desea volverse rico o

súper rico. El diccionario Webster define la palabra como "aquello que dura sólo un día o que dura un breve periodo de tiempo".

Uno de mis maestros, el doctor R. Buckminster Fuller, con frecuencia utilizaba la palabra "efimerización". Yo comprendí que la utilizaba en el contexto de "la capacidad de hacer mucho más con mucho menos". El doctor Fuller decía que los seres humanos somos capaces de proporcionar cada vez más riqueza a cada vez más personas, utilizando cada vez menos.

En otras palabras, con todos esos nuevos inventos tecnológicos —que en realidad utilizan muy pocas materias primas— cada uno de nosotros puede ganar ahora mucho dinero en poco tiempo y con poco esfuerzo.

En el lado opuesto de lo efímero, las personas que ganarán cada vez menos en el futuro son aquellas que utilicen más materia prima y trabajen más duro físicamente en el proceso de ganar su dinero. En otras palabras, el futuro financiero pertenece a quienes hacen más con el menor esfuerzo.

¿Cuál es mi plan para volverme multimillonario?

La respuesta se encuentra en la palabra "efímero". Para convertirme en multimillonario, necesito proporcionar mucho a muchos a cambio de poco. Necesito encontrar un área de negocios que hoy en día sea obesa e ineficiente, un área donde la gente esté insatisfecha con el sistema actual y cuyos productos necesiten ser mejorados. La industria en que tengo la mejor oportunidad es la industria más grande de todas: la educación. Si se detiene un momento a pensar acerca de todo el dinero que se gasta en educación y capacitación, quedará impresionado. Esto va más allá de contar el dinero destinado a las escuelas públicas, las universidades, etcétera. Cuando considera la cantidad de educación relacionada con los negocios, las fuerzas armadas, los hogares, y los seminarios profesionales, la cantidad es la más grande de todas. Sin embargo, la educación es una industria que ha permanecido anclada en el pasado. La educación como la conocemos es obsoleta, cara y está lista para el cambio.

A principios de este año un amigo mío, Dan Osborne, un comerciante en el mercado cambiario internacional, me envió un artículo del sitio en internet de la revista *The Economist*. El siguiente es un fragmento de ese texto:

> Michael Milken, el rey de los bonos-chatarra, que alguna vez ganó 500 millones de dólares en un solo año, está ahora creando una de las compañías educativas más grandes del mundo, Knowledge Universe. Kohlberg, Kravis y Roberts, una compañía que impone miedo a los administradores de todo el mundo, también posee una compañía educativa llamada Kindercare. En las casas de corretaje de Wall Street los analistas se dedican a elaborar interminables reportes en que afirman que la industria de la educación está atravesando por un cambio de paradigma hacia la privatización y la racionalización.

¿Por qué repentinamente están todos tan emocionados? Debido a las semejanzas que ven entre la educación y el sector de la salud. Hace 25 años, el sector de la salud estaba principalmente en manos del sector público y de los voluntarios. Hoy en día es una industria multimillonaria, principalmente privada. Muchas personas ricas, no sólo el señor Milken y Henry Kravis, sino además Warren Buffet, Paul Allen, John Doerr y Sam Zell, están apostando a que la educación avanzará en la misma dirección. Las compañías de una gama de industrias convencionales están invirtiendo en el negocio, incluyendo Sun, Microsoft, Oracle, Apple, Sony, Harcourt General y el grupo Washington Post.

El gobierno de Estados Unidos afirma que el país gasta un total de 635 mil millones de dólares al año en educación, más de lo que dedica a las pensiones o a la defensa, y pronostica que el gasto por estudiante se elevará en 40% durante la próxima década. Las compañías privadas poseen actualmente sólo 13% del mercado, la mayor parte en el área de capacitación y muchas de ellas son compañías pequeñas o familiares, que están maduras para la consolidación. International Data Corporation, una empresa especializada en consultoría de tendencias, considera que esa participación se ampliará 25% en las próximas dos décadas.

El artículo continúa:

> Las escuelas públicas estadounidenses frustran cada vez a más padres de familia y están quedando atrás de los estándares internacionales. Estados Unidos gasta más de su producto interno bruto en educación que la mayoría de los países y, sin embargo, obtiene resultados mediocres. Los niños en Asia y Europa frecuentemente superan a sus contrapartes estadounidenses en pruebas escolares estandarizadas. Más de 40% de los niños estadounidenses de diez años de edad no pueden aprobar una prueba de lectura básica; casi 42 millones de adultos son analfabetas funcionales. Una de las razones que explican este deplorable desempeño es que casi la mitad de los 6 500 dólares que se gastan por niño son destinados a servicios no relacionados con la instrucción, principalmente la administración.

Actualmente las barreras entre los sectores público y privado se están erosionando, lo que permite que los empresarios participen en el sistema estatal. Las 1 128 escuelas autorizadas (número que sigue creciendo) tienen libertad para experimentar con la administración privada sin perder fondos públicos.

El artículo también señala: "No es de sorprender que exista una gran oposición a la privatización. Los sindicatos de maestros tienen un récord impresionante en lo que se refiere a derrotar los desafíos a su poder...."

No vaya adonde no lo quieren

En 1996, mi juego de mesa educativo *CASHFLOW* fue presentado a consideración de un grupo de instructores de una destacada universidad, con el fin de obtener retroalimentación. Su respuesta verbal fue: "Nosotros no practicamos juegos en la escuela y no nos interesa enseñar a los jóvenes acerca del dinero. Ellos tienen temas más importantes que aprender."

Así que existe una regla en los negocios: "No vaya adonde no lo quieren." En otras palabras, es más fácil ganar dinero donde usted y sus productos son deseados.

La buena noticia es que cada vez más escuelas han estado utilizando nuestros juegos como productos para la enseñanza en sus salones de clase. Sin embargo, la mejor noticia es que al público le gustan nuestros productos. Nuestros juegos de mesa se venden bien a los individuos privados que quieren mejorar su educación financiera y de negocios.

Nosotros supimos que habíamos completado un ciclo cuando en enero del 2000 la escuela de graduados estadounidenses en administración internacional de la Universidad Thunderbird utilizó *Padre rico, padre pobre*, *El cuadrante del flujo de dinero* y los juegos *CASHFLOW* en su plan de estudios del programa empresarial. Esta prestigiosa universidad goza de reconocimiento internacional por sus programas educativos.

De regreso al plan

Percibo que existe una gran necesidad en el área de la administración de dinero, los negocios y la inversión, temas que no se enseñan en la escuela. Pronostico que en los próximos años se producirá un importante *crack* en el mercado de valores y saldrá a la luz la triste realidad de que muchas personas no tendrán suficiente dinero para su retiro y su vejez. Sospecho que dentro de unos diez años habrá un clamor tremendo en cerca de diez años por más educación financiera relevante. Recientemente, el gobierno federal permitió que el pueblo estadounidense supiera que no debe contar solamente con la seguridad social o los servicios médicos públicos cuando se retiren. Desafortunadamente, la advertencia ha llegado demasiado tarde para millones de personas, especialmente debido a que el sistema escolar nunca les enseñó cómo manejar su dinero. Sharon, Kim y yo intentamos proporcionarle esa educación, tanto con nuestros productos actuales como por internet, por un costo mucho más bajo que el del actual sistema escolar.

Una vez que tengamos esos programas educativos listos para ser ofrecidos por medio de internet, nos convertiremos en una compañía de tecnología e internet, más que una compañía especializada en publicaciones, como ocurre actualmente. Una vez que podamos entregar nuestros productos en esa manera "efímera", el valor y los factores de multiplicación del valor de nuestra compañía subirán porque seremos capaces de entregar un mejor producto a nuestro mercado internacional, de una manera más conveniente, y por mucho menos dinero. En otras palabras, seremos capaces de hacer más con menos, lo cual es la clave para ser muy ricos.

Así que, ¿alguna vez me convertiré en multimillonario? No lo sé. Yo sigo avanzando en pos de esa meta. ¿Cómo lo haré en caso de lograrlo? Tampoco lo sé. Todavía debo averiguarlo. Pero sé lo siguiente: durante años me quejé de que la escuela nunca me enseñó nada acerca del dinero, los negocios o de la manera de volverme rico. A menudo me preguntaba por qué no enseñaban temas que yo podría utilizar una vez que abandonara la escuela, en vez de enseñarme temas que yo nunca utilizaría. Entonces un día alguien me dijo: "Deje de quejarse y haga algo al respecto." Y lo estoy haciendo actualmente. Pensé que si estaba tan descontento por haber aprendido mucho acerca de dinero, negocios y de la manera de volverme rico, probablemente otras personas tenían la misma queja.

En conclusión, Kim, Sharon y yo no queremos competir con el sistema escolar. El actual sistema escolar ha sido diseñado para enseñar a las personas a ser empleados o profesionistas. Nosotros podemos vender nuestros productos "efímeros" a quienes desean lo que ofrecemos, que es educación para quienes desean ser empresarios y poseer sus propios negocios o invertir en los negocios, en vez de trabajar en el de alguien más. Ese es nuestro mercado objetivo y consideramos que internet es el sistema perfecto para alcanzarlo sin tener que hacerlo por medio del anticuado sistema escolar. Ese es nuestro plan; sólo el tiempo dirá si los tres alcanzaremos nuestra meta.

Si quiere ser libre desde el punto de vista financiero, un multimillonario o tener miles de millones de dólares, queremos ser su compañía de educación financiera.

CAPÍTULO 41

¿Por qué quiebran los ricos?

A menudo escucho a personas que dicen: "Cuando gane mucho dinero, mis problemas financieros habrán terminado." En realidad, sus nuevos problemas de dinero estarán empezando. Una de las razones por las que muchos nuevos ricos quiebran repentinamente es debido a que utilizan los viejos hábitos de dinero para manejar sus nuevos problemas de dinero.

En 1977 comencé mi primer gran negocio, de carteras de nylon y velcro. Como dije en un capítulo anterior, el activo creado fue más grande que las personas que lo crearon. Unos años más tarde produje otro activo que creció rápidamente y el activo se hizo más grande que la gente que lo creó. Nuevamente perdí el activo. No fue sino hasta el tercer negocio que aprendí lo que mi padre rico había intentado enseñarme.

Mi padre pobre estaba impactado ante mis altibajos financieros. Era un padre amoroso pero le dolía verme en la cima del mundo en un momento y en el abismo al siguiente. Sin embargo, mi padre rico en realidad estaba satisfecho conmigo. Después de mis dos grandes creaciones y desastres dijo: "La mayoría de los millonarios pierden tres compañías antes de ganar a lo grande. A ti sólo te costó dos. La persona promedio nunca ha perdido un negocio, y por eso 10% de la gente controla 90% del dinero."

Después de mis historias sobre ganar y perder millones, a menudo me formulan una pregunta importante: "¿Por qué quiebran los ricos?" Ofrezco las siguientes posibilidades, a partir de mi experiencia personal.

Razón # 1: La gente que ha crecido sin dinero no tiene idea de cómo manejar mucho dinero. Como afirmé anteriormente, tener demasiado es frecuentemente un problema tan grande como no tener suficiente. Si una persona no ha sido capacitada para administrar grandes sumas de dinero o no cuenta con los asesores financieros adecuados, entonces existen muchas posibilidades de que guarde el dinero en el banco o simplemente lo pierda. Como decía mi padre rico: "El dinero no te hace ser rico." De hecho, el dinero tiene el poder de volverte rico y pobre al mismo tiempo. Existen miles de millones de personas que todos los días prueban ese hecho. La mayoría tiene dinero pero lo gasta sólo para empobrecerse y hundirse en la deuda. Por eso actualmente hay tantas bancarrotas que son reportadas en la mejor economía de la historia. El problema nuevamente consiste en que las personas reciben el dinero y a continuación adquieren pasivos que consideran como activos. Estoy seguro de que en los próximos años muchos de los jóvenes que actualmente son millonarios instantáneos tendrán problemas financieros, debido a que carecen de las aptitudes para administrar el dinero.

Razón # 2: Cuando la gente obtiene dinero, la euforia emocional es como una droga que eleva su espíritu. Mi padre rico decía: "Cuando 'les pega el dinero', las personas se sienten más inteligentes, cuando en realidad se están volviendo más estúpidas. Creen que son las dueñas del mundo e inmediatamente salen a gastar el dinero como el Rey Tut con las tumbas de oro."

Mi estratega fiscal y contadora, Diane Kennedy, me dijo una vez: "He sido asesora de muchos hombres ricos. Justo antes de quebrar tras haber ganado una tonelada de dinero, tienden a hacer tres cosas. Una es adquirir un jet o un gran yate. La segunda es ir de safari. Y la tercera es divorciarse de su esposa y casarse con una mujer mucho más joven. Cuando veo que esto ocurre, me preparo para el desplome." Nuevamente, de manera similar a la razón número uno, adquieren pasivos o se divorcian de un activo, lo que crea un pasivo y luego se casan con un pasivo. Entonces tienen dos o más pasivos.

Razón # 3: Cuando usted tiene dinero, ciertos amigos y parientes tienden a acercársele. Lo más difícil para mucha gente es decir "no" a las personas que aman cuando les piden dinero prestado. Eso no me ha ocurrido a mí, pero he visto a muchas familias y amistades que se pelean cuando una persona se vuelve rica repentinamente. Como decía mi padre rico: "Una habilidad muy importante al volverte rico es desarrollar la capacidad de decir 'no' a ti mismo y a las personas que amas." La gente que obtiene dinero y comienza a comprar yates y casas grandes no es capaz de decirse "no" a sí misma, ya no digamos a los miembros de su familia. Esas personas terminan con más deudas, justo cuando repentinamente habían obtenido mucho dinero.

No sólo la gente quiere pedirle dinero prestado cuando tiene dinero; los bancos quieren prestarle más dinero. Por eso la gente dice: "Los bancos le prestan dinero cuando no lo necesita." Si las cosas marchan mal, no sólo tiene problemas para cobrar los préstamos que hizo a amigos y parientes, sino que además los bancos tienen problemas cobrándole a usted.

Razón # 4: La persona con dinero repentinamente se convierte en "inversionista" con dinero, pero sin educación ni experiencia. Nuevamente, eso nos lleva de regreso a la afirmación de mi padre rico de que cuando la gente obtiene dinero repentinamente, piensa que su coeficiente intelectual financiero subió también, cuando de hecho se ha reducido. Cuando una persona tiene dinero, comienza a recibir llamadas telefónicas de corredores de bolsa, agentes de bienes raíces y corredores de inversiones. Mi padre rico tenía un chiste acerca de los corredores: "La razón por la que les llaman 'corredores' es porque corren más que usted." Me disculpo con cualquier "corredor" que se sienta ofendido, pero creo que fue el corredor de bolsa de mi padre rico quien le contó el chiste originalmente.

Un amigo de mi familia recibió una herencia de 350 000 dólares. En menos de 6 meses todo ese dinero se perdió en el mercado de valores; no propiamente en el mercado, sino por un corredor que engañó a esa persona, quien pensaba que el dinero lo había vuelto inteligente. Para quienes no saben cómo puede ocurrir esto, les comento que tiene lugar cuando el corredor aconseja a la persona comprar y vender de manera regular, de manera que el corredor gana una comisión con cada operación de compra o venta. Esta práctica es mal vista y se aplican fuertes multas si las casas de corretaje descubren que sus corredores realizan esta práctica... y sin embargo ocurre.

Como afirmé al principio de este libro, tan sólo porque reúna los requisitos de un inversionista acreditado, es decir, simplemente por ser una persona con dinero, no significa que sepa algo sobre inversiones.

En el agitado mercado de valores actual, muchas compañías invierten de manera tan descabellada como los individuos. Con tanto dinero en el mercado, muchas compañías están adquiriendo otras con la esperanza de que sean activos. En la industria a esto se le llama fusiones o adquisiciones. El problema es que muchas de esas nuevas adquisiciones pueden convertirse en pasivos. A menudo la gran compañía que compró una compañía pequeña termina en problemas financieros.

Razón # 5: El miedo a perder se incrementa. Muchas veces una persona con la perspectiva del dinero de los pobres, ha vivido toda su vida aterrado de ser pobre. Así que cuando repentinamente logra la riqueza, el miedo a ser pobre no disminuye, sino que se incrementa. Como dice un amigo mío que es psicólogo de negociantes profesionales de acciones: "Obtienes lo que temes." Por esa razón muchos inversionistas profesionales tienen psicólogos que forman parte de su equipo; al menos por eso yo tengo uno. Yo tengo miedos como todos los demás. Como afirmé anteriormente, existen otras maneras de perder dinero, además de hacerlo a través de los mercados de inversión.

Razón # 6: La persona no conoce la diferencia entre los gastos buenos y los malos. A menudo recibo una llamada telefónica de mi contador o estratega fiscal que dice: "Tienes que comprar otra propiedad inmobiliaria." En otras palabras, tengo el problema de que estoy ganando demasiado dinero y necesito invertir más dinero en algo como los bienes raíces porque mi plan para el retiro no puede aceptar más dinero. Una de las razones por la que los ricos se vuelven más ricos es porque adquieren más inversiones al aprovechar las ventajas de las leyes fiscales. En esencia, el dinero que sería pagado en impuestos es utilizado para adquirir activos adicionales, que le proporcionan una deducción contra el ingreso, lo que legalmente reduce la cantidad de impuestos que debe pagar.

El tetraedro que ilustramos anteriormente constituye para mí uno de los diagramas más importantes para la creación de riqueza, así como para mantener e incrementar la riqueza creada. Cuando muestro a la gente el diagrama, a menudo me preguntan por qué los gastos forman parte de la estructura. La razón es que es por medio de nuestros gastos que nos volvemos más ricos o más pobres, sin importar cuanto dinero ganemos. Mi padre rico solía decir: "Si quiere saber si una persona se volverá rica o pobre en el futuro, sólo mire la columna de gastos de sus estados financieros." Los gastos eran muy importantes para mi padre rico. Él decía a menudo: "Hay gastos que te vuelven rico y gastos que te vuelven pobre. Un dueño de negocios e inversionista inteligente sabe qué clase de gastos quiere y los controla."

"La principal razón por la que creo activos es porque puedo incrementar mis gastos buenos", me dijo mi padre rico un día. "La persona promedio principalmente tiene gastos malos." Esta diferencia entre gastos buenos y gastos malos era una de las razones más importantes por las que mi padre rico creaba activos. Lo hacía porque los activos creados podían adquirir otros activos. Como me dijo cuando yo era sólo un niño que caminaba por la playa, observando el terreno caro que recién había comprado: "Yo tampoco puedo pagar este terreno. Pero mi negocio sí puede."

Si usted comprende las leyes fiscales aplicables al cuadrante "D", pronto se dará cuenta de que una de las razones por las que los ricos se vuelven más ricos es debido a que las leyes fiscales permiten que el cuadrante "D", más que otros cuadrantes, gaste el dinero antes de pagar impuestos para construir, crear o adquirir otros activos. De hecho, las leyes fiscales casi exigen que compre más inversiones antes de pagar impuestos, lo cual es la razón por la que recibo esas llamadas telefónicas en que me dicen que debo comprar más propiedades inmobiliarias o adquirir otra compañía. Por otra parte, el cuadrante "E" frecuentemente debe utilizar el dinero después de pagar impuestos para construir, crear o adquirir otros activos.

¿Qué hacer cuando se tiene demasiado dinero?

"Si usted quiere ser rico, debe tener un plan sobre la manera de ganar mucho dinero y también debe tener un plan sobre qué hacer con ese dinero antes de ganarlo. Si usted no tiene un plan sobre qué hacer con él antes de ganarlo, frecuentemente lo perderá más rápido de lo que lo ganó." Una de las razones que me hicieron estudiar las inversiones en bienes raíces fue que yo debía comprender cómo invertir en bienes raíces antes de tener mucho dinero. Hoy en día, cuando mi contador llama y me dice: "Tienes demasiado dinero. Necesitas comprar más inversiones", yo sé de antemano dónde mover mi dinero, las estructuras corporativas que debo usar y qué adquirir con ese dinero. Llamo a mi corredor y compro más propiedades inmobiliarias. Si compro activos en papel, a menudo llamo a mi asesor financiero y compro un producto de seguros, que a su vez compra acciones, obligaciones o fondos de inversión. En otras palabras, la industria de seguros elabora productos de seguro especiales para las personas ricas propietarias de negocios. Cuando un negocio compra un seguro, eso constituye un gasto para la compañía y generalmente se convierte en un activo para el propietario con muchas ventajas fiscales. En otras palabras, cuando me llama mi contadora, gran parte del dinero ya ha sido gastado de acuerdo con un plan predeterminado. Se destina a gastos que hacen que una persona sea más rica y esté más segura. Es la razón por la que un asesor financiero y un agente de seguros son miembros muy importantes del equipo.

Con el paso de los años he visto a muchas personas que comienzan negocios muy redituables y terminan quebrando. ¿Por qué? Porque no controlaron sus gastos. En vez de gastar el dinero para comprar otros activos, como bienes raíces o activos en papel, lo destinaron a gastos de negocios frívolos o compraron casas más grandes, yates bonitos, automóviles veloces y nuevos amigos. En vez de volverse más fuertes desde el punto de vista financiero, se volvieron más débiles con cada dólar que ganaron y gastaron.

El otro lado de la moneda

Mi padre rico decía a menudo: "Es por medio de la columna de gastos que la persona rica ve el otro lado de la moneda. La mayoría de la gente considera que los gastos son únicamente malos, acontecimientos que te vuelven pobre. Cuando puedes ver que los gastos te vuelven más rico, el otro lado de la moneda comienza a aparecer frente a ti." También decía: "Ver a través de la columna de gastos es como ver a través del espejo en *Alicia en el país de las maravillas.* Una vez que Alicia atravesó el espejo, vio un mundo bizarro que en muchas maneras reflejaba el otro lado del mismo." Ambos lados de la moneda en realidad no tenían mucho sentido para mí, pero mi padre rico decía: "Si quieres ser rico, debes conocer las esperanzas, los miedos y las ilusiones en ambos lados de la moneda."

Durante una de mis entrevistas con mi padre rico, dijo algo que cambió mi manera de pensar de una persona pobre a una persona rica: "Al tener un plan para ser rico, comprender las leyes fiscales y el derecho corporativo, puedo utilizar mi columna de gastos para volverme rico. La persona promedio utiliza su columna de gastos para volverse pobre. Ésa es una de las razones más importantes por las que algunas personas se vuelven ricas y otras pobres. Si quieres volverte rico y seguir siendo rico, debes tener control sobre tus gastos." Si comprende esa afirmación, comprenderá por qué mi padre rico quería un bajo ingreso y gastos altos. Esa era la manera en que se estaba enriqueciendo. Decía: "La mayoría de la gente pierde su dinero eventualmente y quiebra porque continúa pensando como una persona pobre, y la gente pobre quiere un ingreso alto y gastos bajos. Si no hace ese cambio en su cabeza, siempre vivirá con el miedo de perder dinero, será tacaño y frugal, en vez de ser inteligente desde el punto de vista financiero y volverse cada vez más rico. Una vez que pueda comprender por qué una persona rica podría querer gastos altos e ingresos bajos, comenzará a ver el otro lado de la moneda".

Un aspecto muy importante

El párrafo anterior es uno de los más importantes de este libro. De hecho, este libro ha sido escrito en función de ese párrafo. Si no lo comprende, le sugiero que se siente con un amigo que también haya leído este libro y comience a discutir para profundizar su comprensión sobre lo que dice. Yo no espero que esté de acuerdo con él. Sería bueno tan sólo comenzar a comprenderlo. Puede comenzar a comprender que existe un mundo en que hay demasiado dinero y cómo puede convertirse en parte de ese mundo. Mi padre rico decía: "La gente que no cambia su punto de vista acerca del dinero, sólo verá un lado de la moneda. Esa gente verá el lado de la moneda que sólo conoce un mundo en que no hay suficiente dinero. Quizá nunca vea el otro lado de la moneda, el lado donde el mundo es un mundo en que hay demasiado dinero, incluso si gana mucho dinero."

Al comprender que puede existir un mundo en que existe demasiado dinero, al comprender un poco sobre las leyes fiscales y el derecho corporativo, y por qué el control de sus gastos es tan importante, usted puede comenzar a ver un mundo totalmente diferente, un mundo que muy pocas personas nunca ven. Y la visión de ese mundo comienza en su cabeza. Si la perspectiva en su mente puede cambiar, comenzará a comprender por qué mi padre rico siempre decía: "Yo utilizo mis gastos para volverme cada vez más rico y la persona promedio utiliza sus gastos para volverse cada vez más pobre." Si comprende esa afirmación, puede comprender por qué pienso que enseñar educación financiera es importante para nuestro sistema escolar. Esa es también la razón por la que mis juegos educativos *CASHFLOW* pueden ayudarle a ver un mundo de dinero que pocas personas ven jamás. Los estados financieros son en gran medida como ver a través del espejo en *Alicia en el país de las maravillas*. En el juego *CASHFLOW*, es por medio del dominio de los estados financieros que el jugador avanza de la "carrera de la rata" en la vida a la "pista rápida" en el mundo de la inversión, el mundo que comienza con el inversionista acreditado.

¿Cómo puede ser bueno tener un bajo ingreso y gastos altos?

Mi padre rico decía: "El dinero es solamente una idea." Y estos últimos párrafos contienen algunas ideas muy importantes. Si comprende cabalmente por qué es bueno tener un bajo ingreso y gastos altos, entonces siga adelante. Si no, por favor dedique algún tiempo a analizar este aspecto con alguien que también haya leído el libro. Esta idea es un aspecto fundamental de este libro. También explica por qué muchas personas ricas van a la quiebra. Así que por favor realice su mejor esfuerzo para comprender este aspecto, porque no tiene mucho sentido ser creativo, crear un activo y ganar mucho dinero tan sólo para perderlo todo. Cuando yo estudié la regla 90-10, una cosa que descubrí es que 90% que posee 10% son personas que quieren un ingreso alto y gastos bajos. Por eso permanecen donde se encuentran.

Una guía

Así que la cuestión es: "¿Cómo puede volverle rico tener un ingreso bajo y gastos altos?" Y la respuesta se encuentra en la manera en que el inversionista sofisticado utiliza las leyes fiscales y el derecho corporativo para llevar esos gastos de regreso a la columna de ingresos.

Por ejemplo, éste es el diagrama de lo que hace un inversionista sofisticado:

Este es el diagrama del 10% que gana el 90%

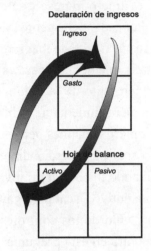

De nuevo la pregunta es: "¿Cómo es que ingresos bajos y gastos altos pueden hacerte rico?

Si empieza a entender cómo y por qué funciona esto, entonces se dará cuenta dc que existe un gran mundo de abundancia financiera

Compare el diagrama anterior con el siguiente:

Este es el diagrama del 90% que gana el 10%

Éste es el diagrama financiero de la mayoría de la población mundial. En otras palabras, el dinero ingresa y sale de la columna de gastos y nunca regresa. Por eso mucha gente trata de ahorrar dinero, ser frugal y reducir sus gastos. Este diagrama es también el de la persona que diría enfáticamente: "Mi casa es un activo." Incluso a pesar de que el dinero sale de la columna de gastos y no regresa, al menos de manera inmediata. O bien la persona que dice: "Estoy perdiendo dinero cada mes pero el gobierno me proporciona un incentivo fiscal para perder dinero." Dicen eso en vez de decir: "Estoy ganando dinero en mi inversión y el gobierno me proporciona un incentivo fiscal para ganar dinero."

Mi padre rico decía: "Uno de los controles más importantes que puede tener se encuentra en esta pregunta: '¿Qué porcentaje del dinero que sale de su columna de gastos termina por regresar a su columna de ingresos en el mismo mes?'" Mi padre rico pasó horas y días explicándome este tema. Al comprender su punto de vista percibí un mundo completamente diferente que la mayoría de la gente no ve. Pude ver un mundo de riqueza siempre creciente, a diferencia de las personas que trabajan duro, ganan mucho dinero y mantienen sus gastos bajos. Así que formúlese la misma pregunta: "¿Qué porcentaje del dinero que sale de su columna de gastos regresa a su columna de ingresos en el mismo mes?" Si puede comprender cómo ocurre esto, deberá ver y crear un mundo de riqueza en permanente incremento. Si tiene dificultades para comprender esta idea, encuentre a alguien más con quién analizar cómo podría hacerse. Si comienza a comprenderla, entenderá qué hace un inversionista sofisticado. Yo diría que vale la pena analizarla y ésa es la razón por la que es posible que desee leer y analizar este libro frecuentemente. En realidad fue escrito para cambiar el punto de vista de una persona, desde la perspectiva de que no existe suficiente dinero, a la perspectiva de crear un mundo en que hay demasiado dinero.

¿Cuál es el valor de un negocio de mercadeo en red?

Cuando hablo ante compañías de mercadeo en red, a menudo les digo: "Ustedes no conocen el valor de su negocio de mercadeo en red." Digo lo anterior porque muchos de estos negocios se concentran solamente en cuánto dinero puede generar dicho negocio. Frecuentemente les advierto que lo importante no es cuánto dinero ganan, sino cuánto dinero pueden invertir antes de pagar impuestos. Esto es lo que el cuadrante "E" no puede hacer. Para mí, esa ventaja es una de las más importantes de un negocio de mercadeo en red. Si se le utiliza adecuadamente, un negocio de mercadeo en red puede volverle mucho más rico que solamente el ingreso residual que genera el negocio. Tengo varios amigos que han ganado decenas de millones de dólares en el mercadeo en red y siguen quebrados. Cuando hablo ante la industria, frecuentemente les recuerdo a los líderes del mercadeo en red que una parte vital de su trabajo no sólo consiste en educar a la gente sobre cómo ganar mucho dinero, sino que es importante educarlos sobre la manera de conservar el dinero que ganan y es mediante sus gastos que en última instancia se vuelven ricos o pobres.

¿Por que es mejor tener más negocios que uno?

No sólo las personas que realizan el mercadeo en red desconocen el verdadero valor de su negocio. He visto empresarios que son buenos para crear un negocio pero que no se dan cuenta de su verdadero valor. La razón por la que esto ocurre es que actualmente existe una idea popular, de que sólo se crea un negocio para venderlo. Esa es la idea de un dueño de negocio que no sabe lo que un inversionista sofisticado conoce sobre las leyes fiscales y las leyes corporativas. Así que en vez de construir un negocio para adquirir activos, a menudo sólo crean el negocio, lo venden, pagan impuestos, colocan el dinero en el banco y vuelven a comenzar.

He tenido varios amigos que han creado negocios sólo para venderlos. Dos amigos míos han vendido sus compañías por una suma en efectivo y a continuación lo han perdido todo en su siguiente empresa de negocios. Han perdido debido a que la regla 90-10 para la supervivencia de los negocios todavía está vigente. Eran individuos que pertenecían al cuadrante "A" y que crearon negocios del cuadrante "D". Luego vendieron sus negocios a personas del cuadrante "D". Los compradores reconocieron el valor que frecuentemente no es percibido de los negocios del cuadrante "D". De manera que los amigos que vendieron sus negocios quebraron en última instancia, incluso a pesar de que habían cobrado varios millones de dólares. Los negocios que vendieron hicieron que los nuevos propietarios se volvieran más ricos.

Un dueño de negocios e inversionista sofisticado haría su mejor esfuerzo por conservar su negocio tanto tiempo como fuera posible y hacer que éste adquiriera tantos activos estables también como fuera posible, para luego vender el negocio con pocas consecuencias fiscales, mientras procuraba conservar tantos activos como fuera posible. Como decía mi padre rico: "La principal razón por la que realizo un negocio es por los activos que adquiere para mí." Para muchos empresarios, el negocio que construyen es su único activo porque utilizan una sola estrategia corporativa y no logran controlar el poder de una estrategia de inversión en múltiples corporaciones. (Nuevamente, para utilizar esa estrategia se requiere de un equipo de asesores profesionales.) Esto destaca que la gran ventaja que tiene el cuadrante "D" estriba en que las leyes fiscales para ese cuadrante le permiten gastar el dinero antes de pagar impuestos para volverse más rico desde el punto de vista financiero, de hecho, las leyes le recompensan por invertir tanto dinero. Después de todo, son los ricos quienes escriben las reglas.

El poder de los gastos

NEGOCIO
Ingreso

PASIVOS
Activos en bienes raíces

PORTAFOLIO
Activos en papel

GASTOS

Así que es la razón por la que los gastos pueden ser un activo o un pasivo, sin importar cuánto dinero gane. Una de las razones por las que 90% de la gente únicamente tiene 10% del dinero es porque no sabe cómo gastar el dinero que gana Como decía mi padre rico: "Una persona rica puede tomar la basura y convertirla en dinero. El resto de la gente toma el dinero y lo convierte en basura."

Entonces, ¿cuál es la respuesta a la pregunta: "¿Por qué quiebran los ricos?" La misma por la que los pobres permanecen pobres y la clase media tiene dificultades financieras. La razón por la que los ricos, los pobres y las personas de clase media quiebran es porque pierden el control de sus gastos. En vez de utilizar sus gastos para volverse ricos, utilizan sus gastos para volverse pobres.

QUINTA ETAPA

Devolver lo recibido

CAPÍTULO 42

¿Está preparado para devolver lo recibido?

El décimo control del inversionista: el control para devolver lo recibido

Recientemente un compañero de la preparatoria, Dan, estaba de visita en la ciudad y me preguntó si podíamos jugar golf. Él fue siempre un gran golfista y yo no había jugado en meses, así que al principio dudé. Como me di cuenta de que el propósito del juego era pasar tiempo juntos para renovar una vieja amistad, en vez de competir, acepté jugar.

Mientras viajábamos en el carrito de golf y era humillado por el juego de Dan, la conversación abordó el tema de lo que estábamos haciendo en esa etapa de nuestras vidas. Cuando le dije a Dan que me había retirado y estaba creando negocios, uno para sacar las acciones a la venta con el público y el otro para conservarlo en privado, se enojó mucho. Su ira le hizo acusarme de ser codicioso, pensar solamente en mí mismo y explotar a los pobres. Después de una hora de tratar de mantener la compostura, no pude más. Finalmente dije: "¿Qué te hace pensar que los ricos son codiciosos?"

Su respuesta fue: "Porque veo gente pobre todo el día. Nunca veo a los ricos hacer nada por ellos." Dan es un abogado que presta sus servicios a personas que no pueden pagar un abogado.

"La brecha entre los que tienen y los que no, es más grande que nunca y no está mejorando. Tenemos familias que no tienen esperanza de salir de la pobreza. Han perdido de vista el sueño sobre el que se fundó Estados Unidos. Y tipos como tú cada vez ganan más dinero. ¿Es en lo único que puedes pensar? ¿Crear negocios y volverte rico? Te has vuelto tan malo como el padre de Mike… un hombre rico y codicioso que sólo se volvió más rico."

Dan comenzó a calmarse conforme siguió el juego. Al final, acordamos reunirnos al día siguiente en el restaurante del hotel y yo le enseñaría algo en lo que estaba trabajando.

Al día siguiente le mostré el juego a Dan. "¿Para qué es este juego de mesa?", preguntó Dan después de sentarnos.

Al mostrarle el juego, le expliqué mi teoría de que la pobreza es causada por la falta de educación. "Es una condición aprendida", dije. "Se enseña en casa. Dado que la escuela no te enseña acerca del dinero, tú aprendes del tema en casa."

"¿Y cómo enseña este juego?", preguntó Dan.

"Enseña el vocabulario de la educación financiera", dije. "Las palabras son, en mi opinión, las herramientas o activos más poderosos que tenemos los humanos, debido a que las palabras afectan nuestro cerebro y nuestros cerebros crean nuestra realidad en el mundo. El problema que mucha gente tiene es que abandonan la casa y la escuela y nunca aprenden o comprenden el vocabulario asociado con el dinero… lo que tiene como resultado una vida de dificultades financieras."

Dan estudió el colorido tablero del juego mientras la mesera nos traía más café. "¿Así que planificas terminar con la pobreza con un juego de mesa?", preguntó de manera sarcástica.

"No", dije riéndome. "No soy tan ingenuo ni optimista. He creado este juego principalmente para personas que desean volverse dueños de negocios e inversionistas. La administración del flujo de efectivo es una aptitud necesaria para quien quiera ser rico."

"¿Así que creaste este juego para la gente que quiere ser rica y no para los pobres?", preguntó Dan, mientras su ira volvía a crecer.

Nuevamente me reí de su reacción emocional. "No, no, no", dije. "No elaboré este producto para excluir a los pobres. Lo diré nuevamente. He creado este juego para las personas que quieren ser ricas, sin importar si eres rico o pobre actualmente."

La mirada de Dan se había endurecido ligeramente.

"Exactamente", dije con suavidad. "Mis productos han sido diseñados para las personas que desean ser ricas", repetí una vez más. "Mis productos no pueden ayudar a alguien, sin importar quién sea o en qué estado financiero de su vida se encuentren, a menos que primero quiera ser rico. Mis productos no ayudan a una persona rica o a una persona de clase media a menos que también quiera volverse rica."

Dan se sentó y sacudió su cabeza. Su ira estaba creciendo. Finalmente dijo: "¿Quieres decir que he pasado toda mi vida tratando de ayudar a la gente y tú estás diciendo que no puedo ayudarla?"

"No, yo no dije eso", señalé. "No puedo comentar sobre lo que haces o qué tan efectivo eres. Además, no me corresponde juzgarte."

"¿Entonces qué estás diciendo?", preguntó Dan.

"Estoy diciendo que no puedes ayudar a la gente a menos que ellos verdaderamente quieran ayudarse a sí mismos", dije. "Si a una persona no le interesa volverse rica, mis productos carecen de valor."

Dan permaneció en silencio para comprender la distinción que yo trataba de hacer. "En mi mundo de leyes, a menudo doy consejos a la gente. Muchas personas no los aceptan", dijo Dan. "Los veo después de un año o dos y su situación es la misma. Están de regreso en la cárcel o han sido acusados de violencia doméstica o lo que sea. ¿A eso te refieres? ¿El consejo por sí solo no hace bien a menos que las personas verdaderamente quieran cambiar la situación de sus vidas?"

"Eso es lo que yo digo", afirmé. "Por eso la mejor dieta y el mejor plan de ejercicios no funciona a menos que la persona realmente quiera perder peso. O porque es una pérdida de tiempo y una molestia para el resto de la clase tener a un estudiante en el salón a quien no le interesa aprender una materia. Es difícil enseñar a alguien que no se interesa en aprender. Y eso me incluye. Por ejemplo, yo no tengo interés en aprender a luchar con tiburones. Así que no puedes obligarme a aprender. Pero mi juego de golf es diferente. Estudio duro, practico durante horas y pago mucho dinero por mis lecciones porque quiero aprender."

Dan asintió con la cabeza. "Comprendo", dijo.

"Pero no te he mostrado este juego por el aspecto de volverte rico", le dije. "Quiero mostrarte lo que mi padre rico nos enseñó a Mike y a mí acerca de ser generoso. Acerca de devolver lo recibido."

Durante los siguientes diez minutos le expliqué la quinta etapa del plan de mi padre rico y le señalé a Dan que una gran parte del plan de mi padre rico consistía en ser generoso y caritativo. Le dije mientras apuntaba al tablero de juego: "El padre de Mike nos enseñó cinco etapas distintas de la riqueza y el dinero. La quinta etapa consiste en la responsabilidad de devolver lo recibido, después de haberlo ganado. El padre de Mike creía firmemente que ganar el dinero y guardarlo era utilizar inadecuadamente el poder del dinero."

"¿Así que tú colocaste la quinta etapa del plan del padre de Mike en tu tablero de juego?", preguntó Dan, de manera ligeramente suspicaz. "¿Tu juego de mesa no sólo enseña a la gente a ser rica, sino que además le enseña a ser generosa?"

Asentí con la cabeza. "Es una parte del plan. Una parte muy importante."

Como había crecido con Mike y conmigo, Dan sabía quién era mi padre rico. Había escuchado acerca del plan de inversión que él y yo habíamos trazado cuando regresé de Vietnam. Dan estaba consciente de que las cosas por las que yo había pasado para aprender a ser dueño de negocio e inversionista. Él perdió la compostura cuando le hablé de las etapas 3 y 4, donde yo invertía en otros negocios y me volvía rico. Ahora estaba aprendiendo acerca de la quinta etapa.

"Como dije antes, la quinta etapa es probablemente la más importante del plan de mi padre rico y yo la incorporé a propósito en este juego", le dije.

"¿Cuál es?", preguntó Dan. "Muéstrame en el tablero."

Le señalé los cuadros de color rosa de la "pista rápida" en el tablero de juego. Consta de dos pistas diferentes: una pista circular en el interior, conocida como "la carrera de la rata", y otra pista rectangular en el exterior, conocida como "la pista rápida", que es donde invierten los ricos. Estos cuadros rosa son la quinta etapa" le dije señalando uno de ellos.

"Una biblioteca infantil", leyó Dan en voz alta mientras leía en la esquina del cuadro que mi dedo señalaba.

Entonces señalé otro cuadro.

"Un centro de investigaciones sobre el cáncer", leyó Dan en voz alta.

"Y también este cuadro", dije moviendo mi dedo y señalando.

"Un regalo de fe", dijo Dan al leer la línea debajo de mi dedo.

"¿Quieres decir que creaste cuadros de caridad en la pista rápida?", preguntó Dan. "La pista de inversión de los que son muy ricos."

Asentí con la cabeza y dije: "Sí. Existen dos clases de sueños en la pista rápida. Sueños de indulgencia personal y sueños de crear un mundo mejor con tu riqueza excesiva."

Dan sacudió la cabeza lentamente y dijo: "¿Quieres decir que el padre de Mike les enseñó a ser caritativos tanto como ricos?"

Asentí con la cabeza y señalé los diferentes sueños caritativos que se encuentran en la pista rápida del tablero de juego. "Mi padre rico dijo que uno de los controles más importantes como inversionista es el control sobre devolver a la sociedad la mayor parte del dinero."

"Él tenía una reputación de ser un hombre rico y codicioso", dijo Dan. "Mucha gente dijo cosas terribles sobre él, sobre cuán codicioso era."

"Eso es lo que pensaba la mayoría de la gente", respondí. "Sin embargo, Mike y yo sabíamos que no era así. Mientras más dinero ganaba, más dinero donaba. Pero lo hacía discretamente."

"Yo no sabía eso", dijo Dan. "Así que sus últimos años los dedicó a devolver a la sociedad todo el dinero que amasó."

"Bueno, no todo el dinero", dije. "Él quería dejar algo para sus hijos. Lo que quiero decir es que muchas personas tienen la creencia de que los ricos son codiciosos. Esa creencia los ciega ante la verdad o la realidad de que no todos los ricos son así. Si abres tus ojos verás que muchos de los ricos han realizado enormes contribuciones financieras a la sociedad. Considera lo que Andrew Carnegie devolvió por medio de sus bibliotecas, Henry Ford por medio de la Fundación Ford y los Rockefeller a través de la Fundación Rockefeller. Mi héroe, George Soros, el fundador de The Quantum Fund, está dedicando enormes cantidades de dinero con la esperanza de crear una sociedad global y promover una mejor comprensión financiera entre las naciones. Pero en general todo lo que escuchamos son las cosas desagradables que dicen los líderes políticos acerca de él y de su fondo de protección."

"John D. Rockefeller no sólo creó su fundación caritativa para donar dinero, sino que hizo grandes donaciones a la Universidad de Chicago, así como muchos egresados ricos donan a sus escuelas. Muchos otros ultra-ricos han fundado sus propias instituciones de enseñanza superior, como Stanford fundó la Universidad de Stanford y Duke fundó la Universidad de Duke. Los ricos siempre han sido muy generosos con la educación superior."

"La Universidad Vanderbilt fue fundada por un rico empresario", agregó Dan. "Me doy cuenta de que los ricos crean empleos y proporcionan bienes y servicios para hacer la vida mejor. Así que ahora me dices que a menudo devuelven el dinero a la sociedad."

"Eso es exactamente lo que estoy diciendo", respondí. "Y sin embargo, muchas personas pueden ver únicamente lo que consideran que es el lado codicioso de los ricos. Yo sé que hay personas ricas y codiciosas, pero también hay personas pobres y codiciosas."

"¿Así que tu padre rico devolvió dinero?", repitió Dan.

"Sí", respondí. "La quinta etapa le hacía más feliz que todas las otras. Además, al ser caritativo incrementó sus gastos, redujo su ingreso y eso lo hizo atravesar el espejo."

"¿Qué?", preguntó confundido Dan. "¿Cuál espejo?"

"No importa", dije. "Sólo debes saber que ser generoso lo hizo feliz de muchas maneras."

"¿A qué hizo donaciones?", preguntó Dan.

"Dado que su propio padre murió de cáncer, la fundación de mi padre rico donó enormes cantidades de dinero a la investigación contra el cáncer. También construyó un pabellón de cáncer en un pequeño hospital del campo, con el fin de que las personas del campo pudieran estar más cerca de sus seres amados cuando fueran hospitalizados. Como era un hombre muy religioso, también construyó un salón de clases en su iglesia, con el fin de que pudiera tener una escuela dominical más grande para los niños. Y patrocinó las artes, al comprar obras de muchos artistas talentosos y hacer donaciones a museos. Lo mejor es que su fundación está tan bien dirigida, que incluso después de su muerte continúa ganando y donando dinero. Incluso en su muerte todavía hace mucho bien a la sociedad. Los fideicomisos y las fundaciones que creó seguirán proporcionando dinero a muchas causas valiosas en los años por venir."

"Él planificó tener mucho dinero en vida y tener mucho dinero después de su muerte", dijo Dan.

"Definitivamente tenía un plan", respondí.

"Así que tu juego de *CASHFLOW* en realidad incluye todo lo que tu padre te enseñó: cómo ganar dinero y cómo devolverlo", dijo Dan.

"Hice mi mejor esfuerzo para incluir en el juego las cosas importantes que mi padre rico me enseñó acerca del dinero", respondí. "Me enseñó a controlar la adquisición de la riqueza y a controlar la manera de devolver lo recibido."

"Yo desearía que más personas hicieran eso", dijo Dan.

"¡Ah! Habrá más personas que devolverán más dinero", dije. "Tan sólo mira a la generación de los nacidos después de la segunda guerra mundial. Muchos eran *hippies* en los años sesenta y se han vuelto multimillonarios hoy en día. En unos cuantos años la revolución de la que formaron parte tendrá toda su fuerza con flujo de efectivo. Muchos de esos que alguna vez fueron *hippies* y otros de esa generación son personas con mucha responsabilidad desde el punto de vista social. Lo que aprendieron en los años sesenta, sus años de pobreza universitaria, rendirá sus frutos en los próximos años. Sus ideales, aparejados con su riqueza, serán una poderosa fuerza financiera, política y social en el mundo. Considero que realizarán las tareas caritativas que nuestro gobierno no puede realizar hoy en día. Muchos de ellos estarán completando las aportaciones de responsabilidad social que querían realizar cuando eran pobres… pero ahora son ricos."

"¿Qué te hace pensar que serán generosos?", preguntó Dan.

"Ya está ocurriendo", respondí. "Ted Turner donó mil millones de dólares a las Naciones Unidas y fustigó a personas como Bill Gates y otros por no ser lo suficientemente generosos. En menos de tres años, después del reto, tan solo Bill Gates ha donado cuatro mil millones de dólares a diversas causas… y Gates es todavía un hombre joven. ¿Puedes imaginar cuánto estará donando en sus últimos años?"

"¿Pero no hizo eso porque estaba en juicio con el gobierno federal?", preguntó Dan. "¿No estaba donando dinero tan sólo para verse bien?"

"Bueno, a muchos de los reporteros les gusta señalar eso en los artículos que escriben sobre su generosidad. Pero déjame preguntarte eso. ¿Cuántos reporteros están donando cuatro mil millones de dólares?", le pregunté en voz baja. "El hecho es que tan sólo en 1999 Bill Gates tenía un equipo de tiempo completo para donar 325 millones de dólares. ¿Cuántos reporteros donaron 325 millones de dólares en 1999? Así que incluso si fue necesario el impulso alentador de Ted Turner, el hecho sigue siendo que él está donando su dinero, y que la generación de ricos empresarios nacidos después de la segunda guerra mundial se presionarán unos a otros para ser generosos. Desde el punto de vista social será mal visto ser rico y no ser generoso."

"Así que el padre de Mike era un hombre generoso que les enseñó a Mike y a ti a serlo."

Yo asentí. "Incluso a pesar de que mucha gente del pueblo lo criticaba por ser rico, él continuó haciendo sus donaciones discretamente. Ser generoso tenía sentido financiero para él, y le proporcionaba placer."

"Yo realmente no sabía eso", dijo Dan en voz baja y casi reverente, al percibirlo de manera distinta. "¿Y le hacía feliz donar dinero?"

Asentí. "En los últimos años de su vida vi descender sobre él una paz que nunca antes había visto. Había hecho mucho bien durante su vida y continuó haciéndolo cuando su vida terminó. Su vida fue completa."

"Estaba muy orgulloso de Mike y de mí", respondí. "También sabía que yo era más parecido a mi verdadero padre. Sabía que yo era un maestro y esperaba que yo les enseñaría a los demás lo que él me enseñó. Quería que yo fuera ambos padres... un hombre rico además de maestro."

"¿Y eso fue todo?", preguntó Dan.

"No", respondí. "No podía dejar las cosas así. Siempre tuvo el temor de que yo me rindiera en el camino. Temía que yo no tuviera la persistencia para hacer que mi plan de inversión se convirtiera en realidad, lo que significaría que mis sueños financieros no se volverían realidad. Siempre temió que yo me uniera a los que renuncian en el mundo, que haría lo más fácil en vez de hacer lo necesario.

"Sigue adelante, sigue atendiendo tu propio negocio, sigue siendo fiel a tus sueños y se volverán realidad", dije en voz baja. "Ése fue el último consejo que me dio."

Dan me hizo regresar al presente al preguntar: "¿Se han vuelto realidad todos tus sueños?"

"Casi", respondí. "Todavía quiero convertirme en el inversionista consumado y apenas hemos comenzado nuestra Fundación."

"¿Qué Fundación?", preguntó.

"Cuando Kim, Sharon y yo comenzamos CASHFLOW Technologies, Inc., nuestra misión era elevar el bienestar financiero de la humanidad."

"Es una misión muy ambiciosa", dijo Dan mientras arqueaba las cejas.

"Hemos cumplido todos los días nuestra misión. Recibimos llamadas, cartas, correos electrónicos todos los días de personas que han puesto manos a la obra para mejorar sus vidas financieras. Estamos abrumados por la respuesta que hemos tenido por parte de la gente que utiliza nuestros productos. Cada vez que escuchamos a alguien que ha mejorado su bienestar financiero, hemos cumplido nuestra misión."

"¿Y qué hay con la Fundación?", insistió Dan.

"Creamos la Fundación para la Educación Financiera con el fin de contar con una entidad no lucrativa para devolver lo recibido. Hemos recibido tantas bendiciones de nuestros estudiantes y clientes que queremos devolver lo recibido. La Fundación apoyará a otras organizaciones en sus esfuerzos por enseñar educación financiera.

"Por ejemplo, tenemos un maestro de escuela preparatoria en Indiana que enseña *CASHFLOW 101* y *202* a sus estudiantes. Él nos ha estado ayudando a desarrollar un plan de estudios que otros maestros pueden utilizar en el salón de clases. Esta primavera va a enviar a sus alumnos de la preparatoria a que visiten a estudiantes de escuelas primarias para utilizar *CASHFLOW for Kids*. De hecho, también tenemos a jóvenes que enseñan a los niños en el Club de Niños y Niñas de Tucson, Arizona. Estamos tan emocionados con el concepto de niños que enseñan a otros niños, que esperamos ampliar el programa a nivel mundial. La Fundación puede ayudar a que eso ocurra."

"Eso suena maravilloso, Robert. Es bueno ver que tienes tanto entusiasmo por dar", dijo Dan.

"Todavía estamos desarrollando la Fundación y sus programas. Lo importante es apoyar el aprendizaje siempre que podamos hacerlo. Kim, Sharon y yo hemos recibido la bendición del éxito y queremos seguir buscando la manera de devolver lo recibido ayudando a que otros brinden educación financiera."

La Fundación para la Educación Financiera fue creada y será operada como una corporación no lucrativa con propósitos caritativos y educativos conforme al significado del artículo 501(c)(3) del Código Interno de Ingresos de 1986 de Estados Unidos, en conformidad con sus reformas, para apoyar programas y organizaciones necesitadas de carácter educativo, caritativo, religioso y científico que apoyen la educación financiera. La Fundación da la bienvenida a sus preguntas en la siguiente dirección:

The Foundation for Financial Literacy
P. O. Box 5870
Scottsdale, AZ 85261-5870
www.richdad.com

CASHFLOW Technologies, Inc. apoya a la Fundación, en parte, al donar tiempo de los miembros del equipo y al proporcionar espacio de oficinas y servicios a la Fundación, además de apoyo financiero.

CONCLUSIÓN:

Por qué ya no se necesita dinero para ganar dinero

Recientemente, mientras daba una clase sobre inversiones, me preguntaron: "¿En qué compañía de internet me recomienda que invierta?"

Yo respondí: "¿Por qué invertir en la compañía de internet de alguien más? ¿Por qué no comenzar su propia compañía de internet y pedirle a la gente que invierta en ella?"

Como señalé anteriormente, existen muchos libros de inversión que tratan sobre cómo adquirir activos. Este libro está dedicado a aprender cómo crear activos que compren activos. ¿Así que por qué no dedicar tiempo a considerar la creación de un activo, en vez de simplemente comprar un activo? Digo lo anterior porque nunca ha sido más fácil crear su propio activo.

El mundo tiene diez años de edad

El 11 de octubre de 1998 Merrill Lynch publicó un anuncio de plana completa en varios de los periódicos de mayor importancia de Estados Unidos, en que anunciaba que el mundo apenas tenía diez años de edad. ¿Por qué diez años de edad? Porque son los que han pasado aproximadamente desde que se derrumbó el Muro de Berlín. Derribar el Muro de Berlín fue un acontecimiento que algunos historiadores de la economía utilizan para señalar el fin de la era industrial y el comienzo de la era de la información.

Antes de la era de la información, la mayoría de las personas tenían que ser inversionistas externos. Ahora que el mundo tiene apenas diez años, cada vez más gente puede invertir desde el interior, en vez de hacerlo desde el exterior. Cuando pregunté: "¿Por qué invertir en la compañía de internet de alguien más? ¿Por qué no comenzar su propia compañía de internet?", yo quería decir: "Ahora estamos en la era de la información. ¿Por qué no convertirse en un inversionista interno en vez de un inversionista externo?"

Tres eras

En la era agraria, los ricos eran quienes poseían un castillo desde el que podían verse vastas extensiones de tierra fértil para la agricultura. Estas personas eran conocidas como monarcas y nobles. Si usted no nacía en el seno de este grupo, tenía muy pocas posibilidades de convertirse en alguien "de adentro". La regla de 90-10 controlaba la vida. Por lo tanto, 10% de quienes estaban en el poder estaban allí debido al matrimonio, el nacimiento o la conquista; el otro 90% eran siervos o campesinos que trabajaban la tierra pero que no poseían nada.

Durante la era agrícola, si usted era una persona buena y trabajadora, era respetada; la idea de ser diligente fue transmitida de padres a hijos. También fue la era en que los ricos ociosos comenzaron a ser despreciados; 90% de la gente trabajaba para mantener al otro 10% que parecía no estar trabajando; esa idea también fue transmitida de padres a hijos. Esas ideas siguen siendo populares y se transmiten de generación en generación.

Luego vino la era industrial y la riqueza pasó de la tierra agrícola a los bienes raíces. Las mejoras para los trabajadores como los edificios, fábricas, almacenes, minas y casas residenciales se colocaron por encima de la tierra. Repentinamente, tierras fértiles para la agricultura perdieron su valor porque la riqueza pasó a manos de los propietarios de edificios construidos sobre la tierra. De hecho ocurrió algo interesante. De manera repentina, la tierra fértil se volvió menos valiosa que la tierra rocosa, donde era difícil sembrar. La tierra rocosa se volvió más valiosa porque era más barata que la fértil. También podía soportar edificios más altos como los rascacielos o fábricas, y a menudo contenía recursos como petróleo, hierro y cobre que impulsaron la era industrial. Cuando tuvo lugar el cambio de eras, el patrimonio neto de muchos granjeros se desplomó; para mantener su estándar de vida tenían que trabajar más duro y sembrar más tierras que antes.

Fue durante la era industrial que se volvió popular la idea de: "Ve a la escuela para que puedas encontrar un empleo." En la era agraria, la educación formal no era necesaria porque las profesiones se heredaban de padres a hijos; los banqueros enseñaban a sus hijos a ser banqueros, etcétera. Casi al final de esa era se popularizó la idea de "un" empleo, o de un empleo de por vida. Uno iba a la escuela, obtenía ese empleo de por vida, trabajaba para subir por el escalafón corporativo o del sindicato y cuando se retiraba, la compañía y el gobierno se hacían cargo de sus necesidades.

En la era industrial, quienes no habían nacido en la aristocracia podían volverse ricos y poderosos. Las historias de personas que habían pasado de la miseria a la opulencia alimentaron a los ambiciosos. Los empresarios comenzaron de la nada y se volvieron multimillonarios. Cuando Henry Ford decidió producir el automóvil en masa, encontró algún terreno rocoso que los granjeros no querían cerca de un pequeño pueblo conocido como Detroit y nació una industria. La familia Ford se convirtió, en esencia, en la nueva nobleza, y todos los que los rodeaban y que hacían negocios con ellos se convirtieron en la nueva nobleza de ricos. Nuevos nombres se volvieron tan prestigiosos como los de los reyes y las reinas; nombres como Rockefeller, Stanford y Carnegie. La gente los respetaba y los despreciaba debido a su gran riqueza y poder.

Sin embargo, tanto en la era industrial, como durante la era agraria, sólo unos cuantos controlaban la mayor parte de la riqueza. La regla 90-10 seguía siendo verdadera, aunque esta vez el 10% no fue determinado por el nacimiento sino que se determinó a sí mismo. La regla 90-10 siguió siendo verdadera simplemente porque se requería de un gran esfuerzo y coordinación, así como mucho dinero, gente, tierra y poder, para crear y controlar la riqueza. Por ejemplo, comenzar una compañía automotriz, petrolera o minera requiere de inversión intensiva de capital; eso hace necesarias grandes cantidades de dinero, muchas tierras y muchas personas inteligentes y dotadas de educación formal que construyen ese tipo de compañía. Además de lo anterior, uno frecuentemente debía pasar por años de papeleo burocrático (como estudios ambientales, acuerdos comerciales, leyes laborales, etcétera) para hacer que ese negocio despegara. En la era industrial, el estándar de vida se incrementó para la mayoría de la gente, pero el control de la verdadera riqueza continuó en manos de unos cuantos. Las reglas han cambiado.

La regla 90-10 ha cambiado

Cuando se derrumbó el Muro de Berlín y se erigió la red mundial de computadoras, muchas de las reglas cambiaron. Una de las reglas más importantes que cambió fue la regla 90-10. Aunque es probable que sólo 10% de la población controle siempre 90% del dinero, el acceso o la oportunidad de unirse al 10% ha cambiado. Internet ha cambiado el costo de unirse a ese 10%. Hoy en día no se necesita nacer en el seno de la familia real como ocurría en la era agraria; y no se requiere de enormes cantidades de dinero, tierra y gente para unirse al 10%. El precio de la admisión actualmente es una idea, y las ideas son gratis.

En la era de la información, todo lo que se necesita para ser muy rico es información o ideas. Por ello es posible que individuos que están en la oscuridad financiera un año se encuentren en la lista de las personas más ricas del mundo al siguiente. Esas personas frecuentemente rebasan a quienes ganaban su dinero en las eras anteriores. Estudiantes universitarios que nunca tuvieron un empleo se volvieron multimillonarios. Estudiantes de preparatoria superarán a sus contrapartes universitarias.

A principios de los años noventa recuerdo haber leído un artículo en el periódico que decía: "Muchos ciudadanos rusos se quejaban de que bajo el régimen comunista su creatividad era limitada. Ahora que el régimen comunista ha terminado, muchos están descubriendo que no tenían creatividad." Personalmente pienso que todos nosotros tenemos una brillante idea creativa que es única, una idea que podría ser convertida en un activo. El problema de los rusos, así como de muchos ciudadanos de todo el mundo, es que no tuvieron la ventaja de la guía de mi padre rico para enseñarles la manera de comprender el poder del Triángulo D-I. Considero que es muy importante que enseñemos a más individuos a ser empresarios y a tomar sus ideas únicas y convertirlas en negocios que puedan crear riqueza. Si lo hacemos, nuestra prosperidad sólo se incrementará conforme la era de la información se expande por todo el mundo.

Por primera vez en la historia mundial, la regla 90-10 de la riqueza podría no ser válida. Ya no se necesita dinero para ganar dinero. Ya no se requiere de grandes extensiones de tierra o recursos para volverse rico, ni tener amigos en puestos altos para lograrlo. Ya no importa si sus parientes venían a bordo del *Mayflower*, a qué universidad asistió, o a qué raza, sexo o religión pertenece. Hoy en día todo lo que se necesita es una idea, y como decía siempre mi padre rico: "El dinero es una idea." Sin embargo, para algunas personas lo más difícil de cambiar es una vieja idea. Existe un dicho que afirma: "No puede enseñarle nuevos trucos a un perro viejo." Considero que es más exacto decir: "No puede enseñarle nuevos trucos a quien se aferra a las viejas ideas, sin importar si son jóvenes o viejos."

Así que cuando me preguntan: "¿En qué compañía de internet invertiría usted?", yo todavía respondo: "¿Por qué no invertir en su propia compañía de internet?" No estoy sugiriendo necesariamente que quienes me hacen esa pregunta funden una compañía en internet; todo lo que les pido es que consideren la idea, la posibilidad de comenzar su propia compañía. De hecho, muchas franquicias y oportunidades de mercadeo en red están ahora disponibles en internet. Cuando la gente simplemente considera la idea de comenzar su propio negocio en el cuadrante "D", sus mentes cambian del trabajo duro y los límites físicos a la posibilidad de una riqueza ilimitada. Todo lo que se necesita es una idea y estamos en la era de las ideas. No estoy sugiriendo que esas personas abandonen su empleo y den el salto para comenzar una compañía. Pero sí sugiero que conserven su empleo de tiempo completo y consideren comenzar un negocio de medio tiempo.

El desafío a las viejas ideas

Actualmente se escucha en el mercado de valores a los anunciadores que dicen "la vieja economía vs. la nueva economía". En muchos sentidos las personas que se quedan rezagadas son quienes continúan pensando en ideas de la vieja economía vs. ideas de la nueva economía.

Mi padre rico nos recordaba constantemente que el dinero es tan sólo una idea. También nos advertía que debíamos estar atentos, vigilar nuestras ideas y desafiarlas cuando fuera necesario hacerlo. Como yo era joven y carecía de experiencia en aquella época, nunca comprendí lo que quería decir. Ahora que soy más viejo y sabio, tengo un enorme respeto por su advertencia de que debíamos desafiar a nuestras viejas ideas. Como decía: "Lo que es correcto para ti el día de hoy podría ser equivocado mañana."

He observado la manera en que Amazon.com, la compañía que no tiene ganancias o bienes raíces, ha crecido más rápidamente y se ha vuelto más valiosa en el mercado de valores que minoristas establecidos como Wal-Mart, Sears, J.C. Penny y K-Mart. Un nuevo comercio minorista de internet, que no es redituable, es percibido como más valioso que los minoristas de la era industrial, que tienen utilidades sólidas, años de experiencia, un gran número de propiedades inmobiliarias y más activos que cualquier monarca de la antigüedad. Pero el nuevo comerciante minoristas de internet es más valioso solamente porque no requiere de grandes cantidades de dinero, propiedades inmobiliarias y personal para hacer negocios. Lo mismo que hacía que los comercios minoristas de la era industrial fueran valiosos, es lo que los hace menos valiosos en la era de la información. Usted frecuentemente escucha a personas que dicen: "Las reglas han cambiado." A menudo me pregunto lo que el futuro les depara a esos viejos minoristas y a sus inversionistas, conforme más compañías de internet se apoderan de sus utilidades y venden los mismos productos a precio más bajo. En otras palabras, aunque Amazon.com no es redituable hoy en día, está apoderándose de las utilidades de las compañías que sí lo son. ¿Qué significará eso para la seguridad en el empleo, los aumentos de sueldo, los beneficios de los empleados y la lealtad de los inversionistas en el futuro? ¿Y qué ocurrirá con el valor de los bienes raíces? Sólo el tiempo lo dirá.

Considero que muchas de las nuevas compañías de internet fracasarán y que los inversionistas literalmente perderán miles de millones de dólares. Fracasarán porque en última instancia es mediante las utilidades y el flujo de efectivo como sobrevive un negocio. Pero muchas compañías de la era industrial también fracasarán debido a la competencia de precios de esos minoristas "en línea" sin bienes raíces. Recientemente escuché a un minorista de la vieja escuela que decía: "Nosotros hacemos que ir de compras sea una experiencia entretenida." El problema con una idea como esa es lograr que ir de compras sea una experiencia entretenida pues es caro y muchos compradores acudirán a disfrutar de la experiencia pero seguirán comprando en línea debido a los mejores precios.

Tengo una amiga querida que ha sido mi agente de viajes durante varios años. Sin embargo, tiene que cobrarme por el servicio de imprimir mis boletos debido a que las aerolíneas dejaron de pagar comisión por la venta de boletos. Ha tenido que despedir a varias personas de su leal equipo de colaboradores y ahora se preocupa por que yo vaya a adquirir mis boletos en línea, debido a que ofrecen un precio más bajo. Durante el mismo periodo, una persona que no era agente de viajes y que no estaba regulada por las reglas de la industria turística comenzó una compañía en línea llamada Priceline.com. Repentinamente, con la idea de subastar un producto perecedero conocido como un asiento vacío en una aerolínea, el fundador de Priceline.com, Jay Walker, se unió a la lista de la revista *Forbes* de las 400 personas más ricas del mundo. Lo logró en sólo unos cuantos años. Así que él se volvió rico y mi amiga querida despidió a su equipo y cuenta con sus clientes leales para seguir en el negocio porque trabajará más duro y proporcionará mejor servicio. Estoy seguro de que le irá bien, pero el negocio que comenzó hace años como su red de seguridad para el retiro, ahora se ha convertido en un empleo de tiempo completo que no asegura que tendrá valor alguno cuando ella esté lista para retirarse.

Las cosas han cambiado

Dado que no se necesita dinero para ganar dinero, ¿entonces por qué no salir y ganar mucho dinero? ¿Por qué no encontrar inversionistas que inviertan en su idea para que pueda volverse rico? La respuesta es que frecuentemente las viejas ideas se interponen en su camino.

Como anunció Merrill Lynch: "El mundo tiene diez años de edad." La buena noticia es que no es demasiado tarde para cambiar su manera de pensar y comenzar a ponerse al día si es que no ha comenzado a hacerlo. La mala noticia es que algunas veces lo más difícil de cambiar son las viejas ideas. Algunas de las viejas ideas que puede ser necesario desafiar son las siguientes ideas, que han sido transmitidas por generaciones:

1. "Persona buena y trabajadora." La realidad es que la gente que actualmente realiza el trabajo físico trabaja más, gana menos y paga más impuestos. No estoy diciendo que no deba trabajar duro. Todo lo que digo es que necesitamos desafiar constantemente nuestras viejas ideas y quizá repensar las nuevas. Considere trabajar duro en un negocio de medio tiempo para usted mismo.

Hoy en día, en vez de estar en sólo un cuadrante, necesitamos conocer los cuatro cuadrantes del flujo de efectivo. Después de todo, estamos en la era de la información y trabajar duro en un empleo de por vida es una vieja idea.

2. "Los ricos ociosos son perezosos." La realidad es que mientras menos participe físicamente en su trabajo, más posibilidades tiene de volverse muy rico. Nuevamente, no digo que no trabaje duro. Lo que le sugiero es que hoy en día todos necesitamos aprender a ganar dinero mentalmente, no sólo físicamente. Aquellos que ganan más dinero trabajan menos desde el punto de vista físico. Trabajan menos al trabajar por el ingreso pasivo y de portafolio, en vez de hacerlo por el ganado. Y como ahora sabe, todo lo que un verdadero inversionista hace es convertir el ganado en pasivo y en ingreso de portafolio.

En mi mente, los ricos ociosos no son perezosos. Ocurre simplemente que su dinero trabaja más duro que ellos. Si quiere unirse a la multitud del 90-10, debe aprender a ganar dinero mentalmente, más que físicamente.

3. "Ve a la escuela y consigue un empleo." En la era industrial, las personas se retiraban a los 65 años porque a menudo estaban agotados como para levantar neumáticos y colocar motores en la línea de ensamble de automóviles. Hoy en día, usted es obsoleto desde el punto de vista técnico y está listo para el retiro cada dieciocho meses, que es el ritmo al que avanza la información y la tecnología. Muchas personas dicen que hoy en día un estudiante es obsoleto inmediatamente después de graduarse en la escuela. Hoy más que nunca, el consejo de mi padre rico de "la inteligencia de la escuela es importante, pero también lo es la de la calle", es todavía más relevante. Somos una sociedad que aprende por sí misma, no de sus padres (como en la era agraria) o de las escuelas (como en la era industrial). Los hijos están enseñando a sus padres a utilizar las computadoras y las compañías están buscando a muchachos de alta tecnología, más que a ejecutivos graduados de la universidad que se encuentran a la mitad de su vida.

Para permanecer delante de la curva de obsolescencia, el aprendizaje continuo de la escuela, así como de la calle, tiene una importancia vital. Cuando hablo con los jóvenes les recomiendo que piensen como atletas profesionales, así como profesores universitarios. Los atletas profesionales saben que sus carreras habrán terminado cuando atletas más jóvenes puedan derrotarlos. Los profesores universitarios saben que se volverán más valiosos mientras más viejos sean si continúan estudiando. Ambos puntos de vista son importantes actualmente.

El consejo de mi padre rico es más verdadero hoy en día

Aquellos de ustedes que leyeron nuestros dos primeros libros conocen las dificultades que atravesé al escuchar a mis dos padres diferentes y sus ideas sobre el dinero, los negocios y la inversión. En 1955 mi padre pobre seguía diciendo: "Ve a la escuela, obtén buenas calificaciones y encuentra un trabajo seguro." Por otra parte, mi padre rico decía: "Atiende tu propio negocio." Mi padre pobre no pensaba que invertir fuera importante porque creía que "los negocios y el gobierno son responsables de su retiro y necesidades médicas. Un plan de retiro es parte de su paquete de beneficios, y usted tiene derecho a él". Mi padre rico decía: "Atiende tu propio negocio." Mi padre pobre creía en ser un hombre bueno y trabajador. Él decía: "Encuentra un empleo y sube por el escalafón. Recuerda que a las compañías no les gustan las personas que se mudan mucho. Las compañías recompensan a la gente por su antigüedad y lealtad." Mi padre rico decía: "Atiende tu propio negocio."

Mi padre rico creía que debíamos desafiar constantemente sus ideas. Mi padre pobre creía poderosamente que su educación era valiosa y que era lo más importante. Creía en la idea de que existían respuestas correctas y equivocadas. Mi padre rico creía que el mundo estaba cambiando y que necesitamos seguir aprendiendo continuamente. Mi padre rico no creía en las respuestas correctas o equivocadas. Creía en las viejas respuestas y las nuevas respuestas. Decía: "Tú no puedes evitar envejecer desde el punto de vista físico, pero eso no significa que debas envejecer mentalmente. Si quieres permanecer joven por más tiempo, sólo adopta ideas más jóvenes. La gente se vuelve vieja u obsoleta porque se aferra a las respuestas correctas que son viejas."

He aquí algunos ejemplos de respuestas correctas que son viejas:

1. ¿Pueden volar los seres humanos? La respuesta correcta antes de 1900 era: "No." Hoy en día es obvio que los seres humanos vuelan a todas partes, incluso al espacio.

2. ¿Es plana la tierra? La respuesta correcta en 1492 era: "Sí." Después de que Colón zarpó rumbo al Nuevo Mundo, la vieja respuesta correcta se volvió obsoleta.

3. ¿Es la tierra la base de la riqueza? La respuesta antes de la era industrial era: "Sí." Hoy en día la respuesta es un sonoro: "No." Se requiere una idea y conocimientos del lado "D" e "I" del cuadrante para hacer que esa idea se vuelva realidad. Una vez que demuestre que sabe lo que hace, el mundo está lleno de inversionistas ricos que quieran darle su dinero.

4. ¿Se necesita dinero para ganar dinero? Me formulan esa pregunta frecuentemente. La respuesta es: "No." En mi opinión, la respuesta siempre ha sido "No." Mi respuesta siempre ha sido: "No se necesita dinero para ganar dinero. Se necesita información para ganarlo y conservarlo." La diferencia es que se ha vuelto mucho más evidente que no se necesita dinero o trabajar duro para ganar mucho dinero.

No sé qué nos depara el futuro; nadie lo sabe. Por eso la idea de mi padre rico de desafiar y actualizar constantemente las ideas fue uno de los conceptos más importantes que me transmitió.

Hoy en día veo a muchos de mis amigos quedarse rezagados desde el punto de vista profesional, así como financiero, simplemente porque no han desafiado sus propias ideas. Sus ideas son con frecuencia las respuestas correctas que son ideas muy viejas, transmitidas durante varias generaciones, de una era económica a la siguiente. Algunos muchachos de la preparatoria planifican no tener empleos jamás. Su plan consiste en dejar de lado la idea de la era industrial sobre la seguridad en el empleo y convertirse en multimillonarios con libertad financiera. Por eso le pido a la gente que piense en crear su propio negocio en internet (ya sea su propio negocio, por medio de una franquicia o de una compañía de mercadeo en red) en vez de buscar uno en qué invertir. El proceso actual de pensamiento es muy diferente y puede cambiar algunas ideas correctas muy antiguas. Esas viejas ideas frecuentemente hacen que el proceso de cambio sea tan difícil.

Las ideas no necesitan ser nuevas; sino mejores

Recuerde que cuando ha dominado las guías que se encuentran en el Triángulo D-I, puede virtualmente tomar nada y convertirla en un activo. Cuando me preguntan cuál fue mi primera inversión exitosa, simplemente respondo: "Mi negocio de libro de tiras cómicas." En otras palabras, tomé libros de tiras cómicas que eran desechados y construí un activo alrededor de ellos, usando los principios que se encuentran en el Triángulo D-I. Starbucks hizo lo mismo con una taza de café. Así que las ideas no tienen que ser nuevas y únicas; simplemente tienen que ser mejores. Esto ha sido así desde hace siglos. En otras palabras, las cosas no tienen que ser de alta tecnología para ser mejores. En realidad, muchas cosas que damos por sentadas hoy en día fueron de alta tecnología ayer.

Existen muchos individuos que pasan su vida copiando las ideas de otras personas en vez de crear las suyas. Tengo dos conocidos que suelen copiar las ideas de otros. Aunque es posible que ganen mucho dinero, existe un precio por tomar las ideas de otros sin su permiso o sin darles crédito cuando debe dárseles. El precio que esas personas pagan, a pesar de que pueden ganar mucho dinero, es el respeto de la gente que sabe que se apoderan de las ideas de otras personas sin su permiso. Existen dos personas con las que yo solía asociarme y con las que actualmente no me asocio porque acostumbran tomar ideas de otros sin su permiso y aseguran que son suyas.

Como decía mi padre rico: "Existe una línea muy tenue entre copiar y robar. Si eres creativo, debes tener cuidado con los ladrones que roban ideas. Son tan malos como la gente que se mete a robar a tu casa." Dado que existen más personas robando que creando, se vuelve más importante tener un abogado especializado en propiedad industrial en su equipo, para proteger sus creaciones.

Uno de los cambios tecnológicos más importantes en la historia del mundo occidental tuvo lugar durante las cruzadas, cuando los soldados cristianos conocieron el sistema numérico hindú-árabe. Este sistema, llamado así porque los árabes lo descubrieron durante su invasión a la India, reemplazó lo que llamamos los números romanos. Pocas personas aprecian el efecto que este nuevo sistema de números tuvo sobre nuestras vidas. Permitió que las personas navegaran de manera más precisa en el mar; la arquitectura pudo volverse más ambiciosa; la medición del tiempo pudo hacerse más exacta y la mente se hizo más aguda, de manera que la gente pensó de manera más precisa, abstracta y crítica. Ese fue un importante cambio tecnológico que tuvo un enorme efecto sobre nuestras vidas.

El sistema numérico hindú-árabe no fue una idea nueva; fue simplemente una idea mejor, y además de eso, era la idea de alguien más. Muchas de las personas de mayor éxito financiero no son necesariamente personas de ideas creativas; generalmente muchas de ellas sólo copian ideas de otros y las convierten en millones o incluso en miles de millones de dólares. Los diseñadores de modas observan a los jóvenes para ver lo que visten, y luego simplemente lo producen en masa. Bill Gates no inventó el sistema operativo que lo convirtió en el hombre más rico del mundo. Simplemente adquirió el sistema de los programadores de computadora que lo inventaron y luego otorgó en licencia su producto a IBM. El resto es historia. Amazon.com simplemente tomó la idea de Sam Walton para Wal-Mart y la colocó en internet. Jeff

Bezos se volvió rico más rápidamente que Sam Walton. En otras palabras, ¿quién dijo que se necesitan ideas creativas para ser rico? Sólo necesita ser mejor en el Triángulo D-I en lo que se refiere a tomar las ideas y convertirlas en riqueza.

Seguir las huellas de sus padres

Tom Peters, autor de *In Search of Excellence,* ha dicho una y otra vez: "La seguridad en el empleo ha muerto." Sin embargo, mucha gente sigue diciendo a sus hijos: "Ve a la escuela para que puedas encontrar un trabajo seguro." Muchas personas enfrentan dificultades financieras simplemente porque tienen las ideas de sus padres acerca del dinero. En vez de crear activos que compren activos, la mayoría de nuestros padres trabajó por el dinero y luego compró pasivos, pensando inocentemente que eran activos. Es la razón por la que muchas personas van a la escuela y obtienen buenos empleos: eso es lo que sus padres hicieron o les aconsejaron que hicieran. Muchos tienen problemas financieros o viven al día porque eso fue lo que sus padres hicieron. Cuando doy mis clases de inversión, un ejercicio muy importante consiste en que los estudiantes comparen lo que están haciendo actualmente con lo que sus padres hicieron o les aconsejaron hacer. En muchas ocasiones los estudiantes se dan cuenta de que siguen de cerca los pasos de sus padres o su consejo. En ese punto tienen el poder de cuestionar esas viejas ideas que han marcado sus vidas.

Si una persona verdaderamente desea cambiar, es bueno adoptar una idea mejor. Mi padre rico decía siempre: "Si quieres volverte rico rápidamente, busca ideas que sean mejores a las que estás utilizando hoy en día." Por esa razón, hasta el día de hoy leo biografías de empresarios ricos, escucho cintas sobre sus vidas y sus ideas. Como decía mi padre rico: "Las ideas no necesitan ser nuevas; solamente necesitan ser mejores. Y una persona rica siempre busca mejores ideas. Los pobres frecuentemente defienden sus viejas ideas o critican las nuevas."

Sólo los paranoicos sobreviven

Andy Grove, el presidente del consejo de Intel, intituló su libro *Only the Paranoid Survive*. Tomó el título del doctor Joseph A. Schumpeter, un antiguo ministro de finanzas de Austria y profesor de la escuela de negocios de Harvard. El doctor Schumpeter expresó esa idea de que sólo los paranoicos sobreviven en su libro *Capitalism, Socialism and Democracy*. (El Doctor Schumpeter fue el padre del estudio moderno del crecimiento y el cambio en la economía —dinámica— de la misma forma que Lord Keynes fue el padre del estudio de la economía estática.) Es idea del doctor Schumpeter que el capitalismo es destrucción creativa; un ciclo perpetuo de destrucción del producto o servicio viejo o menos eficiente y su reemplazo por otros más nuevos y eficientes. El doctor Schumpeter creía que los gobiernos que permitían la existencia del capitalismo, que destruye a los negocios débiles y menos eficientes, sobreviviría y florecería. Los gobiernos que erigen muros para proteger a los menos eficientes quedarían rezagados.

Mi padre rico estaba de acuerdo con el Doctor Schumpeter, por lo que él era un capitalista. Mi padre rico nos retaba a Mike y a mí a desafiar constantemente nuestras ideas porque si no lo hacíamos, alguien más lo haría. Hoy en día las personas con ideas antiguas son quienes están quedando detrás de los más rápidos, a pesar de que el mundo tiene apenas más de diez años de edad. El mundo que enfrentamos hoy me recuerda la canción "The Times They Are A'Changin." Un verso de esa canción dice: "Porque es mejor que comiences a nadar o te hundirás como una piedra." Aunque esa canción fue escrita hace aproximadamente 40 años, reflejará los siguientes 40 años cada vez más. En otras palabras, sólo porque usted es rico o pobre hoy día, no significa que lo será en el futuro cercano.

Su éxito pasado no significa nada

En el futuro cercano, aquellos que no se arriesguen a fracasar en última instancia fracasarán. Mi padre pobre consideraba que el fracaso era un nombre y mi padre rico consideraba que el fracaso era un verbo; y esa diferencia fue grande a lo largo de sus vidas. En *Future Edge*, Joel Barker escribió: "Cuando un paradigma cambia, todo regresa a cero. Su éxito en el pasado no significa nada." En este mundo que cambia rápidamente, los paradigmas cambiarán cada vez más rápido y sus éxitos pasados podrían no significar nada. En otras palabras, sólo porque trabaja para una buena compañía hoy en día, no es seguro que lo hará para otra buena empresa mañana. Por esa razón, Grove escogió como título de su libro: *Sólo los paranoicos sobreviven.*

Incluso los beneficios del empleo están cambiando. No sólo ha cambiado la era de la información las reglas de los planes de retiro, el cambio de los planes de pensión de beneficios definidos a los planes de pensión de contribución definida; el cambio también ha afectado algunos beneficios para los empleados. Recientemente un amigo que trabaja para una aerolínea dijo: "Solía ser fácil obtener vuelos gratis en las aerolíneas, lo cual era uno de los beneficios de ser empleado de aerolínea. Pero hoy en día, cuando las aerolíneas subastan los asientos vacíos por internet, los aviones vuelan llenos y me cuesta más trabajo utilizar un beneficio que me gusta."

Un cuento de dos tejanos

Muchos de nosotros hemos escuchado hablar de Ross Perot y de Michael Dell. Ambos son tejanos e hicieron sus fortunas en la economía de la era de la información. Sin embargo, un artículo publicado recientemente en una revista financiera señaló que la riqueza de Perot en realidad ha disminuido sustancialmente, mientras que la riqueza de Dell continúa aumentando vertiginosamente. ¿Cuál es la diferencia? No se trata de la industria, porque ambos están en la industria de la información. Le dejaré llegar a sus propias conclusiones.

Las reglas han cambiado

Conforme se acerca este libro a su final, le dejaré con algunas ideas sobre los cambios que encaramos hoy en día, cambios que comenzaron a producirse una vez que el Muro de Berlín fue derribado y se erigió la red mundial de computadoras. En su libro *The Lexus and the Olive Tree*, el columnista de asuntos exteriores de *The New York Times*, Thomas L. Friedman, describe varios cambios entre la era industrial y la era de la información. Algunos de esos cambios son los siguientes:

	Guerra Fría	**Globalización**
1.	**Einstein: E=mc²**	**Ley de Moore**

Durante la Guerra Fría, la teoría de la relatividad de Einstein ($E=mc^2$) regía. En 1945, cuando Estados Unidos arrojó la bomba atómica sobre Japón, se convirtió en la potencia económica del mundo y asumió el domino militar que antes había correspondido a Inglaterra. Durante la década de los ochenta, todos pensaban que Japón estaba a punto de derrotar económicamente a Estados Unidos y el mercado de valores Nikkei experimentó un *boom*. Sin embargo, el periodo de predominio económico de Japón duró poco porque Estados Unidos se redefinió a sí mismo. Lo hizo porque cambió de la fórmula $E=mc^2$ a la ley de Moore, la cual establece que el poder del microchip debe duplicarse cada 18 meses. Hoy en día, Estados Unidos es la potencia más importante del mundo porque es líder en tecnología, así como en armamento.

Si hubiera permanecido únicamente en la carrera armamentista, podría ser una nación en bancarrota como la antigua Unión Soviética. Cuando el Muro de Berlín fue derribado en 1989, los mercados de capital estadounidenses cambiaron rápidamente a la era de la información. La libertad de cambiar rápidamente es el poder financiero que proporciona una sociedad capitalista libre. Japón, así como Inglaterra, no pudieron cambiar tan velozmente porque ambos países tienen demasiados lazos con los días del sistema feudal, que de otra manera se conoce como monarquía, una institución de la era agraria. De manera inconsciente, esos países estaban esperando a que sus monarcas ejercieran el liderazgo. En otras palabras, la innovación es frecuentemente obstaculizada por las tradiciones. Esa idea es verdadera en el caso de los individuos, así como en el de las naciones. Como decía mi padre rico: "Las viejas ideas se interponen en el camino de las nuevas". No estoy sugiriendo que desechemos las viejas tradiciones, sino que estamos en la era de la información y por ello necesitamos ideas más amplias, así como las viejas ideas.

	Guerra Fría	**Globalización**
2.	**Peso de los misiles**	**Velocidad de los módems**

Cuando se derrumbó el muro de Berlín, la fórmula $E=mc^2$ cambió por la ley de Moore. El poder en el mundo cambió del peso de las cabezas nucleares a qué tan rápido es tu módem. La buena noticia es que un módem rápido cuesta mucho menos que los grandes misiles; la velocidad es más importante que el peso.

	Guerra Fría	**Globalización**
3.	**Dos superpotencias a cargo**	**Nadie está a cargo**

Durante la Guerra Fría, existían dos superpotencias: Estados Unidos y la Unión Soviética. Hoy en día, la red ha hecho realidad la idea de un mundo sin fronteras y una economía global.

Actualmente, la horda electrónica, que está formada por los administradores de fondos que controlan grandes sumas de dinero, tiene el poder de influir en la política mundial más que los políticos. Si a la horda electrónica no le gusta la manera en que un país está manejando sus asuntos financieros, trasladan el dinero a otra parte con la velocidad de la luz. Eso fue lo que ocurrió en Malasia, Tailandia, Indonesia y Corea hace sólo unos años. Lo mismo podría ocurrir en cualquier país. No se trata de los políticos que tienen el poder hoy en día, como ocurrió en la era industrial. En la era de la información, es el poder del dinero electrónico global el que frecuentemente decide los asuntos de un país.

Bill Gates cruzó la frontera entre Estados Unidos y Canadá. Cuando los agentes de aduanas le preguntaron si llevaba algo de valor qué declarar, sacó un paquete de discos de computadora amarrados con ligas de hule: "Esto vale al menos 50 mil millones de dólares." El agente de aduanas se encogió de hombros, pensando que estaba hablando con un loco y dejó que el hombre más rico del mundo pasara la frontera sin pagar nada de impuestos. Lo importante es que el paquete de discos amarrados con ligas de hule valía al menos 50 mil millones de dólares. Ese paquete de discos contenía el prototipo del programa Windows 95 de Microsoft.

Hoy en día, individuos súper ricos como Gates frecuentemente tienen más dinero y más influencia en el mundo que muchas grandes naciones. Ese poder ha ocasionado que el gobierno de Estados Unidos, el más fuerte del mundo, lleve a Gates ante la corte por prácticas monopólicas. Cuando ese caso dio inicio, un amigo mío dijo: "Lo aterrador es que Gates puede contratar mejores abogados de los que puede contratar el gobierno de Estados Unidos." Eso se debe a que el gobierno de Estados Unidos es una institución de la era industrial y Gates es un individuo de la era de la información.

Siguiendo esa línea de pensamiento, George Soros escribió en *The Crisis of Global Capitalism* que muchas corporaciones tienen mucho más dinero y poder que varias naciones occidentales. Eso significa que actualmente existen corporaciones que podrían dañar la economía de todo un país sólo para beneficiar a unos cuantos accionistas. Ésas son las dimensiones del poder de muchas corporaciones.

En los próximos años tendrán lugar muchos cambios, tanto buenos como malos. Yo considero que el capitalismo será liberado hasta su nivel máximo. Los negocios viejos y obsoletos serán eliminados. La competencia, así como la necesidad de ser cooperativo, se incrementarán (por ejemplo, existirán mega fusiones como la de AOL con Time Warner). Advierta usted que la compañía más joven adquiere a la más vieja. Esos cambios están ocurriendo porque el genio que llamamos tecnología ha sido liberado de la lámpara y la información y tecnología son ahora lo suficientemente baratas para que todos puedan pagarlas.

Las buenas noticias

Las buenas noticias son que por primera vez la regla 90-10 de los ricos no necesita seguir aplicándose. Ahora es posible que cada vez más personas obtengan acceso al gran mundo de la riqueza infinita, la que se encuentra en la información; y la información es infinita, no está restringida como lo estuvieron la tierra y los recursos en las eras anteriores. La mala noticia es que las personas que se aferren a las viejas ideas serán arrolladas por los cambios que experimentamos, así como por los cambios que se avecinan.

Si mi padre rico estuviera vivo, diría: "La locura de internet es muy parecida a la fiebre del oro de California en la década de 1850. La única diferencia es que no necesita abandonar su hogar para participar en ella, así que, ¿por qué no participar?" Él probablemente diría: "Durante cualquier época de bonanza económica, sólo existen tres clases de personas: aquellos que hacen que las cosas sucedan, aquellos que observan las cosas que suceden y aquellos que se preguntan: '¿Qué sucede?'"

Aunque yo comencé con la teoría de la relatividad de Einstein como una idea obsoleta de la Guerra Fría, también pienso que Einstein fue un verdadero visionario. Incluso entonces, él reconoció una idea que todavía es verdadera actualmente: "La imaginación es más importante que el conocimiento."

La que realmente es una buena noticia es que por primera vez en la historia, internet les da a cada vez más personas la capacidad de ver el otro lado de la moneda si tienen los ojos abiertos.

Tomar mis ideas y crear un activo con esas ideas fue uno de los mejores desafíos que he enfrentado. Aunque no siempre de manera exitosa, con cada nueva empresa mis habilidades se incrementaron y pude ver un mundo de posibilidades que pocas personas ven. Así que la buena noticia es que internet hace que sea más fácil el acceso a una abundancia que durante siglos sólo estuvo a disposición de unos cuantos. Internet hace posible que más personas tomen sus ideas, desarrollen activos que compren otros y hagan realidad sus sueños financieros.

Es sólo el comienzo

Karen y Richard Carpenter cantaban una gran canción intitulada "We've Only Just Begun". Aquellos de ustedes que piensan que pueden ser demasiado viejos para comenzar de nuevo, recuerden siempre que el Coronel Sanders lo hizo a la edad de 66 años. La ventaja que tenemos sobre el coronel es que estamos todos ahora en la era de la información, donde importa qué tan jóvenes seamos desde el punto de vista mental, no físico. Después de todo, Merrill Lynch informó: "El mundo tiene 10 años de edad."

Su inversión más importante

Está haciendo una inversión importante al leer este libro, sin importar si está de acuerdo o no, si lo comprende o no, y si alguna vez utiliza su información o no. En el mundo cambiante de la actualidad, la inversión más importante que puede hacer es una inversión en la educación en curso y la búsqueda de nuevas ideas. Así que siga buscando y siga desafiando sus viejas ideas.

Uno de los principales aspectos de este libro es que usted tiene el poder de crear un mundo en que no exista suficiente dinero así como uno en el que exista una abundancia de dinero. Para crear un mundo en que haya abundancia de dinero se requiere un cierto grado de creatividad, un estándar alto de educación financiera y de negocios, buscar oportunidades en vez de mayor seguridad, y ser más cooperativo en vez de más competitivo. Mi padre rico me guió para forjar mis ideas al decir: "Tú puedes escoger vivir en un mundo en que no haya suficiente dinero o uno en que haya demasiado. La elección es tuya."

Palabras finales

El consejo de mi padre rico para el inversionista promedio al comenzar este libro fue: "No sea promedio." Sin importar si invierte para estar seguro o cómodo, o para ser rico, por favor tenga un plan para cada nivel. En la era de la información, de cambios rápidos, pocas garantías y más oportunidades, su educación financiera y su conocimiento como inversionista tendrán una importancia vital. Y es la razón por la que el consejo de mi padre rico: "No sea promedio", tiene una importancia vital hoy en día.